Disfruta tu diario vivir con Dios

Dr. Daniel A. Brown

ctw
Commended to The Word

DISFRUTA TU DIARIO VIVIR CON DIOS
por el Doctor Daniel Brown

Publicado originalmente en inglés con el título:
«ENJOYING YOUR JOURNEY WITH GOD»

A menos que se indique lo contrario, todas las citas son de la versión
Biblia de las Americas derecho de copia © por la Asociación
Lockman. Utilizado con permiso.
(HYPERLINK "http://www.lockman.org" www.lockman.org)

Diseño de cubierta: *Dan Ledwick*
Diseño: *Koechel Peterson*
Traducción: *Graciela Femat*
Edición: *Luz Avila*
      Ana María Ardila
      Carlos A. Garzón
      María Inés Garzón
      Carlos Roberto Peña

Edición Revisada, 2009

Librería del Congreso Catalog Card Number: 2001089806
International Standard Book Number: 978-1-4276-3621-8

Publicado por Commended to The Word
280 State Park Drive
Aptos, CA 95003
ctw.coastlands.org

Impreso en Colombia

Contenido

Introducción

Hay cosas que no está de más escuchar repetidas veces. Por ejemplo, la empatía genuina en los días malos. Afirmaciones tales como que algo no fue nuestra culpa y que cualquiera hubiera hecho lo que hicimos, los cumplidos a nuestro favor, la motivación honesta respecto a nuestro futuro incierto o los simples recordatorios de que somos reconocidos y amados; hacen que la vida sea más llevadera y que la disfrutemos aún más. Estas nos dan nuevas fuerzas y calman las aguas turbulentas que se levantan a nuestro alrededor.

De la misma manera, no sobra escuchar algunas verdades acerca de Dios; las cuales son las primeras lecciones para un creyente nuevo en Jesús. Algunas personas se refieren a éstas como conocimientos básicos o como un plan de estudios. Es posible que sean razonamientos simples, pero penetran aún hasta en las situaciones más complicadas de la vida, a fin de que nuestra vida con el Señor sea más llevadera y mucho más agradable. Dios es bueno, y su invitación está firme para que saboreemos esa bondad, delicia y esencia profundamente satisfactoria. Espero que este libro te ayude en este proceso.

La actividad más natural de nuestras vidas debería ser la de caminar con Dios y disfrutar de su compañía. Sin embargo, esto se ha complicado debido a cosas adversas como nuestra incapacidad para creer que de verdad le agradamos, como los requisitos distorsionados que equivocadamente imaginamos que Él pone sobre nosotros, como nuestros celos bien intencionados pero fuera de lugar, como la nube de culpa de la cual parece que no podemos escapar y que acosa nuestros días o como nuestra religiosa y casi supersticiosa tendencia de ganar cosas de Él o de probarle algo. Seguimos entendiendo las cosas al revés y casi siempre terminamos malinterpretando su lenguaje de afecto y deleite hacia nosotros; y escuchamos más las expectativas y las obligaciones gravosas.

Por esta razón, me gusta decirle a las personas que no creo en el «Dios» contra el que luchan y en el que no creen. Mi Dios es completamente diferente a ése.

Este libro te ofrece temas de fácil comprensión, no porciones de información. Hay lecciones para aprender, no sólo para memorizar ni para tener la capacidad de responder una prueba de catecismo. Más que darte hechos para asimilar como si fueran vitaminas, estos capítulos se te presentan con un lenguaje y vocabulario sencillo pero con un profundo sentido de las experiencias que tendrás a medida que caminas con Jesús día a día.

A través de tu diario vivir con Dios estarás estudiando continuamente varios temas y puntos de comprensión que son comunes a todos los que hemos decidido seguirlo. Como sus caminos no son como los nuestros, poco a poco aprenderás, por medio de la revelación y del testimonio de otros, cómo agarrarte fuerte en la manera que Él piensa y actúa.

Este proceso de descubrir es emocionante no por toda la información y doctrina que aprenderemos sino por la manera gradual que se irá revelando y conseguiremos ver mucho de la verdad acerca de Dios como un ser que puede conocerse. Descubrirás que su amor hacia nosotros, que lo abarca todo, a veces se manifiesta en formas sorprendentes. Aprender las verdades de su reino no es hacerlo como con los sucesos narrados en cualquier otro libro. Se asemeja a subir una montaña y ver por primera vez el valle donde con gusto podrías pasar el resto de tu vida. Con cada nueva verdad que comprendas pensarás: "¡Esto es lo mejor!". Te parecerás a un viajero que recorre el mundo y vez tras vez encuentra una ciudad maravillosa o una cultura fascinante; pronto te verás fuertemente decidido a escoger la verdad que más te guste.

> **Los caminos de Dios se entretejen en la tela de nuestro mundo. No importa hacia dónde mires, porque si sabes qué buscas, lo encontrarás.**

Las verdades de Dios forman los cimientos mismos del universo entero; los caminos de Dios se entretejen en la tela de nuestro mundo. No importa hacia dónde mires, porque si sabes qué buscas, lo encontrarás. Sus caminos también son increíblemente personales para cada uno de nosotros. De alguna manera, las majestuosas obras que Dios llamó a la existencia cuando todo fue creado todavía tienen la capacidad de tocarnos de la forma más maravillosa y personal.

Dios es como el anfitrión perfecto de una opulenta fiesta en un jardín lleno de millones de invitados. Él ha pensado en todo y ha preparado a la perfección cada detalle. Al diseñar clara y completamente los aspectos generales y también al agregar los pequeños toques como las tarjetas con los nombres escritos a mano y las delicadas plantas con flores que adornan cada centro de mesa, sus obras en el mundo nos comunican que Él estaba pensando en cada uno de nosotros cuando eligió las melodías para que la orquesta tocara o cuando escogió los colores para la decoración.

Momento a momento, en medio del exorbitante número de invitados, te sientes como si la fiesta hubiera sido ofrecida sólo para ti. Por medio de un milagro íntimo, de una manera intensa y personal, Dios nos permite a ti y a mí recibir el ofrecimiento de una vida abundante, que Él nos extiende a todos. Una y otra vez te encontrarás maravillado por lo que Él ha dispuesto para tu vida. Dios se te ha adelantado para poner todas las cosas en su lugar con perfección para tu crecimiento y satisfacción.

Sentirás su agrado por tu progreso, de la misma manera que un padre se deleita con su hijo cuando aprende a dar los primeros pasos vacilantes, que lo llevan de gatear a caminar. De hecho, algunas veces te encontrarás preguntándote si la razón por la que se te enseña alguna lección otra vez sea más porque sólo es una de las materias favoritas de Dios o porque no la comprendiste por completo la primera vez.

—Daniel Brown

▲ Sentirás su
▲ agrado por tu
▲ progreso, de la
▲ misma manera
▲ que un padre se
▲ deleita con su
▲ hijo cuando
▲ aprende a dar
▲ los primeros pasos
▲ vacilantes, que lo
▲ llevan de gatear a
▲ caminar.

Prefacio

Este libro te puede cambiar la vida. El Dr. Brown tiene un gran talento para expresar las profundas verdades de Dios en términos que son fáciles de entender y, a la vez, de forma muy animada. A él lo he conocido durante treinta años. Aunque es un erudito de alta inteligencia, con una excelente educación en una de las mejores universidades del mundo, su gran don es la formación de discípulos que se convierten en líderes de otros.

Muchas palabras que han sido escritas para definir las características, atributos y verdades de Dios son en realidad vocablos que ayudan a cualquier persona a entender la materia y a ponerla en práctica. Si uno se involucra en el estudio de este libro y termina de leerlo, será transformado y cada vez más semejante a Jesucristo.

El impacto de la Palabra de Dios enseñada en las siguientes páginas es manifestado a través de las vidas de miles de personas en diferentes países, lenguas y continentes. Espero que este libro sea un catalizador para tu vida, que te dirija a reflejar aún más y más a Jesucristo y que dejes huellas en las vidas de las personas que te rodean.

Pastor Jaime Tolle

La Iglesia En El Camino

CAPÍTULO UNO

Conoce a Dios personalmente

Sobre todas las cosas, Dios desea tener una relación contigo. Creó al mundo con un corazón rebosante, y desea estar y compartir con personas como tú y yo. Aunque parezca difícil de creer, el Dios Altísimo, que creó todas y cada una de las cosas en este planeta, lo hizo pensando en nosotros. Esta es la sencilla verdad de la cual emanan todas las otras interpretaciones acerca de Dios.

No aparecimos en la tierra por casualidad o como el resultado de una coincidencia cósmica. El comienzo de nuestra raza no se desarrolló en un vacío de incertidumbre o en unos torbellinos vacíos de partículas que llegaron al azar, sino que somos la culminación del trabajo creativo e intencional hecho por la mano de Dios. Su propósito para nuestras vidas siempre ha sido el mismo: revelarse a nosotros y amarnos. Anhela que lo conozcamos cada vez mejor, y eso explica todo lo demás que Él hace.

Aunque es difícil pensar en Dios en términos humanos, simplemente porque es mucho más grande en todos los aspectos que cualquier ser humano, no podemos comprender de forma adecuada sus intenciones de relacionarse con nosotros, a menos que usemos un lenguaje que sea familiar a nuestras vidas cotidianas.

De hecho, una de las ideas equivocadas más comunes que tenemos acerca de Dios es que Él sólo quiere que lo pensemos de manera majestuosa y religiosa. Muchas personas asumen que como Dios es tan grande y santo, deberían permanecer lejos de su presencia. Sin embargo, Dios se nos revela en la Biblia como el Dios que anhela tenernos a su lado. Él quiere hablarnos, expresarnos su amor y hacer planes con nosotros. Él nos piensa, nos recuerda y nos hace promesas; y quiere que hagamos lo mismo con Él. Dios hace muchas cosas iguales a nosotros, excepto una: Equivocarse.

Es posible conocer a Dios. Él tiene un carácter único, uno tan prodigiosamente perfecto y magnífico que parece casi absurdo imaginar que los humanos finitos pudieran alguna vez llegar a

> El Dios Altísimo, que creó todas y cada una de las cosas en este planeta, lo hizo pensando en nosotros.

EN ESTE CAPÍTULO DESCUBRIRÁS QUE DIOS...

▲ Se nos quiere revelar.

▲ Creó el mundo expresamente para tener una relación con nosotros.

▲ Prefiere ser llamado "Papi Dios" y quiere relacionarse íntimamente con nosotros.

▲ Siempre quiere estar a nuestro lado, más de lo que queremos estar con Él.

▲ Sabe todo acerca de nosotros.

▲ Piensa en nosotros todo el tiempo.

conocerlo por quién Él es en realidad. El llegar a conocer a Dios y el hecho de que Él quiera revelársenos son grandes misterios, pero podemos conocerlo, porque Él lo permite. Antes de que veamos cómo, primero enfoquemos nuestra atención en la naturaleza única de Dios.

Ninguno de los dioses son el verdadero Dios; el Señor no tiene varios seudónimos en los diferentes países del mundo. Nuestro Dios tiene características y cualidades que lo distinguen de los demás dioses: ninguno es como nuestro Dios.

> Dios no quiere que sepamos acerca de Él sino que en realidad lo conozcamos como Moisés lo hizo: "Cara a cara, como quien habla con un amigo".

Lee el Salmo 86:8. ¿Qué dice este versículo acerca del Dios verdadero, cuyo nombre es Jehová?

_____

¿Es posible que confundas tu concepto de Dios con atributos de otros dioses?

_____

¿Puedes pensar en ejemplos específicos?

_____

A medida que camines con el Señor, aprenderás cada vez más a diferenciar sus obras de las actividades de otros dioses. Hay dos mentiras acerca del Señor que nuestra cultura tiende a adoptar. Algunos, lo visualizan como una presencia nebulosa, como si fuera una débil descarga eléctrica que apenas puede ser percibida cuando las condiciones son favorables o cuando personas particularmente sensibles están presentes. Otros, lo confunden con los demás dioses del mundo; lo vuelven una caricatura compuesta por Tor, Zeus, Visnú y probablemente las ideas de todo el mundo acerca de cómo es Él. Esas ideas pueden ser falsas y engañosas, así como son los ídolos. No porque algo sea adorado quiere decir que sea el Señor.

Podemos conocer a Dios, y Él quiere que lo conozcas.

¿RELIGIÓN O RELACIÓN?

El cristianismo es la única fe que presenta a Dios como un Padre amoroso que desea tener una relación íntima y personal con sus seguidores. A continuación tenemos algunos ejemplos que otras religiones tienen de la imagen de Dios.

El vengador furioso. Algunas religiones enseñan que Dios es un juez cruel, que pasa la mayor parte de su tiempo castigando a sus seguidores cuando lo desobedecen. No es un dios de amor sino un dios de violencia y odio.

El espíritu místico. Muchas personas adoran a un dios elusivo misterioso e impersonal. No consideran a este ser como amoroso y personal sino como algún tipo de fuerza y energía que esconde su verdadera identidad de la humanidad. Sólo unos cuantos pueden descifrar el extraño "código secreto" de este dios, así que exploran lo oculto para vislumbrarlo.

El creador apático. Algunas personas creen en un *ser supremo* que no tiene ningún interés personal en los seres individuales. Después de que creó el mundo, los abandonó para que se las arreglaran solos.

El hombre-dios impotente. Muchas personas de la cultura occidental han diseñado su dios a su propia imagen. En realidad, Dios es exactamente como el hombre, y tolera cualquiera y cada una de las religiones o cada uno de los códigos morales "sinceros".

Conoce a Dios de cerca

Dios es mucho más que una fuerza o un vago poder que sigue su curso por el universo. No es sólo un principio de unidad, una energía de vida, una inteligencia universal o un ser supremo sin fisonomía; es el creador de todas las cosas, pero no está difuso en las mismas. Él ya era antes de que todas las cosas existieran; pero no es simplemente una energía primordial que diera paso a la vida y desde entonces se esfumara en el universo.

Dios nos invita a conocerlo no de lejos sino muy de cerca. No quiere que sepamos acerca de Él sino que en realidad lo conozcamos como Moisés lo hizo: "Cara a cara, como quien habla con un amigo" (Éxodo 33:11).

Pregunta: ¿Qué crees que significa conocer a Dios cara a cara?

_____

▲▲▲▲▲▲▲

¿Sientes que lo conoces así de cerca, como a tu mejor amigo?

_____

▲▲▲▲▲▲▲

¿Qué cosas compartes sólo con tu mejor amigo?

_____

▲▲▲▲▲▲▲

¿Sientes que puedes decírselas al Señor?

_____

▲▲▲▲▲▲▲

El gran día llegará para cada uno de nosotros que conocemos al Señor mediante Jesucristo, en el que estaremos en el cielo "cara a cara" con Él (ver 1 Corintios 13:12).

Mientras tanto, cada día llegamos a estar más identificados con Él. Dios ama a todas las personas de la tierra. Aquéllos que todavía no lo

> Ahora vemos por espejo, oscuramente; mas entonces veremos cara a cara.
> — 1 Corintios 13:12 RVR-60

conocen de forma personal pueden tener vistas fugaces de su naturaleza al mirar el universo; que es su creación (leer Romanos 1:19-20).

Lee Salmos 19:1 – 6. Dios ha puesto su firma en el cielo. ¿Qué impresiones has tenido de Dios al ver un espectacular atardecer o al contemplar una majestuosa noche llena de estrellas?

_____

▲▲▲▲▲▲▲

Describe cómo te conmovió Dios y qué tan cerca lo sentiste.

_____

▲▲▲▲▲▲▲

Considerando la grandeza y la majestad de toda la creación, es increíble que Dios pensara en la humanidad. David fue un hombre cuyo corazón estaba en sintonía con el del Señor. No obstante, estaba perplejo por la atención y el afecto de Dios hacia nosotros. Al contemplar la vastedad y la belleza del cielo nocturno, preguntó: "¿Qué es el hombre, para que tengas de él memoria?" (Salmos 8:4 RVR-60). Bien podríamos agregar: "¿Quién soy yo para que Dios quiera revelárseme de manera personal?"

Describimos el proceso de llegar a conocer a otras personas como el hecho de estar _cada vez más cerca de ellas_. Funciona de la misma manera con el Señor. Entre más llegamos a conocerlo, más cerca lo sentimos. Él anhela estar próximo, a la mano y cerca de nosotros para poder ayudarnos en nuestra hora de necesidad. La cercanía de nuestro Dios, la intimidad con la que se relaciona con nosotros, es uno de los más asombrosos atributos de nuestra relación con Él, cosa que lo distingue de los demás dioses. El escritor de Deuteronomio lo planteó de esta manera: "Porque ¿qué nación grande hay que tenga dioses tan cercanos a ellos como lo está Jehová nuestro Dios en todo cuanto le pedimos?" (Deuteronomio 4:7 RVR-60). En Jeremías 23:23 RVR-60, Dios le recuerda a su pueblo: "¿Soy yo Dios de cerca solamente… y no Dios desde muy lejos?" Su constante invitación hacia nosotros a lo largo de nuestra vida es: "Acercaos a mí" (Isaías 48:16).

CÓMO ES DIOS EN REALIDAD

Si Dios hubiera querido ser injusto, caprichoso, desleal, cruel, rencoroso o descuidado, habría podido serlo. ¿Te has puesto a considerar cómo sería la vida si Dios hubiera decidido ser alguien diferente de lo que Él es? Qué universo tan despiadado sería.

Podemos estar contentos porque Dios es así. Sus intenciones bondadosas se manifiestan en todo lo que hace (leer Efesios 1:3–6). Entre más llegamos a entender su corazón y las características de su trato con las personas, mejor llegaremos a conocerlo.

Dios es piadoso. Él se inclina como un padre amoroso para hacer por nosotros lo que no podemos hacer por nuestra cuenta. "Por tanto, Jehová esperará para tener piedad de vosotros, y por tanto, será exaltado teniendo de vosotros misericordia; porque Jehová es Dios justo; bienaventurados todos los que confían en Él." (Isaías 30:18 RVR-60)

Dios es misericordioso. Él nos comprende y entiende nuestra fragilidad. También nos extiende ansiosamente Su perdón por lo que hacemos mal. "Mas tú, Señor, Dios misericordioso y clemente, lento para la ira, y grande en misericordia y verdad." (Salmos 86:15 RVR-60)

Dios es compasivo. Él nos tiene cariño de la misma manera que una madre piensa con amor en el hijo que lleva en su vientre. "Pues el SEÑOR tu Dios es Dios compasivo; no te abandonará, ni te destruirá, ni olvidará el pacto que Él juró a tus padres". (Deuteronomio 4:31)

Dios es bondadoso. Él sorpresivamente tiene un interés especial en nosotros de la misma forma que una estrella famosa de fútbol podría saludar a un niño pequeño. "Antes bien, amad a vuestros enemigos, y haced bien, y prestad no esperando nada a cambio, y vuestra recompensa será grande, y seréis hijos del Altísimo; porque Él es bondadoso para con los ingratos y perversos." (Lucas 6:35)

Dios es bueno. Él es generoso, alegre y paciente. El bienestar y la salud fluyen de Él, y hace que todo sea mejor. "Porque Tú, Señor, eres bueno y perdonador, y grande en misericordia para con todos los que te invocan". (Salmos 86:5 RVR-60)

Dios es justo. Él no tiene ni un solo defecto. Siempre es y solamente es de la manera que debe ser. Es el modelo absoluto sobre el cual nosotros podemos establecer nuestras vidas. "Justo es el SEÑOR en todos sus caminos, y bondadoso en todos sus hechos". (Salmos 145:17)

Lo que Dios realmente quiere

El relato de la creación en Génesis (los comienzos) tiene algunos de los detalles más intrigantes acerca de la intención de Dios al relacionarse con nosotros como pueblo e individuos. En primer lugar, fuimos hechos a su imagen para parecernos a Él y para reflejarlo de la forma más significativa, de manera que pudiéramos tener una relación con Él (ver Génesis 1:26 – 27).

Uno de los prerrequisitos en las relaciones interpersonales es tener cosas en común; Dios nos hizo semejantes a Él de modo que no fuera como un extraño para nosotros. Fuimos formados para estar en armonía perfecta con Él y para estar de acuerdo con lo verdadero de Él.

Dios no es un Dios extraño. De hecho, nos previene para que no permitamos que cualquier "dios" aleje nuestros corazones de Él. (ver Salmos 81:9) Aunque es majestuoso e imponente en alcance y poder, nunca tuvo la intención de ser tan diferente a nosotros como para que tuviéramos que batallar para relacionarnos con Él. Lo que hace difícil tener una relación cercana con el Señor son

Y dijo Dios: Hagamos al hombre a nuestra imagen, conforme a nuestra semejanza; y ejerza dominio sobre los peces del mar, sobre las aves del cielo, sobre los ganados, sobre toda la tierra, y sobre todo reptil que se arrastra sobre la tierra. Creó, pues, Dios al hombre a imagen suya, a imagen de Dios lo creó; varón y hembra los creó.
— Génesis 1:26-27

No haya en ti dios ajeno, ni adores a dios extranjero.
— Salmos 81:9

nuestros errores, no lo que desconocemos de Él. Somos su descendencia, sus hijos. Es posible que los padres terrenales algunas veces se pregunten cómo pudieron haber dado a luz a hijos que parecen tan diferentes a ellos en apariencia o en comportamiento. Sin embargo, es inimaginable que el Señor, al anticipar las futuras conversaciones y la unión con nosotros, diera a luz personas que fueran diferentes de Él mismo. Nos parecemos al Señor tanto en imagen como en semejanza.

Debido a que estamos lejos de ser tan grandes como Él es, o de tener su poder, nuestra imagen es como un azul pálido contra su profundo azul real. Sin embargo, en lo más profundo de nuestro ser (el espíritu) somos del mismo color básico que del Señor. Nuestra estructura y constitución están limitadas por realidades físicas, mientras que la composición de Dios no. Sin embargo, al principio su naturaleza fue impresa en nosotros. Por esta razón la historia de la redención y el crecimiento en el Señor puede ser vista como nuestra restauración para volver a ser como Él.

Cada uno de los siguientes versos nos dice algo específico de Dios en cuanto a restaurar a sus hijos a su imagen, tal y como nos había hecho al principio.

Lee el versículo y después escribe lo que Dios dijo.

▲▲▲▲▲▲▲
Romanos 8:29

_____

▲▲▲▲▲▲▲
2 Corintios 3:18

_____

▲▲▲▲▲▲▲
Colosenses 3:10

_____

▲▲▲▲▲▲▲
2 Pedro 1:3 – 4

_____

▲▲▲▲▲▲▲

Al principio, Dios creó al hombre y a la mujer. Dios vio que no era bueno que el hombre estuviera solo, porque esa era la condición en la que Él mismo había estado antes de que creara al hombre. Sabiendo cuán lleno había estado su propio corazón con el anhelo de compartir su amor, le creó una compañera, Eva, su complemento perfecto. De la misma manera en que Dios quiso que el hombre y la mujer estuvieran juntos para tener comunión y conversación entre sí, Él también quiere que estemos a su lado. Al principio, antes de que las decisiones equivocadas del hombre arruinaran la profunda unión entre Dios y nosotros, Él caminaba y conversaba con Adán y Eva, en medio del jardín (leer Génesis 2-3).

Así es como quiere acompañarte en toda tu vida. Día a día, año tras año experimentarás una revelación continua de quién y cómo es el Señor.

> De la misma manera en que Dios quiso que el hombre y la mujer estuvieran juntos para tener comunión y conversación entre sí, Él también quiere que estemos a su lado.

OTROS NOMBRES DE DIOS

Muchas veces, en las Escritras, el Señor le revela a alguien un nuevo aspecto de su carácter, al revelarse con un nuevo nombre. Cuando Moisés se encontró con Dios en una zarza ardiente, Dios le dijo que su nombre era "YO SOY EL QUE SOY" (Éxodo 3:14). Este nombre reveló que Dios es trascendente, eterno y autosuficiente. Dios revela otros aspectos de su naturaleza con otros nombres como:

"El Señor proveerá": "Y llamó Abraham aquel lugar con el nombre de El SEÑOR Proveerá, como se dice hasta hoy: En el monte del SEÑOR se proveerá" (Génesis 22:14). Dios le mostró a Abraham que sin duda Él proveería el sacrificio necesario para pagar nuestros pecados.

"El Señor es mi estandarte": "Moisés edificó un altar y lo llamó «El SEÑOR es mi estandarte»". (Éxodo 17:15) Dios le dijo a Moisés que Él va delante de nosotros y pelea contra lo que se nos oponga.

"Dios de mi salvación": "Dios mío, Dios de mi salvación, líbrame de derramar sangre, y mi lengua alabará tu justicia" (Salmos 51:14 NVI). El salmista aprendió que Dios nos preserva de la muerte y de la destrucción eterna.

Dios es "mi refugio": "Tú eres mi refugio; tú me protegerás del peligro" (Salmos 32:7 NVI). David llegó a entender que podía encontrar seguridad y consuelo en la misericordia del Señor.

"Consejero admirable": "Porque nos ha nacido un niño... y se le darán estos nombres: Consejero admirable" (Isaías 9:6 NVI). El profeta se dio cuenta de que Dios escucha nuestros problemas, comprende nuestras heridas y tiene gran sabiduría para resolver nuestros conflictos.

"Mi Salvador poderoso": "SEÑOR Soberano, mi salvador poderoso que me protege en el día de la batalla" (Salmos 140:7 NVI). El salmista comprendió que no importa qué dificultad nos atrape. Aun cuando sea el resultado de nuestro pecado, Dios, en su misericordia nos librará.

"El buen pastor": "Yo soy el buen pastor; el buen pastor da su vida por las ovejas"(Juan 10:11). Jesucristo reveló el corazón tierno y amoroso de Dios cuando comparó su amor con el de un pastor que defiende a su rebaño del peligro.

El nombre favorito de Dios

La mayoría de nosotros no tuvimos que ver en la elección de nuestro nombre. Nos lo pusieron y, a menos que lo cambiemos, es nuestro de por vida. Sin embargo, hay ciertas situaciones en las que tenemos la oportunidad de decirles a las personas cómo queremos ser llamados. Los abuelos, los novios y amigos cercanos pueden ponernos sobrenombres. Dios tiene muchos nombres y títulos. Él es el "YO SOY," el Eterno, el Todopoderoso, Dios el Proveedor, el Hacedor de

Pues no habéis recibido un espíritu de esclavitud para volver otra vez al temor, sino que habéis recibido un espíritu de adopción como hijos, por el cual clamamos ¡Abba, Padre!
— Romanos 8:15

Y porque sois hijos, Dios ha enviado el Espíritu de su Hijo a nuestros corazones, clamando: ¡Abba! ¡Padre!
— Gálatas 4:6

los cielos y la tierra y muchos otros nombres. No obstante, la intimidad y la ternura con la cual nos ama están envueltas en uno de sus nombres favoritos, el que su Espíritu nos enseña a decir primero, exactamente después de haber sido restaurados para relacionarnos con Él: Abba, palabra Hebrea que quiere decir "Papi". (ver Romanos 8:15; Gálatas 4:6). Al Señor le encanta que lo llamemos "Papi Dios". Él tiene un corazón de padre; es por eso que lo llamamos "Dios nuestro Padre". Es un Padre perfecto, que siempre sabe y hace lo que es mejor para nosotros.

Desafortunadamente, muchas personas terminan con una imagen distorsionada de Dios, porque sus padres terrenales fueron incapaces de ser todo lo que Dios quiso que fueran para sus hijos. Mientras que los padres terrenales pueden estar distantes o usentes, Dios siempre está cerca, porque es "nuestro pronto auxilio en las tribulaciones" (Salmos 46:1). Él "va" con nosotros dondequiera que nos dirijamos (leer Deuteronomio 31:6). En lugar de mostrarse impaciente o de estar constantemente criticándonos como algunos padres terrenales suelen ser, Dios es compasivo y no se impacienta con nosotros por nuestros defectos. Es lento para enojarse, y pronto para perdonar.

NUESTRO PADRE TERRENAL Y PAPI DIOS

Aun hasta los mejores padres dirán y harán cosas que les causen a sus hijos una aflicción prolongada. Nuestros fracasos y debilidades humanas nos hacen vulnerables para lastimar y decepcionar precisamente a las personas a quienes más cariño les tenemos. De modo que las madres y los padres a veces toman malas decisiones y les causan daños permanentes a sus pequeños. Esto es muy cierto cuando un padre pierde la visión de cómo relacionarse con sus hijos. Los hijos de padres terrenales que no tuvieron una relación íntima y positiva con ellos cargarán con una dosis de desconfianza y confusión hacia Dios, su Padre celestial, aun durante su vida adulta. Si viviste una niñez difícil y no tuviste la posibilidad de descansar de verdad en la presencia cercana de tu padre, o por la razón que sea, esto puede explicar algo de tu incomodidad con el Señor. El siguiente cuadro contrasta lo que quizá has esperado de tus padres terrenales con lo que siempre puedes contar de tu Padre celestial.

Padres terrenales	*Dios nuestro Papi*	*Versículos para leer*
Distante o ausente: Tu papá siempre estaba en el trabajo; tenía una personalidad débil; muerto o divorciado, no pasó tiempos prolongados contigo.	***Cercano y siempre presente:*** Nunca te abandonará ni te desamparará; siempre está cerca para ayudarte en momentos difíciles; uno que está cerca, no lejos.	Deuteronomio 4:7; 31:8; Salmos 46:1; 73:28; Jeremías 23:23; Mateo 28:20; Hebreos 10:22

Egoísta o que sólo piensa en sí mismo: La vida familiar se desenvolvía alrededor de sus deseos y conveniencias; muchas reglas confusas; los pequeños "fueron vistos pero no escuchados".	**Compasivo y dispuesto a sacrificarse:** : No escatimó ni a su propio Hijo; Dios con benignidad hace para nosotros lo que nosotros no podemos hacer por nosotros mismos.	Salmos 86:15; 103:4; Isaías 30:18; Daniel 9:9; Oseas 2:23; Mateo 9:36; Juan 3:16; Santiago 5:11
Amoroso condicional: La atención se basaba en logros o comportamientos; las palabras "si" o "cuando" eran los únicos caminos hacia el afecto.	**Amoroso incondicional:** Basado en su promesa, no en nuestro comportamiento; nada nos puede separar de su amor; Él nos amó antes de que nosotros lo amáramos.	Jeremías 31:3; Juan 3:16; Romanos 8:38-39; 1 Juan 4:10
Irascible o violento: Estallidos impredecibles tenían en constante tensión nerviosa; temías por tu seguridad y bienestar; sentías que no podías hacer nada bien.	**Paciente y alentador:** Lento para la ira y abundante en misericordia; concentra su atención en nuestro bienestar; busca hacernos bien y darnos paz.	Nehemías 9:17; Salmos 145:8; Joel 2:13; Jonás 4:2; 2 Pedro 3:9
Se fijaba en los errores y siempre criticaba: Su enfoque siempre estaba en lo malo; te sentías desfavorecido; nunca eras suficientemente bueno ni estabas en lo correcto.	**Perdonador y clemente:** Cubre las faltas y transgresiones; nunca somos "demasiado" malos; nos limpia de la maldad.	Salmos 103:10; Isaías 43:25; Miqueas 7:19; Hebreos 8:12; 10:16-17
Abusivo: Sexual, emocional o verbalmente; tú eras el blanco; su tacto o palabras te avergonzaban; te sentías como sobras desechadas.	**Restaurador y redentor:** Él venda los corazones quebrantados y libera a los cautivos del abuso emocional, físico, espiritual y mental.	Salmos 69:16-20, 29-33; Isaías 40:31; 61;1-3, 7; Jeremías 30:17-18; Joel 2:25; Zacarías 9:12
Controlador y autoritario: Castigos severos que caían sobre ti sin amor; la represión era áspera e improductiva; nunca se te permitió dar explicaciones.	**Amoroso y atento:** Nos atrae con compasión; nos disciplina para nuestro bien; nos deja elegir y nos da libre albedrío.	Deuteronomio 7:7-9; 30:19; 2 Crónicas 16:9; Isaías 49:13, 15; Hebreos 12:5-11

▲ Dios es un Padre
▲ perfecto, que
▲ siempre sabe y
▲ hace lo que es
▲ mejor para
▲ nosotros.

Porque tu esposo es tu Hacedor, el SEÑOR de los ejércitos es su nombre.
— Isaías 54:5

Te desposaré conmigo para siempre; sí, te desposaré conmigo en justicia y en derecho, en misericordia y en compasión; te desposaré conmigo en fidelidad, y tú conocerás al SEÑOR.
— Oseas 2:19-20

Como se regocija el novio por la novia, tu Dios se regocijará por ti.
— Isaías 62:5

Pregunta: del cuadro anterior ¿cuáles características de padres terrenales describe mejor a tu padre terrenal?

▲▲▲▲▲▲▲

¿A través de cuáles características de tu Padre celestial se te ha revelado Dios?

▲▲▲▲▲▲▲

¿Cuál característica de tu Padre celestial es la que sientes necesitar que Dios te revele en este momento? ¿Por qué?

▲▲▲▲▲▲▲

Un esposo fiel

Otra representación de Dios y de cómo se siente en cuanto a estar en relación constante con nosotros puede verse cuando se describe como un Esposo que intencionalmente nos desposa con fidelidad eterna, amor y tierna misericordia (ver Isaías 54:5; Oseas 2:19-20). De igual forma, lo que siente un novio por su novia es lo que siente Dios por nosotros, lleno de una emocionante anticipación respecto a todos los años por venir. (ver Isaías 62:5). Él no quiere una relación casual e intermitente con nosotros, pues ha hecho todo para asegurarse de que lo conozcamos y estemos con Él para siempre.

Es muy triste que tantas personas se imaginen a un dios que apenas puede con ellos. Ven a un dios molesto y perturbado, que, de alguna manera, debe tolerar a las personas que en realidad no le importan. Para estas personas, si les va bien, su relación con Dios es tenue y está basada sólo en su habilidad de hacer las cosas de forma adecuada. Debido a que no comprenden la unión familiar que Dios quiere tener con ellos, sienten que tienen que vivir cumpliendo con ciertos estándares con el fin de ser aceptados. La tragedia es que nadie puede ser lo suficientemente bueno(a) por sí mismo(a) para mantener una relación con Dios. Las personas que no entienden lo mucho que Dios quiere mantener una relación con ellas terminan resentidas con Él. Sienten culpa y rabia.

Qué contraste tiene tal punto de vista con la verdad acerca de Dios. Su amor es tan poderoso, su deseo de cercanía eterna con nosotros es tan apremiante que estuvo dispuesto a renunciar a todo lo que es más valioso para Él, con el fin de restaurar con nosotros la relación que estaba perdida. La historia de la Biblia es en realidad todo lo que Él sacrificó y la razón por la cual tenía que restaurar nuestra relación. En este libro consideraremos dicha historia desde muchos ángulos diferentes pero, por ahora, la verdad más importante que hay que recordar es que Dios siempre quiere una relación con nosotros, más de lo que nosotros la queremos con Él. Dios es el que inicia y el que restaura esa relación.

Nunca tienes que preguntarte si Dios te quiere cerca. Sea como sea, te quiere. Pase lo que pase, hagas lo que hagas, cualquiera que sea la decisión que tomes, puedes estar completamente seguro de que Dios, nuestro Padre celestial, nuestro Esposo, nuestro Hacedor, siempre quiere tenerte cerca, y utilizará cualquier situación de tu vida para revelarte más de Él mismo.

Puesto que Dios es Dios, quien tomó todas las decisiones iniciales respecto a cómo sería diseñada la realidad y quien tiene la última palabra en todo, por eso Él puede ser como quiere. Nadie podría decirle cómo debería ser. No tuvo consejero alguno en la creación (ver Romanos 11:34). Si hubiera querido ser arbitrario, caprichoso, injusto, cruel, rencoroso o descuidado, Él podría haberlo sido.

Dios nos conoce

Finalmente, Dios quiere que lo veamos y lo conozcamos tanto como Él nos conoce (ver 1 Juan 3:2). Dios sabe todo acerca de nosotros, por dentro y por fuera. Conoce todos los lugares a los cuales nos dirigimos con nuestros pies y con nuestros pensamientos; antes de que hablemos algo, ya sabe lo que diremos. Sin embargo, no sólo sabe las cosas acerca de nosotros como los detalles curiosos de nuestro pasado, o todos los sobrenombres que hemos tenido, qué estatura teníamos a la edad de siete años y por qué tenemos una cicatriz arriba de nuestro ojo derecho; nos conoce por quiénes somos, únicos y diferentes de los demás.

Y esto es porque Él mismo nos hizo. El modo en que te hizo o me hizo es diferente al modo en el que hizo a cualquier otro.

Lee el Salmo 139:13 – 16. El salmista se maravilla por la manera como Dios nos creó a cada uno de forma exclusiva.
¿Qué dice este versículo sobre cómo se involucró Dios mientras estuvimos en el vientre de nuestra madre?

▲▲▲▲▲▲▲

La expresión "hecho maravillosamente" en realidad significa "con marcas y distinciones que lo diferencian". El Señor es nuestro diseñador y fabricante. Tenemos un gran consuelo al saber que Dios nos conoce mejor de lo que nosotros nos conocemos. Qué alentador es saber que Aquél que nos hizo, con nuestra notable exclusividad, es el que nos ofrece supervisar los detalles de las circunstancias de nuestras vidas. En efecto, a medida que nos

▲ El amor de Dios es tan poderoso, Su deseo de cercanía eterna con nosotros es tan apremiante que estuvo dispuesto a renunciar a todo lo que es más valioso para Él con el fin de restaurar con nosotros la relación que estaba perdida.

Pues, ¿quién ha conocido la mente del Señor?, ¿o quién llegó a ser su consejero?
— Romanos 11:34

Amados, ahora somos hijos de Dios y aún no se ha manifestado lo que habremos de ser. Pero sabemos que cuando Él se manifieste, seremos semejantes a Él porque le veremos como Él es.
— 1 Juan 3:2

ponemos en sus manos día tras día, en cada situación, regresamos al Fabricante para un trato apropiado y para las reparaciones necesarias.

Puesto que Dios nos hizo diferentes a cada uno, yo no tengo por qué preguntarme si su plan para mi vida sería mejor si se pareciera a lo que Él ya dispuso para la tuya. No necesitas esforzarte al tratar de llevar a cabo la misión de tu vida para la mía. Recuerda, no somos seres que nos creamos a nosotros mismos y que de alguna manera llegamos al planeta y nos presentamos a Dios. Nadie tiene que recordarle quién eres. No somos objetos de estudio o cosas para ser memorizadas por Él. Dios ya te conoce de verdad. Puede diferenciarte entre una multitud reunida en un estadio que presencia un partido de fútbol.

Cuando se trata de nuestros asuntos, su conocimiento y comprensión son intensamente personales. De la misma manera en que una madre conoce a su hijo pequeño: su humor peculiar, los colores favoritos, los jeans que prefiere usar, la vacilación que sintió ante las escaleras de madera y la maestra que tuvo en cuarto año de primaria. Dios nos conoce, tiene la perspectiva desde el interior y está enterado de nuestras susceptibilidades más profundas. Nos conoce y nos ama completamente.

Lee los siguientes versículos, y después describe cómo Dios te tiene presente.

2 Crónicas 16:9

_____

▲▲▲▲▲▲▲

Mateo 10:30

_____

▲▲▲▲▲▲▲

¿Estas ideas cómo cambian tu imagen de lo bien que te conoce Dios?

_____

▲▲▲▲▲▲▲

Parte de la razón por la cual Dios sabe todo acerca de ti, es porque Él es *omnisciente* (lo sabe todo) y *omnipresente* (está en todas partes al mismo tiempo). Cómo no podría saberlo si es conocedor de todo, sabe todo, su presencia lo llena todo y sabe dónde estás. De hecho, está ahí contigo. Sin embargo, Dios te conoce más desde lo profundo de su corazón que por el uso de *sus atributos sobrenaturales*. Él "conoce *íntimamente*" todos tus caminos (Salmos 139:3, énfasis agregado).

Dios piensa en nosotros

Dios tiene mucho tiempo libre. Puesto que existe "desde la eternidad hasta la eternidad", no le falta el tiempo para hacer todo lo que quiera hacer (leer Salmos 90:2). Entonces, ¿qué hace el Dios de todas las cosas con su tiempo?, ¿en qué lo ocupa?, ¿en qué piensa?

Bueno, Él piensa en los que ama. Una de las maneras en las que sabemos que estamos enamorándonos de alguien es que pensamos en esa persona todo el tiempo; no nos lo podemos sacar de nuestra mente. Estar enamorado es estar pensando siempre en alguien: dónde estará, qué estará haciendo y todo lo referente a su personalidad.

▲▲▲▲▲▲▲▲▲▲▲▲▲▲▲▲▲▲▲▲▲▲▲▲▲▲▲▲▲▲▲▲▲▲▲▲

Si llevaras una cuenta de todos los pensamientos que Dios tiene acerca de ti, serían tantos como los granos de arena que hay en todas las playas y en todos los desiertos del mundo.

▲▲▲▲▲▲▲▲▲▲▲▲▲▲▲▲▲▲▲▲▲▲▲▲▲▲▲▲▲▲▲▲▲▲▲▲

Dios piensa en nosotros. De hecho, si llevaras una cuenta de todos los pensamientos que Dios tiene acerca de ti, serían tantos como los granos de arena que hay en todas las playas y en todos los desiertos del mundo. El salmista exclamó: "¡Cuán preciosos me son, oh Dios, tus pensamientos! ¡Cuán grande es la suma de ellos! Si los enumero, se multiplican más que la arena…" (Salmos 139:17–18 RVR-60). ¡Siempre estamos en su mente! En cada instante piensa en nosotros; nunca tenemos que preocuparnos de que nos olvide.

Es posible que tu vida dé giros inesperados, o quiza te encuentres en lugares solitarios desérticos; pero no importan las condiciones o qué tan desesperante parezca ser la vida, Dios siempre te tiene presente. Nada respecto a nuestra vida se escapa de su atención. Él está perpetuamente consciente de ti y de mí.

Lee Isaías 49:14-16. ¿Alguna vez te has sentido olvidado o abandonado por Dios?

_____

▲▲▲▲▲▲▲

¿Con cuánta facilidad crees que una madre se olvida de su hijo?

_____

▲▲▲▲▲▲▲

Si escribieras en tus manos el nombre de alguien, ¿con cuánta frecuencia lo recordarías?

_____

▲▲▲▲▲▲▲

Al pensar en eso, ¿de qué te das cuenta de Dios, tu Padre?

▲▲▲▲▲▲▲

   ¿Sabías que la Biblia dice que Dios se siente bien cuando piensa en nosotros? Cuando se detuvo para examinar lo que había hecho en el principio al crear a Adán y a Eva, su comentario respecto a todo esto, y especialmente acerca de nosotros fue que "era bueno en gran manera" (Génesis 1:31) como la parte preeminente de la creación. Las reflexiones sobre nosotros lo hacen feliz; algunas veces celebra en silencio; otras veces, su regocijo surge como exclamaciones a gran voz en los cielos e incluso hasta hay algunos bailes (ver Sofonías 3:17).

   Este conocimiento de lo que siente Dios por nosotros confronta una idea equivocada que puede causarte muchos problemas en tu caminar con el Señor. Muchas personas creen de manera equivocada, que Dios está disgustado con los seres humanos, que en realidad no le simpatizamos por lo malos que somos. Es verdad que Él aborrece el pecado en nuestra vida y lo odia por lo que éste nos hace a nosotros.

> El SEÑOR tu Dios está en medio de ti, guerrero victorioso; se gozará en ti con alegría, en su amor guardará silencio, se regocijará [el dar vueltas o girar] por ti con cantos de júbilo.
>
> — Sofonías 3:17

CONOCIENDO A DIOS

Utilizando tu Biblia, lee el Salmo 139:1-12. Escribe el versículo que corresponda a las verdades en cada una de las siguientes afirmaciones:

Dios me escudriña y me conoce por dentro y por fuera; así que no debo sorprenderme si Él me sigue amando aunque "se dé cuenta" de cómo soy en realidad.

Él sabe de cada paso que doy, de cada pensamiento que tengo; así que sabe cómo he llegado al lugar donde estoy, y los pasos y pensamientos que me guiarán hacia donde Él quiere que vaya.

Él sabe cómo y dónde vivo, así que puedo estar seguro de que me mostrará lo que no corresponda de mi forma de ser con sus planes para mi vida.

Él me rodea con su cuidado y con su abrazo; así que tiene el control aun en la presencia de mis enemigos.

En donde sea o como sea que acabe, Dios está ahí para esperarme. De modo que nunca tengo que angustiarme por estar alejado de Él de manera que no pueda encontrarlo.

Él puede comunicarse conmigo en cualquier lugar, y en cualquier momento, así que puedo estar tranquilo al saber que puede hablarme de manera que yo entienda con claridad.

La oscuridad y la luz son lo mismo para Dios, así que no importa qué tan espantosas puedan parecer mis circunstancias, o qué tan perdido me sienta en medio de las mismas. Dios ve todo con claridad.

Dios nos ama siempre. Anhela estar con nosotros todo el tiempo por la eternidad. Porque se deleita por completo en nosotros es que ha marcado un camino para quitar los pecados de nuestras vidas. Él hace la diferencia entre nosotros y nuestras necedades. Sus pensamientos acerca de nuestros pecados son opuestos respecto a sus sentimientos por nosotros. Él quiere deshacerse de nuestros pecados, de modo que pueda estar cerca de nosotros.

Hablemos al respecto

▲ Describe cómo considerabas a Dios antes de que leyeras este capítulo. ¿Creías que Él era diferente a la forma en que lo describe la Biblia? Si es así, ¿de qué manera?

_____

_____

▲▲▲▲▲▲▲

▲ ¿Por qué piensas que las personas tienen dificultad en creer que Dios los ama incondicionalmente?, ¿cómo explicarías el amor de Dios con tus propias palabras?

_____

_____

▲▲▲▲▲▲▲

▲ ¿Por qué creó Dios el mundo?, ¿cuál es su propósito para nosotros?

_____

_____

▲▲▲▲▲▲▲

▲ ¿Por qué prefiere Dios que lo llamemos "Papi Dios"? ¿Por qué se nos hace difícil tener una relación cómoda con Él?

_____

_____

▲▲▲▲▲▲▲

▲ Dios quiere que lo busquemos para que tengamos una relación más profunda y más significativa. ¿Lo has hecho con gusto, con todo tu ser, continua e intencionalmente?, ¿has dejado de lado tu forma antigua de pensar y de hacer las cosas?, ¿por qué crees que Dios quiere que cambies la forma antigua de ser?

_____

_____

▲▲▲▲▲▲▲

Tu tiempo con Dios

Comparte tus más íntimos pensamientos y sentimientos con Dios. Dile cualquier cosa que esté en tu mente y descarga en Él lo que sea que haya estado molestándote. Dios quiere acompañarte en el transcurso de tu vida. Pídele una confirmación de que Él está ahí. Pídele que use cada situación de tu vida para revelarte más de Él. Pídele que tome tu mano cuando necesites valor, y pídele que te asegure que tienes fuerzas todavía por descubrir y usar.

Agradécele por lo que ya hizo en tu vida y por lo que ya te reveló acerca de Él. Quizá te gustaría incluir la siguiente oración en tu conversación con Dios.

Padre Dios: Es difícil para mí decir esto, pero te doy gracias por hacerme como soy. Me veo y podría señalar varias áreas donde estoy tentado a creer que cometiste un error. Sin embargo, en lugar de eso estoy optando por creer que me formaste desde el principio con un propósito único y con placer, aunque las cosas que no me gustan de mí están organizadas por Ti para mi bien; incluso, para bendecir a otras personas. Muéstrame cómo puede ser esto una realidad para mí de una forma personal.

Señor, quiero acercarme a Ti. Ábreme los ojos para ver tu corazón dirigido hacia mí. Ahí donde he sido herido o traicionado en el pasado… donde he hecho guardia en mi corazón contra Ti… Señor, sáname. Ayúdame a conocerte por quien eres Tú: mi Papi Dios. En el nombre de Jesús. Amén.

CAPÍTULO DOS

Amados por siempre

Nos encanta ser amados no sólo por lo que aquéllos que nos aman hacen por nosotros, sino por la sensación especial que sentimos al saber que somos amados. Aunque los humanos sean capaces de lograr pasar por la vida sin ser amados por otros y sin sentir que otros se deleitan en ellos, todos queremos ser amados. Esto no es ninguna casualidad, ni ninguna clase de evolución en nuestras emociones. Fuimos hechos de esa manera por un Dios, cuyo único propósito para crearnos fue el de tener una relación duradera de amor y afecto con nosotros de forma recíproca. El sello más grande del toque de Dios es el amor desde el preciso comienzo del universo y a través de la eternidad; Dios es más que un simple sentimiento, es más que una fuerza o una atmósfera de amor: Él es el amor personificado, el amor encarnado (ver 1 Juan 4:8,16). Como vimos en el capítulo anterior, Dios es un ser que puede ser conocido, es real y cuya personalidad y atributos sobrenaturales están más allá de la comprensión humana pero es distinto; sin embargo, es confiable. Dios no sólo es amor. Pero de todos los elementos tangibles o intangibles de la experiencia humana, lo que es cierto del amor viene a ser lo más cercano a describir lo que es cierto de Dios. El amor ejemplifica las características esenciales de Dios, define su naturaleza, sus motivos y sus relaciones a través del tiempo.

En un momento determinado cuando Moisés le pidió al Señor que le revelara más de su esencia y así poder registrar su naturaleza más tangiblemente de manera que lo pudiera entender; el Señor estuvo de acuerdo en "pasar" por un lugar donde Moisés estaría escondido en la grieta de una roca (ver Éxodo 33:21-23). Moisés quería saber a qué clase de Dios iba a seguir. Los milagros que presenció en Egipto lo habían convencido del poder de Dios, pero quería que le diera a conocer su camino (ver Éxodo 33:13). Quería saber toda la verdad acerca del Dios de sus padres: ¿cómo es Dios? ¿Cómo elige revelarse? ¿Cuál es la naturaleza de su gloria?

La respuesta que el Señor le dio a Moisés es muy reveladora. Dios pudo haber declarado cualquier cosa acerca de Sí mismo. Si te

> El amor ejemplifica las características esenciales de Dios.

EN ESTE CAPÍTULO APRENDERÁS QUE...

▲ Dios es amor.

▲ Fuimos concebidos por Dios en amor.

▲ Dios nos da la bienvenida y nos honra.

▲ Dios nos quiere con Él para siempre.

▲ Amamos a Dios al aceptar su amor por nosotros.

▲ Dios nos ha adoptado en su familia.

▲ El amor de Dios nos sorprende continuamente.

El que no ama no conoce a Dios, porque Dios es amor... Y nosotros hemos llegado a conocer y hemos creído el amor que Dios tiene para nosotros. Dios es amor, y el que permanece en amor permanece en Dios y Dios permanece en Él.
— 1 Juan 4:8, 16

Cerca de mí hay un lugar sobre una roca —añadió el Señor—. Puedes quedarte allí. Cuando yo pase en todo mi esplendor,...
— Éxodo 33:21-23 (NVI)

Ahora pues, si he hallado gracia ante tus ojos, te ruego que me hagas conocer tus caminos para que yo te conozca y halle gracia ante tus ojos.
— Éxodo 33:13

pidieran que te describieras en pocas palabras, ¿qué dirías de ti mismo que quisieras que quedara registrado para todos los tiempos? Mencionarías tu desempeño en la escuela?, ¿de qué podrías jactarte realmente? Mira lo que el Señor le dijo a Moisés:

"Entonces pasó el SEÑOR por delante de él y proclamó: El SEÑOR, el SEÑOR, Dios compasivo y clemente, lento para la ira y abundante en misericordia y verdad; el que guarda misericordia a millares, el que perdona la iniquidad, la transgresión y el pecado".
– Éxodo 34:6 – 7

En Éxodo 34:6-7, Dios nos da a conocer las cualidades más significativas de sí mismo. Lee estos versículos y describe cómo cada una de sus características es una manifestación de amor:

Compasivo _____
_____
▲▲▲▲▲▲▲
Clemente _____
_____
▲▲▲▲▲▲▲
Lento para la ira _____
_____
▲▲▲▲▲▲▲
Abundante en misericordia _____
_____
▲▲▲▲▲▲▲
Abundante en verdad [y confiabilidad] _____
_____
▲▲▲▲▲▲▲
Guarda misericordia _____
_____
▲▲▲▲▲▲▲
Perdona _____
_____
▲▲▲▲▲▲▲

El amor impulsó a Dios a concebirnos. Ese amor no sólo fue un amor genérico para una especie, no nos hizo a todos para tener muchos seres humanos, moviéndose como una masa confusa, así como las mascotas. La verdad es todo lo contrario; su amor es una parte intrínseca de quién Él es. Su amor es tan poderoso y creativo, tan vivificante y dador de vida que le produce el anhelo de relacionarse con cada una de las personas. Todos nacemos del anhelo singular en el corazón de Dios.

EL AMOR DE DIOS DISPONE TODAS LAS COSAS

El amor de Dios dispuso un lugar magnífico para Adán y Eva. Todo lo que podrían querer o necesitar estaba en el Jardín del Edén. ¡Qué diseño tan espectacular! Se les dio la gerencia sobre toda la creación y la libertad para satisfacer sus deseos (con ciertas excepciones). El Jardín del Edén era una imagen del tipo de lugar que Dios quiere hacer para nosotros: no era un lugar pequeño, ni una reserva de segunda mano, el alojamiento no era un cuartel espartano. Al darnos cuenta lo grandioso que fue el Edén y al entender quién lo hizo (Dios) y por qué lo hizo (para que nosotros lo disfrutáramos), comprendemos lo que Dios tiene planeado para nuestro futuro.

El diablo estará atento para retar continuamente lo que Dios nos dice y lo que Él dispone para nosotros. Exactamente de la manera que el enemigo tentó a Adán y a Eva para que dudaran de los motivos que Dios tenía para poner ciertas cosas en orden; de esta manera el diablo intentará convencernos de que Dios cuando nos dice cómo vivir, está tratando de quedarse con algo bueno, en vez de dárnoslo. (Leer Génesis 2:7-9; 3:1-6) Entre más conozcamos a Dios y su amor, más capacitados estaremos para resistir las mentiras que el enemigo nos dice.

La primera mentira decía básicamente: "Dios no quiere darte lo que realmente deseas, o lo que te dará satisfacción". Escucharás esa mentira a lo largo de tu vida con el Señor. Puede ser que tome formas un tanto distintas o que se relacione con asuntos distintos como lo que comes o lo que ves, pero tratará de hacer que te alejes de los mandamientos del Señor. Así que cada vez que empecemos a tener estos pensamientos, debemos comparar lo que la primera pareja disfrutó en el Edén con lo que les quedó después de creer en esa mentira (leer Génesis 3:16-24).

Dios no espera a que llegue el día de nuestro nacimiento para amarnos; nos ama y nos conoce desde antes de tener existencia física. Mientras estábamos todavía en el vientre de nuestra madre, Dios hacía y formaba los detalles de nuestra existencia para que encajaran con el deseo que estaba en su corazón (leer Salmos 139:13-16). En otras palabras, Dios comenzó diseñando a la persona que Él quería que fueras y luego siguió ese "plano" paso a paso que duró nueve meses. El amor de Dios es "desde la eternidad hasta la eternidad" (Salmos 103:17), eso significa que su amor por ti es previo a tu existencia, antes de que tuvieras cualquier oportunidad para ganártelo o merecértelo.

Muchas veces, en tu diario vivir con Dios, serás arrastrado por un camino que cuestiona si Dios todavía te ama o no (especialmente después de que hayas hecho algo malo). Hay muchas otras razones por las cuales Él nunca dejará de amarte, que exploraremos a lo largo de este libro. Sin embargo, desde el comienzo, permite que esta simple verdad te dé un fundamento contra las mentiras que escucharás. Fuiste amado antes de que fueras alguien; "amado" fue el primer atributo de tu existencia. Eso es lo que la Biblia quiere decir cuando afirma: "Él [Dios] nos amó primero" (leer 1 Juan 4:19, énfasis agregado). Antes de que existiera nuestra raza, el amor de Dios lo motivó a crearnos; antes de que tú o yo fuéramos hechos por sus manos, Él ya nos amaba.

El amor de Dios tiene su historia, su amor por nosotros no es algo que decidiera recientemente; así como Él mismo, su amor ha existido desde la eternidad. A causa de su benevolencia y de este afecto duradero hacia nosotros, Dios ha hecho cosas maravillosas para todos.

Lee los siguientes versículos, ¿qué hace Dios como resultado de su amor eterno hacia nosotros?

Jeremías 31:3

_____

▲▲▲▲▲▲▲

Deuteronomio 4:37; 7:8

_____

▲▲▲▲▲▲▲

Tito 3:4-5

_____

▲▲▲▲▲▲▲

El amor (re)definido

Dios no piensa como nosotros; sus caminos son diferentes a los nuestros. Por eso, en nuestro caminar con Él, con frecuencia tendremos que adoptar nuevas definiciones de las palabras con el fin de comprender lo que nos está diciendo. El significado que Dios le da a la palabra amor y el que nosotros le damos son dos conceptos muy diferentes. Quizá la mejor manera de completar nuestra comprensión del amor de Dios sea viendo la palabra ágape en el Nuevo Testamento. Las dos palabras que mejor traducen ágape son: "bienvenida" y "honor". El amor ágape de Dios nos da la bienvenida y nos quiere cerca de Él; constantemente nos invita y nos atrae. Más que estar irritado por tener que tolerarnos, se deleita en tener el mayor contacto y la mayor conexión posible con nosotros. Su amor nos da la bienvenida.

Más allá de eso, su amor nos confiere honor e increíble valor. Aunque Dios no tiene par y nadie en toda la creación se le iguala, elige relacionarse con nosotros en términos de respeto, muy parecido a la forma en que un padre interactúa con un hijo. En otras palabras, Dios no sólo se deleita en nuestra cercanía con Él sino también en quiénes somos. Tiene un alto concepto de nosotros y nos valora de acuerdo con el lugar que nos ha dado en el orden de su creación, como mayordomos de la tierra. Él mismo nos corona con "gloria y honor" (leer Hebreos 2:7).

Tan solo imagina... Dios nos ama tanto que siempre quiere más de nosotros, quiere que estemos más cerca de Él de lo que estamos y nos valora manteniéndonos en un concepto muy alto. ¡Que diferencia tan grande hay entre lo que Dios piensa de nosotros y lo que pensamos de nosotros mismos! La mayoría de las personas supone que Dios apenas puede soportar verlos, y que son más un problema que una bendición. Tenemos la tendencia a pensar mal de nosotros, y si tuviéramos la oportunidad de escapar de nuestra presencia, lo haríamos. Nuestro pensamiento natural concluye que debemos ser apenas tolerables a sus ojos. La verdad es que ante sus ojos somos algo "precioso" y dignos de "honor" (leer Isaías 43:4).

> Dios no sólo se deleita en nuestra cercanía con Él sino también en quiénes somos.

Una de las mejores palabras para describir los sentimientos de Dios hacia ti es "deleite". Él no está renuente a darnos su amor sino que está decididamente dispuesto a colmarnos de deleites.

Lee el Salmo 35:27. ¿Qué disfruta Dios con y por nosotros?

_____

▲▲▲▲▲▲▲

Lee Proverbios 3:12. ¿Por qué Dios nos corrige y nos da instrucciones?

_____

▲▲▲▲▲▲▲

Lee Isaías 62:4. ¿Qué sobrenombre te da el Señor?

_____

▲▲▲▲▲▲▲

Lee Malaquías 7:18 ¿Por qué Dios te perdona?

_____

▲▲▲▲▲▲▲

Lee el Salmo 37:23. ¿Por qué el Señor ordena tus pasos?

_____

▲▲▲▲▲▲▲

El amor de Dios se extiende con un abrazo que nos atrae a Él antes de que hagamos algo y continúa atrayéndonos a pesar de cualquier cosa que pudiéramos hacer. Su amor nunca es una respuesta a lo que hacemos por Él; cualquiera puede dar amor a cambio de amor (ver Lucas 6:32). Mucho antes de que hubiéramos deseado una unión con Dios, su amor activó nuestra relación con Él al basarse en su capacidad de dar y de servir, no en la nuestra (ver Romanos 5:8; 1 Juan 4:10).

> Si amáis a los que os aman, ¿qué mérito tenéis? Porque también los pecadores aman a los que los aman.
> — Lucas 6:32

> Pero Dios demuestra su amor para con nosotros, en que siendo aún pecadores, Cristo murió por nosotros.
> — Romanos 5:8

> En esto consiste el amor: no en que nosotros hayamos amado a Dios, sino en que Él nos amó a nosotros y envió a Su Hijo como propiciación por nuestros pecados.
> — 1 Juan 4:10

Porque así (de tal manera) amó Dios al mundo

El SEÑOR, el SEÑOR, Dios compasivo y clemente, lento para la ira y abundante en misericordia y fidelidad.
— Éxodo 34:6

De manera que Cristo more por la fe en vuestros corazones y que arraigados y cimentados en amor, seáis capaces de comprender con todos los santos cuál es la anchura, la longitud, la altura y la profundidad, y de conocer el amor de Cristo que sobrepasa el conocimiento, para que seáis llenos hasta la medida de toda la plenitud de Dios.
— Efesios 3:17 – 19

En esto se manifestó el amor de Dios en nosotros: en que Dios ha enviado a su Hijo unigénito al mundo para que vivamos por medio de Él.
— 1 Juan 4:9

Amarás al Señor tu Dios con todo tu corazón, con toda tu alma y con toda tu fuerza.
— Deuteronomio 6:5

Dios abunda en amor (ver Éxodo 34:6). Su amor se derrama desde su corazón y fluye a cada uno de nosotros de manera profunda y personal; habiendo puesto su amor en todos, tiene un insaciable deseo por nosotros. De la misma manera en la que nos gustaría pasar el resto de nuestras vidas sobre la tierra con los seres que amamos, Dios quiere estar toda su vida con nosotros, y esto significa para siempre. Puede parecer casi un sacrilegio plantearlo de esta manera, pero Dios es adicto a ti y a mí; su deseo vehemente por nosotros es intenso y consumidor; su vida entera está concentrada en tenernos; sería semejante a las personas cuando llegan a estar absorbidas por diferentes búsquedas o sustancias.

▲▲▲▲▲▲▲▲▲▲▲▲▲▲▲▲▲▲▲▲▲▲▲▲▲▲▲▲▲▲▲▲▲▲▲▲▲▲

Impulsado maravillosamente por su perpetuo amor hacia nosotros, e impulsado por su abundante misericordia, Dios intercambió lo que era más valioso para Él, su único Hijo, como rescate para ganar nuestra liberación de las garras de la muerte.

▲▲▲▲▲▲▲▲▲▲▲▲▲▲▲▲▲▲▲▲▲▲▲▲▲▲▲▲▲▲▲▲▲▲▲▲▲▲

Por esta razón, Dios no podría soportar la posibilidad de la eternidad sin nosotros. No somos un simple interés complementario o una manera en la que desperdicia ociosamente los iones, tampoco somos un pasatiempo ocasional que toma en momentos de aburrimiento. Somos el único enfoque de su corazón, somos la razón por la cual hizo al mundo maravillosamente. Impulsado maravillosamente por su perpetuo amor hacia nosotros, e impulsado por su abundante misericordia, Dios intercambió lo que era más valioso para Él, su único Hijo, como rescate para ganar nuestra liberación de las garras de la muerte.

Lee Juan 3:16. Usando la analogía de la adicción, Dios ha estado tan asombrosamente consumido por nosotros que no puede sacarnos de su sistema o de su corazón. Explica por qué el Señor "entregó" a su Hijo. ¿Qué quiso decir?

▲▲▲▲▲▲▲

Ese acto de sacrificio manifestó por todos los tiempos la altura, la anchura y la vasta profundidad del amor de Dios por nosotros (ver Efesios 3:17-19; 1 Juan 4:9). De esa manera Dios amó al mundo. Cuando Dios nos dice que lo amemos con todo nuestro corazón, con toda nuestra alma, con toda nuestra mente y con todas nuestras fuerzas (ver Deuteronomio 6:5), no está estableciendo algunos estándares para un nivel de rendimiento aceptable, por el contrario, Él sabe cómo debe funcionar el amor, el amor es el tipo de amor que queremos tener con nuestro cónyuge, total y absoluto. Soñamos con tener una relación en la que amemos a otra persona con todo nuestro ser y cualquier cosa que carezca de esto es insatisfactoria. El amar a Dios totalmente nos satisface más que solamente amarlo un poquito.

La razón principal por la cual Dios nos pide que lo amemos de esa forma es porque Él mismo nos ama con todo su corazón, con toda su alma, con toda su mente y con todas sus fuerzas. Está totalmente enamorado de nosotros.

Dios se ha asegurado de que nada nos vuelva a separar de Él ni de todo el amor que tiene para darnos. Ningún sufrimiento, consternación ni agonía en nuestra vida tendrá el poder de empujarnos más allá del alcance de su amor; sin importar el pasado que lleguemos a tener o el futuro que nos espera, sin tener en cuenta ninguna de las fuerzas espirituales dispuestas en batalla en nuestra contra, Dios nos amará como siempre.

Pregunta: ¿Alguna vez te ha preocupado que haya sucedido algo que pudiera separarte del amor de Dios?

_____

▲▲▲▲▲▲▲

¿Alguna vez te has sentido muy lejos de Él, especialmente después de haber hecho algo que sabes que está mal?

_____

▲▲▲▲▲▲▲

¿Alguna vez has estado tan deprimido o abrumado por las ocupaciones de la vida que incluso hasta te olvidaste de pensar en Dios?

_____

▲▲▲▲▲▲▲

Lee Romanos 8:35–39. Nuestros sentimientos nos dicen con frecuencia que es imposible que Dios siga amándonos, después de todo lo que ha sucedido. La Biblia nos dice que es imposible que Dios cambie su opinión acerca de nosotros.

_____

▲▲▲▲▲▲▲

Recibe el amor de Dios

Observa cómo la Biblia dice que el amor de Dios está en Jesucristo (ver Romanos 8:38-39). Jesús es la expresión tangible del amor de Dios, de la misma manera que Él es la representación exacta de todo lo que es Dios mismo (ver Colosenses 1:15; Hebreos 1:3). Como aprendimos antes, el amor define la naturaleza y los motivos de Dios; el amor es una parte inseparable de todo lo que Él es. Dios envió a su Hijo (amor) al mundo; quienquiera que le dé la bienvenida a su Hijo recibe su amor. Alguna vez te has preguntado: *"¿Dios puede amarme y quiere relacionarse conmigo después de lo que hice?"*, formúlate otra pregunta: *"¿Aún le doy la bienvenida a Jesús en mi corazón?"* Ambas preguntas tienen la misma respuesta.

Porque estoy convencido de que ni la muerte, ni la vida, ni ángeles, ni principados, ni lo presente, ni lo por venir, ni los poderes, ni lo alto, ni lo profundo, ni ninguna otra cosa creada nos podrá separar del amor de Dios que es en Cristo Jesús Señor nuestro.
— Romanos 8:38-39

Él es la imagen del Dios invisible, el primogénito de toda creación.
— Colosenses 1:15

Él es el resplandor de su gloria y la expresión exacta de su naturaleza, y sostiene todas las cosas por la palabra de su poder.
— Hebreos 1:3

A lo suyo vino, y los suyos no le recibieron.

— Juan 1:11

Y este es el juicio: que la luz vino al mundo, y los hombres amaron más las tinieblas que la luz, pues sus acciones eran malas. Porque todo el que hace lo malo odia la luz, y no viene a la luz para que sus acciones no sean expuestas.

— Juan 3:19-20

Cuando Dios envió a su Hijo Jesucristo al mundo, su invitación fue clara: "Los amo a cada uno y quiero relacionarme con ustedes para siempre; reciban mi amor". La sencilla y triste verdad es que la mayoría de personas no aceptó, ni acepta la invitación de Dios. Jesús encarnando el amor de Dios vino a las personas que habían sido creadas por su amor. Sin embargo, la mayoría lo rechazó (ver Juan 1:11). Decidieron no identificarse con Él porque su presencia proyectaba luz sobre las cosas malas que estaban haciendo y diciendo entonces optaron por quedarse en la oscuridad, lejos de Dios y de su amor (ver Juan 3:19-20).

Como estamos viendo, el amor de Dios no es una emoción pasiva e incorporada; aunque Él piensa en nosotros todo el tiempo, no sólo hace esto. Nuestra cultura nos enseña que el amor es más que nada, un sentimiento interno, que ocasionalmente se manifiesta haciendo algo por quien amamos. A diferencia de esto, el amor verdadero, el amor ágape, es más que un sentimiento; es una forma de ser hacia los demás, una disposición, una decisión, un conjunto de comportamientos, una manera de relacionarse con las personas. Éste actúa y toma la iniciativa.

El amor de Dios da, se extiende y se nos ofrece activamente a ti y a mí. A cambio, nuestro amor debe recibir, abrazar y aceptar activamente su amor. Él inicia, nosotros respondemos; Él ama, nosotros recibimos ese amor. Esto puede parecer un asunto de poca importancia, pero es una de las verdades más significativas que aprenderás.

Esto explica por qué debemos recibir intencionalmente a Jesucristo en nuestro corazón y darle la bienvenida a nuestra vida. Dios le extiende su amor a todos, pero sólo aquéllos que reciben a su Hijo reciben su amor. Es igual como dar regalos en Navidad o en un, cumpleaño, alguien puede envolver un regalo y dártelo, pero sólo es tuyo cuando lo tomas y lo abres. Aceptar a Jesús en tu corazón es la única forma de recibir el amor de Dios. Las personas no reciben el amor de Dios hasta que reciben a Jesús.

> El amor de Dios *da, se extiende* y se nos *ofrece* activamente a ti y a mí. A cambio, nuestro amor debe *recibir, abrazar* y *aceptar* activamente su amor.

Esta verdad también define cómo le expresamos nuestro amor a Dios. La manera fundamental de amar a Dios es recibiendo y aceptando su amor por nosotros, el cual siempre es primero. Nuestro papel no es el de generar amor para Él o idear formas para demostrarlo. La grandeza de su amor nos ha capacitado para que simplemente lo abracemos. Es como ser invitados a una cena; nuestro anfitrión quiere que aceptemos la invitación y nos presentemos.

Jesús nos cuenta la parábola de un gran banquete de bodas que sería ofrecido por un noble (leer Mateo 22:1-14), quien convidó a todos los invitados de su lista preparada cuidadosamente, pero casi todos estaban demasiado ocupados con otras cosas como para asistir; así que este noble promulgó el aviso de que todas y cada una de las personas eran bienvenidas para disfrutar la celebración. Personas con diferentes ocupaciones y de todos los estratos sociales se presentaron el gran día; al lugar llegó un invitado vestido inadecuadamente para la ocasión, por lo cual lo echaron fuera.

Jesús resaltó varios puntos significativos con esta parábola: Ninguno de los invitados a la boda se había ganado el derecho de estar allí, pero todos fueron bienvenidos; no fueron rechazados. Estos mismos principios se aplican al gran banquete de la boda de Cristo y su novia; nos han invitado a todos, lo único que nos corresponde hacer es aceptar la invitación gratuita y prepararnos con nuestros mejores vestidos para esa ocasión tan especial.

Lee Isaías 61:10. ¿Cuál es la vestimenta adecuada, sin la cual no podemos asistir al banquete del cielo?

▲▲▲▲▲▲▲

Nuestra inclinación natural nos quiere llevar a hacer cosas para Dios para probar cuánto lo amamos. Esto no está mal, pero debemos tener cuidado, porque podemos caer en una trampa sutil que nos hará sentir indignos de su amor. Es perfectamente aceptable e incluso deseable enviar una nota de agradecimiento como muestra de nuestro aprecio por la invitación a la encantadora cena, pero si de alguna manera queremos probar que somos dignos de ser invitados a la cena y comenzamos a concentrar nuestra atención en todas las cosas que deberíamos estar haciendo para Dios, y no lo hemos hecho; no hemos entendido nada.

Sentimos condenación cada vez que nos confundimos respecto a la manera de expresarle nuestro amor a Dios. Todo lo que podemos hacer por Él es recibir y aceptar su amor por nosotros. Cada vez que tratamos de hacer algo más que simplemente responder con agradecimiento a la forma como nos amó primero, nos vemos en problemas; El orgullo se pondrá la máscara del amor, nos dirá lo qué podemos y debemos hacer por Él, de la misma manera a lo que Dios hace por nosotros.

En adopción

Así como es imposible que una niña adopte a sus nuevos padres, es imposible estar en igualdad con Dios. Las emociones de gratitud y alegría, se pueden entender las cuales son completamente apropiadas. Así como sus padres adoptivos entraron a su vida con amor y provisión, la pequeña quiere demostrar su amor en una forma parecida. Sin embargo, los padres ya llevaron a cabo la adopción. Cuando adoptamos a alguien como nuestro, asumimos la responsabilidad completa de cuidar a esa persona. La adopción es una acción hecha por el proveedor y es quien ofrece los cuidados, no quien recibe esos cuidados.

Dios te ha adoptado. De acuerdo con la bondad y el afecto de su corazón para todas las personas, hizo un camino para que tuviéramos una relación permanente con Él mediante Jesucristo (ver Efesios 1:5). El Hijo de Dios es unigénito, pero Dios adopta a todas y a cada una de las personas que quieran llegar a ser parte de

> ▲ El Hijo de Dios es
> ▲ unigénito, pero
> ▲ adopta a todas y
> ▲ cada una de las
> ▲ personas que
> ▲ quieran llegar a
> ▲ ser parte de su
> ▲ familia eterna.

Nos predestinó para adopción como hijos para sí mediante Jesucristo, conforme al beneplácito de su voluntad.
— Efesios 1:5

Así también nosotros, mientras éramos niños, estábamos sujetos a servidumbre bajo las cosas elementales del mundo. Pero cuando vino la plenitud del tiempo, Dios envió a su Hijo, nacido de mujer, nacido bajo la ley, a fin de que redimiera a los que estaban bajo la ley, para que recibiéramos la adopción de hijos. Y porque sois hijos, Dios ha enviado el Espíritu de su Hijo a nuestros corazones, clamando: ¡Abba! ¡Padre!

— Gálatas 4:3–6

su familia eterna. La adopción no se basa en que seamos buenos o en lo bien que nos hemos comportado en el orfanato durante los últimos años. No somos adoptados en recompensa por lo bien que seguimos las reglas del orfanato.

Dios nos escogió a ti y a mí simplemente porque se deleita en nosotros. Y nos quiere en su familia. La gran noticia es que las reglas del orfanato ya no tienen nada que ver con nuestra posición, una vez que comencemos a vivir en nuestro nuevo hogar (ver Gálatas 4:3-6). Los hijos hacen cosas que no deben, pero no pierden su identidad familiar. A pesar de todas las decisiones equivocadas y de todos los errores, todavía siguen siendo hijos e hijas.

Lee Juan 1:12-13. ¿Qué privilegio recibimos de Dios cuando aceptamos a Jesús en nuestras vidas?

_____

▲▲▲▲▲▲▲

¿De quién es la voluntad y la fuerza que lleva esto a cabo?

_____

▲▲▲▲▲▲▲

Ahora lee 1 Juan 3:1. ¿Por qué Dios quiere llamarnos hijos suyos?

_____

▲▲▲▲▲▲▲

Una vez más, vemos con cuánta pasión Dios quiere tener una unión eterna con nosotros. Al adoptarnos, ha establecido la naturaleza de esa relación para todos los tiempos. De hoy en adelante se refieren a nosotros como hijos en el hogar de Dios. Esto se relaciona con haber recibido a Jesucristo, el Hijo de Dios y con su amor. Dios extiende su amoroso regalo de adopción; nosotros respondemos a su oferta al recibir a Jesús en nuestra vida. Jesús, el Unigénito de Dios, nos ha invitado a su vida como hermanos. Llegamos a ser parte de su familia cuando lo recibimos en nuestra vida.

EL AMOR QUITA EL TEMOR

En esto se perfecciona el amor en nosotros, para que tengamos confianza en el día del juicio, pues como Él es, así somos también nosotros en este mundo. En el amor no hay temor, sino que el perfecto amor echa fuera el temor, porque el temor involucra castigo, y el que teme no es hecho perfecto en el amor.—

—1 Juan 4:17-18

Una de las verdades más difíciles de comprender del reino de Dios es cuán envolvente es el amor que Dios nos tiene y cuán perdonador es en su totalidad. En lo profundo de nuestros corazones ansiosos nos preocupamos por la posibilidad de ser castigados por lo que hemos hecho mal.

Después de todo, nuestra mente nos dice que no tendremos escapatoria alguna, puesto que el Señor lo sabe todo y lo ve todo. Tenemos pavor del día del juicio cuando cada "palabra vana" que hemos pensado o dicho quedará expuesta (leer Mateo 12:36). Nos imaginamos que cada acción o pensamiento será proyectado en una pantalla de video gigante para que la multitud reunida lo vea. Qué bueno que me ama, pensamos, porque de otra forma, recibiría una sentencia severa.

Efectivamente, Dios ha fijado un día en el cual juzgará al mundo en justicia mediante Jesús (leer Hechos 17:31), a quien designó para juzgar a los vivos y a los muertos. Y basará su juicio en las palabras que ha dicho y cómo las personas han respondido a ellas (leer Hechos 10:42 y Juan 12:48). Cada persona cuyo nombre no esté escrito en el Libro de la Vida será juzgada de acuerdo a sus obras, en el día del juicio que está por llegar lo cual es una realidad inminente; ese día Dios dará un castigo severo a toda la injusticia (leer Apocalipsis 20:11-15).

No obstante, para aquéllos que hemos puesto nuestra confianza en Cristo y en su justicia, en lugar de la nuestra, el día del juicio será un tiempo de gozo increíble. Nuestros nombres estarán escritos en el Libro de la Vida y todas nuestras obras y palabras injustas estarán "escondidas en Cristo"; sus palabras y lo que Él hizo en la cruz será el único punto cuando seamos nombrados para nuestro juicio (leer Colosenses 3:3-4).

Además, cuando seamos llevados ante el trono de Dios y la presencia de todo ser creado; Jesús interrumpirá los procedimientos de la corte justo antes de que la lista de nuestros pecados y el juicio contra nosotros sean leídos. Él responderá por todos los cargos en contra nuestra, los cuales serán retirados sobre tres consideraciones:

1. Jesús mismo ya pagó el castigo por nuestros pecados y no podemos ser juzgados una segunda vez por crímenes previamente saldados (leer Romanos 8:3; Hebreos 9:26; 10:12-18).

2. Nuestros nombres quedaron permanentemente escritos en el Libro de la Vida, así que hemos evitado cualquier juicio. Tenemos inmunidad al juicio y no podemos ser procesados (leer Juan 3:18; 5:24).

3. Él está feliz y orgulloso de que seamos parte de su familia, porque lo confesamos ante las personas sobre la tierra, Él nos confiesa alegremente ante el Padre y responde por nosotros (leer Mateo 10:32; Marcos 8:38, Hebreos 2:11; Apocalipsis 3:5).

Dios quiere eliminar de nuestras vidas el temor al castigo. Su amor no sólo reduce nuestra sentencia; la quita; Él no cambia un delito mayor por uno menor. Limpia y elimina por completo la ofensa de nuestros registros. Piénsalo de esta manera: en el día del juicio, el video de toda tu vida estará editado con amor y perdón. La versión resultante será más corta que la original y será catalogada como más blanca que la clasificación "A" para toda audiencia.

Él quiere que tengas confianza en su amor, pero no desea que te jactes de tu relación con Él al decir: "Mi Papi es Dios, así que puedo hacer todo lo que quiera impunemente". Mientras tratas de vivir tu vida de forma sincera en el Señor (y fallas en vivirla a la perfección), Él desea que confíes que su amor cubre todos tus defectos. Entre más camines con Dios, estarás más asombrado de su amor y menos preocupado de meterte en problemas.

Sellos característicos del amor de Dios

El verdadero amor es como una gema de muchas facetas, cortada y pulida para irradiar el esplendor de Dios en cada situación imaginable y desde un sinnúmero de ángulos diferentes. El amor de Dios es una variable constante, como un clima cálido tropical; no es generado por nosotros en lo absoluto; simplemente es y así será siempre. Un turista que aterriza en Hawai no espera afectar el clima, sólo planea disfrutarlo. El amor de Dios es una condición similar que prevalece así.

Porque nos ama y porque siempre es el mismo (ver Santiago 1:17), Dios es constante en la forma de actuar hacia nosotros y en lo que piensa de nosotros. El amor siempre se expresa con acciones; así que, ¿cómo se comporta Dios con nosotros por el amor que nos tiene? ¿Cómo debemos esperar que responda un Dios amoroso, en contraposición a un dios sin amor?, ¿cuál es su disposición hacia nosotros? ¿Qué modales tendrá al tratar contigo durante toda tu vida?

Uno de los pasajes más conocidos de la Biblia que habla de la verdadera naturaleza del amor ágape es 1 Corintios 13:4-7. Al ampliar las palabras individuales que se utilizan en estos versículos para definir el amor, podemos llegar a tener una imagen más completa de lo magnífico que es el amor del Señor para cada uno de nosotros. Así es el amor que Dios te tiene:

> Toda buena dádiva y todo don perfecto viene de lo alto, desciende del Padre de las luces, con el cual no hay cambio ni sombra de variación.
> — Santiago 1:17

> El amor es paciente, es bondadoso; el amor no tiene envidia; el amor no es jactancioso, no es arrogante; no se porta indecorosamente; no busca lo suyo, no se irrita, no toma en cuenta el mal *recibido*; no se regocija de la injusticia, sino que se alegra con la verdad; todo lo sufre, todo lo cree, todo lo espera, todo lo soporta.
> —1 Corintios 13:4-7

1. **Siempre Paciente** *(indulgente, no es de mal genio):* Le importamos a Dios tanto que con paciencia nos sigue cuidando durante todos nuestros años. Él desiste (se abstiene) de hacernos pagar las consecuencias justas que merecemos por nuestro comportamiento. Cuando estamos seguros de que "ahora sí metimos la pata", y que "la vamos a pagar," Dios continuará sorprendiéndonos con su misericordia. Incluso hasta cuando se nos acaba la paciencia con nosotros mismos, Él sigue teniéndonos mucha paciencia.

2. **Siempre Bondadoso** *(útil provechosamente, no está fuera de la realidad de nuestras vidas):* Dios siempre piensa en lo que más nos beneficia en cada situación y adapta sus actividades de forma práctica para que nos sea de provecho. Él nos coloca en

una posición de ventaja en la vida. Continuamente nos muestra sus "pequeñas bondades" y nos hace favores permitiendo que las cosas funcionen aún cuando parece que no hay solución. Puesto que a Él le importan nuestras necesidades diarias, nos viste y alimenta de su bondad (leer Mateo 6:25-34).

3. **Nunca es celoso** *(dador alegre, no está ansioso por obtener algo para Sí mismo):* Dios lo tiene todo y está totalmente completo; no piensa que está perdiendo o que le falta algo al darnos continuamente lo que necesitamos. Él no es tacaño, avaro ni celoso del bien que nos hace. La envidia no nubla su vista como lo hace con la nuestra y nunca se retracta de darnos, pensando que "ya es hora" de que le demos a Él.

4. **Nunca es jactancioso** *(nos promueve a nosotros, no a Sí mismo):* Como Él es Todopoderoso, el Señor de señores, Dios no tiene ninguna necesidad de jactarse o de asegurar su propia posición. Una y otra vez actúa como nuestro abogado para darnos ventajas y ayudarnos, y para elevar nuestra posición en la vida. Su concepto de verdadera grandeza, de tener el "lugar más selecto del universo", es servir a otros y hacer cosas por ellos (ver Mateo 23:11-12). Además no se jacta de su grandeza sino que la usa a nuestro favor. A través de lo que hace, nos permite descubrir cuán grande es Él.

5. **Nunca es arrogante** *(con atención delicada, no es prepotente):* No usa su lugar de preeminencia y poder en el universo, su magnífica e imponente majestad para permanecer distante de nosotros o altivo sino para darnos dignidad, autoestima y valor mediante su atención. No es arrogante ni distante. Por el contrario, se inclina de la misma manera que un adulto lo hace para hablar amablemente con un niño, a fin de estar en el mismo nivel. Dios viene a nuestro mundo aun cuando vivimos a mundos de distancia.

6. **Nunca es impropio** *(correcto en Su comportamiento, no es excéntrico):* En todas las situaciones únicas de nuestra vida, Dios siempre hace lo que más nos conviene y lo que funciona perfectamente. La forma en que expresa su amor por nosotros nunca nos causará vergüenza. Él es sobrenatural, no es raro. Nos ofrece sensatez de mente y corazón, no peculiaridad.

7. **Nunca es egoísta** *(generoso, no busca lo suyo):* El Señor no nos ama por lo que pueda sacar de la relación sino por lo que sabe que puede darnos. No busca lo que mejor funciona para Él; opta por lo que mejor funciona para nosotros. Es como un especialista en matemáticas que le ofrece su ayuda a un alumno de cuarto año de primaria, con una tarea de aritmética. De no ser el simple placer de hacer algo por el bien de los demás; no hay ningún otro beneficio posible.

> Pero el mayor de vosotros será vuestro servidor. Y cualquiera que se ensalce, será humillado, y cualquiera que se humille, será ensalzado.
> — Mateo 23:11-12

8. **Nunca se irrita** *(paciente, no se desespera con facilidad):* Aunque la ira de Dios viene por el pecado que arruina la vida de sus hijos, nunca se desespera con nosotros. Nunca se sale de casillas, ni cruza los límites por nuestras acciones. Tarde o temprano esperamos que diga: "Se acabó; hasta aquí llegué contigo". Si tuvimos padres terrenales que explotaban en cólera, nos imaginamos que Dios va a fastidiarse y a enfurecerse; pero Él no lo hará jamás.

9. **Siempre perdonador** *(olvidadizo, no le importan los errores).* Dios no vive contemplando las cosas que hemos hecho para decepcionarlo o para lastimarlo; más bien, elige conscientemente hacerlos a un lado para que Su corazón esté lleno sólo de los recuerdos placenteros de nosotros. En realidad, echa nuestros pecados tras Su espalda donde no pueda verlos (ver Isaías 38:17). Puesto que estamos tan conscientes de todas las veces que le hemos llevado nuestros pecados, parece razonable esperar que Él nuevamente los traiga de regreso; pero no lo hace, ni lo hará nunca.

> He aquí, por mi bienestar tuve gran amargura; eres tú quien ha guardado mi alma del abismo de la nada porque echaste tras tus espaldas todos mis pecados.
> — Isaías 38:17

10. **Siempre justo** *(concentra su atención en lo bueno, no en lo malo):* Dios no se deleita cuando algo doloroso o triste nos sucede; tampoco considera con satisfacción que nos lo merecemos. Él se regocija con cada oportunidad que tiene para poder cambiar tus circunstancias, de tal modo que todo resulte verdaderamente bien. Se nos hace difícil no fijarnos en las cosas malas que los demás hacen. Aunque no queremos pagar las consecuencias de nuestras acciones, fácilmente opinamos que las otras personas sí deberían hacerlo. Dios, por su parte, hace que el sol ilumine a todas las personas, sin importar lo que merecen.

11. **Siempre verdadero** *(misericordioso encubridor, no exhibe):* Dios sabe y ve todo en nuestras vidas, incluso nuestros pensamientos íntimos y comportamiento del pasado, pero en lugar de sacar a relucir todas esas realidades vergonzosas vez tras vez, les pone un techo y las cubre en silencio. Si hay alguien que puede reportar nuestros malos actos y exhibirnos, es Dios. Sin embargo, la verdad de su amor cubre multitud de violaciones y errores en nuestras vidas (ver 1 Pedro 4:8). No esconde las cosas para tenerlas encubiertas. Las encubre para liberarnos de su poder humillante.

> Sobre todo, sed fervientes en vuestro amor los unos por los otros, pues el amor cubre multitud de pecados.
> — 1 Pedro 4:8

12. **Siempre vulnerable** *(darse de Sí por completo):* Nadie ha sido rechazado con más frecuencia o con más intensidad que Dios. A pesar de que damos media vuelta y nos alejamos de Él o rehusamos abrir nuestro corazón para escucharlo, no levanta defensa contra nosotros y sabe que probablemente lo rechacemos otra vez. Lo dejamos esperando cuando quiere comuni-

carse con nosotros; no le hacemos caso; le decimos que no queremos hablarle hoy. Aún así, Él se ofrece y está siempre listo para ayudarnos, sin reproche ni indignación.

13. **Siempre esperanzado** *(entusiasmado acerca del futuro):* Dios está esperando ansiosamente un gran futuro con nosotros. En anticipación a los tiempos por venir, nos confía cosas acerca de lo que tiene en mente. Su pensamiento de largo alcance nunca pierde de vista los días felices que tendremos con Él más adelante. Tiene planes para nuestro futuro, que nos dan una esperanza a la cual asirnos en los momentos en que nuestra situación sea dolorosa. Él dice..."Te enseñaré cosas grandes y ocultas que tú no conoces" (Jeremías 33:3 RVR-60).

> El amor de Dios es un fundamento de roca sólida tan resistente, tan fortificado, que prácticamente sobrevive a todo lo demás en la vida.

14. **Siempre duradero** *(solidariamente persistente, no es frágil bajo presión):* El amor de Dios es un fundamento de roca sólida tan resistente, tan fortificado que prácticamente sobrevive a todo lo demás en la vida. Puede resistir el peso de cargas increíbles de basura, cosas que normalmente terminan con las relaciones personales. Nadie en la tierra podría tolerar el tipo de basura que hemos arrojado hacia Dios: mentiras, traiciones, inconsistencia y más. A lo largo de nuestros días y de todas nuestras necedades, sus brazos eternos, nos envuelven fuertemente en un abrazo amoroso (ver Deuteronomio 33:27).

15. **Siempre constante** *(decididamente enfocado en un punto central, no errático):* Dios ha determinado ser inmutable en su amor por nosotros sin importar lo que hagamos. Su intención de amarnos abarca todo, nunca terminará ni fallará. Su amor, como su existencia, no tiene fin, es duradero.

Hablemos al respecto

▲ Describe cómo definías el amor antes de que leyeras este capítulo. ¿Qué quiere decir Dios con la palabra amor? Explica con tus propias palabras cómo el amor es más que sólo un sentimiento; es una forma decidida de actuar hacia otros. ¿En qué formas Dios se relaciona en amor con nosotros?

_____

_____

▲▲▲▲▲▲▲

> El eterno Dios es tu refugio, y debajo están los brazos eternos.
>
> — Deuteronomio 33:27

▲ ¿De qué manera nos honra Dios? ¿Te sorprende darte cuenta de que Él quiere estar contigo más de lo que tú quieres estar con Él? ¿Cómo cambia esto, lo que sientes hacia Dios?

_____

_____

▲▲▲▲▲▲▲

▲ ¿Por qué Dios quiere que lo amemos con todo nuestro corazón, con toda nuestra mente, con toda nuestra alma y con todas nuestras fuerzas?, ¿cuál es la mejor forma en la que podemos amarlo? ¿Ya aceptaste la invitación del Señor al gran banquete que está ofreciendo en el cielo?

_____

_____

▲▲▲▲▲▲▲

▲ ¿Cómo se aseguró Dios de que nada nos separará otra vez de Él y de todo el amor que tiene para darnos?

_____

_____

▲▲▲▲▲▲▲

▲ ¿Por qué crees que a las personas se les hace difícil recibir el amor incondicional de Dios?, ¿qué es lo que nos hace tratar de ganarnos su favor y amor?, ¿puedes identificar algún área de tu vida en la que te sientas inseguro de su amor; algo que hayas hecho y que haga que te preguntes cómo es posible que todavía te ame?

_____

_____

▲▲▲▲▲▲▲

▲ Lee nuevamente todos los atributos del verdadero amor que se encuentran en 1 Corintios 13. Selecciona tres de las cualidades del amor y medita en cómo el amor de Dios lo motiva a Él a relacionarse contigo. ¿Qué respuestas esperas ahora de un Dios amoroso diferentes a las que antes te imaginabas?

_____

_____

▲▲▲▲▲▲▲

▲ ¿Has perdido la paciencia contigo mismo?, ¿sientes que realmente hiciste algo mal y que ahora lo pagarás?, ¿de qué maneras te ha sorprendido Dios con su misericordia y su amor?

▲▲▲▲▲▲▲

Tu tiempo con Dios

Pídele a Dios que te ayude en forma muy práctica, que haga que las cosas funcionen cuando de otro modo no resultaría. Dios quiere abogar por ti. A Él le importan las necesidades diarias de tu vida y quiere ayudarte con los pequeños detalles.

Reflexiona sobre las cosas que has hecho mal en tu vida. Recuerda que el amor de Dios cubre una multitud de faltas y equivocaciones. Dios encubre las cosas para liberarnos de su poder humillante. Agradéceselo.

Dale gracias porque en cada momento de tu vida eres bendecido por su amor. El amor del Señor te consuela, te calma y te levanta. Cuando tengas necesidad de consuelo, debes saber que Dios siempre está ahí contigo. En la presencia de Dios el desánimo se transforma en valor y la esperanza se hace realidad.

Como parte de tu tiempo en oración con Dios es posible que quieras incluir la siguiente oración:

Padre eterno: Estoy asombrado por la posibilidad de que realmente Tú puedas amarme de esta forma; estás tan lleno de deleite y eres tan acogedor. Ni mi corazón ni mi mente lo pueden entender. Suponía que serías menos íntimo, que estarías menos dispuesto a estar cerca de mí. Creo que esa es la razón por la que me he quedado distante y he sido impersonal contigo, excepto en aquellos momentos de gran necesidad.

No eres impersonal ni remoto en lo absoluto, ¿verdad? Me dispongo a tu asombroso amor, Señor, y pido que me ayudes a superar este tipo de temor hacia Ti. Te agradezco porque no tengo que trabajar para ganarme tu aprobación; Tú fuiste quien me quiso antes de que yo ni siquiera comenzara a quererte.

Ahora vengo con el deseo de confiar más en Ti por todas las cosas que tu amor provee: Ventajas, refugio, aliento, esperanza, misericordia y satisfacción.

Recibo el regalo de amor que me ofreces en la persona de Jesús, tu Hijo. Estoy tan humildemente agradecido que me recibas en tu presencia por medio de Él y de compartir todos los privilegios de ser llamado tu hijo amado. En el nombre de Jesús. Amén.

CAPÍTULO TRES

Perdonados

Cuando en verdad nos damos cuenta de que todo lo que Dios ha hecho a través de los tiempos ha sido con el único propósito de (re)establecer una relación íntima con nosotros, una relación que nos llene, vemos las cosas de una manera muy diferente a como lo hacíamos antes. En realidad, Dios no es lo que nos imaginamos, el juez distante que está en el cielo tachando el nombre de las personas una tras otra, a medida que fallan en vivir de acuerdo a sus expectativas. Por el contrario, Dios es un Dios de amor que se angustia por la maldad que introducimos en nuestras vidas y en las de otros, la cual trae como resultado la muerte. Cuando elegimos formas de creencias o de vida que sacan a Dios de la ecuación de tu vida, la pérdida que Él siente es más desgarradora que la pérdida multiplicada que puede sufrir cada padre en la tierra por la muerte de un hijo.

Él nos creó a cada uno de manera particular con un propósito y más que ninguna otra cosa desea compartir con nosotros toda su vida para siempre. Se propone mantener la cercanía e intimidad de nuestra relación con Él a cualquier precio, aun cuando Él mismo tenga que pagarlo.

Así que, ¿cuál es el problema? si Dios es Dios, ¿no puede hacer lo que quiera? Si quiere hacer algo de una forma particular, rápida, así lo puede hacer, ¿cierto? ¿Por qué se necesita ser mantenida y restaurada la relación de Dios con los seres humanos? ¿no podría arreglar todo de una vez por todas y hacerlo infalible? De esta forma, todos podríamos vivir felices para siempre.

Esto nos lleva al asunto central de toda la creación. En cierto modo toda la historia es: el tema, la trama de cómo Dios trata con cada uno de nosotros. Con el fin de entender la magnitud de lo que Dios hizo por ti, primero debes entender una realidad que a las personas no les gusta oír: El pecado. La razón por la cual la mayoría de personas no quiere hablar del pecado es sencilla: De cualquier manera que uno defina sus propios límites personales entre el bien y el mal y entre el comportamiento aceptable e inaceptable; todos sabemos que hemos hecho mal. Nadie ha sido capaz de salir adelante en la vida de acuerdo con sus propios estándares de conducta.

> Con el fin de entender la magnitud de lo que Dios hizo por ti, primero debes entender una realidad que a las personas no les gusta oír: El pecado.

Instintivamente retrocedemos ante el recuento de nuestras maldades. No nos gusta que nos recuerden las cosas malas que hemos hecho, ya sea porque nos sentimos mal respecto a las mismas y quisiéramos que no hubieran sucedido, o porque planeamos hacerlas otra vez y no queremos saltar los obstáculos de nuestra conciencia para hacerlo de nuevo. No nos gustaría que nuestras incursiones queden expuestas en la oscuridad mental, emocional o física.

Literalmente, pecar significa "errar el tiro, quedar corto, descuidar la mira, extraviar el lugar donde se supone que deberías estar y, esencialmente, perderte de lo que habrías recibido si le hubieras dado al blanco". Un pecado es tanto el mal que hacemos o pensamos, como el resultado de ese mal.

Las consecuencias no son lo mismo que los castigos que pueden ser administrados o no. Un hijo puede o no ser castigado o encerrado por quebrar el florero que su mamá le dijo que no tocara. Sin embargo, de un modo u otro la consecuencia de lo que hizo mal es la misma: el florero está quebrado.

De acuerdo con los siguientes versículos, ¿cuáles son las consecuencias o los resultados automáticos cuando pecamos?

Romanos 6:16,21

▲▲▲▲▲▲▲

Gálatas 6:8

▲▲▲▲▲▲▲

Todos quieren dejar el pecado enterrado en el pasado, sin ningún efecto posterior en el futuro. Queremos terminar con lo que hemos hecho y no tener que enfrentarlo. El problema es que el pecado no se desaparece por su cuenta, tiene consecuencias persistentes. Quizá si el pecado de alguna manera no tuviera consecuencias, si al tirar el florero no se quebrara, el pecado podría ser olvidado o pasado por alto como si no existiera.

El pecado nos separa

El pecado sí tiene consecuencias. De hecho, si piensas en la forma que otros te han hecho mal, lo que permanece contigo no es tanto lo que hicieron sino lo que eso te ocasionó, la consuencia que tuvo en tu vida. Una vez que alguien peca en contra de nosotros gravemente, sucede algo curioso: El mal proceder de esa persona llega a ser más prominente en el panorama de nuestra relación que lo que él o ella es. Perdemos de vista al individuo porque el pecado cobra enorme importancia en nuestra vida. Lo que no podemos "superar" o "dejar atrás" bloquea nuestra relación.

El pecado siempre termina en muerte; esto no significa que sea un final físico de la vida de alguien, sino una interrupción de la relación con las personas contra las que hemos pecado y un final a la vida futura que habríamos disfrutado si no hubiéramos pecado (ver Romanos 6:23). La muerte, como la Biblia la define, es una pérdida de la relación y una pérdida del futuro.

Lo puedes ver de esta manera: Una de las leyes espirituales que gobierna la dinámica de la vida es que el pecado trae como resultado muerte. No puedes tener una relación con una persona y a la vez, con el pecado que esa persona cometió contra ti. Sus acciones o sus palabras llegan a ser el punto central de tu atención. Si te aferras a su pecado, tienes que olvidarte de la relación. Como Adán y Eva optaron por ignorar las instrucciones de Dios, el pecado entró al mundo y la muerte vino junto con el pecado. A partir de ese momento, la muerte se extendió a todas las personas porque ellas (y nosotros) continuaron tomando el mismo tipo de decisiones terribles como Adán y Eva (ver Romanos 5:12).

Pregunta: ¿Puedes pensar en algo que alguien te hizo o te dijo hace varios años que probablemente el individuo ya olvidó pero que todavía te causa un profundo dolor?

▲▲▲▲▲▲▲

Las palabras o los hechos de esa persona quizá no dejaron una impresión duradera. El comportamiento tampoco afectó al resto del mundo; principalmente cayó encima de ti y se te hace difícil quitarte de encima las consecuencias personales de ese pecado. Casi es imposible separar lo que la persona hizo de lo que te hizo a ti. Tu florero se quebró cuando lo quebraron.

Pregunta: ¿Por qué es difícil continuar una relación con las personas que nos han traicionado o han quebrantado la relación?

▲▲▲▲▲▲▲

¿Puedes ver cuál era el dilema de Dios?

▲▲▲▲▲▲▲

Los pecados cometidos contra otros también tienen una consecuencia en la persona que cometió los pecados, aun cuando es posible que no estén conscientes de esa consecuencia. Así como el pecado afecta a otros con sus consecuencias mortales, también trae consecuencias eternas en la vida del pecador. Cada cosa mala que hemos hecho, aunque se dirigía a otras personas y no a nosotros mismos, básicamente ha sido una ofensa contra Dios.

Cada error apunta a un golpe que corta e ignora los límites que Dios ha puesto para su creación (leer Salmos 51:4). Por esta razón, estabas muerto en tu relación con Dios con tus "delitos y pecados" (leer Efesios 2:1). En otras palabras, fuiste separado de tu unión con el Señor, "excluidos de la vida de Dios" (leer Efesios 4:18). Habías perdido el derecho a una vida futura (eterna) con Él (leer Efesios 2:12).

> Porque la paga del pecado es muerte, pero la dádiva de Dios es vida eterna en Cristo Jesús Señor nuestro.
> — Romanos 6:23

> Por tanto, tal como el pecado entró en el mundo por un hombre, y la muerte por el pecado, así también la muerte se extendió a todos los hombres, porque todos pecaron.
> — Romanos 5:12

> Contra ti, contra ti sólo he pecado, y he hecho lo malo delante de tus ojos, de manera que eres justo cuando hablas, y sin reproche cuando juzgas.
> — Salmos 51:4

▲▲▲▲▲▲▲▲▲▲▲▲▲▲▲▲▲▲▲▲▲▲▲▲▲▲▲▲▲▲▲▲▲▲▲▲▲▲
Con el fin de restaurar lo que las personas habían eliminado, Dios tuvo que destruir la causa de toda la devastación; tuvo que deshacerse de nuestro pecado.
▲▲▲▲▲▲▲▲▲▲▲▲▲▲▲▲▲▲▲▲▲▲▲▲▲▲▲▲▲▲▲▲▲▲▲▲▲▲

Aunque no estemos físicamente muertos, hemos llevado una vida espiritual apartados de la presencia del Señor. Adán y Eva tuvieron que dejar su lugar en el jardín perfecto. Acabaron por esconderse de Dios, en lugar de tener una relación y comunicación íntima con Él como la tenían antes de su pecado (ver Génesis 3:8). Así también nosotros hemos vivido la vida lejos de la presencia y de los planes de Dios.

El pecado y la muerte arruinaron todo lo que Dios había querido que disfrutáramos junto con Él. Con el fin de restaurar lo que las personas habían eliminado, Dios tuvo que destruir la causa de toda la devastación; tuvo que deshacerse de nuestro pecado.

El perdón:
La única solución

El pecado es una marca permanente en nuestros registros es como una mancha de tinta indeleble que se derramó sobre una camisa blanca de algodón. La intención original de Dios era que nadie pecara, exactamente como nosotros esperamos que nunca nadie haga nada para lastimarnos ni ofendernos. Es un gran plan siempre y cuando nadie lo eche a perder, pero se necesita otro plan cuando todos tienen manchas oscuras en sus camisas y en sus blusas. Dios vio que nadie en la tierra era perfecto; todos se desviaron de sus caminos. Por eso, Él mismo actuó para rescatarnos de nuestra condición desesperada (ver Isaías 63:5).

El tema del pecado es un punto central de las buenas noticias que Dios quiere compartir con el mundo, por eso el sabe quién lo ha cometido y la forma de ser removido nos ayuda a distinguir con seguridad las religiones falsas; porque algunas enseñan que las personas pueden llegar a ser tan espirituales o tan puras que ya no pecan más y otras ideologías están convencidas de la bondad básica de las personas, una bondad que solamente es estorbada por factores externos en el medio ambiente, por la crianza o por falta de educación.

Lee los siguientes versículos y analiza lo que tienes que decir al respecto:

2 Crónicas 6:36

▲▲▲▲▲▲▲

> Y oyeron al SEÑOR Dios que se paseaba en el huerto al fresco del día; y el hombre y su mujer se escondieron de la presencia del SEÑOR Dios entre los árboles del huerto.
> — Génesis 3:8

> Miré, y no había quien ayudara, me asombré de que no hubiera quien apoyara; entonces Me salvó Mi brazo, y fue Mi furor el que Me sostuvo.
> — Isaías 63:5

Romanos 3:10-12, 23

▲▲▲▲▲▲▲
Santiago 3:2

▲▲▲▲▲▲▲

Una de las primeras cosas que hizo el Señor fue encerrar "a todos [los hombres] en desobediencia [en pecado]" (Romanos 11:32, *énfasis agregado*). Intensificó la conciencia de la maldad en todas las personas y le proveyó al mundo un manual de instrucción llamado "ley", que todos pudieran leer para saber cómo debían o no funcionar las cosas. La finalidad de la ley es convencernos de la necesidad del perdón de nuestros pecados (ver Gálatas 3:24). No tenemos, en lo absoluto, ninguna esperanza de mantener nuestra vida en Dios por medio de nuestra propia perfección, pues, como dice el dicho: *"Nadie es perfecto"*.

Nuestra cultura usa esto como una excusa: "Comparado con las demás personas, yo hago las cosas bastante bien. Tú también cometes errores". Sin embargo, Dios no tiene imperfecciones. Él hizo el universo para que funcionara en perfección y belleza, no en fallas ni manchas. Su intención bondadosa es que las cosas estén bien y no mal. No puede reconciliar la maldad con su bondad, pues no hay lugar para distorsiones en medio de la perfección. Es como si un experto que trabaja la madera tratara de encajar tablas que están mal cortadas en un gabinete diseñado exquisitamente. El mal y el bien no pueden ir juntos. Incluso, si se permite que una sola equivocación sea parte de una ecuación, el error afecta todo el resultado.

Por el bien de lo que Dios siempre ha querido para nosotros, no podría haber dicho simplemente: "Oh bien, buen intento; no te preocupes por lo que haces mal; juntos encontraremos alguna forma de trabajar en eso más adelante". Nuestro pecado no podía ser adaptado; tenía que ser desplazado; las cosas que hacemos mal no podían ser consideradas; tenían que ser eliminadas. No había ninguna posibilidad que Dios fingiera no haber visto. La naturaleza intrínseca del pecado, de las transgresiones y de la maldad es arruinar lo que está bien; el mal actúa para destruir; siempre introduce a la muerte. Dios no podía permitir que esta situación se perpetuara. Al hacerlo así, sería como un doctor que, a sabiendas del diagnóstico, quitara la cuarentena de los pacientes infectados con un virus como el ébola, altamente contagioso y mortal. Sólo había una solución: El perdón.

¿Qué es el perdón?

Junto con el amor, el perdón es la dinámica fundamental y más poderosa de las buenas noticias que Jesús le ha entregado al mundo. Mediante el perdón, Dios devuelve lo que está perdido, repara lo que está roto y restaura su relación con nosotros. El perdón es el plan infalible que Dios ha implementado, de modo

De manera que la ley ha venido a ser nuestro ayo *para conducirnos a Cristo*, a fin de que seamos justificados por fe.
— Gálatas 3:24

que nuestra relación con Él permanezca en constante restauración, en lugar de estar en la necesidad de ésta. Sólo así viviremos felices con el Señor por el resto de nuestras vidas. El perdón es la obra milagrosa de Dios para salvarnos de las consecuencias de nuestro pecado. Nos lleva del lugar equivocado en el que hemos estado como resultado de nuestro pecado al lugar correcto, al cual nos invitó.

Lee Romanos 1:16 y 1 Corintios 1:18. La palabra que significa poder es dunamis, de la cual obtenemos la palabra dinamita, que quiere decir: "Fuerza, poder milagroso, habilidad, trabajo poderoso". En nuestra cultura no tenemos la tendencia a pensar en el perdón como una fuerza poderosa sino como una respuesta bastante endeble de alguien que ha sido víctima ¿De qué maneras puedes ver el perdón como un gran poder?

▲▲▲▲▲▲▲

Lo que nuestro lenguaje natural comunica respecto al perdón es muy diferente a lo que realmente acarrea. La mayoría de las veces lo usamos después de pequeños errores cometidos: "Perdóname; no me di cuenta de que el asiento estaba ocupado"; o le pedimos a otros perdón con poca frecuencia por ofensas específicas: "perdóname; nunca debí decir eso". En consecuencia, no nos damos cuenta de la magnitud y del poder del perdón.

¿Qué revela la Biblia acerca del perdón y cómo funciona en nuestro diario vivir con el Señor? Para comenzar, el perdón es una de las características más imponentes de Dios: "Pero en ti hay perdón, para que seas reverenciado" (Salmos 130:4). El perdón es la última palabra, la declaración final que puede ser emitida respecto al destino final de alguien. El perdón tiene la autoridad de conceder un indulto; si cometieras un crimen capital y fueras sorprendido en el acto, y fueras sometido a un juicio y sentenciado, enfrentarías a varias personas, cada una de ellas con autoridad sobre tu vida. Éstas incluirían al detective que te arrestó, al fiscal que trajo evidencia contra ti, al jurado que te declaró culpable, al juez que te sentenció y al guardia que te encarceló; pero ninguno de ellos podría igualar la autoridad que tiene el gobernante, quien tiene el poder de concederte clemencia.

Jesús nos dijo que no temiéramos al que solamente puede afectar esta vida, sino al que tiene autoridad para afectar nuestra eternidad (leer Lucas 12:4-5.) La clemencia y el perdón siempre pueden superar al juicio, pues tienen lugar después de que el veredicto y la sentencia hayan sido anunciados (ver Santiago 2:13). El perdón tiene el derecho innegable de tener la última palabra, y una vez que ha sido dicha, no hay nada más que se pueda decir, excepto "gracias".

> ▲ El perdón es la obra milagrosa de Dios para salvarnos de las consecuencias de nuestro pecado.

> Porque el juicio será sin misericordia para el que no ha mostrado misericordia; la misericordia triunfa sobre el juicio.
> —Santiago 2:13

El perdón levanta, limpia y echa fuera

Hay dos ilustraciones que nos ayudan a visualizar el sifnificado del perdón y lo que hace. Primero, nos quita un peso de encima, se lleva lo que estábamos cargando. Todos podemos identificarnos con la lucha que se libra bajo el peso de los errores que hemos cometido; "pesan" en nuestra conciencia. Nuestros errores llegan a ser una carga pesada y abruman nuestro corazón como una deuda muy grande; sin embargo la mayoría de nosotros desecha el peso de las cosas que hacemos después de algunas horas o días. El pecado es un estorbo pesado y en el ámbito espiritual, todos los errores cometidos por una persona se acumulan durante el transcurso de su vida, hasta formar una carga muy pesada, una deuda tan grande que es imposible sostener. El perdón despoja de nuestras vidas ese peso que se ha acumulado.

Segundo, el perdón también limpia la mancha del pecado; no es preventivo, como una servilleta desdoblada sobre tus piernas que previenen que tu ropa se eche a perder por causa de alimentos que se te derramen. El perdón da un paso más: se encarga de lo que tu servilleta no pudo hacer: lava tu ropa y la deja tan limpia como si fuera nueva, quita la mancha de arándanos de tu camisa blanca de algodón, dejándola "blanca como la nieve" (Isaías 1:18). ¿Alguna vez has notado cómo la mancha más pequeña llama toda la atención? Un manchón sobre un vestido o sobre un pantalón se destaca más que el resto de la tela, porque no coincide con el patrón original. De la misma manera ocurre con el pecado.

Lee el Salmo 51:1-9. Encuentra todas las palabras que David usa para pedirle a Dios que perdone su pecado.

▲▲▲▲▲▲▲

¿David ve su pecado?

▲▲▲▲▲▲▲

¿Contra quién pecó?

▲▲▲▲▲▲▲

¿Qué le dice David a Dios en el versículo 7?

▲▲▲▲▲▲▲

¿Eso te da esperanza para tus propios pecados?

▲▲▲▲▲▲▲

Hemos derramado un incontable número de productos sobre la tela de nuestra existencia; hemos limpiado nuestras manos sucias y

grasosas en los lienzos blancos de nuestro corazón; hemos participado en un juego rudo y descuidado que ha mancillado y ensuciado
nuestra alma. El perdón limpia y quita toda mancha y cualquier rastro de lo que una vez nos ensució.

El tema común en ambas ilustraciones es que el perdón borra
nuestros errores al separarnos de nuestros pecados, corta la unión
que tenemos con lo que hicimos; nuestros crímenes ya nunca más
estarán conectados a nosotros, pues son removidos y arrojados
atrás. Eso es exactamente lo que queremos, que nuestro pecado sea
suprimido fuera de la ecuación de nuestra vida y que quede sin
poder para afectar el futuro. El único poder real que tenemos en
nuestras propias fuerzas es aparentar que nuestros pecados nunca
sucedieron. Dios nos ofrece un verdadero perdón, que limpia y
quita las manchas por los pecados que sin duda a través de nuestra
vida hemos cometido.

El perdón, contra lo que merecemos

¡Eso es maravilloso! Es exactamente lo que queremos todos. Así que,
¿por qué alguien habría de luchar con la idea del perdón? Por muy
extraño que parezca, generalmente a las personas e incluso a los
creyentes, se les dificulta mucho aceptar el perdón de Dios. En el
transcurso de tu vida con el Señor descubrirás que el perdón es una
de las verdades espirituales más difíciles de aceptar, pues, como es
costumbre, no pensamos como Dios. Su manera de hacer las cosas
casi siempre es contraria a la nuestra.

Si alguna vez has comprado un carro nuevo, sabes que los mon-
tones de pagarés duran mucho más que la emoción y olor de estre-
nar tu vehículo, porque mes tras mes debes abonar a la deuda tu
cheque de pago; por el contrario, el perdón es como tener a alguien
que pague el total del préstamo. El montón de pagarés ya no
cuenta, pero a veces es difícil acostumbrarse a que éstos ya no tengan significado, porque la fuerza del hábito puede hacernos sentir
como si todavía debiéramos pagar.

El perdón es un regalo gratuito de Dios para todos los que aceptan a Jesús como su Salvador. Este es el significado de Salvador: "El
que nos rescata del poder del pecado". No hacemos nada para
merecer nuestro perdón (ver Romanos 6:23).

Un indulto que conmuta una sentencia no es lo mismo que la
"reducción de la pena" por buen comportamiento. No hay absolutamente nada que podamos hacer para merecer el perdón por nuestros propios méritos. El perdón no es un salario que ganamos; no
podemos aumentar nuestra cuota de perdón al agregar horas extras
o esfuerzo. El único salario que hemos podido ganar por nuestro
pecado es la muerte.

> Porque la paga del pecado es muerte, pero la dádiva de Dios es vida eterna en Cristo Jesús Señor nuestro.
> — Romanos 6:23

PALABRAS QUE HABLAN DEL PERDÓN EN EL ANTIGUO Y NUEVO TESTAMENTO		
Idioma	**Palabra**	**Significado**
Hebreo, AT	*Nasa'*	Levantar, arrojar, perdonar, quitar o hacer desaparecer.
Griego, NT	*Aphi'emi*	Enviar hacia delante o lejos, poner a un lado, soltar, renunciar a.

A causa de que a todos nos gusta lograr cosas por nuestra cuenta, nos molesta cuando se nos dice que no podemos hacer nada para cambiar la situación de nuestra vida; por nuestro orgullo, es difícil aceptar que el perdón es completamente independiente de nuestro comportamiento. No hay conexión entre el regalo del perdón y lo que hacemos o dejamos de hacer. Si nos detenemos a pensar en esto, es ridículo; queremos ser perdonados, lo cual significa que es necesario que se remueva toda conexión entre nosotros y nuestros hechos, pero estamos tentados por el deseo de ganarnos el perdón por nuestros propios esfuerzos.

Esta es otra de las muchas trampas que esperan atraparte mientras vives tu vida como creyente. Escucharás las mentiras que murmuran sus (verdaderas) acusaciones para llevarte a una conclusión terrible y engañosa: *"No mereces ser perdonado después de lo que hiciste. Ahora Dios nunca te perdonará".* De ninguna manera merecemos el perdón; éste es el punto central. Un criminal condenado en el corredor de la muerte no puede hacer nada para merecer perdón mientras está esperando la ejecución; su única esperanza está en el indulto proveniente del gobernante de la nación. *¡Nuestra única esperanza está en el Gobernante del universo!*

No más sacrificios

Otro de los temas que Dios introdujo al mundo después de que surgió el pecado fue; el sacrificio. Como aprendimos en el capítulo anterior, el sacrificio siempre ha sido una forma de mantener cercana la relación de Dios con su pueblo. El sacrificio está directamente ligado al perdón. El pecado siempre actúa como una cuña y su presencia separa a las personas. El pecado como es lo opuesto a lo que Dios quiere, alejó a nuestra raza de Dios y trajo la muerte; así que Dios tuvo que encontrar la manera de quitarlo de nuestras vidas. De otra forma no había la posibilidad de mantenernos juntos con Él. Por consiguiente, implementó la manera en que las personas se pudieran liberar de sus pecados, al transferirlos a un animal. El animal que cargaba con el pecado era sacrificado, llevado a la muerte, como una ofrenda por la culpa (leer Levítico 1:4; 4:13-21; 5:15-16).

La paga del pecado siempre es la muerte. En el sistema de sacrificios del Antiguo Testamento, cuando la culpa era pagada por un animal sacrificado, la multa por la muerte ya no tenía que ser pagada por la persona culpable. Este proceso era llamado expiación: "Cubrir y limpiar el pecado con la sangre de otro" (ver el recuadro de la Jornada de Fe "¿Por qué la sangre para la expiación?").

¿Alguna vez has escuchado hablar del *chivo expiatorio*? Generalmente usamos este término para describir a alguien que paga las consecuencias y carga con el castigo que otro se merecía. En realidad, ese no es el significado original. De hecho, eso es lo opuesto al significado que se le da en el pasaje de la Biblia de donde fue tomado. La palabra chivo expiatorio viene de uno de los detalles específicos que el Señor dio acerca de la expiación.

Lee Levítico 16:7-10. Describe lo que sucede con el chivo elegido para el sacrificio.

_____

▲▲▲▲▲▲▲

¿Qué le sucede al chivo expiatorio?

_____

▲▲▲▲▲▲▲

¿Cuál de los dos chivos eres tú?

_____

▲▲▲▲▲▲▲

¿Cuál es Jesús?

_____

▲▲▲▲▲▲▲

▲▲▲▲▲▲▲▲▲▲▲▲▲▲▲▲▲▲▲▲▲▲▲▲▲▲▲▲▲▲▲▲▲▲▲
La expiación que Dios nos ofrece mediante el sacrificio de su Hijo nos otorga perdón y libertad para siempre.
▲▲▲▲▲▲▲▲▲▲▲▲▲▲▲▲▲▲▲▲▲▲▲▲▲▲▲▲▲▲▲▲▲▲▲

La Ley que alertó a las personas de sus incontables defectos y sus sacrificios, que de forma temporal limpiaba las manchas de las personas, jamás pudo hacer a nadie permanentemente perfecto (sin pecado) (leer Hebreos 10:1-4). Jesús vino al mundo expresamente para ofrecerse a Sí mismo como el sacrificio para "destruir" el pecado de una vez por todas (ver Hebreos 9:26; 10:11-14). A causa de la expiación de Jesús por nuestros pecados, Dios al relacionarse con nosotros no se acuerda de nuestras maldades ni las toma en cuenta (ver Hebreos 10:17). La expiación que Dios nos ofrece mediante el sacrificio de su Hijo nos otorga perdón y libertad para siempre.

De otra manera le hubiera sido necesario sufrir muchas veces desde la fundación del mundo; pero ahora, una sola vez en la consumación de los siglos, se ha manifestado para destruir el pecado por el sacrificio de sí mismo. Y ciertamente todo sacerdote está de pie, día tras día, ministrando y ofreciendo muchas veces los mismos sacrificios, que nunca pueden quitar los pecados; pero El, habiendo ofrecido un solo sacrificio por los pecados para siempre, se sentó a la diestra de Dios, esperando de ahí en adelante hasta que sus enemigos sean puestos por estrado de sus pies. Porque por una ofrenda El ha hecho perfectos para siempre a los que son santificados.

— Hebreos 9:26; 10:11-14

Y nunca más me acordaré de sus pecados e iniquidades.

— Hebreos 10:17

¿POR QUÉ LA SANGRE PARA LA EXPIACIÓN?

Nuestra receptividad mental moderna se disgusta ante el pensamiento de los sacrificios de sangre. Parecen demasiado crudos, violentos, primitivos para que sean aprobados por un Dios amoroso, y peor aún que sean requeridos por Él. Sin embargo, la consecuencia del pecado siempre, es la muerte; la deuda no puede ser pagada sino mediante la pérdida de la vida. Dios en su misericordia, permitió que los pecados de nuestra raza fueran transpuestos sobre animales sacrificados con el fin de que los animales pagaran las culpas en lugar de las personas. Este proceso se llama expiación: Cubrir nuestro pecado con la sangre de otro.

¿Por qué Dios habrá escogido ese modo aparentemente tan antihigiénico y horripilante para tomar el control del pecado? ¿Por qué el derramamiento de sangre es tan importante en los planes de Dios para nuestra restauración? Cuando Dios formó a Adán del polvo de la tierra y "sopló en su nariz el aliento de vida", ¿qué fue lo que llevó ése aliento a las células de su cuerpo? (leer Génesis 2:7): fue la sangre de Adán. En ese mundo perfecto y original, Adán fue inspirado por Dios, le dio respiración física y motivación interna; fue animado en cuerpo y espíritu mediante lo que Dios sopló en él.

La sangre de Adán fue un agente de vida diseñado por Dios para conectarse con su hijo, de manera similar a como una madre transmite vida al feto en su vientre mediante el cordón umbilical. Por esta razón, el Señor declara: "La vida … está en la sangre" (Levítico 17:11). El ser completo de Adán, cuerpo, alma y espíritu, trabajó en perfecta armonía con el Señor.

Cuando el pecado entró al mundo, toda relación original con Dios fue interrumpida y todo quedó sujeto a la muerte y la decadencia, incluso la misma sangre que una vez había llevado el aliento de Dios a la humanidad. Desde ese momento, la sangre llevaba un "gen" de muerte. Nuestra "imagen" ya no concordaba con la de nuestro Padre Creador. Su aliento de vida fue arrojado de nuestra sangre y en su lugar llegó la maldición de la muerte.

A Dios le quedó sólo una opción para restaurarnos. Tuvo que proveer un sustituto, algo que satisficiera la pena de muerte bajo la cual, permaneceríamos prisioneros. Ese sacrificio tuvo que involucrar el derramamiento de sangre, porque ahí es donde está la vida. Dios tuvo que suministrar un sacrificio de sangre que cubriera perfectamente la mancha de nuestro pecado; predijo la solución el mismo día que Adán y Eva perdieron la comunión con Él: La semilla de la mujer (sin ser contaminada por la sangre de vida del hombre) heriría la cabeza de la serpiente (leer Génesis 3:15).

Jesús, nacido de una virgen, sin la "genética pecaminosa" del hombre en su sangre, fue la solución de Dios para resolver el problema del pecado. Su sangre fue ambas cosas: completamente humana y absolutamente desprovista de pecado. Él fue la plenitud de Dios en forma humana, fue la perfecta semejanza e imagen de ambos.

Como tal, Jesús pudo representar la humanidad como ningún animal lo hubiera podido hacer, y mientras su sangre era vertida, la expiación definitiva se llevó a cabo para todos los tiempos. En términos modernos, nuestra raza humana recibió una completa transfusión de sangre para librar nuestros cuerpos de una enfermedad mortal. Su sangre trajo el "aliento de vida" que provino de su Padre y fue perfectamente compatible con la sangre de la humanidad, excepto que no traía culpa, ni pecado.

Hace mucho tiempo, Dios les había dicho a Abel y a Caín que había una forma de vencer al pecado: el sacrificio de un cordero (leer Génesis 4:4). Cada cordero que fue sacrificado, desde Abel en adelante, prefiguraba a Jesús, quien fue, "el Cordero de Dios que quita el pecado del mundo" (Juan 1:29), como lo presentó Juan el Bautista. Ese título es el que se utiliza con más frecuencia en el libro de Apocalipsis, porque resume lo que Jesús hizo para redimir al mundo de la maldición del pecado y de la muerte. "El Cordero que fue inmolado digno es" será el coro de nuestra gratitud que resonará en el cielo (leer Apocalipsis 5:12-13). Aquí en la tierra vencemos esa maldición, así como a la serpiente antigua, por medio de "la sangre del Cordero" (leer Apocalipsis 12:10-11).

Una vez que hemos recibido perdón por algo, no hay nada más que hacer al respecto (ver Hebreos 10:18). El perdón significa que la acción ya no está conectada a nosotros; no tenemos nada que ver con ésta, ni ésta con nosotros, porque el perdón es absoluto y completo. Cuando hemos sido perdonados, no queda nada por lo que tengamos que ser perdonados otra vez. El intentar ofrecerle un sacrificio a Dios para probar nuestra sinceridad o para sentir que merecemos su regalo desinteresado desfigura la verdad del perdón.

Dios olvida nuestro pecado, pero nosotros no (ni tampoco el diablo). Como parte de la ley, los sacrificios tenían la intención de recordarle a las personas el pecado ineludible de sus vidas, con el fin de señalar su necesidad del perdón de Dios en Jesús. El recordatorio no tiene ningún propósito después del hecho. Sería como amarrar un hilo a tu dedo para recordarte que no olvides comprar la leche que ya compraste en el mercado hace dos días. Ya fui perdonado, ya fuiste perdonado por todas las cosas una vez y para siempre.

Provisión eterna

Pecábamos regularmente antes de aceptar la expiación de Jesús por nuestros pecados y continuaremos pecando el resto de nuestras vidas con dolorosa regularidad. Sin embargo, el mensaje asombroso del evangelio es que cuando recibimos el perdón de Dios por medio del sacrificio de su Hijo en la cruz, instantáneamente tenemos perdón por todos nuestros pecados, sin importar cuándo ocurran en nuestra vida: pasada, presente o futura.

Ahora bien, donde hay perdón de estas cosas, ya no hay ofrenda por el pecado.
— Hebreos 10:18

Entre los muchos versículos que hay en la Biblia sobre lo que el Señor hace por nosotros cuando nos perdona; hay dos que resumen el significado del perdón de Dios con respecto a nuestros pecados. Para empezar a memorizar y meditar en los versículos de la Biblia, lee Hebreos 8:12 y 1 Juan 1:9 y apréndetelos de memoria.

Pregunta: ¿Qué es lo que Dios dice que recordará con respecto a nuestros pecados?

▲▲▲▲▲▲

Si confesamos nuestros pecados, ¿cuántos limpiará Dios por completo?

▲▲▲▲▲▲

El perdón de Dios nos cubre de manera perpetua. Algunas personas equivocadamente han tomado la promesa del Señor en 1 Juan 1:9 y la han convertido en un requisito limitante, y concluyen que no seremos perdonados, a menos de que confesemos cada pecado. En otras palabras, el perdón es tuyo con sólo pedirlo, pero depende de ti pedir perdón, pues Dios no te perdona hasta que tú lo hagas. Aunque intentáramos pedirle a Dios que nos perdonara por cada pecado que pudiéramos recordar, con seguridad olvidaríamos o estaríamos inconscientes de muchos otros; todos viviríamos en un estado constante de falta de perdón de parte del Señor a causa de nuestra ceguera o mala memoria.

Por el contrario, esta promesa nos dice que cuando pecamos, tenemos seguridad en el hecho de que su perdón siempre cubre nuestro pecado y lo quita completamente. Por consiguiente, cuando confesamos un pecado, no es tanto que estemos pidiéndole que nos perdone (con la esperanza de que decida hacerlo) sino más bien para agradecerle que su provisión mediante la cruz nos ha dado la posibilidad de ser completamente libres de los efectos malignos del pecado.

El perdón de Dios es como una piscina grande con agua fresca en un día muy caluroso. Al recibir el perdón de Jesús, saltamos allí donde cada día disfrutamos de sus aguas frescas. Permanecemos en estas aguas, las cuales nos ofrecen el perdón necesario aun antes de pecar. Cuando estamos conscientes de un pecado particular en nuestra vida, podemos simplemente juntar las manos para formar un hueco, llenarlas con sus aguas de perdón y verterlas por nuestra cabeza, cara y cuerpo. Es simplemente un recordatorio de lo que Dios ha hecho por nosotros, el cual limpia nuestra conciencia culpable y nos acerca a Dios para disfrutar nuestra relación con Él.

Debido al precio que Jesús ya pagó en la cruz, lo justo y correcto de parte de Dios (siempre) es perdonarnos y limpiarnos de nuestro pecado. La expiación ha sido hecha. Sería injusto y perverso de parte de Dios aceptar la paga de los pecados dos veces;

sería como perseguir y matar al chivo expiatorio después de que haya sido liberado. El juicio y rectitud de Dios se basan en el perdón como su primera elección para cada situación. Dios nunca está renuente a perdonar. El problema es sólo con las personas que, o no buscan su perdón, o no lo aceptan.

El ser bautizados en agua

Para aquéllos que han buscado y encontrado el perdón de Dios por sus pecados, uno de los primeros pasos importantes que se debe dar es el de ser bautizado en agua. No sólo es una poderosa declaración pública acerca de tu conversión y de la decisión de no vivir más para tus propios deseos sino que el ser bautizado en agua es uno de los actos más profundos de obediencia que puedas hacer (leer 2 Corintios 5:15; Gálatas 2:20).

Ser bautizados, literalmente significa ser inmersos o sumergidos en algo, lo cual permite tomar sus cualidades como propias para terminar en el lugar al que te lleva. Flotar por un río es la ilustración perfecta de ser bautizado; en realidad no te conviertes en agua, pero tomas la velocidad del río, su dirección y su perspectiva; y a menos que nades contra la corriente, seguirás su curso e irás a donde éste fluya; llegas a ser uno con el río, pero no en algún sentido místico sino simplemente en virtud de su actividad y de tu disposición para "dejarte llevar por él".

Jesús, aunque no tenía pecado, eligió ser bautizado en agua como una manera de identificarse completamente con la necesidad humana de ser lavado para quedar limpio de cualquier pecado. Si Él se identificó con nosotros al ser bautizado en agua, debe ser muy importante para nosotros hacerlo también.

No es correcto decir que una persona no puede ir al cielo si no ha sido bautizada. El bautismo representa lo que nos sucede cuando aceptamos la muerte de Jesús como paga por nuestros pecados. El bautismo en agua está totalmente relacionado a la decisión de una persona de morir a sí misma y vivir para Dios. En la Biblia, el hecho de dar este paso de obediencia supone la decisión intencional de convertirse en cristiano. Mientras que el sacramento del bautismo siempre tendrá un poquito de misterio, podemos asegurar que cada creyente debería seguir al Señor en obediencia hacia las aguas del bautizo.

Lee Romanos 6:4. Aunque el bautismo es simbólico, según este versículo, ¿qué poder nos da el acto del bautismo?

▲▲▲▲▲▲▲

Lee 1 Pedro 3:21. Aunque el acto de ser bautizado no salva a nadie que no haya recibido el perdón de Dios extendido en Jesucristo, para aquéllos que creen en Él, el bautismo es como un enorme borrador. ¿Qué borra?

▲▲▲▲▲▲▲

> ▲ No es tanto
> ▲ que estemos
> ▲ pidiéndole que
> ▲ nos perdone (con
> ▲ la esperanza de
> ▲ que decida
> ▲ hacerlo) sino
> ▲ más bien para
> ▲ agradecerle que su
> ▲ provisión mediante
> ▲ la cruz nos ha
> ▲ dado la posibilidad
> ▲ de ser comple-
> ▲ tamente libres de
> ▲ los efectos
> ▲ malignos del
> ▲ pecado.

Los creyentes en Jesús son bautizados en agua como una expresión simbólica de ser enterrados en la tumba. La vieja naturaleza, con sus deseos carnales y su separación de Dios, es declarada muerta y enterrada. Somos bautizados y participamos completamente en la muerte de Jesús en la cruz, quien pagó el castigo de nuestros pecados para siempre (leer Colosenses 2:12-13; Romanos 6:9). Cuando los niños flotan por un río, la fuerza real que los impulsa y los lleva es el río. Ese es el propósito: Permitir que el río haga el trabajo. De la misma menera la muerte de Jesús es el poder real que nos transporta a una condición sin pecado; el río de Su vida y Su muerte, nos da la posibilidad de entrar libres de nuestros pecados a la presencia de Dios; no el hecho de nadar.

En los próximos capítulos exploraremos más las provisiones de Dios para nuestro caminar con Él en la tierra, incluida la importancia del arrepentimiento y la confesión; tenemos su ayuda para perdonar a otras personas de la misma manera que Dios nos ha perdonado. Sin embargo, la verdad más importante de este capítulo que debes recordar es que cada vez que pedimos, de su perdón lo recibimos como un regalo gratuito. *¡Increíble! ¿verdad?*

PERDÓNATE A TI MISMO

Algunas veces es más difícil perdonarnos a nosotros mismos que recibir el perdón de los demás, o de Dios. Continuamos siendo atormentados con remordimiento por lo que hicimos, especialmente cuando eso alteró en forma radical nuestra vida o las vidas de los demás.

¿Cómo podemos experimentar alivio de los terrores del autoreproche?, ¿cómo podemos perdonarnos por el pasado terrible? Aquí tienes algunos puntos para empezar.

Hazle una clara confesión verbal al Señor en voz alta: *"Señor, reconozco totalmente que hice 'X' cosa. Fue algo que hice, y soy el único responsable de haberlo hecho. No tengo excusas, estuvo mal y estuve totalmente equivocado al hacerlo.*

Todas las consecuencias que hayan resultado por esto, las que puedo y no puedo ver, son mi responsabilidad. No habrían sucedido si no hubiera hecho eso.
" Perdóname, en el nombre de Jesús". Luego da gracias al Señor por perdonarte.

Si es posible, sin reanudar un contacto innecesario y doloroso entre tú y cualquiera que haya sido afectado por lo que hiciste, confiesa tus pecados a las personas que lastimaste. No des excusas. Sé simple y directo; declarando con sinceridad lo que hiciste. Reconoce que ese error ha afectado la vida de ellos severamente y les trajo muerte. Haz una declaración y una pregunta como esta: "He pecado contra ti y te he ofendido al hacer 'X. cosa' Merezco que pienses cualquier cosa mala de mí por lo que hice y aunque ahora no puedo esperar que me perdones, o incluso en el futuro; humildemente te pido que me perdones. No te pido perdón para presionarte a que me perdones, pero quiero recordarte que te hice algo malo. No necesitas responder a esta pregunta; sólo escúchala: "¿Me perdonas?".

Acepta las consecuencias que ha causado tu pecado. Dios puede intervenir inmediatamente, en la situación que ha resultado. Dile a Dios que pondrás tu confianza en lo que Él puede hacer en tu vida de hoy en adelante, en lugar de vivir bajo el poder de lo que hiciste. Ora así: "Líbrame, Oh Señor, de lo que me carga; rescátame a mí y a aquéllos contra los que pequé; puedo vivir y viviré con cualquier cosa que tú permitas o hagas en mi vida. Señor Gracias, por tu misericordia".

Recuerda que Dios nos ofrece un futuro basado en lo que Él ha hecho, no en lo que nosotros hemos hecho. No ser capaz de perdonarte es una de las mentiras psico-espirituales que el enemigo pone en tu mente y en tu corazón; es como enterrar latas viejas en el jardín de verduras en el cual has dedicado mucho tiempo; las latas no van ahí, pero ocupan ese lugar. Los sentimientos, impresiones y sensaciones de *"no puedo perdonarme por lo que hice"* son reales, pero no son ciertos. Conscientemente toma las latas, aquellos pensamientos de vergüenza, remordimiento, odio a ti mismo, y arráncalas de la tierra tan a menudo como sea necesario. Pídele a Dios que por su gracia te quite esos sentimientos.

El acusador, el mentiroso quiere que creamos lo opuesto a la verdad. El diablo llama a Dios mentiroso y nos dice que escuchemos voces distintas a las del Señor. El *"No puedo perdonarme"* no es la verdad de Dios. Se siente demasiado real, grande y se oye demasiado fuerte, pero es mentira.
Hace que siempre te sientas impotente, desesperado y debilitado. Por esta razón, continúas atorándote; es como una compulsión, una adicción al remordimiento, la vergüenza o la aversión hacia uno mismo. ¿Te das cuenta lo malo que es? Aun cuando parezcas estar motivado por algo correcto, el reconocer que hiciste mal es una conclusión incorrecta y torcida.

Finalmente, confiésale al Señor esa conclusión errónea, la sensación de que no puedes perdonarte. Reconoce que es un pensamiento pecaminoso y luego recibe su perdón que te limpia de esto. Es posible que todavía tengas los recuerdos y que estés consciente de la magnitud de los errores del pasado, pero cuando enfrentes esos recuerdos, murmura en voz audible:
"¡Señor Jesús, Gracias, gracias, muchas gracias, por perdonarme!"

Hablemos al respecto

▲ ¿Cómo ha cambiado tu opinión acerca del pecado después de haber leído este capítulo? ¿Te percataste de que el pecado es: el hecho (pensamiento, comportamiento, etc.) y la consecuencia incorporada a éste? ¿Con tus propias palabras cómo le definirías el pecado a alguien que nunca ha oído al respecto?

_____

_____

▲▲▲▲▲▲▲

▲ ¿A qué es lo que más le temen las personas cuando el tema del pecado es mencionado? ¿por qué Dios habla de ello? Cuando trata con nosotros, ¿cuál es su propósito al hacerlo un tema tan importante? ¿por qué "encerró" a todos [los hombres] en desobediencia [bajo pecado]"?

_____

_____

▲▲▲▲▲▲▲

▲ ¿De qué manera el pecado corta la relación que hay entre nosotros y los demás, especialmente con la del Señor?

_____

_____

▲▲▲▲▲▲▲

▲ ¿Qué es el perdón? ¿Puedes pensar en una analogía de lo que es el perdón y lo que éste hace con el pecado?

_____

_____

▲▲▲▲▲▲▲

▲ ¿Por qué todo lo malo que hagamos ya está perdonado?

_____

_____

▲▲▲▲▲▲▲

▲ ¿De qué maneras has errado en el blanco, te has quedado corto o no has terminado en el lugar donde se supone que debías estar? Aunque sabías que estabas haciendo algo malo, y proseguiste con esto, el Señor te perdona. Recibe ese perdón.

_____

_____

▲▲▲▲▲▲▲

▲ ¿Hay algo de tu pasado que te esté causando remordimiento, aun cuando ya fuiste con la persona o las personas involucradas y dijiste: *"Perdóname"*? Perdónate a ti mismo y permanece en la presencia de Dios donde sentirás que te quitó la carga del remordimiento. El deseo de ser perdonado es tu agradecimiento y el anhelo de haber hecho las cosas mejor; ahora es tu compromiso hacerlas mejor ahora y en el futuro. Pero, más que nada, es reconocer que no puedes vivir como deberías sin Su gracia y Su poder.

_____

_____

▲▲▲▲▲▲▲

▲ ¿De qué manera Dios ha restaurado en tu vida lo que estaba perdido y ha reparado lo que estaba roto?

_____

_____

▲▲▲▲▲▲▲

Tu tiempo con Dios

Agradécele a Dios el perdón completo que lava y limpia cada fragmento, cada residuo de malas decisiones y de rebeliones premeditadas en tu vida.

Aquí hay dos oraciones sencillas. La primera es para ti si todavía no le has dado la bienvenida a Jesús en tu vida para que perdone tus pecados completamente; la segunda es para ti si previamente has aceptado el perdón de Dios mediante Jesús, pero te has distanciado de Él un poco. Es posible que quieras hacer ambas oraciones porque expresan lo que nuestro corazón anhela decirle al Señor.

Para recibir perdón por tus pecados y convertirte en cristiano…

Dios, reconozco que he hecho muchas cosas malas en mi vida. He pecado contra Ti al pecar contra otros. Mi mente y mi corazón han participado de muchas maneras en justicia y maldad; He actuado de forma inapropiada un sinnúmero de veces; Soy culpable de muchos pecados. No puedo culpar a nadie de lo que he hecho.

Te pido perdón y creo que diste a tu Hijo Jesucristo para ser un sacrificio por mis pecados; Él pagó el castigo por mi pecado cuando lo mandaste a que muriera en la cruz. Gracias a ustedes dos por su gran amor y misericordia hacia mí. Quiero aceptar lo que has hecho por mí, le doy la bienvenida a la nueva vida que Tú me ofreces, completamente perdonado por mis pecados.

Jesús, te invito a entrar en mi corazón. Creo que has sido levantado de entre los muertos, tal y como lo harás conmigo para que pueda vivir siempre contigo en el cielo. Deseo que me dirijas y me guíes para que pueda conocerte mejor; Deseo vivir mi vida para Ti, en lugar de vivirla para mí mismo. Te entrego todos mis días. Sé el Señor de todo mi ser.

Gracias por escuchar mi oración. Gracias por tu Espíritu Santo que desde ahora habita en mi corazón. Amén.

Para renovar tu compromiso con el Señor y para sentirte renovado por la gracia de su perdón. . .

Señor Jesús, mi Salvador, sé que he hecho mal. Hay cosas que quisiera no haber hecho y otras que no hice que quisiera haber hecho. No sólo he manchado mis propias vestiduras, sino que he manchado las vestiduras de otras personas, especialmente las de aquellos a quienes más amo.

Aún soy tentado a cubrir mis faltas y a esforzarme para corregirme antes de ir a Ti. Señor, muéstrame, dónde y cómo estoy intentando ganarme un lugar contigo en vez de aceptar el lugar de perdón y libertad que ya hiciste para mí. Quiero empezar a confiar más en tu perdón y menos en mi esfuerzo.

Jesús, tu sangre en la cruz cubre cada mancha de pecado que haya cometido en la vida (y que cometeré); estuviste dispuesto a dar tu vida para que pudiera ser perdonado de la sentencia que mis fallas merecen… la sentencia de muerte. Confieso lo mucho que necesito tu perdón el cual, solo tú tienes poder y autoridad de concederme. Así que ahora vengo a ti para recibir tu sangre que me limpia y por medio de la cual tú me separas de lo que hice y me restauras para ti.

Padre, libérame de los pecados que tan fácilmente me enredan y guíame por tu camino de obediencia. En el nombre de Jesús. Amén.

CAPÍTULO CUATRO

Experimenta la gracia

Las personas con una estatura física imponente, como los jugadores de la línea ofensiva en un equipo profesional de fútbol americano, son conscientes de sus cualidades físicas y de cómo influye su tamaño para intimidar a otros, sin tener que decir o hacer nada. Su fuerza es tomada en cuenta simplemente porque, pueden obligar a los menos corpulentos a hacer su voluntad; la fuerza que poseen por su tamaño abre el camino a sus opiniones, preferencias y deseos para darles un poco más de importancia que si tuvieran el mismo tamaño que los demás. Tal vez ellos son un remanente de los días cuando "la fuerza tenía la razón," cuando la persona con la espada o el puño más grande era la que quedaba de pie. Nuestro entusiasmo por complacer a las personas notablemente enormes y poderosas resulta de una resignación básica a la realidad. De todas maneras, ellos pueden hacer todo lo que quieran; no podríamos detenerlos aunque quisiéramos.

A menos que sus acciones violen nuestra conciencia, estamos felices de hacer equipo con ellos; estar a su favor es mucho mejor que enfrentarlos en el otro lado del campo. De hecho, cuando nos alineamos atrás de ellos, se convierten en nuestros campeones y todos los atributos de su constitución corpulenta, la cual nos ponía nerviosos anteriormente; ahora llegan a ser puntos de conversación y de celebración con nuestros compañeros de equipo; o comentarios insultantes lanzados por la oposición. Amamos al "grandote" cuando está de nuestra parte. Por esta razón, cuando estamos alrededor de personas que a nuestro parecer son más notables que nosotros en corpulencia, fuerza, inteligencia, posición o experiencia, indagamos ansiosamente sus voces o su manera de ser para tener una idea de lo que sienten hacia nosotros: y nos preguntamos, ¿actúan amistosamente?, ¿son amables y pacientes con nosotros?, ¿son egoístas o están disponibles para nosotros?

Se siente un gran alivio al saber que el hombre enorme cuya mano casi se traga tu brazo entero cuando lo saludaste de mano es "realmente tierno". Sonríes interiormente cuando alguien te dice que el compañero inteligente de tu trabajo pidió ser asignado a tu proyecto. Pocas cosas te hacen sentir tan bien como saber que el jefe de tu jefe tiene planes para tu brillante futuro en la compañía. Cuando estás enfrentando una cirugía seria del estómago, te consuela saber que tu cirujano, quien resultó ser el jefe del departamento, ha estado llevando a cabo estas operaciones como una

EN ESTE CAPÍTULO APRENDERÁS...

▲ Lo que instintivamente sabes acerca de la gracia.

▲ Dios quiere ser tu campeón.

▲ Lo que es la gracia y cuál es la condición en la que te deja.

▲ Por qué a Dios le encanta extender su gracia.

▲ Qué significa la gracia para tu vida y para tu diaria eternidad.

rutina diaria durante docenas de años, desde que estaba haciendo su residencia.

Esta mentalidad de querer a tu lado al más grande, al mejor, al más listo, al más fuerte, al más poderoso al más útil es muy normal; no es una expresión evolutiva de sobrevivencia de la "ley del más fuerte". Quizá sea cierto que en el reino animal el más fuerte y el más capaz tiende a sobrevivir frente al más débil; ningún animal o protoplasma tiene la esperanza y el anhelo de tener un campeón. Los animales que viven en grupos o manadas siguen al más grande o al más fuerte, y el líder no tolera ninguna resistencia hasta que un rival todavía más fuerte o más grande que él lo rete. El anhelo de que alguien más grande esté de nuestra parte, que venga a nuestro rescate aun cuando no tengamos mucho que ofrecer a cambio, es una capacidad única de la humanidad puesta por Dios en nuestros corazones, para darnos una idea de lo que Él quiere hacer por nosotros. La gracia es nuestra primera y clara distinción de una de las características de Dios más certeras y magníficas.

Pregunta: ¿Por qué los niños hacen alarde del tamaño o la fuerza de sus papás?: *"Mi papá es más grande que el tuyo".*

▲▲▲▲▲▲▲

¿Por qué queremos estar bajo la atención médica del "experto principal"?

▲▲▲▲▲▲▲

Lee 1 Crónicas 16:25 y Salmo 97:9. ¿Qué dicen acerca de nuestro Dios?

▲▲▲▲▲▲▲

Lee Éxodo 15:11 y Salmo 35:10. ¿De qué forma se manifiesta el poder de Dios a nuestro favor?

▲▲▲▲▲▲▲

> El amor de Dios ▲
> lo insta a ▲
> intervenir a ▲
> nuestro favor. ▲

Dios como campeón

El amor de Dios lo insta a intervenir a nuestro favor. Como hemos visto, Él no es un Dios distante, contento de permitir que el mundo que creó siga girando torcidamente a través de la eternidad. Él siempre está presente para poner las cosas de nuevo en orden. Es el auxilio de las personas para quienes hizo todo inicialmente (ver Salmos 46:1). Una de las ilustraciones del Señor más constantes que encontrarás en la Biblia es la de un campeón, alguien que usa su gran fuerza y sus proezas de batalla para defender y pelear por otros. Jeremías se refiere a Dios como un "guerrero poderoso" que inspira asombro y que causa terror, que hace que se les debiliten las rodillas a los enemigos espirituales (leer Jeremías 20:11).

> Dios es nuestro refugio y fortaleza, nuestro pronto auxilio en las tribulaciones.
> — Salmos 46:1

A medida que conozcas al Señor, lo verás como un campeón que interviene una y otra vez, pues ésta es una de sus actividades más reveladoras: Venir como poderoso salvador (Isaías 19:20). Él estará a tu lado en incontables formas, como lo estuvo con el rey David cuando echó mano del escudo, la lanza y el hacha para enfrentarse a los que estaban persiguiéndolo (ver Salmos 35:2-3). Dios te librará de las trampas, te salvará de infecciones mortales, tanto físicas como espirituales, y te protegerá fielmente contra los ataques que tengas que enfrentar (ver Salmos 91:3-4).

Dios es el campeón perfecto, su estatura es más que imponente a la oposición y puede hacer cualquier cosa que quiera sin que nadie lo detenga (ver Isaías 45:21-22). ¿Qué puede ser mejor en toda tu vida, que estar del mismo lado de Dios?, no me refiero a algo tan pequeño e insignificante como un juego de fútbol, una disputa legal o una lotería.

Pregunta: Si Dios está de tu lado y está activamente trabajando como tu campeón y defensor, ¿quién podría estar en contra tuya?, ¿esto significa algo para ti?

_____

▲▲▲▲▲▲▲

¿Quién es más grande que Dios?

_____

▲▲▲▲▲▲▲

Lee Deuteronomio 4:35-39. ¿Qué quiere decir Dios cuando nos dice: "No hay otro"?

_____

▲▲▲▲▲▲▲

¿Cómo se involucra Dios a nuestro favor?

_____

▲▲▲▲▲▲▲

Lee Romanos 8:31-34. ¿Cómo ha demostrado Dios que está de nuestro lado?

_____

▲▲▲▲▲▲▲

¿Cómo sabemos que Dios quiere dar y hacer cosas buenas para nosotros?

_____

▲▲▲▲▲▲▲

Por medio de Jesús conquistamos cada circunstancia de esta vida en forma asombrosa. Él ha prometido que nunca dejará de estar a nuestro lado (ver Hebreos 13:5), nunca rechazarnos (ver Juan 6:37) y nunca dejarnos solos o indefensos (ver Juan 14:18). El Señor Dios Todopoderoso, hacedor de los cielos y de la tierra, se inclina como lo hace un adulto excesivamente alto y se agacha para hablar cariñosamente con un niño, nos acerca a su lado con su postura amorosa y protectora que les hace saber a nuestros enemigos "ni se les acurra pensar en meterse con mi pequeñito", "yo soy su

Echa mano del broquel y del escudo, y levántate en mi ayuda. Empuña también la lanza y el hacha para enfrentarte a los que me persiguen; di a mi alma: Yo soy tu salvación.
— Salmos 35:2-3

Porque Él te libra del lazo del cazador y de la pestilencia mortal. Con sus plumas te cubre, y bajo sus alas hallas refugio; escudo y baluarte es Su fidelidad.
— Salmos 91:3-4

Declarad y presentad _vuestro caso_; sí, que deliberen juntos: ¿Quién ha anunciado esto desde la antigüedad y lo ha declarado desde entonces? ¿No soy yo, el SEÑOR? No hay más Dios que yo, un Dios justo y Salvador; no hay _ninguno_ fuera de mí. Volveos a mí y sed salvos, todos los términos de la tierra; porque yo soy Dios, y no hay ningún otro.
— Isaías 45:21-22

Él mismo ha dicho: Nunca te dejaré ni te desampararé.
— Hebreos 13:5

Al que viene a mí, de ningún modo lo echaré fuera.
— Juan 6:37

No os dejaré huérfanos; vendré a vosotros.
— Juan 14:18

campeón", enviando esa señal inconfundible a través de todas las esferas del universo.

Como veremos gran parte del tiempo, la intervención de Dios a nuestro favor es principalmente para introducir en nuestras vidas lo bueno y lo abundante; esa es la naturaleza de su carácter amoroso. Él da vida, esperanza y significado; crea de la nada y llena nuestra copa hasta rebozar. Como un padre feliz que lleva a su hijo de cuatro años a la playa durante el día (y lleva consigo las herramientas para jugar en la arena, la pelota, las toallas extras, el cambio de ropa, la sombrilla, la silla plegable en la que ni se sentará, el "frisbee", tres bloqueadores de sol con distintos niveles de protección y una revista que sabe que no tendrá tiempo de leer) Dios está feliz pasando todo el día con nosotros. Aunque el niño no tiene idea de lo que su papá tuvo que hacer para tener ese día libre.

Desde luego, no es una comparación exacta de la forma en que el Señor actúa en nuestra vida, porque Él no tiene que esforzarse para hacer que el día funcione. Sin embargo, imagina por un momento esta ilustración, sólo para darte una idea de lo que Él siente por ti. El papá sólo quiere disfrutar con su hijo el día en la playa, no tiene mucho interés en ninguna otra cosa que esté pasando en el agua o en la arena. Ahora, si un niño mayor, digamos de once o doce años, viene a molestar a su hijo de cuatro años y comienza a sujetarlo, empujarlo y a estrangularlo, el papá estará ahí con una sola cosa en mente: defenderlo. El hijo, a esa edad, puede que no esté consciente completamente de lo que le está pasando, y aunque sepa que está siendo intimidado, no puede hacer nada al respecto. ¿No es ésa una de las principales burlas de un bravucón diciendo: "¿Qué harás, eh?"

Sería magnífico si no hubiera malhechores en las playas de la vida, si el mar no tuviera olas fuertes revueltas por las corrientes, si nunca a nadie le entrara arena en los ojos; pero los hay, y esas cosas suceden. Cada vez que alguien o algo se mete con los hijos de Dios, Él toma un vivo interés. A lo largo de los días de nuestras vidas, una pregunta persistente surge en nuestros corazones. Queremos saber si nuestro Dios es más grande que los demás, poniéndolo en el idioma de un niño de cuatro años. ¿Nos puede rescatar de los bravucones y de las mareas? La respuesta es total y definitiva: Sí.

Lee Isaías 49:24-26. ¿Puedes pensar en una circunstancia física de tu vida que aparentemente te tiene como rehén?, ¿cómo se la describirías al Señor?

_____

▲▲▲▲▲▲▲

¿Hay algún tirano emocional en tu vida, temores o sentimientos íntimos, que te tienen cautivo y te impiden ser libre? Si pudieras huir de alguna cosa en tu mente o en tu corazón, ¿cuál sería?

_____

▲▲▲▲▲▲▲

La definición de la gracia

Aunque podríamos no darnos cuenta de esta situación en los términos presentes, el ansia de un campeón es el anhelo de la gracia. Dios adopta nuestra causa y pelea a nuestro favor como un campeón porque está lleno de gracia (ver Éxodo 22:27). De hecho, cuando le dio a Moisés los Diez Mandamientos, se presentó como *"el SEÑOR, Dios compasivo y clemente"* (Éxodo 34:6). Con el fin de entender quién es el Señor y cómo es, en contraste con otros dioses, debemos llegar a entender su gracia.

Entonces, ¿Qué es la gracia y por qué es tan importante en nuestro crecimiento espiritual? la mayoría de las personas piensan en la gracia como una palabra religiosa, una expresión de algo bueno, pero no están realmente seguros de lo que es. Para empezar, considera la gracia como una condición, una situación en la que te encuentras al final como resultado de algo que alguien hizo por ti, la cual tú nunca hubieras podido hacer por ti mismo.

Para un niño de nueve años de edad en Nueva Delhi (India) sin hogar, la gracia sería algo como poder ir a Disney World; por sí mismo, no hay forma en la que pueda transportarse para cruzar los océanos para llegar ahí, y una vez que llegue no hay esperanza de que pueda pagar la entrada. La gracia es la mejor posición en la que está un estudiante después de que su profesor "bota a la basura" un examen que el alumno ha reprobado miserablemente, y que ha sido el causante de bajar su promedio final. Ya no contará como factor para calcularlo.

Una y otra vez en la Biblia vemos este tema en acción, porque tipifica lo que Dios hace a nuestro favor todo el tiempo. Si no entendemos cómo funciona la gracia, puede parecer como si Dios disfrutara exagerar el hecho de mostrarnos que nosotros no fuimos los que hicimos tal cosa, sino que Él la hizo. Por ejemplo, en el Salmo 44:1-2, el escritor reconoce que Dios fue la única razón por la cual sus ancestros disfrutaron las victorias, y concluye su resumen diciendo:

"Pues no por su espada tomaron posesión de la tierra, ni su brazo los salvó, sino tu diestra y tu brazo, y la luz de tu presencia, porque te complaciste en ellos" .

—Salmos 44:3

Y será que cuando él clame a Mí, yo le oiré, porque soy clemente.

— Éxodo 22:27

Considera la gracia como una condición, una situación en la que te encuentras al final como resultado de algo que alguien hizo por ti.

Pregunta: ¿Es esto una humillación? ¿es que Dios quiere asegurarse de que le den todo el crédito, sin compartirlo con las personas?, ¿por qué crees que enfatiza tanto su papel de Dios único?

_____

▲▲▲▲▲▲▲

Ahora lee el Salmo 44:4-8 y responde las mismas preguntas.

_____

▲▲▲▲▲▲▲

La gracia no es sólo una gran bondad realizada a alguien, sino también es la condición en la que queda la persona como resultado de lo que hicieron por ella, porque ahora su situación es diferente. Sin embargo, se presentan ambas cosas: una "acción favorable" y "el bienestar, deleite o beneficio producido por la acción". Por ejemplo, por gracia un desconocido te da sus boletos sin usar para entrar a un parque de diversiones y tú terminas haciendo muchas más cosas de las que tenías presupuestadas. Un campeón pelea a tu favor contra un oponente que es demasiado fuerte para ti, y ese acto de gracia te salva de cierta derrota. Alguien peleó por ti y ahora eres victorioso.

Pregunta: Ser un anfitrión lleno de gracia significa hacer por los invitados aquello que ellos no pueden hacer por sí mismos. Piensa en algunos ejemplos específicos de lo que un anfitrión lleno de gracia hace en una comida que ofrece. ¿De qué manera puedes imaginarte a Dios extendiendo su gracia?

_____

▲▲▲▲▲▲▲

Haz una lista de actos de gracia que Dios ha hecho en tu vida.

_____

▲▲▲▲▲▲▲

Dios anhela la oportunidad de extenderte su gracia (leer Isaías 30:18), las proezas llenas de gracia son su actividad favorita. Si has estado cerca de una madre con su bebé recién nacido, has vislumbrado cómo Dios disfruta totalmente extender su gracia. Al menor signo de incomodidad o necesidad del bebé, la mamá se pone en acción para alimentar, cubrir, levantar o suavemente hace callar al pequeñito. Aunque de vez en cuando disfruta que otros le ayuden con su rutina de cuidar al bebé, no estará dispuesta a dejar ese papel especial. Se sentiría despojada si le fuera negada la oportunidad de cuidar a su hijo. El cuidar de alguien que no puede hacerlo solo es la esencia de la gracia.

LA RUTINA DE ENTRENAMIENTO DE DIOS

Una forma de ver por qué Dios es tan lleno de gracia, es porque la gracia es una de sus características más significativas, es examinar qué actividades lo gratifican y satisfacen más (leer Jeremías 9:23-24). Él se complace en tres tipos de ejercicios repetitivos; una y otra vez busca oportunidades para "hacer sus ejercicios de entrenamiento" en el mundo. Nunca se cansa de practicar estas sesiones en nuestras vidas; realmente se llena de vigor mediante las mismas. Cuando se trata de hablar de Dios o de pensar en Él, siempre ten presente que la mayor parte del tiempo le gusta hacer ejercicio:

Benevolencia	*Juicio*	*Justicia*
Ser bondadoso con nosotros.	Señalar las raíces de los problemas.	Hacer las cosas bien para nosotros.
Extender su misericordia a nosotros.	Enderezar nuestros enredos.	Arreglar situaciones que echamos a perder.
Tratarnos como a sus favoritos.	Separarnos de nuestro pecado.	Refregar todo hasta dejarlo completamente limpio.
Restaurar nuestra belleza original.	Dar instrucciones buenas y precisas.	Llevar bienestar a nuestras vidas.

Como humanos, nos gusta alardear o quejarnos, respecto de cuán inteligentes o tontos somos, cuán capaces o incapaces somos, o cuántos (o qué pocos) recursos tenemos. Las personas sabias se jactan de la gracia de Dios y de cómo nos da aún más de lo que nos hace falta.

Favor ante los ojos de otros

La gracia cambia la condición en la cual te encuentras, cuando por amor a ti Dios hace lo que no podrías haber hecho por tu cuenta. Es más, la gracia siempre es una elección voluntaria hecha por alguien más fuerte, más poderoso o con más recursos y autoridad para hacerles el bien a los menos poderosos o capacitados. La gracia nunca es obligatoria o necesitada; en otras palabras, "encuentras favor" con alguien y recibes algún tipo de tratamiento especial sin ninguna otra razón que su decisión de elegirte. Nada puede explicar por qué han elegido beneficiarte a ti y no a alguien más. La gracia es concedida y otorgada, pero nunca es ganada o merecida. Encuentras favor ante los ojos de otros; no es que primero vean algo admirable en ti, o que les ofrezca ventajas, y luego te concedan favor como resultado del potencial que pueden ver en ti. "Mas Noé halló gracia ante los ojos del SEÑOR" (Génesis 6:8).

De hecho, la gracia casi siempre nos llega sorpresivamente. Estamos confundidos por lo que vemos en los ojos de otros, porque no vemos nada de valor en nosotros que explique por qué nos miran favorablemente. *"No puedo creerlo, pero es cierto; realmente le agrado a la gente por alguna razón".* El favor está en ellos; la gracia se origina en ellos y nosotros sólo somos recipientes de esa gracia. Por ejemplo, la gracia en acción es cuando un adulto en un estadio atrapa una pelota que se desvió de la cancha, y luego se la ofrece a un niño que está tres filas arriba, uno entre varios niños alrededor de él; no había nada en el niño que atrajera la pelota hacia él, pero algo en el corazón del hombre lo inspiró para dársela.

> La gracia cambia la condición en la cual te encuentras, cuando por amor a ti Dios hace lo que no podrías haber hecho por tu cuenta.

Por esta razón, Dios dice: "Tendré misericordia del que tendré misericordia, y tendré compasión de quien tendré compasión" (Éxodo 33:19). El énfasis no está en la gracia como un acto caprichoso, o al azar y de forma impredecible por un Dios que sólo hace lo que quiere diciendo o pensando "Pues ni modo" Por el contrario, Él quiere que sepamos que la decisión de elegirnos ocurrió mucho tiempo antes de que hiciéramos algo digno para recibir un trato favorable (ver Romanos 9:11-12). Es su gracia en acción, no es el resultado de nuestras acciones.

La gracia no evalúa a las personas y su comportamiento para determinar si se la merecen o no. Dios no elige a su pueblo debido a cualidades especiales que ve en ellos; los elige porque los ama (ver Deuteronomio 7:6-8). Los padres eligen tener un bebé, a quien amarán simplemente porque es de ellos; no eligen amar a un bebé que ya tienen.

▲ ▲
La gracia no evalúa a las personas y su comportamiento para determinar si se la merecen o no.
▲ ▲

La Biblia le pone mucho énfasis al hecho de que somos "pueblo elegido," seleccionados personalmente por Dios aun antes de que el universo fuera fundado. Jesús les dijo a sus discípulos: "Vosotros no me escogisteis a mí, sino que yo os escogí a vosotros" (Juan 15:16). Recuerda que la gracia es la elección que Él hizo de nosotros y la situación en la que somos puestos como resultado de esa elección.

Porque aún cuando los mellizos [Esaú y Jacob] no habían nacido, y no habían hecho nada, ni bueno ni malo, para que el propósito de Dios conforme a su elección permaneciera, no por las obras, sino por aquel que llama, se le dijo a ella: EL MAYOR SERVIRA AL MENOR.
— Romanos 9:11-12

El SEÑOR tu Dios te ha escogido para ser pueblo suyo de entre todos los pueblos que están sobre la faz de la tierra. El SEÑOR no puso su amor en vosotros ni os escogió por ser vosotros más numerosos que otro pueblo, pues erais el más pequeño de todos los pueblos; mas porque el SEÑOR os amó.
— Deuteronomio 7:6-8

Lee los siguientes versículos y escribe lo que es cierto respecto a nosotros, como resultado de lo que Dios y sólo Dios hace por nosotros.
Efesios 1:4

_____

▲▲▲▲▲▲▲

Colosenses 3:12

_____

▲▲▲▲▲▲▲

1 Pedro 2:9-10 RVR-60
" . . . real _____, nación _____,
pueblo adquirido por Dios, para que _____ . . .
pero ahora habéis alcanzado _____."

▲▲▲▲▲▲▲

Su elección por nosotros nos hace especiales, no al revés.

Hechos inexplicables de bondad

Encontramos gracia (favor) ante los ojos del Señor cuando nos escogió a cada uno de nosotros, no por lo que hemos hecho. Aunque nos ha parecido injusto cuando alguien más ha sido el "favorito" de un entrenador, maestro o jefe, nuestra indignación viene del hecho que él o ella "no puede hacer nada malo" ante los ojos del líder. Podemos ver muchísimos casos en los cuales uno de nuestros compañeros de equipo o de trabajo está echando todo a perder, y probablemente la ceguera del entrenador no lo deja ver nuestro excelente esfuerzo y desempeño. Dios no está ciego, tampoco está de parte de una persona para poner en desventaja a otra. Sin embargo, debido a su gracia, "no podemos hacer nada malo" ante sus ojos. Somos sus "favoritos", y no hay razón para explicarlo.

En cuanto a su amor por nosotros, podemos aceptar o rechazar el hecho de haber sido escogidos por Él; pero no podemos hacer nada, ya sea bueno malo, para influir en su elección. Es un poco desconcertante para nosotros recibir algo sin haber hecho nada para merecerlo. Otra vez, nuestro orgullo quiere ser capaz de señalar algunas contribuciones que hayamos hecho para llegar al punto en el que quedaron las cosas. No obstante, si ganas algo por trabajar, se llama salario, a la recompensa o pago que se te debe; no es gracia (leer Romanos 4:4). Por esta razón, algunas personas luchan con la gracia de Dios y por eso tú también serás retado a través de tu diario vivir con el Señor; nos cuesta trabajo pensar en términos de otra cosa que no sea lo que merecemos.

La promesa esencial de las buenas nuevas en Jesús es la de no tener que recibir lo que merecemos. Dios no lleva cuenta de tus obras malas o fracasos, no considera si son intencionales o acci-dentales; pero tampoco lleva cuentas de tus buenas obras para después recompensarte como si fuera un programa de millas de viajero frecuente. La gracia te libra de una deuda que no tienes

> Ahora bien, al que trabaja, el salario no se le cuenta como favor, sino como deuda.
> — Romanos 4:4

esperanza de pagar con tus medios; no puedes ganar puntos con Dios. Él te redime de tu vida antigua a tu vida nueva, pero no puedes redimir cupones espirituales o pagarés para ascensos adicionales.

> La promesa esencial de las buenas nuevas en Jesús es la de no tener que recibir lo que merecemos.

Bueno, hay algo que se llama *obediencia* y después lo veremos más de cerca. Sin embargo, éste es un punto de confusión fundamental para muchos cristianos: Se imaginan que la obediencia les permite ganar más favores con Dios. Eso no es cierto, ni ahora, ni nunca. "El favor de Dios" es gracia; dos expresiones para expresar exactamente lo mismo. La gracia nunca se gana o se pierde, ni se aumenta o se disminuye como resultado de lo que hacemos.

Los hechos de la gracia de Dios y a dónde nos llevan son siempre inexplicables.

Lee Isaías 43:25 y 2 Corintios 5:19. ¿Qué gracia nos extiende Dios con respecto a nosotros y a nuestro pecado?

_____

▲▲▲▲▲▲▲

¿En qué condición nos pone eso?

_____

▲▲▲▲▲▲▲

Lee Gálatas 2:16. ¿Puede alguien ser justificado (hecho perfectamente aceptable a Dios) mediante sus buenas obras?

_____

▲▲▲▲▲▲▲

Lee Efesios 2:4-9. ¿Cómo demuestra Dios la riqueza de su bondad, misericordia y gracia hacia toda la creación durante todos los tiempos?

_____

▲▲▲▲▲▲▲

El amor y la gracia

El amor movió a Dios a crearnos, a rescatarnos, perdonarnos y a salvarnos. Pero el amor por sí mismo no podría haber completado el trabajo; El amor fue el motivo, pero la gracia fue el medio. A causa de nuestro pecado, estábamos en un aprieto, separados de Dios y de su plan para nuestra vida; a causa del pecado original de Adán y de nuestra continua desobediencia, la muerte reinó en la tierra (ver Romanos 5:17). Estuvimos atrapados en la "corriente de este mundo" como ramas diminutas arrastradas por un río desbordante (leer Efesios 2:1-3); estábamos en una condición

> Porque si por la trasgresión de uno, por éste reinó la muerte.
> — Romanos 5:17

desesperada. Sin ayuda, nada podíamos hacer al respecto para cambiarla.

El interés acumulado en nuestra deuda por el pecado era tanto que aun si milagrosamente lográramos dejar de pecar por el resto de nuestras vidas, nunca podríamos esperar pagar lo malo que hayamos hecho. La suma total de nuestras "obras justas" llegó al valor de un viejo saco que huele a polvo en una tienda de segunda mano (leer Isaías 64:6). No teníamos ninguna rectitud en nuestra cuenta que proviniera de nosotros por cumplir con la ley (ver Filipenses 3:9), y los certificados de deudas, los pagarés espirituales decretados contra nosotros eran totalmente impagables con nuestros propios recursos.

Ahí es cuando la gracia entró en escena. Cuando estuvimos "muertos en nuestros delitos," Dios nos dio vida "habiendo cancelado el documento de deuda" y "clavándolo en la cruz" (Colosenses 2:13-14). La gracia de Dios envió a Jesús como expiación para morir en nuestro lugar. Como resultado de ese hecho, ahora estamos libres de deudas, hemos sido liberados del "dominio de las tinieblas" y transferidos al reino de Dios. La consecuencia de esa gracia ha sido regresarnos a la vida en un estado perpetuo de haber sido perdonados (leer Colosenses 1:13-14).

¿Por qué querría Dios hacer algo tan extremo?, ¿por qué estaría dispuesto a perdonar tantas deudas masivas y a dejar en ceros la cuenta del balance total que había de nuestras vidas?, ¿qué propósitos eternos cumple con esto?

Primero, Dios hará lo que sea necesario para tenernos siempre en su vida. Él pagó el precio más alto con el fin de asegurar nuestro rescate, la vida de su único Hijo (leer Juan 3:16). De cualquier manera, Dios siempre nos quiere cerca, así que su gracia "nos sentó" con Él y con Jesús "en los lugares celestiales" como una declaración eterna del lugar que ocuparemos por toda la eternidad (leer Efesios 2:4-6).

Segundo, Dios quiso enviar un mensaje eterno que resonara a lo largo de todos los tiempos. Quiso convencer a todos, sin lugar a dudas, de que tiene una riqueza inconcebible de gracia. El eliminar toda la deuda del pecado de todas las personas, de todos los tiempos, no haría la menor diferencia en los activos de la gracia de Dios. Él siempre tiene de sobra; le queda abundancia de gracia.

El enemigo de tu corazón tratará de convencerte de lo contrario, es decir, de que Dios debe racionar sus almacenes de gracia, y que sólo tiene recursos para otorgarte una cantidad limitada a plazos fijos (como un estipendio para niños). El diablo quiere convencerte de que si necesitas gracia demasiadas veces a la semana o al día, Dios eventualmente tendrá que decirte: *"Ya no hay más para ti por el momento. Vive sin mi gracia durante un tiempo, luego tal vez tendrás más cuidado y no la derrocharás tanto. ¿Crees que tengo provisiones ilimitadas para personas como tú?"*

Todos nosotros somos como el inmundo, y como trapo de inmundicia todas nuestras obras justas.
— Isaías 64:6

Y ser hallado en El, no teniendo mi propia justicia derivada de la ley.
— Filipenses 3:9

> Dios nos extiende su gracia con un perdón total y eterno para que nos dirijamos a Él, para las necesidades de nuestra vida diaria no a nosotros mismos.

Una de las mejores formas de resistir las mentiras del diablo es citar los versículos que directamente contradicen sus declaraciones falsas. Lee en tu Biblia 2 Corintios 9:8 y 1 Timoteo 1:13-16 en voz audible.

Pregunta: ¿Qué podrías citar con el fin de contestar la mentira que dice que Dios debe racionar la gracia para evitar que se acabe?

▲▲▲▲▲▲▲

Tercero, Dios nos extiende su gracia con un perdón total y eterno para que nos dirijamos a Él para las necesidades de nuestra vida diaria no a nosotros mismos; por un lado, la gracia se ha encargado de nuestra eternidad; convirtiendo para siempre la condición en la que estábamos como pecadores a la condición en la que nos encontramos como santos. Sin embargo, Dios no quiere esperar hasta después de nuestra vida terrenal para extendernos su gracia; a Él le encanta extenderla justo ahora.

La gracia como una porción diaria

Tu fe en Jesús y la obra de gracia que Él realizó al morir por ti en la cruz asegura tu eternidad. La expiación fue hecha y consumada para todos los tiempos. No hay nada más grande o imposible de lograr por nosotros mismos que nuestro perdón eterno.

Si Dios lo hace gustosamente y tiene el deseo y las riquezas para hacerlo, piensa en cuánto más quiere Él hacer por nosotros. Habiendo dado la vida de su Hijo libremente, no tendría sentido que nos dijera que el resto nos toca a nosotros (ver Romanos 8:32); por su gracia Él quiere continuar dándonos y haciendo cosas (ver 1 Corintios 2:12); quiere llenar nuestras vidas diarias con sus hechos de gracia, sus regalos inexplicables de bondad para cambiar las situaciones de nuestras vidas; quiere sanar nuestras enfermedades, satisfacer nuestras necesidades, restaurar nuestras familias y quitar nuestro dolor.

Él no dice: *"Mira, ya hice mi parte que fue la de encargarme de tu condición eterna. Ahora es justo que pongas la parte que te corresponde. La vida eterna me tocó a mí; la vida diaria es tu responsabilidad"*.

Dios quiere que su gracia sea nuestra porción diaria. Por esta razón, Jesús nos enseña a orarle a Dios para que nos supla las necesidades de cada día, perdone nuestras deudas, nos indique el camino que debemos seguir y nos libre del mal (leer Mateo 6:9-13). Es por esto que la mayoría de las cartas del Nuevo Testamento comienza

> El que no eximió ni a Su propio Hijo, sino que lo entregó por todos nosotros, ¿cómo no nos concederá también con Él todas las cosas?
>
> — Romanos 8:32

> Y nosotros hemos recibido, no el espíritu del mundo, sino el Espíritu que viene de Dios, para que conozcamos lo que Dios nos ha dado gratuitamente.
>
> — 1 Corintios 2:12

con el saludo *"gracia a vosotros"*. La vida está llena de situaciones que van más allá de nuestros recursos: Bancarrotas, devastaciones emocionales, desintegración familiar, aflicciones físicas y enfermedades. Nos encontramos en circunstancias que quisiéramos cambiar, pero no tenemos poder sobre esto aunque nos esforcemos para hacer algo al respecto.

La gracia es totalmente lo contrario a la enseñanza de esta vida que dice que estás solo y debes depender de tus propios recursos: *Esfuérzate en el trabajo. Invierte sabiamente. Da lo mejor de ti, haz todo lo que puedas hacer y sé todo lo que puedas ser.* La gracia, por el contrario, nos enseña:

▲ Gloriarnos en nuestras debilidades en lugar de hacerlo en nuestras fortalezas (ver 2 Corintios 12:9).
▲ Reconocer que no somos personas hechas por nuestros propios esfuerzos (ver 1 Corintios 15:10).
▲ Vernos como obra de su mano, no la nuestra (ver Efesios 2:10).
▲ Ser fortalecidos con la gracia, no con nuestros rigores religiosos (ver Hebreos 13:9).
▲ Hacerlo nuestro campeón en lugar de tratar de pelear las batallas por nuestra cuenta.

Tales momentos, como cuando el vecino está de mal humor con tus hijos, cuando no hay dinero suficiente para el pago de la hipoteca, cuando los médicos te diagnostican Hepatitis C, o cuando tu corazón está quebrantado, al parecer; sin la posibilidad de ser restaurado, son momentos en los que se necesita la gracia. La gracia es como un tanque de gasolina extra; cuando se te acaba la gasolina, cambia de tanque, para eso es. La gracia es como una lámpara, cuando está demasiado oscuro y no podemos ver, podemos dejar de estar mirando con los ojos entrecerrados y prender la luz.

Dios nos invita a vivir en su gracia; sin duda es una experiencia diaria, cientos de veces al día. Exactamente como sus bondades "cada mañana se renuevan," así su gracia siempre es fresca para las necesidades de nuestra vida (ver Lamentaciones 3:22-23). Cuando caminas con el Señor, tu vida no estará libre de problemas mágicamente. La naturaleza esencial de la vida en este planeta significa que de forma regular te toparás con dificultad, presión, necesidad y una sensación de impotencia. Somos demasiado pobres, demasiado débiles para poder con las cosas que la vida nos arroja.

El poder de Dios está adaptado a la perfección para esas situaciones; su *"poder se perfecciona en nuestra debilidad"* (2 Corintios 12:9). Su gracia es la respuesta perfecta a nuestras necesidades diarias.

La única razón por la cual Jesús estuvo dispuesto a cambiar su condición y dejar el cielo para venir a la tierra, y hacer a un lado sus riquezas por un nacimiento humilde y por la muerte, fue para

Y Él me ha dicho: Te basta mi gracia, pues mi poder se perfecciona en la debilidad. Por tanto, muy gustosamente me gloriaré más bien en mis debilidades.
— 2 Corintios 12:9

Pero por la gracia de Dios soy lo que soy.
— 1 Corintios 15:10

Porque somos hechura suya, creados en Cristo Jesús para hacer buenas obras.
— Efesios 2:10

No os dejéis llevar por doctrinas diversas y extrañas, porque buena cosa es para el corazón el ser fortalecido con la gracia, no con alimentos, de los que no recibieron beneficio los que de ellos se ocupaban.
— Hebreos 13:9

enriquecer nuestra vida diaria y eterna más allá de cualquier cosa que pudiéramos hacer solos (ver 2 Corintios 8:9; Filipenses 2:5-8). Dios es grande; nosotros no necesitamos serlo.

Hablemos al respecto

▲ ¿Qué es un campeón, cuándo y por qué pelea un campeón por alguien?

_____

_____

▲▲▲▲▲▲▲

▲ Dios quiere ayudarte. Pídele que te ayude y que te proteja de los que te atacan. El Señor es amoroso, protector y tierno contigo, pero actúa como un campeón poderoso y temible que interviene a tu favor. ¿Cómo te sientes cuando ves que una persona más grande o más fuerte se aprovecha de otra menos grande o menos fuerte?

_____

_____

▲▲▲▲▲▲▲

▲ ¿Qué es la gracia? (Defínela con tus propias palabras) ¿Cuáles son las dos cosas que cambia la gracia?, ¿cómo se relaciona eso con hacerle un favor a alguien o con sentirte inclinado a favorecer a otro?

_____

_____

▲▲▲▲▲▲▲

▲ ¿Por qué es importante la gracia para nuestro crecimiento espiritual?, ¿podemos hacer algo para ganarnos la gracia de Dios? ¿Cómo has intentado ganarte su favor o su gracia?

_____

_____

▲▲▲▲▲▲▲

▲ ¿Qué obras de gracia, regalos de bondad o hechos has recibido hoy, esta semana, este mes y este año para cambiar las situaciones de tu vida?, ¿cuáles fueron las obras de gracia que recibiste cuando eras niño y ahora, de adulto?

_____

_____

▲▲▲▲▲▲▲

▲ Da tres razones por las que Dios estuvo dispuesto a perdonar tus deudas inmensas y a dejar en ceros la hoja de cuenta que había en nuestra vida. ¿Qué es lo que logra esto en Su propósito eterno?

_____

_____

▲▲▲▲▲▲▲

▲ ¿Hay circunstancias en tu vida con las que crees que no puedes lidiar? Clama por la gracia del Señor y confía en tu Padre que está en el cielo, tal y como Jesús lo hizo mientras moría en la cruz. No trates de dirigir la gracia de Dios de acuerdo con lo que puedas pensar que necesita hacerse; más bien, pídele que haga lo que Él sabe que es lo mejor para ti.

_____

_____

▲▲▲▲▲▲▲

Tu tiempo con Dios

¿Te encuentras en circunstancias que quisieras cambiar aun cuando no tienes poder sobre éstas?, ¿tu corazón está quebrantado, sin posibilidad aparente de ser restaurado?, ¿la vida es demasiado difícil, y te sientes impotente? Estas son ocasiones en las que se necesita la gracia. La gracia te lleva adondequieres estar, pero no puedes llegar solo. Observa la gracia de Dios en tu vida y sé agradecido porque suple lo que necesitas.

Mientras lo haces, quizá quieras incluir la siguiente oración:

Dios, gracias, por amarme. Jesús, gracias, por estar tan dispuesto a venir a rescatarme. Tu amor me inspira y me consuela durante los altibajos de mi vida y durante los tiempos de paz. Veo que tu amor extiende tu gracia, y fluye en cada uno de mis días y a través de los mismos. Sé que me amas, me cuidas y me guías en cada momento.

Señor, Gracias, porque siempre puedo contar contigo. La abundancia de tu gracia está mucho más allá de cualquier cosa que yo pudiera entender o imaginar. El poder de tu amor me bendice de la forma más asombrosa. Me amas incondicionalmente, y quiero hacer todo lo que pueda para honrar tu regalo de amor y para honrarte como el dador y sustentador de mi vida.

Señor, gracias porque no hay nada que pase y no hay situación que yo enfrente que esté más allá de tu toque.

Gracias porque te encanta extenderme tu gracia. Dame un corazón que siempre esté dispuesto a recibir de Ti. Ayúdame a dejar a un lado mis defensas y todas las formas en las que creo que puedo hacer las cosas por mi cuenta.

Gracias porque no mides mi bondad sino que te encanta venir a las circunstancias de mi vida y encontrarte conmigo exactamente donde estoy. Señor, quiero vivir hoy en la gracia abundante que ofreces. En el nombre de Jesús. Amén.

CAPÍTULO CINCO

Adora a Dios

Cuando amamos a alguien, anhelamos una relación en la cual los dos participemos activamente. Aunque el amor verdadero puede darse a distancia y aun sostenerse frente al rechazo, la urgencia básica es conectarnos con la persona que amamos. Estar enamorados significa que queremos estar cerca de la persona amada para hacer y experimentar cosas juntos. El amor consiste en compartir y comunicarse con otro al nivel más profundo de nuestro ser. El amor es como un idioma que transforma los sentimientos en expresiones que pueden ser entendidas por otros. El amor debe expresarse a sí mismo.

Nada es más importante para Dios que su relación con nosotros. Desde el comienzo, quiso una interacción viva y pagó un precio altísimo para restaurar con seguridad una unión duradera entre Él y nosotros. Dios quiere relacionarse con nosotros de forma tan íntima y profunda que lo experimentemos por lo que Él es realmente, y que seamos atraídos a una comunión cada vez más profunda con Él. Una y otra vez, Dios nos comunica su gran amor. Sabiendo cuán satisfactorio es para el amor poder expresarse, Dios quiere que tengamos una forma de declarar nuestro amor hacia Él, así que nos capacita para participar en una de las actividades más agradables y significativas de toda la creación: la adoración al Dios Altísimo.

Muchas personas se imaginan erróneamente que adorar es algo que Dios solicita y ya sea porque le guste oír que lo alaban (como una deidad insegura, hambrienta de su ego), o porque vive de mal humor y tenemos que aplacar su ira con sacrificios verbales (como arrojar a personas a un volcán para apaciguar al dios de la lluvia).

El corazón de Dios en cuanto a la adoración no tiene nada que ver con lo que recibe de nuestra alabanza, como si necesitara algo de nosotros o le diera cierta clase de placer autosatisfactorio al hacer que nosotros reafirmemos su lugar preeminente en el universo.

Como cada aspecto de la verdad que Dios ha provisto para nuestro diario vivir con Él, la adoración, tiene un gran propósito: llevarnos a una relación más estrecha con Él; la adoración es el idioma del amor y la compren-

> Nada es más importante para Dios que Su relación con nosotros.

EN ESTE CAPÍTULO APRENDERÁS QUE...

▲ La adoración es el idioma del amor entre el Señor y nosotros.

▲ La adoración es para nuestro bien, no para el del Señor.

▲ Podemos adorar en cualquier momento y en cualquier lugar.

▲ La adoración es una actividad externa.

▲ La adoración nos transforma.

▲ La adoración es una fuerza espiritual poderosa.

▲ El orgullo evita que las personas adoren a Dios.

sión que llegamos a usar con el Señor. Tal como su amor nos da la bienvenida y nos honra, así nuestra adoración verbaliza nuestro deleite en Él.

Cuando adoramos al Señor, estamos enfocando nuestra atención y cariño en Él, porque le agradecemos todo lo que ha hecho por nosotros, reconocemos su mano que obra en nuestras vidas y le manifestamos lo contentos que estamos al saber lo que conocemos de Él; como los buenos amigos que recuerdan todas las alegrías de su amistad, o como una hija que medita en esos momentos especiales cuando su madre la dejó jugar con su joyero por primera vez, adorar a Dios funciona como un recordatorio revitalizante de que no estamos solos, ni lo hemos estado; somos conocidos, amados y auxiliados a lo largo de nuestra vida.

Adoramos al Señor por lo que ha hecho y por quién ha sido para nosotros. Recordar lo que ha sido su trato hacia nosotros en el pasado, crea una increíble anticipación de nuestro futuro.

Pregunta: Ya que la alabanza es una declaración poderosa de la verdad respecto a lo que Dios ha hecho en el pasado, y también de cómo Él ha sido, ¿por qué crees que recordar su trato hacia nosotros en el pasado, nos beneficia y aumenta nuestra fe en su obra futura?

▲▲▲▲▲▲▲

Lee el Salmo 56:4 y el Salmo 71:14. Describe la conexión entre la alabanza y la esperanza que encuentras en estos versículos.

▲▲▲▲▲▲▲

Lee Jeremías 17:14. De acuerdo con este versículo, ¿por qué el Señor mismo es nuestra alabanza?, ¿qué crees que significa esto?

▲▲▲▲▲▲▲

Lee Éxodo 15:2. ¿El Señor es Dios de quién?

▲▲▲▲▲▲▲

¿Qué crees que significa que Dios sea tu fuerza y tu salvación?

▲▲▲▲▲▲▲

La expresión *"lo alabaré"* es difícil de traducir totalmente porque comunica una ilustración completa que no está contenida en ninguna palabra conocida. Piensa en arreglar un cuarto hermoso de huéspedes acogedor hermoso y refinado, la clase de lugar del que nadie quisiera salir ni para ir a comer; el cuarto es tan cómodo y atrayente que tus invitados se sienten como en casa. ¿Puedes ver cómo la alabanza le da la bienvenida al Señor?, ¿por qué te gustaría que el Señor fuera un invitado permanente en tu casa?

▲▲▲▲▲▲▲

"Papá, gracias por todo"

En medio de fuerzas y de acontecimientos demasiado grandes que nos mantienen en una lucha permanente se nos presenta un mensaje intimidante de aislamiento. Diminutos frente al tamaño del universo, la incertidumbre del futuro, las necesidades de comida y amistad; somos como ese estudiante de primer año de bachillerato que acaba de cambiarse de ciudad y el primer día de clases está de pie frente a su nueva escuela sin conocer a nadie. Nos espera cualquier cosa.

Es en esos momentos que queremos saber con certeza que no estamos solos. La adoración es una forma de agradecerle al Señor por estar con nosotros más cerca de lo que cualquier otro amigo podría estar (ver Proverbios 18:24).

En el corazón mismo de la adoración y la alabanza está la acción de gracias, nuestra gratitud al Señor por todo lo que ha hecho y por todo lo que es. Con la adoración reconocemos la mano del Señor en nuestra vida y le decimos cuán contentos estamos por ello. Es sencillo y espontáneo, como las gracias expresadas de un niño a su padre quien acaba de atrapar su primer pescado *"papá gracias por traerme a pescar"*. Hay tanto contenido dentro de estas palabras que el padre las atesora durante años y se convierten en el punto culminante del viaje.

▲ ▲

En el corazón mismo de la adoración y la alabanza está la acción de gracias, nuestra gratitud al Señor por todo lo que ha hecho y por todo lo que es.

▲ ▲

La adoración no es el reconocimiento de un desconocido; sino el agradecimiento de un niño hacia su padre quien ha dispuesto y hecho muchas cosas. Aunque en realidad el niño no sabe nada sobre las preparaciones para el viaje, mucho menos para la vida diaria en el hogar, una vez que hayan regresado, el padre considera que un "gracias" de parte de su hijo es suficiente recompensa por todo; casi ninguna otra cosa que pueda hacer que un padre se sienta tan exitoso en su vida. Así es como Dios recibe nuestra adoración. Es como decir: "Gracias, Papá. Te amo". Aunque posiblemente nuestra adoración no pueda abarcar todo lo que el Señor es o todo lo que ha hecho por nosotros, la recibe como su honra más preciada. Los ángeles claman en adoración majestuosa todo el tiempo, pero al Señor le encanta el sonido de nuestra simple adoración más que todos los himnos angelicales que pudieran cantarse alguna vez.

Espíritu y verdad

¿Qué es la adoración exactamente?, ¿cómo adoras a Dios? Quizá la mejor manera de responder estas preguntas es comenzar por la

Hay amigo más unido que un hermano.

— Proverbios 18:24

explicación que Jesús le dio a una mujer que tenía preguntas similares (leer Juan 4). Como veremos el Señor estaba explicando aspectos de la adoración, que hacen de ésta algo mucho más que un simple ritual y mucho más poderoso que un simple ejercicio físico. Entre más nos damos cuenta de lo que en realidad está sucediendo mientras adoramos, más vamos a querer realizar la actividad para la cual fuimos creados por el Señor: traerle alabanza y honor a Él.

La educación cultural de la mujer a quien Jesús le estaba hablando le había enseñado que la adoración tenía que hacerse en un lugar especial y de acuerdo con una fórmula religiosa. Su religión decía que los verdaderos adoradores de Dios debían ir a una montaña santa para encontrarse con Él. Jesús le dijo que el entorno físico para nuestra adoración no es muy importante, porque adoramos a Dios "en espíritu y en verdad" (Juan 4:23).

La adoración es una actividad espiritual que trasciende nuestro entorno físico. Eso significa que no tenemos que hacer una peregrinación a un río santo o a un altar; no hay necesidad de viajar a montañas sagradas, seguir una dirección particular, o ascender a una cumbre elevada para "hacer contacto" con Dios, pues Él vive en la dimensión espiritual de la realidad. No está atado a ningún punto de la tierra y no hay "zonas muertas" como sucede con los teléfonos celulares, en donde no se pueda recibir la señal de nuestra oración. No tenemos que esperar hasta que podamos llegar al lugar correcto para poder adorar al Señor. Él es Señor sobre todo y su gloria llena toda la tierra (ver Números 14:21; 1 Crónicas 29:11).

Una de las diferencias entre las religiones de dioses falsos y la relación con el verdadero Dios tiene que ver con el acceso: cuándo, dónde y cómo podemos entrar en contacto con el Dios que adoramos. Generalmente nos hacemos las siguientes preguntas: ¿son más propicios ciertos días del año para adorar? ¿hay rituales de purificación o concentración elaborados que deban seguirse con el fin de acercarse a Dios?, ¿debemos tener herramientas como incienso o adornos especiales con el fin de encontrar el camino que nos lleva a Él?, ¿hay niveles de iluminación o realización por los que debamos pasar en nuestra búsqueda espiritual que nos dirijan a Dios? ¿Qué te dicen estos versículos acerca de cuándo, dónde y cómo adorar al Señor?

Salmos 34:1.

_____
▲▲▲▲▲▲▲
Salmos 103:21-22.

_____
▲▲▲▲▲▲▲
Hebreos 13:15.

_____
▲▲▲▲▲▲▲

Toda la tierra será llena de la gloria del SEÑOR.
— Números 14:21

Tuya es, oh SEÑOR, la grandeza y el poder y la gloria y la victoria y la majestad, en verdad, todo lo que hay en los cielos y en la tierra; tuyo es el dominio, oh SEÑOR, y tú te exaltas como soberano sobre todo.
— 1 Crónicas 29:11

Romanos 14:11.

▲▲▲▲▲▲▲
Lee Hebreos 10:19-22. Menciona lo que dicen estos versículos acerca de adorar al Señor.

▲▲▲▲▲▲▲
Justo donde estamos, en medio del horario más agitado o mientras servimos el cereal del desayuno de nuestro hijo pequeño, en la esquina de la calle más transitada, o solos en nuestros cuartos, en cualquier momento, en cualquier lugar, podemos adorar al Señor: "Gracias, Señor. Te alabo, Jesús. Me encanta lo que estás haciendo conmigo en estos días. Eres grande. Me rindo a Ti otra vez porque has sido tan fiel conmigo". ¡Qué privilegio tan grande el de tener admisión instantánea con Dios! No necesitamos meditar o sentarnos en determinadas posiciones con el fin de entrar en contacto con Dios para adorarlo. No tenemos que esperar a que sea el momento o el lugar correcto para adorar.

▲ ▲

Justo donde estamos, en medio del horario más agitado o mientras servimos el cereal del desayuno de nuestro hijo pequeño, en la esquina de la calle más transitada, o solos en nuestros cuartos, en cualquier momento, en cualquier lugar, podemos adorar al Señor.

▲ ▲

Donde sea que adoremos, tocamos el ámbito espiritual. La adoración no sólo se lleva a cabo en una dimensión que no es física sino como Jesús le explicó a la mujer en el pozo: La adoración también involucra una dimensión de la "verdad" que surge sólo mediante una revelación espiritual. Él no se refería a cierto tipo de "secretos del universo" peculiares y enigmáticos, sólo quiso decir que la mente natural no puede comprender las verdades de Dios. Tú y yo no podemos conocer a Dios por quién Él es mediante nuestra inteligencia innata (ver 1 Corintios 1:21). ¿Sabías que, en cierto momento, Jesús le dio gracias a su Padre por esconder las verdades simples del reino de Dios de personas que insisten en descifrarlas por sí mismos? (ver Lucas 10:21) Es interesante que las verdades de Dios no sean más fáciles de entender para los listos que para el resto de nosotros, ¿verdad?

El Espíritu de Dios, a quien Jesús llama "Espíritu de verdad" (Juan 14:17), le da entendimiento a nuestro espíritu y nos revela íntimamente a Dios (ver Juan 16:13; 1 Corintios 2:10, 12-13). El Espíritu Santo es el único que nos revela la verdadera identidad de Jesús (ver Mateo 16:17). Dios allanó el campo de juego con el

> Porque ya que en la sabiduría de Dios el mundo no conoció a Dios por medio de su propia sabiduría, agradó a Dios, mediante la necedad de la predicación, salvar a los que creen.
> — 1 Corintios 1:21

> En aquella misma hora Él se regocijó mucho en el Espíritu Santo, y dijo: Te alabo, Padre, Señor del cielo y de la tierra, porque ocultaste estas cosas a sabios y a inteligentes, y las revelaste a niños. Sí, Padre, porque así fue de tu agrado.
> — Lucas 10:21

> Y Jesús, respondiendo, le dijo: Bienaventurado eres, Simón, hijo de Jonás, porque esto no te lo reveló carne ni sangre, sino mi Padre que está en los cielos
> — Mateo 16:17

propósito de que sus caminos estuvieran disponibles para cada uno de los que vienen a Él humildemente. De hecho, nadie puede adorar a Jesús como Señor, excepto por la revelación de su Espíritu (ver 1 Corintios 12:3).

¿Recuerdas el concepto de la gracia? Si pudiéramos captar las verdades espirituales por medio de nuestra inteligencia natural, no necesitaríamos la gracia. El Señor esconde su sabiduría y sus caminos dentro de verdades simples que el mundo desecha como algo tonto y sin sentido (leer 1 Corintios 1:18-25). Porque sus caminos son mucho más altos que los nuestros y sus pensamientos trascienden nuestra limitada habilidad mental, Él ha hecho que intencionalmente las verdades de su reino en la tierra sean muy sencillas. En un sentido, las ha escondido en el lugar donde las personas inteligentes (de mucho mundo) pensarían en buscar.

Aparte del hecho de que Él es Dios, de modo que cualquier cosa que elija hacer es la forma correcta, también ha elegido usar cosas aparentemente simples para cumplir sus propósitos, por dos razones básicas: Primero, quiere que le creamos a Él y a sus palabras, en lugar de que pensemos que podemos descifrar todo por nosotros mismos; segundo, quiere que podamos gloriarnos en Él, no en nosotros mismos. La tentación de apoyarnos en nuestros logros y gloriarnos en estos es absurda en su reino. Sin embargo, "gloriarnos en el Señor" (o sea, adorar) es increíblemente sabio y pone en movimiento a muchas fuerzas poderosas. De algún modo, la adoración es la forma más elevada de impresionar a otros al mencionar a la persona más importante y famosa del universo. En medio de circunstancias complicadas, progresaremos más al "mencionar su nombre" que si tratamos de convencer a todo el mundo de lo grandes que somos.

Lee 1 Corintios 1:18-25. ¿Qué piensa el mundo acerca de la sabiduría de Dios?, ¿qué piensa Dios acerca de la sabiduría del mundo?, ¿por qué el Señor elegiría usar una forma "simple" para salvar al mundo cuando podría haber hecho algo mucho más impresionante a los ojos de todos?

_____

▲▲▲▲▲▲▲

Ahora lee los versículos 26-31, y completa las siguientes afirmaciones. Dios escoge:

Lo necio (simple, insensato, escondido, no es obvio, no es impresionante, silencioso) para avergonzar a _____.

▲▲▲▲▲▲▲

Lo débil (común, ordinario, no pertenece a la nobleza, sin conexión con lugares elevados) para avergonzar a _____.

▲▲▲▲▲▲▲

> Por tanto, os hago saber que nadie hablando por el Espíritu de Dios, dice: Jesús es anatema; y nadie puede decir: Jesús es el Señor, excepto por el Espíritu Santo.
> — 1 Corintios 12:3

Lo despreciado (nadie piensa en ellos, del menor valor) para anular
_____ .

▲▲▲▲▲▲▲

La adoración y la revelación

Aparte de recibir el amor de Dios en Jesús, el adorar es la actividad más inteligente que puedes hacer en la vida; es como inteligencia (espiritual) instantánea. La adoración es profundamente sabia porque declara lo que es cierto de Dios. En consecuencia, es lo más cercano a pronunciar la verdad pura. Durante el tiempo de adoración, le damos las gracias al Señor por un "gran paseo". (como el pequeño niño cuyo padre lo llevó a pescar). Cuando le ofrecemos nuestra simple gratitud, nuestro corazón y nuestra mente comenzarán a entender mucho más lo que ha hecho por nosotros. Por ejemplo, cuando te das cuenta que el hombre tan agradable junto al que te sentaste en el avión, quien te dio su tarjeta para que le llamáras si alguna vez necesitabas algo era el dueño de la aerolínea. Nuestro Padre celestial quiere dejarse ver por sus hijos.
Una de las formas principales en las que se dispone a nosotros y nos revela más de su carácter es mediante la adoración.

Míralo de esta manera, la adoración intensifica tu sensibilidad para las verdades espirituales, porque en sí es una actividad espiritual. La adoración pone tus ojos en el Señor para que llegues a estar en armonía con su más mínimo gesto (ver Salmos 123:2). No será coincidencia que con frecuencia recibas revelaciones durante la alabanza en la iglesia. Si nos permitimos adorar con libertad, sin esforzarnos por la falta de habilidad y sin preocuparnos de lo que los demás piensen de nosotros, nos sorprenderemos de lo mucho que nuestro espíritu "entiende" y "conoce" a Dios (ver Jeremías 9:24).

> He aquí, como los ojos de los siervos *miran* a la mano de su señor, como los ojos de la sierva a la mano de su señora, así nuestros ojos *miran* al SEÑOR nuestro Dios hasta que se apiade de nosotros.
>
> — Salmos 123:2

ESTAD SIEMPRE GOZOSOS

"Estad siempre gozosos; orad sin cesar; dad gracias en todo, porque esta es la voluntad de Dios para vosotros en Cristo Jesús"
—1 Tesalonicenses 5:16-18

"Regocijaos siempre.": ¿Por qué Dios nos pediría que continuáramos celebrando aun cuando las cosas en la vida no estén bien? Eso puede sonar casi como la versión espiritualizada de "a mal tiempo, buena cara". ¿Es eso lo que Dios quiere decirnos: no llorar, afrontar los problemas o al menos recordar que uno podría estar en una situación peor? ¿Se espera que finjamos que estamos felices por la pérdida de un trabajo? ¿Por una enfermedad crónica? ¿Un departamento vacío? ¿Dios está poniéndonos a prueba para ver si podemos o no seguir animados cuando suceden cosas terribles a nuestros seres queridos o a nosotros?

No hay nada más lejos de la verdad. La verdad siempre comienza con: "Porque de tal manera amó Dios al mundo, que dio…"Él no es un Dios que quiere que sus hijos paguen por algo o sean probados. Él quiere hacer por nosotros lo que nosotros no podemos hacer por nuestra cuenta. Él es un Dios de gracia y cariño. Cada vez que leemos nuestra Biblia, siempre debemos interpretar sus palabras a la luz de lo que sabemos que es cierto respecto al Señor. Esta declaración: *"Estad siempre gozosos"*, es un buen ejemplo de este tema.

Nuestro Padre celestial no nos está diciendo que le demos gracias por todo: La llanta desinflada, el trabajo perdido, la amistad que termina. Más bien, en medio de todo, nos está recordando que permitamos que nuestra atención se concentre en Aquél que está por encima y más allá de la destrucción que nos rodea. Él no diseñó el mundo en las condiciones a las que ha llegado, con todas sus pérdidas, infructuosi-dad, futilidad y dolor. Dios diseñó el Edén, con todo lo que era agradable y bueno (leer Génesis 2:9). Quiere que nuestra porción de todas las cosas sea buena y una vida abundante.

Sin embargo, puesto que vivimos en un planeta destruido y en ruinas, inevitable-mente encontraremos situaciones en las que la ruina, lo inhóspito y la degradación van a derramarse en nuestra vida. Por lo tanto, ¿qué hay para celebrar en esos momentos? Celebramos al Señor y su bondad. Él no nos abandona en nuestros tiempos de necesidad; no desprecia nuestra condición afligida (leer Job 36:15; Salmos 22:24; Isaías 63:9). Él puede redimir incluso las peores situaciones: nos hace fructíferos en nuestras aflicciones, mientras las convierte en una ganancia espiritual para nuestras vidas (leer Génesis 41:52; 50:20; Romanos 8:28-29.) Mira con cuánta sabiduría lo expuso Salomón:

"Acuérdate, pues, de tu Creador en los días de tu juventud, antes que vengan los días malos, y se acerquen los años en que digas: No tengo en ellos placer… Acuérdate de Él antes que se rompa el hilo de plata, se quiebre el cuenco de oro, se rompa el cántaro junto a la fuente, y se haga pedazos la rueda junto al pozo; entonces volverá el polvo a la tierra como lo que era, y el espíritu volverá a Dios que lo dio. Vanidad de vanidades, dice el Predicador, todo es vanidad"
—Eclesiastés 12:1, 6-8

Dios no está interesado en hacer que nos ejercitemos o en que realicemos activi-dades sólo para probar que estamos dispuestos a hacer lo que Él quiere que ha-gamos. La adoración no es un campo para probar la devoción o un curso de adies-tramiento de obstáculos para las fuerzas élite ("buenos cristianos"). El Señor no dice: "No me importa lo difícil que se ponga la vida, solamente sigan alabándome, sólo para eso son buenos." No, Dios nos dice que Él es nuestro recurso y nuestra ayuda cuando la vida se pone difícil. Tiene una vasta provisión para cada necesidad y puede cambiar el curso de las cosas en nuestras vidas.

Si nos mantenemos enfocados en quién es Dios y lo que hasta ahora ha hecho en nuestras vidas mediante la adoración y la alabanza, se producirá una paz increíble y un profundo gozo en nuestros corazones. Cuando llegan tiempos difíciles, podemos agradecerle por estar con nosotros y apoyarnos. Sea como sea, todavía es cierta su promesa de una intervención milagrosa. " Señor gracias, muchas gracias. Amén".

Si alguna vez te has preguntado por qué te sientes torpe o tonto mientras adoras, o por qué te sientes apenado, la explicación es sencilla: El mundo a nuestro alrededor se sale tanto del tono en la partitura original del Señor, que la voz de cualquiera que lo adora sobresale de la multitud que forma el coro. Esto es parte del problema, ¿verdad? A la mayoría de nosotros no nos gusta ser diferentes de quienes nos rodean, lo cual es una de las razones principales por las que no adoramos con la frecuencia o con la libertad que podríamos. Cuando nuestro espíritu quiere que levantemos la voz o las manos en alabanza, nuestra timidez con frecuencia intenta rechazar la idea. Podemos pensar más fácilmente en estar en la presencia de otros que en la presencia del Señor.

> La adoración es una de las mejores formas de vencer las dudas porque proclama: "Sí, yo creo."

Es más, el mundo natural, en especial nuestra propia mente, considera que la verdad de Dios es tonta e insignificante; una pérdida de tiempo. Puesto que la adoración expresa agradecimiento por los caminos de Dios, nuestro viejo yo piensa que es doblemente tonta. Nuestro sentido común nos reta con dos preguntas: ¿Qué beneficio crees que te harán esas pequeñas verdades? y ¿realmente quieres que todos sepan que estás confiando en remedios invisibles? Cuando caminas con el Señor, confrontas esas mentiras una y otra vez. La adoración es una de las mejores formas para vencer las dudas porque proclama: "Sí, yo creo"

Lee Isaías 43:21; Salmos 147:1; 150:6; Mateo 21:16 y Romanos 14:11. ¿Crees que la intención de Dios es que la adoración sea una actividad torpe para nosotros? En otras palabras, ¿Crees que la adoración es ajena a la manera como el Señor nos creó, o algo de nuestra constitución original nos ha sido robado?

▲▲▲▲▲▲▲

Una expresión con todo nuestro ser

Puesto que la adoración es el idioma que Dios nos ha dado para capacitarnos a expresarle nuestra devoción a Él, y ya que hay que amarlo con todo nuestro ser; nuestro cuerpo, nuestra alma y nuestro espíritu; es lógico que la adoración sea una presentación de nuestro corazón, alma, mente y fuerza [cuerpo]. La adoración comienza en nuestro corazón y se derrama a nuestros labios, porque lo que expresamos sale de lo que hay en nuestro corazón. (ver Lucas 6:45). Entre más lleno esté nuestro corazón de adoración y deleite en Dios, más vamos a querer declararlo. A diferencia de lo que muchas personas se imaginan, la adoración y la alabanza son principalmente

> El hombre bueno, del buen tesoro de su corazón saca lo que es bueno; y el hombre malo, del mal tesoro saca lo que es malo; porque de la abundancia del corazón habla su boca.
>
> — Lucas 6:45

actividades y posturas externas, no pensamientos y emociones interiorizados.

Se podría decir que la adoración es el lenguaje de nuestro cuerpo. Al adorar, adoptamos una postura de humildad, reconociendo la grandeza de Dios y nuestro deseo de servirle. De hecho, la adoración (shach'-a, se pronuncia sha-ka) literalmente significa "inclinarse, arrodillarse o postrarse delante del Señor". Por esta razón inclinamos la cabeza cuando oramos y con frecuencia nos arrodillamos. Sin embargo, el énfasis de la adoración está en acercarse al Señor, no simplemente en quedarse congelado por miedo al estar ante Él. Tal como un cachorro podría lamer amorosamente las manos de su amo, mientras hace presión para acercarse a su cara, así nosotros "besamos" al Señor con nuestra adoración. La adoración es tierna e intensamente personal entre el Señor y nosotros.

¿POR QUÉ LEVANTAMOS LAS MANOS EN ADORACIÓN?

▲ Para indicar nuestra entrega a Dios y disposición a sus propósitos para nuestra vida.

▲ Para reconocer que nuestras manos están vacías de recursos necesarios.

▲ Para darle un aplauso de agradecimiento por su obra.

▲ Para pedirle a nuestro "Papá Dios" que nos levante y nos cargue.

▲ Para que, al señalarlo, todos enfoquen la atención en Él.

▲ Para aceptar con manos abiertas la grandeza de todo lo que Él tiene reservado para nosotros.

La alabanza ostenta. Cantando o anunciando, la alabanza celebra a Dios y lo que hace; centra toda la atención en Él y le da crédito por lo que ha hecho. La alabanza [tehillah, "un himno"] entona una canción que deja claro lo que sientes hacia Dios, deja claros tus sentimientos internos ante el mundo externo. La alabanza es como pulir la plata para que brille y luzca; levanta a Dios y lo sostiene frente a todo, para que todos lo vean.

La acción de gracias [towdah, se pronuncia tu-do] literalmente significa "extender las manos, levantar las manos". La postura de las manos levantadas que comunica con profundidad nuestra entrega, así como nuestra inhabilidad para lograr lo que necesita hacerse con nuestras propias manos (vacías), le declara a todo el mundo que exaltamos a Dios. Queremos que Él sobresalga y esté encima de todo, así que lo elevamos.

El rey David, el líder de adoración más grande de todos los tiempos, entendió esto. Es por esto que en agradecimiento por el amor y la bondad de Dios, dijo: "Mis labios te alabarán... te bendeciré ... en tu nombre alzaré mis manos" (Salmos 63:3-4). Jeremías, un profeta poderoso de la antigüedad, también entendió la conexión entre las acciones las posturas físicas y las realidades espirituales: Él escribió: "Elevemos al Dios de los cielos nuestro corazón y nuestras manos". (Lamentaciones 3:41 NVI)

Responde: Lee cada uno de los siguientes versículos y busca un detalle respecto a la expresión física de la adoración:

1 Crónicas 29:20.

_____

▲▲▲▲▲▲▲
Salmos 34:1.

_____

▲▲▲▲▲▲▲
Salmos 40:3.

_____

▲▲▲▲▲▲▲
Salmos 47:1.

_____

▲▲▲▲▲▲▲
Salmos 95:6.

_____

▲▲▲▲▲▲▲
Salmos 134:2.

_____

▲▲▲▲▲▲▲
Salmos 141:2.

_____

▲▲▲▲▲▲▲
Isaías 12:5.

_____

▲▲▲▲▲▲▲
La alabanza y la adoración bendicen a Dios. A lo largo de la Biblia se nos motiva a bendecir al Señor. En el Antiguo Testamento, bendecir [barak, que se pronuncia bo-rac] a Dios en realidad significaba arrodillarse como una declaración física de adoración y respeto. Era un saludo ceremonioso a Dios, que doblaba las rodillas contra la tierra en lugar de poner la mano en la frente, como lo hacemos en un saludo militar a un superior. Y en el Nuevo Testamento, bendecir *[eulogia]* básicamente tenía que ver con hablar bien de alguien; es la palabra de donde sacamos *"elogio"*. En la tierra elogiamos a alguien después de morir. Puesto que Dios está vivo para siempre, lo bendecimos día a día a lo largo de nuestras vidas.

EL FRUTO DE NUESTROS LABIOS

Como nuestra cultura ha tratado de convencernos de que nuestra fe es un "asunto privado" entre Dios y nosotros tenemos una resistencia sutil a hablarle a Él o hablar acerca de Él en voz audible. Esto afecta la manera en que testificamos; queremos que nuestras vidas le "hablen" a las personas. Esto es bueno. Las decisiones que tomamos en la vida y nuestro comportamiento deben comunicarle a otras personas que tenemos una relación con Dios, una que ellos también podrían tener. No obstante, si en realidad no les hablamos de las buenas nuevas del sacrificio de Jesús, no tendrán la oportunidad de creer.

La naturaleza "íntima" de la fe en nuestra sociedad aún afecta nuestra adoración. La sociedad está aceptando moderadamente la reverencia como un acto de adoración; estar quietos y guardar momentos de silencio es también para los no creyentes, porque tales observancias no tienen un impacto sobre ellos. Pueden ignorar los momentos de silencio con facilidad; esto no les dice nada que se vean obligados a considerar. Por otro lado, las alabanzas de quienes exaltamos al Señor en voz alta los perturban mucho. Ellos oyen por casualidad algo que no quieren escuchar y son confrontados con nuestra creencia en un Dios, a quien ellos no siguen.

El propósito no es desconcertar a las personas con alabanzas públicas, pero es interesante ver la diferencia entre la adoración silenciosa y la verbalizada. Lo que hablamos tiene más impacto que lo que pensamos sólo para nosotros. Eso es más arriesgado. En la Biblia, creer y hablar siempre van de la mano.

No es de sorprendernos, que la Palabra de Dios hable acerca de la alabanza y la adoración como el "fruto de nuestros labios" (Oseas 14:2). De modo que "ofrescámosle a Dios continuamente sacrificio de alabanza, es decir, fruto de labios que confiesan su nombre" (Hebreos 13:15).

De hecho, el Señor dice que las personas que formará para Sí mismo como tú y yo proclamarán su alabanza con la boca (leer Isaías 43:21). La adoración verbal es una de las formas principales de darle gloria al Señor (leer Isaías 42:12). Por eso, David ora: "Abre mis labios, oh Señor, para que mi boca anuncie tu alabanza" (Salmos 51:15).

No es que hagamos nada malo cuando alabamos al Señor sólo en nuestro corazón. Él puede "escucharnos" cuando lo hacemos. Y muchas veces la adoración interna es más apropiada en ciertas situaciones que lo que podría ser la externa. Podemos orar tanto en silencio como en voz alta y podemos adorar con o sin nuestros labios. Sin embargo, especialmente en la iglesia con otros creyentes, queremos cantar en voz alta cánticos viejos y nuevos (leer Salmos 149:1), queremos celebrarlo con nuestras palabras (leer Salmos 35:18).

"He proclamado buenas nuevas de justicia en la gran congregación; he aquí, no refrenaré mis labios, oh SEÑOR, tú lo sabes. No he escondido tu justicia dentro de mi corazón; he proclamado tu fidelidad y tu salvación; no he ocultado a la gran congregación tu misericordia y tu verdad"

—Salmos 40:9-10

Preséntate para ser transformado

Además de las actividades particulares de la adoración como aplaudir, gritar y tocar instrumentos, también podemos expresar nuestra alabanza al Señor al presentarle nuestras vidas completas. Como hijos de Dios recién adoptados, somos testamentos vivos "para alabanza de su gloria," lo que significa que nuestra recuperación y restauración le comunica a toda la creación cómo es Dios exactamente y qué es cierto de Él (leer Efesios 1:5-6,12). Somos embajadores de su reino y entre más vivimos la vida a su manera, en lugar de vivirla a nuestra manera más atraemos su atención. Nuestro estilo de vida se refleja en Él.

Pablo define el máximo "culto espiritual de alabanza" no como una reunión en la iglesia para cantar sino como una ofrenda de ti mismo que le haces al Señor (leer Romanos 12:1). La declaración de adoración más profunda que puedo hacer es presentar mi cuerpo en el altar como un sacrificio y decir: "Señor, aquí está mi vida, úsame como quieras. Me rindo a Ti completamente". En nuestra cultura, un sacrificio por lo general es visto como algo que rindo, una decisión que tomo de ceder o negarme a mí mismo algo que realmente quiero. Por tanto, es comprensible que mucha gente se confunda acerca de lo que Dios quiere hacer con ellos cuando se sacrifican. Piensan: *"Bueno, mi vida no será tan plena o divertida como habría sido, pero quiero que Dios sepa que elijo vivir para Él".*

El propósito de Dios respecto al sacrificio nunca ha sido que terminemos con menos. Por el contrario, como estamos aprendiendo, todo lo que Dios ha dispuesto para nosotros en la tierra es llevarnos más cerca de Él en amor. El sacrificio principalmente, es un medio para eliminar las manchas de nuestros registros, lo cual se encarga de las obras malas que nos separan de Dios.

La expiación transfiere el pecado y su castigo de nosotros a alguien más.

Además de ser un medio para quitar el pecado de la vida de alguien, el sacrificio también es un medio que lleva transformación. Un sacrificio realizado en la tierra está destinado a ascender al cielo. De alguna manera transfiere un mensaje de una dimensión de la realidad a otra. Un cordero en su forma física y corporal no puede ser ofrecido a Dios que está en los cielos debido a que es carne y sangre; una persona puede intentar lanzar un cordero al firmamento en un esfuerzo por enviarlo al cielo, pero siempre se volverá a caer, entonces, ¿cómo se logra que el cordero enviado al firmamento

▲
▲ La adoración
▲ nos transforma.

permanesca ahí? Transfórmalo a un sabor dulce que huela bien, convierte el cadáver tangible en humo intangible al quemarlo como sacrificio.

Este es un indicio acerca de uno de los mayores beneficios para nosotros: La adoración nos transforma. Descubrirás que el proceso de caminar con Dios durante toda tu vida produce grandes cambios en nuestra manera de pensar y vivir. El mundo quiere mantenernos conformados a sus patrones, pero Dios obra en nuestras vidas de manera que sea transformada y se asemeje a la suya. Nuestros pensamientos y acciones necesitan ser alineados una y otra vez para adaptarse a sus patrones. Cuando nos presentamos ante el Señor y le ofrecemos nuestra vida por completo, Él se regocija y se deleita en ayudarnos a cambiar porque sabe que realmente queremos vivir a su manera. La adoración y la alabanza nos ayudan de forma milagrosa a esa transformación (leer 2 Corintios 3:18).

Lee Deuteronomio 5:7-8. ¿Alguna vez te has preguntado por qué Dios nos advierte que no adoremos a ninguna imagen ni a otros dioses?

_____

▲▲▲▲▲▲▲

Lee Salmos 115:1-8. ¿Qué sucede con las personas cuando adoran a un ídolo o a un dios falso?

_____

▲▲▲▲▲▲▲

Lee Lucas 16:13. ¿Por qué crees que adorar (servir) a un dios falso nos descalifica para adorar al Dios verdadero?

_____

▲▲▲▲▲▲▲

Nuestra adoración al Dios viviente y verdadero nos moldeará cada vez más hasta hacernos a su imagen. Los sacrificios de alabanza y adoración cambiarán la forma en que pensamos y sentimos. Esto puede ser una ofrenda diaria para Él, no sólo una experiencia que se limite a una vez en la vida. Cuando recibiste a Jesús en tu vida y te rendiste a su señorío, recibiste su perdón y fuiste adoptado como su hijo de una vez y para siempre, y ese "vínculo eterno" con el Señor significa que puedes tener de Él guía e interacción diaria. La mejor manera de recibir ambas cosas de Dios es en los momentos de adoración.

Dos trampas para evitar

La primera trampa que debemos evitar, es creer que no eres lo suficientemente bueno para adorar al Señor. A lo largo de tu vida tendrás días y temporadas cuando tus obras malas o tu desánimo te harán sentir indigno o inaceptable delante del Señor. Por supuesto que eso no es cierto, porque el sacrificio de Jesús nos hizo perpetuamente aceptables y agradables delante de Dios. No obstante, en tu propia alma sentirás que no "andas bien"; en esos momentos la tentación será alejarte de la adoración, retraerte y separarte de Él, movido por un sentido de vergüenza o culpa. Nos sentimos mejor al alabar a Dios cuando estamos bien con nosotros mismos.

Es natural pensar así, pero no es correcto. La adoración se refiere a cómo Dios ha hecho las cosas, no como nosotros las hemos hecho, ya que las hechamos a perder. Él no, porque toda su obra es perfecta (ver Deuteronomio 32:4). Él es digno de nuestra alabanza, especialmente cuando no nos sentimos dignos de alabarlo. En esos momentos, lo mejor que podemos hacer es enfocarnos en la diferencia entre sus obras y las nuestras. ¡Aleluya!

Entre los muchos obstáculos para una adoración plena y libre, esta el orgullo que probablemente es el peor, pues éste es la antítesis de la adoración. La adoración le agradece a Dios por cómo ha dispuesto las cosas y por lo que ha hecho; por el contrario, el orgullo está seguro de que podría hacerlo mejor y que sabe más.

El diablo, cuyo nombre era Lucifer, era el líder principal de la adoración en el cielo, antes de que el orgullo entrara en su corazón. (leer Isaías 14:11-14; Ezequiel 28:1-18). Este ser quiso las cosas a su manera, no a la de Dios. Al final, declaró que Dios estaba equivocado. El orgullo siempre nos lleva a esa conclusión.

Lee Deuteronomio 32:4; Daniel 4:37 y Salmos 145:7.

¿Por qué la alabanza es la antítesis del orgullo?

_____

▲▲▲▲▲▲▲

La adoración automáticamente pone a todos en el lugar correcto: El gran y todopoderoso Dios está por encima en los cielos y nosotros en la tierra donde podemos recibir todo lo que Él quiere para darnos.

Lee Salmos 25:9 y Santiago 4:6. ¿Qué quiere hacer el Señor por nosotros, especialmente cuando lo adoramos?

_____

▲▲▲▲▲▲▲

Una segunda trampa es preocuparte porque tu adoración no sea lo suficientemente buena o frecuente para agradar al Señor. La devoción a Dios y la alabanza agradecida por quién Él es y lo que ha hecho puede, de forma inadvertida, convertirse en un mandato legalista: Algo que más vale que hagamos, o sufriremos las consecuencias. Podemos presionar mucho para adorar a Dios diciéndonos: *"Realmente es algo que debo hacer"* y lo mismo pueden hacer los bien intencionados líderes de alabanza.

Especialmente en las iglesias, donde la sabiduría y la belleza de la adoración logran expresarse de forma libre y regular, la estimulación dirigida a una adoración más elevada o más frecuente puede

¡La Roca! Su obra es perfecta, porque todos sus caminos son justos; Dios de fidelidad y sin injusticia, justo y recto es El.
— Deuteronomio 32:4

llegar a ser muy carnal. El resultado es un legalismo carismático. La adoración y la devoción a Dios son actitudes del corazón que se manifestarán en el comportamiento, pero cuando el enfoque principal es el comportamiento más que la actitud, cuando la devoción se convierte en devociones, el peligro no está lejos.

El legalismo parece santo en la superficie, pero siempre transfiere la carga del Señor a nosotros; se concentra en nuestras obras más que en las suyas. La adoración está destinada a celebrar todo lo que Jesús ha hecho por nosotros y no podemos llevarla a cabo al ejercer presión sobre nosotros mismos o sobre otros para que se esfuercen. Los beneficios de la adoración son evidentes y, entre más frecuente y libremente adoremos, mayores bendiciones experimentaremos. Sin embargo, esto no es porque ganemos las bendiciones del mismo modo en que un perro podría ganarse una galleta por haber recuperado un periódico. Dios no dice: "Mira qué lindo adorador". La adoración es como tener aire acondicionado durante el verano en Texas; préndelo con la frecuencia que quieras.

Una fuerza activa

Hay un sinnúmero de fuerzas físicas, poderes y procesos que propulsan cosas en el mundo y hacen que éstas sucedan: el magnetismo, la gravedad, la electricidad, el viento, la fisión, por mencionar algunas. Nuestro mundo natural está "gobernado" por varias leyes: Las acciones tienen reacciones; la fricción aminora el movimiento; la materia y la energía pueden transformarse, pero no cesan de existir; y todo tiende hacia el caos. El vivir tu vida en el Señor te expondrá a fuerzas espirituales, poderes y procesos que afectarán todo en tu vida. La adoración está entre las más poderosas de estas dinámicas espirituales y el enemigo de tu alma no quiere que lo entiendas, mucho menos quiere que lo pongas en práctica.

La adoración no sólo señala nuestra lealtad al Señor, sino que también tiene un gran efecto dentro de nosotros y a nuestro alrededor. Como hemos visto, nos coloca en una postura para recibir con mayor facilidad sus instrucciones e intenciones. Esto se debe en parte al cambio que produce en nosotros, pero también porque de manera activa invita a la soberanía de Dios a establecerse en las situaciones de nuestra vida.

¿Sabías que el trono de Dios está asentado en las alabanzas de su pueblo? (leer Salmos 22:3) En un sentido espiritual, Él habita en medio de nuestra alabanza, así que la adoración invita a Dios en forma apremiante a invadir nuestras circunstancias con el poder de su reino.

Lee 2 Crónicas 20:1-23. ¿Cuál era la situación del pueblo de Dios?, ¿por qué clamaron al Señor? (v. 12).

▲▲▲▲▲▲▲

¿Qué le dijo Dios al rey que hiciera? (v. 17,20)

▲▲▲▲▲▲▲

¿Qué hizo el rey? (v. 21)

▲▲▲▲▲▲▲

¿Qué pasó cuando alabaron al Señor? (v.22)

▲▲▲▲▲▲▲

Cuando alabamos a Dios, reafirmamos que está "muy por encima de todo principado, autoridad, poder y dominio" que pudieran estar intentando dirigir los sucesos de nuestra vida (leer Efesios 1:20-22). ¿Qué harás la próxima vez que enfrentes un ataque proveniente de las circunstancias o de las fuerzas espirituales?

▲▲▲▲▲▲▲

La adoración es un agente poderoso de liberación y rescate. Cuando Pablo y Silas estuvieron en prisión, sus cantos de alabanza para el Señor, incluso en medio de las circunstancias que los tenían confinados, ocasionaron un temblor milagroso que abrió las puertas de la cárcel (leer Hechos 16:25-30). Entre más te relaciones con la Biblia, más verás cómo el pueblo de Dios elige exaltar y magnificar al Señor cuando está rodeado de enemigos o en medio del peligro (leer Salmos 57:4-11). ¿Por qué? Porque la adoración actúa como una llamada especial para la liberación. La adoración reconoce el lugar de Dios como el más alto, lo reconoce como fiel; la adoración le indica a los demás que solos somos incapaces de hacer cualquier cosa con respecto a lo que enfrentamos.

> La adoración es un agente poderoso de liberación y rescate.

Cuando estamos en medio de dificultades, nuestra inclinación natural es la de hacer cualquier cosa menos la de alabar a Dios. Las pequeñas mentiras nos susurran que Él es responsable, de que estemos donde estamos, al menos en parte. La adoración está hecha a la medida para los tiempos de tribulación; esta es una lección que tendrás que continuar aprendiendo a lo largo de tu vida. La adoración magnifica nuestro sentido de la presencia y de la obra de Dios.

La adoración también nos escolta a su corte, no físicamente o mediante algún tipo de extraños desprendimientos del cuerpo sino en el ámbito del espíritu. La adoración es la actividad principal en el cielo y es una de las pocas cosas que podemos hacer en la tierra como se hace en el cielo. Por lo tanto, la Biblia nos dice que podemos entrar por "sus puertas con acción de gracias y a sus atrios

> Entrad por sus puertas con acción de gracias, y a sus atrios con alabanza. Dadle gracias, bendecid su nombre.
> — Salmos 100:4.

con alabanza (ver Salmos 100:4). Tal como oramos que se haga su voluntad así en la tierra como en el cielo, también nuestra alabanza se puede hacer así en la tierra como en el cielo (leer Mateo 6:9-10). En verdad, la adoración nos atrae y nos acerca cada vez más al Señor.

¿QUÉ DICE JESÚS RESPECTO A LA ALABANZA Y LA ADORACIÓN?

Lee Mateo 4:9-10. Cuando resistía la tentación en el desierto, Jesús le citó una verdad muy importante a Satanás: "AL SEÑOR TU DIOS ADORARÁS, Y A ÉL SOLO SERVIRÁS". La adoración, el servicio y la lealtad tienen el mismo concepto. Adoramos al Señor al esperar solamente en Él para nuestro desenlace final y para nuestras instrucciones diarias. La adoración es una indicación de lealtad que le hacemos a nuestro Dios. Las dificultades y las tristezas de esta vida intentarán "doblegar nuestras rodillas" para hacer que reconozcamos la derrota. Sin embargo, cuando doblamos voluntariamente nuestras rodillas al Señor en adoración y entrega a su señorío, podemos vencer precisamente las circunstancias que buscaban abrumarnos.

Lee Mateo 21:16. Cuando los líderes religiosos se indignaron por la alabanza que la multitud prodigaba a Jesús, Él les dijo que aun los pequeños saben adorar instintivamente. Dios nos diseñó para la relación especial que quería que tuviéramos con Él, así que creó en nosotros un deseo innato de adorarlo. Al crecer, la mayoría de personas se vuelve demasiado sofisticada como para adorar al Señor, o se inclina ante dioses falsos. Cuando las personas rehúsan celebrar al Señor, pierden por completo uno de los propósitos fundamentales para la humanidad. Por consiguiente, Jesús explica que Dios usa a los pequeños con su inocencia para rectificar y ajustar la adoración entre las personas.

Lee Lucas 19:40. De hecho, toda la creación está tan inclinada a adorar a su Creador que si las personas no ejercitan su privilegio como los únicos seres en la tierra que pueden desatar sus lenguas en alabanza, aún los objetos inanimados como las rocas encontrarán la forma de clamar en adoración. La habilidad de los humanos con el habla y con un idioma; todas las formas intrincadas y creativas con las que podríamos verbalmente dar gracias al Señor, excede por mucho la de cualquier otra cosa creada. Qué triste debe ser para el Señor cuando las personas eligen ser tan inarticuladas como las ovejas, tan calladas como las piedras.

Lee Marcos 7:7. Aun cuando algunas actividades y prácticas religiosas puedan parecer espirituales, la esencia de la adoración es la obediencia (poner mucha atención, escuchar con cuidado) a lo que Dios ha dicho, no sólo imponer en nosotros mismos o en otros reglas o doctrinas hechas por el hombre. Él quiere que tengamos oídos que oigan lo que nos está diciendo, no sólo una apertura general a toda clase de aportes espirituales.

Hablemos al respecto

▲ Si eres como la mayoría de nosotros, tu idea acerca de la adoración era bastante diferente a lo que la Biblia dice de ésta. ¿Cómo ha cambiado tu forma de pensar respecto a la adoración después de la lectura de este capítulo?

_____

_____

▲▲▲▲▲▲▲

▲ ¿Alguna vez te preguntaste por qué Dios quería que lo adoráramos?, ¿de qué formas es la adoración en realidad para beneficio nuestro?, ¿cómo motivarías a un amigo a participar en la adoración al Señor?

_____

_____

▲▲▲▲▲▲▲

▲ Puesto que a quien adoramos es a Dios, sólo tiene sentido que lo adoremos en la forma que Él quiere ser adorado. ¿Cómo adoramos a Dios?, ¿cómo se ve?, ¿por qué crees que la gente quiere tomar sus propias decisiones en cuanto a cómo adorarlo?

_____

_____

▲▲▲▲▲▲▲

▲ ¿Puedes explicar por qué el Señor nos advierte que no adoremos a dioses falsos?, ¿cómo nos transforma la adoración?

_____

_____

▲▲▲▲▲▲▲

▲ En este capítulo aprendimos que algunas cosas nos impiden adorar a Dios. En tu propia vida ¿qué hace difícil que alabes al Señor?

_____

_____

▲▲▲▲▲▲▲

▲ ¿Por qué crees que a las personas se les hace difícil adorar al Señor con todo su ser?, ¿qué le dirías a un amigo que te preguntara la razón por la cual levantas las manos en alabanza y le hablas palabras de adoración al Señor?

_____

_____

▲▲▲▲▲▲▲

Tu tiempo con Dios

Da gracias a Dios por todo lo que ha hecho por ti. Reconoce su mano obrando en tu vida. Exprésale lo contento que estás de saber lo que sabes acerca de Él.

¿Estás en peligro o en apuros?, ¿estás en medio de tiempos difíciles, o te sientes rodeado de enemigos? Adora a Dios. Reconoce su lugar como el Altísimo, como el que es fiel. Da gracias a Dios por cómo ha dispuesto las cosas y por lo que ha hecho. Ríndele todo a Dios. Levanta las manos y comienza a alabarlo, simplemente con los labios.

Padre, te amo. Gracias por todo lo que has hecho en mi vida. Señor gracias, por tu misericordia y perdón. Gracias porque tienes un plan para mi vida.

Jesús, te alabo, porque siempre estás conmigo y porque moriste por mí. Gracias por tu fidelidad hacia mí.

Señor, alabo tu nombre, te amo. Te adoro como el Dios todopoderoso, el hacedor del cielo y de la tierra, quien llamó al universo a la existencia, y me hiciste tu hijo. Te sirvo y me rindo otra vez a tus propósitos para mi vida. Gracias porque vas delante de mí y me diriges por el camino que debo seguir.

Cómo te bendigo por todo lo que has hecho por mí. Recibe mi adoración y alabanza como una ofrenda, como incienso delante de Ti. ¡Aleluya! ¡Aleluya! ¡Aleluya! Amén.

CAPÍTULO SEIS

Lee la Biblia

Hay una enorme diferencia entre la *religión* hacia Dios y la *relación* con Dios. La *religión* esencialmente hace un bosquejo de las maneras en que las personas como tú y yo debemos vivir, con el fin de ser aceptables para acercarnos a Dios; hace énfasis en lo que necesitamos hacer para Él. Por otra parte, la *relación* con Dios, está basada por completo en lo que Dios hace por nosotros. Con la religión, el gran interrogante es si Dios considera que lo que hacemos estará suficientemente adecuado a sus estándares. ¿Aceptará Dios lo que hacemos por Él?, ¿estará dispuesto a recibirnos en su presencia? Lo que la Biblia enseña acerca de Dios y la relación que Él quiere con nosotros es exactamente lo opuesto a eso. El punto no es si Dios aceptará lo que hacemos por Él, sino que nosotros aceptaremos lo que Él ha hecho por nosotros.

La religión es uno de los peores enemigos de tu relación con el Señor. La mentalidad religiosa al acecho en los rincones carnales de cada alma, intenta interpretar o caracterizar nuestro caminar con el Señor como una serie de pasos que tenemos que dar por Él, cosas que tenemos que hacer para probarle algo o para mostrarle el esfuerzo que estamos haciendo.

Dios quiere beneficiarnos todos los días de nuestra vida y darnos misericordia. (ver Salmos 23:6). La religión nos dice que tenemos que ser buenos con Dios y seguirlo cumpliendo con reglamentos todos los días. Dios quiere quitarnos ese peso de encima y sostenernos (ver Salmos 55:22); la religión quiere agregar otras cargas y poner sobre nosotros el peso de sostener nuestra unión con Dios (ver Mateo 23:4).

▲▲▲▲▲▲▲▲▲▲▲▲▲▲▲▲▲▲▲▲▲▲▲▲▲▲▲▲▲▲▲▲

La religión es uno de los peores enemigos de tu relación con el Señor.

▲▲▲▲▲▲▲▲▲▲▲▲▲▲▲▲▲▲▲▲▲▲▲▲▲▲▲▲▲▲▲▲

El Señor desea ser aquél que "cada día lleva nuestra carga" (Salmos 68:19), aquél que quiebra "el yugo de nuestra carga" (Isaías 9:4, *énfasis agregado*). Esa es la razón por la cual Jesús nos invita a ir a Él cuando estemos cargados con todo lo que la vida nos echa encima; todas las cosas que Dios nos da para cargar son prácticas y placenteramente útiles para acarrear el resto de la chatarra al basurero. Todo lo que Dios hace por nosotros y nos ofrece viene con estas palabras anexas: *"Aquí tienes. Verás que esto realmente te ayudará"*. La religión tergiversa las palabras de Dios para que suenen así: *"Si quieres que te ayude, más vale que hagas esto"*.

EN ESTE CAPÍTULO APRENDERÁS. . .

▲ La diferencia entre religión y relación con Dios.

▲ Por qué Dios escribió la Biblia para nuestro beneficio.

▲ El poder que tiene la Palabra de Dios para renovarnos y restaurarnos.

▲ Por qué la Biblia es diferente a cualquier otro libro en la tierra.

▲ Las promesas en la Palabra de Dios pueden cambiar nuestras vidas.

▲ Cómo la Biblia revela la verdad acerca de Dios y de nosotros mismos.

Ciertamente el bien y la misericordia me seguirán todos los días de mi vida, y en la casa del SEÑOR moraré por largos días.

— Salmos 23:6

Echa sobre el SEÑOR tu carga, y El te sustentará; El nunca permitirá que el justo sea sacudido.

— Salmos 55:22

Atan cargas pesadas y difíciles de llevar y las ponen sobre las espaldas de los hombres, pero ellos ni con un dedo hacen por moverlas.

— Mateo 23:4

A medida que aprendas a caminar con el Señor en tu jornada diaria y a distinguir su voz de entre todas las demás que compiten para llamar tu atención, trata de acordarte de escuchar el tono de lo que oyes. Si es bondadoso y misericordioso, y ofrece bendecirte y ayudarte, es mucho más probable que sea el Señor, a que si suena condenatorio, amenazante, que retiene o condiciona su amor. Tu propia sinceridad y celo pueden engañarte para que participes en actividades con el fin de que de alguna manera *hagas algo por Dios*, cuando, en realidad, Él destinó que esas actividades hicieran algo por ti. Su postura de gracia hacia nosotros siempre significa que quiere hacer cosas por nosotros, en lugar de que hagamos cosas por Él. Cada vez que Dios nos pide que hagamos algo podemos estar seguros de que ello está destinado a beneficiarnos y a darnos ventajas, y no a satisfacerlo y enriquecerlo más a Él.

Lee las siguientes dos oraciones, y nota el tono en el que están escritas:

▲ "Si no haces lo que te digo, no serás bendecido".

▲ "Si tan solo hubieras seguido mis instrucciones, habrías sido muy bendecido".

¿Puedes oír la diferencia? La primera oración suena enojada, amenazante y autoritaria. La segunda es misericordiosa, preocupada y aconseja. Aunque el Señor es la autoridad suprema en la vida, Él les habla a sus hijos en forma distinta de como lo hace con sus enemigos. Dios quiere enseñarnos cómo funciona realmente la vida espiritual, así que nos instruye, aconseja y guía. No nos intimida, amenaza o condena.

Lee los siguientes versículos con el sonido del segundo enunciado en tus oídos y luego escríbelas con tus propias palabras.

Deuteronomio 5:29

_____

▲▲▲▲▲▲▲
Salmos 81:13-16

_____

▲▲▲▲▲▲▲
Isaías 48:17-18

_____

▲▲▲▲▲▲▲
Mateo 11:28-30

_____

▲▲▲▲▲▲▲

Uno de los puntos más fáciles para ser confundidos respecto a nuestro papel con relación a las provisiones del Señor para con nosotros es leer la Biblia. Dios quiere que lo leas, no con el fin de probarle algo ni de ganar algo de Él, sino porque quiere beneficiarte.

Todos los que han caminado con el Señor te dirán que leer tu Biblia es una de las cosas más importantes y útiles que puedes hacer para crecer fuerte y estable espiritualmente. Veremos algunas de las razones por las cuales esto es cierto y a explorar muchos de los beneficios increíbles que recibimos al leer la Palabra de Dios. A lo largo de tu caminar con el Señor, recuerda que la intención de su Palabra es que te sirva, no lo contrario. Leerla no es una obligación religiosa; es una oportunidad maravillosa, dadora de vida, disponible cada vez que quieras.

> Leer la Biblia no es una obligación religiosa; es una oportunidad maravillosa, dadora de vida, disponible cada vez que quieras.

El hombre no fue hecho para el día de descanso

En uno de los frecuentes conflictos de Jesús con los líderes religiosos de ese tiempo, Él fue acusado de violar el día de descanso porque había permitido que sus discípulos arrancaran espigas para comer mientras pasaban por los sembrados (leer Marcos 2:23-28). Los legalistas dijeron: "Oye, Dios tiene un mandato: No trabajar en el día de descanso. Punto". Jesús respondió diciéndoles que estaban pasando por alto el corazón de Dios: Sus intenciones hacia nosotros.

Dios no creó a la humanidad para que hubiera alguien que obedeciera sus mandatos. Él hizo el día de descanso como una bendición para las personas, lo cual les daba descanso y un recordatorio regular de que Dios es el único que puede hacer las cosas en la forma que deben ser.

Dios no hizo a las personas para que hubiera alguien que leyera su Palabra. Él escribió la Biblia justo como hizo el día de descanso, como una bendición para el beneficio de su pueblo. Además, era para darnos un refrigerio y un recordatorio regular de que Dios es el único Ser que puede beneficiar nuestra vida legítimamente por medio de sus palabras, el tipo de vida que de manera sincera desea que vivamos (ver Mateo 4:4). La Biblia, así como el día de descanso, tiene como único propósito bendecirnos. Si pensamos en leer la Biblia principalmente como un requisito mandado por Dios para cualquiera que quiera hacer lo que espera que haga, perderemos mucho de nuestro incentivo para leerla. Si leer su Palabra es tan solo una disciplina de devoción obediente, un ejercicio obligatorio de nuestra religión, perderemos todas las ventajas que Dios quiere darnos a través de esta.

> Pero El respondiendo, dijo: Escrito está: "No sólo de pan vivirá el hombre, sino de toda palabra que sale de la boca de Dios.
>
> — Mateo 4:4

Pues su divino poder nos ha concedido todo cuanto concierne a la vida y a la piedad, mediante el verdadero conocimiento de aquel que nos llamó por su gloria y excelencia, por medio de las cuales nos ha concedido sus preciosas y maravillosas promesas, a fin de que por ellas lleguéis a ser partícipes de la naturaleza divina, habiendo escapado de la corrupción que hay en el mundo por causa de la concupiscencia.

— 2 Pedro 1:3-4

Por la fe entendemos que el universo fue preparado por la palabra de Dios, de modo que lo que se ve no fue hecho de cosas visibles.

— Hebreos 11:3

▲▲▲▲▲▲▲▲▲▲▲▲▲▲▲▲▲▲▲▲▲▲▲▲▲▲▲▲▲▲▲▲

La Palabra de Dios tiene un poder creativo tan lleno de vida que formó el universo. Ese poder todavía repercute en sus palabras escritas para nosotros.

▲▲▲▲▲▲▲▲▲▲▲▲▲▲▲▲▲▲▲▲▲▲▲▲▲▲▲▲▲▲▲▲

Entonces, ¿por qué el Señor querría que pasáramos tiempo leyendo regularmente su Palabra?, ¿dónde está la ventaja para nosotros?, ¿qué beneficio espiritual obtenemos al llevar su Palabra en nuestro corazón?, ¿qué puede encontrarse en la Biblia que no pueda estar en ningún otro lugar? Para empezar, enfoquémonos en lo que es y en lo que no es la Biblia. No sólo es papel y tinta, palabras divididas en libros, capítulos y versículos. Estos sólo son los medios mediante los cuales la Biblia puede ser leída. Por muy simple que pueda sonar, la Biblia es la Palabra del Señor; lo que Él ha dicho respecto a todo cuanto concierne a la vida real y a la piedad (ver 2 Pedro 1:3-4). Cuando lees un capítulo o varios versículos, en realidad estás leyendo lo concerniente a ese tema que el Señor ha registrado para todos los tiempos.

Piensa por un momento en el poder de la Palabra de Dios. En el principio Él habló, y toda la creación comenzó a existir de la nada (leer Génesis 1; Romanos 4:17). La Palabra de Dios tiene un poder creativo tan lleno de vida que formó el universo (ver Hebreos 11:3). Ese poder todavía repercute en sus palabras escritas para nosotros.

¿CIENCIA O ESCRITURAS?

La ciencia tiene varias teorías acerca del origen del universo y de la vida en la tierra. Todas las probabilidades en contra de la vida, en contra de la existencia, son tan enormes que cualquier explicación razonable de por qué estamos aquí debe considerar cantidades astronómicas de fenómenos naturales como tiempo y energía dentro de la ecuación. La vida es simplemente una improbabilidad demasiado grande como para que haya sucedido sin un formidable elemento externo a nuestra experiencia presente y a lo que podemos ver en el mundo tal y como lo conocemos ahora.

Las investigaciones científicas concluyen que solo sucedió algo. En medio de la vastedad, emergiendo de las energías y los elementos del universo recién formado, la vida de algún modo comenzó y evolucionó hasta llegar a su forma presente. ¿Qué pudo haber sido lo suficientemente poderoso como para esparcir las galaxias o para producir la vida de cualquier tipo, especialmente la humana, en la Tierra? Para los creyentes en el Señor, el origen de nuestra especie va más allá de un asunto de curiosidad ociosa. Se ubica en el centro de lo que es cierto acerca de Él: Dios creó el universo como un campo para su creación con el fin de tener una relación amorosa con nosotros; que lo hizo intencional, personal y milagrosamente.

¿Qué dice la Biblia acerca de cómo llegamos aquí?

Lee Génesis 1:1,27. La palabra hebrea para crear es *bara.* Junto con el significado de "crear" sugiere una decisión deliberada, de la manera como podrías elegir el árbol de primera calidad con el fin de derribarlo y obtener madera para construir una casa. La ciencia dice que las cosas existen por casualidad y accidente pero, ¿qué dice la Biblia?

Lee Hebreos 11:3. La palabra griega para preparado o formado [katartizo] significa "terminar completamente, hacer algo completamente perfecto". La ciencia nos dice que el universo y todo lo que hay allí está evolucionando hacia un nivel más elevado aun cuando la evidencia apunta al hecho de que en realidad se está deshaciendo. ¿Cuál fue la fuente del poder tras el universo perfecto y completo cuando éste fue hecho por Dios?

Lee Romanos 4:17. Menciona dos cosas que Dios puede hacer mediante su Palabra.

Dios descansó; después de seis días, "completó la obra que había hecho" de llamar las cosas a la existencia (leer Génesis 2:1-2). No estaba cansado o agotado, sólo había acabado y todo estaba exactamente como quería. Tal como un estudiante que sabe todas las respuestas en un examen y lo termina antes del tiempo fijado, así Dios terminó el universo con mucho tiempo de sobra. Su descanso fue un comentario silencioso de cuán complacido estaba con lo que había hecho. Dios dispuso el universo en forma exquisita, exactamente como lo quería. Como un diseñador con un presupuesto ilimitado y con incontable tiempo y energía, Dios decoró el universo y firmó hasta los más pequeños detalles con su toque.

Lee 1 Crónicas 16:14; Salmos 119:60, 89 y 1 Pedro 1:25. Puesto que la Palabra de Dios nunca cambia, ¿qué puede hacer en nuestras vidas?, ¿de qué manera puede ser la Palabra de Dios un punto de referencia para nuestras vidas hoy en día?

▲▲▲▲▲▲▲

Ahora lee Juan 1:1-3; Colosenses 1:15-17 y Lucas 6:46-49. ¿Por qué declara Jesús que sus palabras son un fundamento seguro para nuestras vidas?

▲▲▲▲▲▲▲

Ya no era necesario que Dios hablara palabras creativas; simplemente podía tener conversaciones con las personas que creó. Su deseo es hablar y conversar con nosotros, ese siempre ha sido su propósito. Sin embargo, la voz contraria de la rebelión de la humanidad reconfiguró el Universo lo salpicó de colores chillones por todos lados y tumbó los muebles fuera de su lugar. El pecado echó a perder todas las cosas; lo que Dios había hecho, lo deshicimos; lo que Él había arreglado y dispuesto, lo quebramos y desparramamos en total desorden. Cuando llegó el pecado y quebrantó al universo, interrumpió gran parte del diálogo entre Dios y nosotros.

Y así, con amor, Dios comenzó a hablar otra vez: no siendo creativo, *con palabras que de la nada llaman a la existencia*, sino con pa-labras sanadoras, que hacen que *todo sea reparado otra vez*. Su Palabra todavía tiene el mismo poder que tenía para crear el universo y para crearnos. No obstante, ahora esa riqueza de su Palabra hace derroche de sí misma para renovarnos y restaurarnos. De toda su creación, Dios siempre le ha dado a las personas; el valor más alto por eso somos su enfoque principal para la restauración. Así como hace un hombre que regresa a su casa y se encuentra que unos intrusos la allanaron y la desvalijaron; el primer pensamiento de Dios es para Él lo que más aprecia: Su familia. El desorden puede ser atendido después, los cajones rotos pueden ser reparados mañana; en este momento, Él quiere asegurarse de que todos estén bien y quiere liberarlos del trauma sufrido.

Esta es la esencia de lo que la Palabra de Dios hace en nuestras vidas: reconstruye y reconstituye nuestra existencia.

Así es también con nuestro Padre celestial.

En medio del mundo rebelde y equivocado, la Palabra de Dios alivia y repara el daño que hemos sufrido. Nos sitúa para ajustarnos a todas las disposiciones que hizo para la vida nueva, que estaremos disfrutando con Él para siempre. Ya que su Palabra es exactamente la misma (ver Isaías 40:8), es perfecta para restaurarnos a nuestra condición original (ver Salmos 19:7). Esta es la esencia de lo que la Palabra de Dios hace en nuestras vidas: reconstruye y reconstituye nuestra existencia.

Así que, ¿cómo funciona la Biblia?, ¿cómo hace la restauración de nuestras vidas?

La esencial verdad de la Verdad

La Biblia es diferente a cualquier otro libro en el mundo. Lo que es cierto de ella, no es cierto de ningún otro volumen en el planeta. Para empezar, es la Palabra de Dios, no del hombre (ver 2 Timoteo 3:16). Aunque fue escrita por personas a través del tiempo, es inspirada por Dios, [literalmente con el aliento de Dios] quien "vela" sobre ella para asegurarse de que cumpla su propósito (leer Jeremías 1:12). Los hombres "inspirados por el Espíritu Santo hablaron de parte de Dios"; no escribieron las Escrituras "por un acto de voluntad

La hierba se seca y la flor se marchita, pero la palabra de nuestro Dios permanece para siempre.
— Isaías 40:8 NVI

La ley del SEÑOR es perfecta, que restaura el alma.
— Salmos 19:7

Toda Escritura es inspirada por Dios y útil para enseñar, para reprender, para corregir, para instruir en justicia.
— 2 Timoteo 3:16

humana" (leer 2 Pedro 1:21). El verdadero autor de la Biblia es muy atacado en nuestra cultura y en tu propia mente. ¿Por qué? porque mientras la Biblia sea sólo un buen libro, una colección de historias bonitas, una antología de ficción histórica, un código moral o un tesoro de citas, no tiene ninguna autoridad real en la vida de ninguna persona. Pueden tomarla o dejarla, leerla o no leerla, seguirla o descartarla.

No es que Dios se ofenda cuando las personas ignoran sus palabras. Él se aflige, no se irrita. El punto fundamental para que la Biblia tenga autoridad en la vida de alguien es porque nos ama profundamente y quiere que experimentemos una vida en abundancia (ver Juan 10:10), libres, hasta donde sea posible, de los estragos de la maldad que nos rodea. Cuando las personas llegan realmente a considerar las Escrituras como un mensaje de Dios, pueden llegar a conocerlo tal y como Él es en realidad; quiere que lo conozcamos a Él, su corazón y sus caminos; quiere que lo veamos como Él es a través de los registros de lo que ha hecho por las personas y de lo que les ha dicho a través del tiempo (ver Romanos 15:4).

Una vez que creas que la Biblia fue escrita por el Señor, la leerás en forma diferente y con más atención, de la misma manera que leerías una larga carta de alguien que te ama. Las Escrituras revelan lo que Él piensa, lo que hizo antes de que lo conociéramos y las formas en que maneja los problemas como los nuestros. Leer la Biblia es la mejor manera que tenemos de llegar a conocer al Señor, de familiarizarnos con su voz y de acostumbrarnos a la forma en que hace las cosas. Así es que adquirimos un sentido de su estilo y podemos enfatizar patrones y temas que encontraremos una y otra vez en nuestra propia vida espiritual.

Lee 1 Corintios 10:1-11, especialmente versículo 11. Los ejemplos de la historia contenidos en la Biblia han sido personalmente seleccionados por el Señor (como el portafolio con las muestras de un artista). ¿Para hacer qué en nuestras vidas? ¿cómo pueden los ejemplos de otros instruirnos o llamarnos la atención?

▲▲▲▲▲▲▲

Las promesas de Dios

Cuando le "damos" nuestra palabra a alguien, estamos comprometiéndonos a hacer lo que hemos dicho. "Te doy mi palabra" significa: "Te lo prometo; esto es cierto". La Biblia contiene todas las promesas que Dios te ha hecho. Está llena de declaraciones de cómo proveerá para tus necesidades, cómo contenderá con tus adversarios espirituales, cómo te brindará apoyo, cómo te responderá, te cambiará y te amará a lo largo de tu vida. La mayoría de las

El ladrón sólo viene para robar y matar y destruir; yo he venido para que tengan vida, y para que la tengan en abundancia.
— Juan 10:10

Porque todo lo que fue escrito en tiempos pasados, para nuestra enseñanza se escribió, a fin de que por medio de la paciencia y del consuelo de las Escrituras tengamos esperanza.
— Romanos 15:4

personas no saben casi nada respecto a lo que Dios quiere hacer por ellas. Esto no hace que Dios se enoje; lo que lo entristece es que las personas a quienes ama tengan tan poca idea de lo que tiene en mente para ellos por ser sus hijos.

Dios quiere que sepas de sus promesas por varias razones. Primero, nacen de su corazón lleno de amor por ti. El amor promete un futuro, al amor le encanta enumerar lo que hará para el beneficio de otro. Los padres que esperan el nacimiento de un bebé entienden esto, también las novias y los novios que pronto van a casarse, los niños con su primer cachorro y los amigos cercanos que se van a otra ciudad. El verdadero amor hace que las promesas surjan desde los lugares más profundos de nuestro corazón: Ofrecimientos, compromisos y votos de lo que siempre haremos y sentiremos por quien amamos.

Lee Isaías 26:9. ¿Qué aprendemos cuando experimentamos una de las palabras de Dios en nuestra propia vida?

▲▲▲▲▲▲▲

Lee Josué 21:45 y 2 Corintios 1:20. ¿Qué sabemos de las promesas del Señor?

▲▲▲▲▲▲▲

Lee Romanos 10:17 y Hebreos 11:33. ¿Cómo recibimos las promesas de Dios cuando leemos la Biblia?

▲▲▲▲▲▲▲

Aunque las promesas humanas se hagan con sinceridad y sean bien intencionadas, en nada se aproximan al poder de las promesas de Dios. Las personas frecuentemente rompen sus promesas, o se derrumban bajo el peso de las circunstancias incontrolables. Las promesas humanas ofrecen poco para cambiar el resultado final de nuestras vidas. Dios siempre cumple su Palabra y tiene el control de todas las circunstancias de la vida. Sus promesas se cumplen en esta vida y continúan hasta la eternidad (ver 1 Timoteo 4:8).

A medida que leas la Biblia, te asombrarás de cuánto Dios ha jurado darte y hacer por ti. Si no sabes de sus promesas, por ejemplo, que nunca te abandonará, sin importar el giro que den las cosas malas, pasarás por una incertidumbre innecesaria y dolorosa, y esperarás que Él haga algo que ya prometió que haría. Entre más conozcas sus promesas, te levantarás con más certeza y sin temor. Sus promesas son el pilar de tu herencia, todo lo que ha transferido para cuidarte y darte satisfacciones increíbles.

Estamos "encomendados" a la Palabra de Dios (leer Hechos 20:32), es decir, que se nos motiva a ponernos bajo su custodia y su cuidado benevolente. La Biblia no es una lista de tareas que nos impulsa a hacer la voluntad de Dios, tampoco nombra supervisores para asegurarse de que leamos tanto como se supone que deberíamos leer. Por el con-

Porque el ejercicio físico aprovecha poco, pero la piedad es provechosa para todo, pues tiene promesa para la vida presente y también para la futura.

— 1 Timoteo 4:8

trario, Dios nos da su Palabra como un mentor bondadoso y cuidadoso que nos protege. Sus Palabras no sólo nos alertan para alcanzar nuestra herencia completa sino que también nos edifican. Al leer la Biblia, nuestra persona interior, nuestra vida espiritual se desarrolla y madura como un adolescente que crece con rapidez (ver Efesios 4:14). Las palabras de Dios aumentan nuestra fuerza y confianza. Su Palabra impulsa nuestro carácter, de manera que lleguemos a estar firmemente establecidos en sus caminos.

▲▲▲▲▲▲▲▲▲▲▲▲▲▲▲▲▲▲▲▲▲▲▲▲▲▲▲▲▲▲▲

Dios nos da su Palabra como un mentor bondadoso y cuidadoso que nos protege.

▲▲▲▲▲▲▲▲▲▲▲▲▲▲▲▲▲▲▲▲▲▲▲▲▲▲▲▲▲▲▲

Agentes de cambio

Como hemos visto, Dios quiere que leamos sus promesas en la Biblia debido a la capacidad sobrenatural que éstas tienen para cambiarnos. Tal como la adoración tiene un poder transformador en nuestras vidas, leer la Biblia lo tiene también. La Biblia es la verdad (ver Juan 17:17), todas sus partes unidas suman la verdad total acerca de la voluntad y los caminos de Dios aquí en la tierra (ver Salmos 119:160).

Las promesas de Dios no sólo neutralizan las influencias corrosivas de nuestra vida sino que también sus palabras nos capacitan proactivamente para llegar a ser más como Él, en nuestra manera de pensar y de comportarnos (ver 2 Pedro 1:4). Las Escrituras nos enseñan lo que es cierto de la vida y cómo funciona. Transforman nuestro pensamiento y ajustan el curso que está siguiendo nuestra vida. Como una madre experimentada que limpia el cuarto de su hijo adolescente. Si lo permitimos, la Biblia puede, limpiar nuestro corazón y mente para poner las cosas en su sitio correspondiente.

En otras palabras, aun cuando nuestras vidas han sido trágicamente infectadas y corrompidas por los caminos de un mundo que equivocó su rumbo, un mundo que sólo quiere saciar sus propios deseos sin importar el costo, las promesas de Dios actúan como un contrapeso y antídoto. La Palabra de Dios tiene un increíble poder restaurador para reparar el daño interno hecho en nuestras vidas, como resultado de nuestra manera equivocada de pensar. Leer la Biblia cambiará nuestro modo de pensar y de sentir respecto a la vida, lo cual nos hará personas plenas, en lugar de los seres fragmentados que hemos sido (ver 2 Timoteo 3:17).

> La Palabra de Dios tiene un increíble poder restaurador para reparar el daño interno hecho en nuestras vidas, como resultado de nuestra manera equivocada de pensar.

Para que ya no seamos niños, sacudidos por las olas y llevados de aquí para allá por todo viento de doctrina, por la astucia de los hombres, por las artimañas engañosas del error.
— Efesios 4:14

Santifícalos en la verdad; tu palabra es verdad.
— Juan 17:17

La suma de tu palabra es verdad, y cada una de Tus justas ordenanzas es eterna.
— Salmos 119:160

Por medio de las cuales nos ha concedido sus preciosas y maravillosas promesas, a fin de que por ellas lleguéis a ser partícipes de *la* naturaleza divina, habiendo escapado de la corrupción que hay en el mundo por causa de la concupiscencia.
— 2 Pedro 1:4

A fin de que el hombre de Dios sea perfecto, equipado para toda buena obra.
— 2 Timoteo 3:17

Lee Juan 8:32. Jesús nos dice que entre más conozcamos realmente la verdad, más libres seremos de mentalidades falsas y mortales. ¿Por qué crees que la verdad libera a las personas?, ¿de qué tipo de verdad crees que está hablando Jesús?

_____

_____

▲▲▲▲▲▲▲

LOS ATRIBUTOS DE LA BIBLIA Y LAS VENTAJAS DE LEERLA (SALMOS 19:7-11)

La Biblia es...	Leerla va a...
Perfecta: Precisamente recta y correcta en cada detalle perteneciente a la vida. Es totalmente completa, y nada de lo que necesitamos en la vida le falta.	Restaurar tu mente, corazón y conciencia para que funcionen de acuerdo con las intenciones de Dios. Su Palabra llevará tus pensamientos y emociones a conclusiones diferentes y recuperará las áreas de tu vida interior que han sido quebrantadas, atadas o dañadas por las maneras equivocadas de pensar o de sentir a lo largo de tu vida.
Segura y recta: Precisamente como debe ser, como una mañana clara y soleada o una mesa exquisitamente arreglada para cenar. No hay nada mejor que el carácter genuino de la Palabra de Dios.	Traer a tu corazón un gozo profundamente arraigado, tal y como podrías deleitarte con la belleza de un atardecer. La constante exposición a la Biblia contrarresta la contaminación de la vida y presenta a tu ser un sentido fundamental de bienestar y prosperidad.
Pura: Completamente libre de cualquier contaminante del mundo o de otro elemento de distorsión. No tiene motivos o mensajes mezclados que necesiten ser filtrados.	Revelarte todo tipo de falsedades y pretextos de la vida, que de otra manera no discernirías. La Biblia es como una poderosa lámpara que brilla en el camino frente a ti; te permite ver trampas y hoyos ocultos y te señala el mejor camino a seguir.

La Biblia es...	Leerla va a...
Verdadera y justa: Te revela completa y hábilmente la forma en que Dios tenía proyectado que la vida fuera y funcionara. La justicia y la verdad de Dios vienen a nosotros sólo mediante la revelación, y la Biblia es la revelación de Dios hacia nosotros.	Hacerte consciente de lo que perdura hasta la eternidad y de lo que simplemente pasa. La Palabra de Dios permanece para siempre y cuando el polvo por fin se asiente en esta vida, sólo quedarán de pie aquellas cosas que se alinearon con la verdad eterna.
Dulce y deseable: Intensamente apetecida por tu espíritu como la comida más deliciosa que te puedas imaginar. Nada sabe mejor a tu alma que la Biblia, y nada puede ofrecer una nutrición tan perfecta para el crecimiento y la salud.	Desarrollar inmunidad en tu sistema espiritual, protegiéndote de enfermedades externas y de dolencias internas que de otra forma podrían explotar tu vulnerabilidad. Las Escrituras te proveen una gran gama de defensas contra todo tipo de infecciones.

Penetrando con vivacidad y eficacia

Esto nos lleva a otra manera en la que la Biblia es diferente a cualquier otro libro que leas. No es un libro de texto inerte para ser memorizado o estudiado como un volumen de ciencias. No es sólo una colección de información como una enciclopedia, o una recopilación de principios y axiomas como un libro de geometría. Ni siquiera es sólo una lista de reglas y guías morales a seguir. Si proclama la verdad y si ofrece principios y guías confiables para la vida, entre más memorices de sus porciones, mejor.

Sin embargo, más allá de todo esto, tiene vida propia, una cualidad viva que le permite "actuar" en nosotros y hacer su trabajo proyectado casi por sí sola (leer 1 Tesalonicenses 2:13). Es como un compuesto químico que reacciona con otros elementos. Como el peróxido de hidrógeno que burbujea en respuesta a agentes infecciosos, así la Palabra de Dios tiene una reacción espiritual hacia cosas que están en nuestro interior. La Biblia funciona como un solvente: se mezcla hasta en los asuntos más profundos de nuestra alma y lleva consigo el poder restaurador y curativo de Dios.

Hagamos un breve estudio bíblico de Hebreos 4:12-13: "Porque la palabra de Dios es viva y *eficaz* [poderosamente efectiva, eficiente], y *más cortante* [con la capacidad de llegar directamente a la esencia del asunto] que cualquier espada de dos filos; *penetra* [atravesando para introducirse] hasta la división del alma y del espíritu, de las coyunturas y la médula, y es poderosa *para discernir* [diferenciar entre] los pensamientos y las intenciones del corazón. Y no hay cosa creada oculta a su vista [la de Dios], sino que todas las cosas están al descubierto y desnudas ante los ojos de aquel a quien tenemos que dar cuenta" *(énfasis añadido)*.

Pregunta: ¿Qué características son ciertas de la Palabra de Dios? Menciona dos con tus palabras.

_____

▲▲▲▲▲▲▲

¿Qué cosas hace la Palabra de Dios? Menciona tres.

_____

▲▲▲▲▲▲▲

¿Qué debemos estar esperando que suceda en nuestro corazón y nuestra mente al leer la Biblia?

_____

▲▲▲▲▲▲▲

A medida que leemos nuestra Biblia y le permitimos que limpie nuestro corazón y nuestra mente, ésta restaura y reconstruye aspectos de nuestra personalidad dada por Dios, sin que sea un requisito que sepamos de antemano de cuáles son los problemas o dónde puedan estar nuestras heridas. Como una cápsula de acción prolongada o de vitaminas múltiples súper potentes, la Biblia en realidad comienza a trabajar después de que la ingerimos. Nutre nuestro ser interior y nos fortalece contra ataques espirituales. La verdad de la Palabra de Dios penetra aun más profundamente que nuestra conciencia, para examinar cuidadosamente todos nuestros sentimientos y pensamientos. Los "juzga" con la verdad, lo que significa que nos advierte de caminos falsos y de condiciones mentales inestables. Nos señala los motivos equivocados que hay en nosotros y hace que nos demos cuenta de fallas ocultas.

Además, la Biblia nos provee un discernimiento y un sentido más agudo de lo que está sucediendo en nuestro interior y en el exterior. Entre más leemos la Biblia, más capacitados estamos para "leer la vida entre líneas". Las Escrituras son como "una lámpara" que brilla en la oscuridad, "una luz" a lo largo de nuestro camino, que persigue a las sombras y hace que retrocedan para que podamos ver con claridad (leer Salmos 119:105). Para Dios, el día y la noche son iguales (leer Salmos 139:12). Nada se esconde de su vista: su Palabra tiene la capacidad de traspasar los huecos escondidos de nuestra existencia, y camina hacia donde se necesita; haciendo lo necesario (leer Hebreos 4:13). En pocas palabras, la Biblia nos aconseja como la terapia más confiable disponible en el planeta.

La sabiduría que contiene la Palabra de Dios se transfiere por sí misma al centro de nuestros pensamientos y emociones, de manera que, al leerla, sabemos mucho mejor qué hacer, decir y pensar en diferentes situaciones. Puesto que Dios sabe cómo debe funcionar todo, sus consejos nos dan una enorme ventaja para vivir y llegar a ser todo lo que Dios proyecta que seamos en la vida y en el ministerio. Una dieta consistente de versículos de la Biblia creará una sensación de paz y gozo interior (ver Salmos 119:165), un tipo de optimismo que nos capacita para creer que Dios tiene todo bajo control.

La Palabra de Dios está especialmente adaptada para restaurar nuestro pasado y equiparnos para el futuro. Leer la Biblia nos edi-

> Entre más leemos la Biblia, más capacitados estamos para "leer la vida entre líneas". ▲

fica y nos provee los recursos y las herramientas que Dios proyectó que usáramos y disfrutáramos. Ya que Dios tiene la última palabra en todo, su Palabra escrita que nos fue dada mucho tiempo antes, es el fundamento más seguro y duradero sobre el cual podemos basar las decisiones de nuestra vida. Su verdad diseña el camino que confiadamente podemos seguir con todo nuestro corazón. Debido a todas las recompensas que vienen a nosotros mediante la Biblia, ésta es el recurso más satisfactorio y valioso de todo el mundo. La vida simplemente funciona mucho mejor cuando leemos la Biblia.

Las tinieblas y la luz son iguales para ti.
— Salmos 139:12

Mucha paz tienen los que aman Tu ley.
— Salmos 119:165

CÓMO SACARLE EL MEJOR PROVECHO A TU LECTURA BÍBLICA

1. Comienza por creer que lo que estás leyendo es cierto, en lugar de leer y luego decidir si lo es o no.

2. Haz una oración sencilla: *"Señor enséñame mediante tu Palabra. Planta estos versículos en mi corazón para que posteriormente den fruto en mi vida"*.

3. Lee con la mayor frecuencia posible; un poquito cada día es mejor que mucho de vez en cuando.

4. Lee la Biblia como leerías el mapa de un tesoro y busca cosas en tu vida que se parezcan a lo que encuentres en los versículos.

5. Espera una revelación. Escucha lo que venga a tu corazón concerniente a los asuntos de tu vida o a las cosas que te afecten, respecto a las cuales te has hecho preguntas.

6. Marca o subraya cada versículo que te llame la atención, especialmente los versículos que te edifiquen. Está atento a las promesas o mandamientos que revelan el corazón de Dios.

7. Fíjate de los contrastes entre lo que la Biblia dice y lo que tú piensas, sientes o cómo actúas. Cuando ubiques esas diferencias, pídele al Señor que te cambie.

8. Lee basándote en cuatro niveles básicos: a) *Literal:* Lo que Dios dice o hace en las vidas de personas reales; b) *Temático:* Principios y acuerdos respecto a las formas en las que Dios trabaja; c) *Profético:* Promesas respecto a lo que Dios hará en el transcurso de la historia humana; y d) *Personal:* Puntos de instrucción y motivación para tu propia vida.

9. Cuando llegues a pasajes que no entiendas, pon un signo de interrogación en el margen y sigue leyendo. No te quedes atorado. Sólo significa que en este momento el Señor no está hablándote con esos versículos.

10. Busca cualidades o atributos en la vida de los personajes bíblicos claves que se parezcan a ti. Luego pregunta si esas cosas son buenas o no tan buenas, lo cual depende de cómo Dios trató con ellas en la historia bíblica.

11. Medita en lo que lees a través del día; te asombrará cuántas cosas de tu vida te mostrará Dios, a medida que reflexiones en su Palabra.

El espejo perfecto

La Biblia también actúa como una lupa que nos da una vista a corta distancia de dos imágenes. Primero, y lo más importante, refleja la gloria del Señor de la misma forma en que una lupa gigante le permite a los astrónomos ver objetos en el cielo a través de un telescopio. Las estrellas que son apenas perceptibles a simple vista, debido a su distancia física de la Tierra, se ven más cerca a través de los lentes del espejo enorme. En forma similar, la Palabra de Dios, que está "muy cerca de ti" (leer Deuteronomio 30:14), nos ofrece una mirada directa de Dios, quien habita en otras esferas del cielo y quien, por consiguiente, está prácticamente distante de nosotros. A medida que descubres y examinas la información de la Biblia, ésta te presentará la verdad acerca de Dios: Cómo es Él en cuanto a personalidad, carácter y actividad.

El espejo de la Biblia no tiene deformaciones o distorsiones. Está completamente liso y perfectamente formado para reflejar una imagen exacta de Dios. La imagen distorsionada que muchas personas tienen de Dios viene de sus propias impresiones, no de las páginas de la Biblia. A veces, algunas personas bien intencionadas sacan de contexto unos cuantos versículos de la Biblia e intentan interpretar los caminos de Dios a la luz de una pequeña porción del espejo completo. Si el lente del espejo no está liso, la deformación del lente crea una distorsión en el reflejo amplificado. Toda la Biblia debe verse a la luz de toda la Biblia (valga la redundancia); las historias o los versículos individuales pueden malinterpretarse si se consideran de manera aislada.

SIGUE ESTOS PASOS

Durante los tiempos de lectura bíblica, cuando te sientas bajo convicción o advertido respecto a algún área de tu mente o de tu corazón que no esté de acuerdo con los caminos de Dios, intenta hacer dos cosas:

1. Medita en el (los) versículo(s) durante varios días. Repítelo en tu mente, piensa en éste, busca alguna conexión con acontecimientos de tu vida o con otros patrones de tu pensamiento. Pídele a Jesús que te enseñe con su Palabra y que te abra los ojos a lo que Él está diciéndote.

2. Busca versículos similares y busca más patrones y conexiones. Usa las referencias recíprocas en tu Biblia o una concordancia para descubrir todos los consejos de Dios relacionados con los temas específicos que Él quiere que observes.

Leer la Biblia también es como sostener un espejo frente a nosotros; nos devolverá una imagen exacta de nuestra apariencia y nos ayudará con algunas cosas que no podemos ver a simple vista (leer Santiago 1:21-25). Sin un espejo, nadie puede ver la parte de atrás de su cabeza para saber si los mechones de su cabello están acomodados o fuera de su lugar. Las fallas y las necesidades de nuestra alma pueden quedarse sin ser detectadas y sin respuesta si sólo las percibimos de forma natural. La Palabra de Dios tiene una forma milagrosa de traer a la luz las cosas escondidas en nuestro corazón. No sólo podemos contemplar verdades maravillosas del Señor en el espejo de su Palabra sino que también podemos ver algunas realidades no muy maravillosas de nuestra vida. La promesa asombrosa del Señor es que Él nunca llama nuestra atención a las áreas quebrantadas o pecaminosas de nuestra vida sólo para informarnos respecto a ellas, sino que envía su Palabra intencionalmente para sanarnos y liberarnos (ver Salmos 107:20; Mateo 8:8,16).

A medida que los días avanzan, te serán recordados versículos y frases de la Biblia que te alertan respecto a lo que Dios está diciendo. De hecho, la Palabra de Dios que viene a tu mente es una de las formas principales en las que el Señor te guiará. Descubrir la voluntad de Dios para tu vida, ser guiado por el Espíritu, oír la voz de Dios, ministrar a otras personas, resistir la tentación y cada uno de los demás aspectos de tu diario vivir con el Señor se desarrollan con mayor intensidad como resultado de pasar tiempo leyendo la Biblia.

Sin embargo, recuerda siempre que no se logra crecimiento espiritual como una medalla al mérito como resultado de hacer algo para Dios como esforzarse mucho para cumplir con el estudio de la Biblia requerido. La intención de Dios en cuanto a la lectura de su Palabra nunca fue que se convirtiera en una obligación legalista que tengamos que cumplir. Por el contrario, la Biblia es una de las herramientas multipropósitos más útiles para comprender mejor al Señor y su forma de hacer las cosas. La Biblia introducirá en tu vida tanta bendición como lo permitas.

ALGUNAS FORMAS EN QUE LA BIBLIA TRABAJA PARA NOSOTROS

La Biblia es la mejor herramienta con multipropósitos para desarrollar nuestra relación con el Señor y para vivir la vida en general. Aquí presento sólo algunos de sus beneficios tomados del Salmo 119 que son la descripción más larga y detallada de cómo funciona la Palabra de Dios en la vida de un creyente. Abre tu Biblia y tómate el tiempo para leer el Salmo 119. Mira si puedes encontrar los versículos que mencionan estas promesas y subraya cualquiera que te guste de forma especial.

La Biblia . . .

Nos da respuestas y nos dirige cuando buscamos al Señor.

Nos aviva cuando estamos quebrantados, o deprimidos, lo cual nos da esperanza y consuelo cuando todo parece perdido.

Nos fortalece en medio de las circunstancias agotadoras.

Aumenta nuestra capacidad para aceptar las cosas de Dios.

Nos da respuestas para la condenación que a veces sentimos.

Nos mantiene avanzando con libertad, sin enredarnos con distracciones y dificultades.

Nos da discernimiento, conocimiento, sabiduría y comprensión.

Nos provee de luz para que podamos ver dónde caminamos y a dónde nos llevará el camino.

Nos ofrece gran paz y estabilidad aun en medio de aguas turbulentas.

Contrarresta nuestra tendencia a desviarnos, perdernos o meternos en dificultades.

Nos hace más sabios que incluso la persona más lista del mundo.

Agudiza nuestra conciencia y acrecienta nuestro disgusto por los caminos de la maldad.

Hablemos al respecto

▲ Antes de leer este capítulo, ¿qué pensabas de la Biblia?, Como resultado de lo que has leído, ¿cómo ha cambiado tu opinión?

_____

_____

▲▲▲▲▲▲▲

▲ ¿Por qué Dios escribió la Biblia?, ¿cuál es el propósito principal de Dios al darnos su Palabra?

_____

_____

▲▲▲▲▲▲▲

▲ ¿Por qué crees que a la mayoría de las personas se les dificulta la lectura regular de la Biblia, y por qué se sienten culpables por no leerla más?, ¿por qué quiere Dios que leas la Biblia?, ¿qué le aconsejarías a un amigo que te preguntara si debe leer la Biblia?

_____

_____

▲▲▲▲▲▲▲

▲ La mayoría de las personas está buscando una filosofía de vida, algún tipo de directriz para sus decisiones y acciones. ¿Por qué la Biblia es la mejor filosofía de vida?, ¿cómo explicarías la conexión entre el poder creativo de la Palabra de Dios y el poder restaurador que tiene?

_____

_____

▲▲▲▲▲▲▲

▲ En vista de lo que aprendiste en este capítulo, ¿cuál es la importancia de que Jesús sea llamado la Palabra de Dios?

_____

_____

▲▲▲▲▲▲▲

▲ Jesús dice que aun cuando nuestras vidas han sido afectadas trágicamente por seguir los caminos de un mundo echado a perder, las promesas de Dios actúan como contrapeso y antídoto. ¿Cómo te capacita la Palabra de Dios para llegar a ser más como Él en tu forma de pensar y de comportarte?

_____

_____

▲▲▲▲▲▲▲

▲ ¿Algunas veces tienes temores o pensamientos negativos? Busca en la Biblia las promesas del Señor que se relacionen directamente con esas emociones y pensamientos dolorosos. Entre más promesas suyas conozcas, más podrás resistir las mentiras que vengan contra ti. ¿Qué es lo que las promesas de Dios revelan sobre su corazón hacia ti?

_____

_____

▲▲▲▲▲▲▲

Tu tiempo con Dios

Considera la posibilidad de unirte a un estudio bíblico con otros cristianos de tu iglesia o del trabajo.

Lee un libro de la Biblia o varios capítulos a la vez. Capta el sentido de la historia en conjunto: Quiénes son los personajes, cómo era esa época y ese lugar. Conoce la historia completa. Entre más información obtengas de los detalles de cada episodio, más comprenderás de todo el contexto. Tómate un tiempo para pensarlo y meditarlo, míralo desde todos los ángulos y estúdialo verdaderamente. Profundiza y pregúntale a Dios si hay algo más que puedas aprender. Quizá las palabras de la oración que sigue puedan ayudarte a expresar tus pensamientos.

Amado Dios, gracias por darme la Biblia para apoyarme en cada área de mi vida. Ayúdame a tener un corazón que ame la Biblia y quiera aprender más. Gracias por las muchas promesas que me das a través de tu Palabra, por la instrucción que provees y por los principios que me dan vida. Padre, te pido que me hables a través de tu Palabra para que yo crezca cada día más.

Padre celestial, gracias, por darme tus palabras en la Biblia. Son perfectas, seguras, verdaderas y justas. Leer tu Palabra restaura mi mente, corazón y conciencia para que funcionen de la forma que Tu proyectaste. Tus palabras traen bienestar y prosperidad a mi vida.

Abre los ojos de mi corazón para entender lo que estás diciéndome y para comprender la carta maravillosa que le escribiste al mundo. Quiero alinear mi vida con la tuya. Gracias, Señor. En el nombre de Jesús. Amén.

CAPITULO SIETE

Pide la intervención de Dios

Para los asistentes y los asociados de una gran corporación, el ejecutivo principal puede ser una presencia que cause temor, que no puede ser interrumpido en lo más mínimo. Nunca pensarían en entrar a la oficina del gerente general y juguetear con las cosas que tiene en su escritorio. Algunas cosas no se hacen, sin importar qué tan familiar pueda ser el ambiente de trabajo. En muy raras ocasiones, los trabajadores de la base se acercarían al ejecutivo principal para solicitar un aumento o para pedir la investigación de alguna situación. Eso simplemente no se hace. Hay gerentes que manejan esos asuntos.

Sin embargo, un día de descanso de la escuela, la nieta de esa persona poderosa puede entrar a la oficina, treparse en las piernas de su abuelito y hacer collares de clips; puede suspender las negociaciones internacionales o los planes de negocios multimillonarios para pedir un bolígrafo de otro color para hacer dibujos, o para anunciar que la grapadora ya no tiene ganchos. Aunque algunos empleados podrían indignarse por la interrupción y secretamente maravillarse que la pequeñita no está nada consciente del hecho de que ese es un lugar de trabajo, y no la sala de su casa; ningún empleado dejaría de ver el punto principal: Los miembros de la familia pueden entrar a ver al jefe en el momento que lo deseen.

Aprender a darle la bienvenida a las acciones y a los propósitos de Dios en tu vida es como aprender a ser un hijo en las piernas de Dios. Te asombrarás de cuántos recursos ha ofrecido y puesto a tu disposición y de lo fácil que es pedirlos en los tiempos de necesidad. Antes de explicar algunos de los detalles sencillos de la oración, es importante disipar algunas de las impresiones equivocadas que la mayoría de las personas tiene acerca de conversar con Dios. La verdad espiritual es opuesta a nuestra forma natural de pensar respecto a las cosas, y si no tenemos cuidado, nuestros pensamientos naturales y religiosos pueden avanzar aceleradamente para sofocar lo que el Señor quiere que sepamos.

Un buen ejemplo de esto es la historia del hijo pródigo que va camino a casa para ver a su padre. El hijo sabía que

EN ESTE CAPÍTULO APRENDERÁS. . .

▲ Que Dios se deleita cuando nos acercamos a Él en cualquier momento y en cualquier lugar.

▲ Por qué no tenemos que ser "tan buenos" para orar.

▲ Cómo es la oración para los momentos en que hemos perdido toda esperanza.

▲ Cómo es afectado el ámbito de lo invisible por nuestras oraciones.

▲ Por qué las acciones de gracias y la fe están vitalmente relacionadas con la oración.

▲ La importancia del nombre de Jesús.

▲ Por qué no tenemos que orar en lapsos de tiempo establecidos.

> Aprender a darle la bienvenida a las acciones y a los propósitos de Dios en tu vida es como aprender a ser un hijo en las piernas de Dios.

había hecho mal, así que ensayó todo un discurso de: *"Sé que nada merezco"*, a fin de esperar que su padre al menos le diera un trabajo entre la servidumbre. No obstante, el muchacho ni siquiera tuvo la oportunidad de empezar su discurso; cuando su papá lo vio desde una gran distancia, estaba tan lleno de alegría de que su hijo regresara que ahogó el discurso de su hijo con un abrazo lleno de lágrimas, lo cual dejó en claro que lo demás no importaba. Su hijo estaba en casa; la aflicción había terminado. Era el momento de celebrar el futuro juntos.

Lo que le interesaba al padre estaba alejado de lo que el hijo imaginaba que sería su encuentro. Los creyentes sinceros con frecuencia nos daremos cuenta de que no hemos vivido como deberíamos. Nuestra naturaleza pródiga nos llevará a derrochar nuestra herencia espiritual, queriendo saciar las necedades que nos llevan a la bancarrota del corazón y de la mente. O quizá, con menos descaro, concluiremos que no merecemos recibir mucho del Señor porque no hemos cumplido con nuestras tareas o no nos hemos esforzado lo suficiente.

Trampas legalistas

Estamos tentados a abordar tantas cosas en el reino de Dios con base en lo que creemos saber en cuanto a lo que Dios opina de nosotros, a lo que deberíamos estar haciendo con mayor frecuencia o de mejor manera y cómo lo hemos arruinado todo. Es por eso que algunas verdades del reino de Dios se entiende mejor desde el interior; entendiendo el corazón de la verdad antes de que esa verdad sea precisamente definida y trazada como un comportamiento.

Lee Lucas 15:11-32. ¿Por qué crees que evaluamos nuestro propio mérito cuando nos acercamos al Señor para pedirle algo en oración?

_____

▲▲▲▲▲▲▲

¿Qué habría sentido el padre del hijo pródigo si el hijo hubiera insistido en "mantenerse en su opinión", aun después de que el padre quería celebrar su reencuentro?

_____

▲▲▲▲▲▲▲

Basándonos en esta historia, ¿qué tanto le agrada al Señor cuando lo buscamos en oración?

_____

▲▲▲▲▲▲▲

La oración es uno de los mejores ejemplos de nuestra tendencia humana a enfocarnos en lo que no estamos haciendo bien, a diferencia de lo que Dios ofrece para ayudarnos a vivir la vida con más abundancia. Menciónale el tema de la oración a la mayoría de los creyentes, y su primer pensamiento para ellos mismos es: *"Tú, cristiano miserable, necesitas orar más"*. Su atención se enfoca en que orar es una obligación o un requisito, en lugar de verlo como una oportunidad para pasar tiempo con Jesús. Si esa mentira legalista no los derriba, generalmente la noción opuesta lo hará: *"Eres tan miserable que no mereces orar"*. Semejantes pensamientos de descalificación los aleja de una conversación con el Señor y agrava su sensación de fracaso, por no vivir a la altura del deber.

Al diablo no le importa si chocas hacia la derecha (se espera que ores más) o hacia la izquierda (no has sido lo suficientemente bueno como para poder orar), sólo te quiere fuera del camino y desea que abordes tus tiempos de oración como el hijo pródigo: sintiéndote culpable por no venir antes o con más frecuencia o sintiéndote demasiado indigno para siquiera intentar acercarte a Dios. Al enemigo de tu vida le encantaría que comenzaras la oración a tu Padre celestial con un discurso ensayado, y declararas cuán malo, inapropiado e indigno eres. Dios no aceptará nada de eso. Tan solo está encantado de pasar tiempo contigo una y otra vez.

Cuando la llave de un reino es más notable para nosotros, porque pesa en nuestro llavero y no por el sorprendente número de puertas que abre, algo hemos perdido en nuestra forma de pensar al respecto. Cuando la oración es más carga que bendición, lo hemos considerado en forma incorrecta. Lo que Dios tiene en mente para nosotros siempre es causa de una celebración, no de una condenación mayor. Los principios y las herramientas con los que Dios quiere que nos relacionemos cada vez más en nuestro diario vivir con Él son para eso, así que debemos continuar considerándolos a la luz de por qué nos provocan regocijo, no cómo aparentemente apuntan a nuestros fracasos y a nuestra falta de mérito.

> ▲ El diablo desea
> ▲ que abordes
> ▲ tus tiempos de
> ▲ oración como
> ▲ el hijo pródigo:
> ▲ sintiéndote
> ▲ culpable por no
> ▲ venir antes o con
> ▲ más frecuencia
> ▲ o sintiéndote
> ▲ demasiado
> ▲ indigno para
> ▲ siquiera intentar
> ▲ acercarte a Dios.

CÓMO ORAR

Sin ofrecerte una fórmula como la única forma exacta y correcta de orar, aquí tienes algunos consejos útiles (sin seguir un orden en particular):

1. Comienza con alabanzas y adoración, y enfócate en la grandeza de Dios, su autoridad por encima de todo el universo y, lo más importante, sus planes para que tú fueras su hijo adoptivo.

2. Siéntete con la libertad de llevarle a Dios cada una de tus necesidades (las que están dándote vueltas en la cabeza), sin preocuparte de que son muy pequeñas o de que Él está demasiado ocupado para escuchar. No evites "noblemente" orar por ti mismo, pero déjalo que se encargue de tus necesidades a largo plazo, sin preocuparte por éstas.

3. Reconoce tus pecados en lugar de tratar de esconderlos. Éstos no te descalifican para orar, pero te causarán problemas si no los confiesas. Cuéntale al Señor de tu decisión de perdonar a otros y deja sus pecados y los tuyos en el mismo lugar: atrás de ti.

4. Pide fuerza para resistir la tentación y pide liberación de esos puntos "no buenos" de tu corazón, que te hacen especialmente vulnerable al pecado. Dios ya los sabe y quiere ayudarte a derrotar lo que ha estado venciéndote.

5. Recuerda, la oración trata con lo invisible, así que, en la mayoría de los casos, debe hacerse lejos de la vista de otros, cuando estamos solos, excepto cuando un grupo se reúne para orar corporativamente por varios asuntos en común.

6. En realidad no se logra mucho con las repeticiones: Dios te escucha de igual manera la primera y la decimoquinta vez que le dices algo. Sin embargo, algunos asuntos requieren una oración progresiva, en la que continuamos preguntando y buscando en su presencia. Repetir tu oración no hace más probable que sea escuchada o contestada sino que puede mantener tu corazón enfocado en el Señor como tu única opción.

7. No hay ninguna indicación en la Biblia de que un volumen más alto en tu voz, una gramática perfecta o las inflexiones extrañas de tu voz "ayuden" en tus oraciones. Las emociones y el entusiasmo humanos son aspectos maravillosos de cómo nos hizo Dios, pero no son lo que hacen que nuestras oraciones sean escuchadas por Él con más atención.

8. Pídele al Señor que te muestre por qué orar y acerca de qué. Permítele traer asuntos y personas a tu mente, además de lo que normalmente oras. Esta es una buena oportunidad de orar de acuerdo con los versículos de la Biblia, que vengan a tu corazón al pensar en esos asuntos o personas.

9. Cree en el Señor: Su poder, sus promesas, su buena disposición y sus respuestas. Cree que Dios ya se encargó de las cosas que hablas con Él y con fe espera la respuesta que podría no ser todavía visible en el terreno natural.

10. Termina cada oración con estas palabras increíbles: "En el nombre de Jesús".

Si sientes que no sabes cómo orar, no estás solo. Los discípulos pidieron que se les enseñara y la mayoría de los creyentes tiene la misma sensación de incertidumbre respecto a cómo orar en forma eficaz. No obstante, el hecho que necesitemos ayuda para aprender a utilizar este privilegio increíble, de tener la posibilidad de obtener acceso al Dios de todas las cosas, no significa que tendremos que ésforzarnos" de la misma manera que tendríamos que hacerlo en el estudio de la clase de álgebra. La intención de Dios nunca fue que lucháramos con la oración como algunos estudiantes lo hacen con las matemáticas o el lenguaje. No eres torpe ni se te atribuye un "coeficiente intelectual" espiritual bajo. No creas las mentiras del diablo, o tu propia voz poco amable que te dice que nunca "caerás en la cuenta" acerca de la oración.

Pregunta: La Biblia nos presenta varias imágenes de oración que disipan algunos de nuestros temores de ser inadecuados, como pensar que es demasiado difícil para que lo hagamos bien. Lee los siguientes versículos a la luz de la imagen sugerida y luego, con tus propias palabras, describe cómo éstos cambian tus nociones de la oración: "Ahora pues, devuelve la mujer al marido, porque él es profeta y orará por ti, y vivirás. Mas si no la devuelves, sabe que de cierto morirás, tú y todos los tuyos" (Génesis 20:7). *Orar es como hablar al gerente general a favor de alguien, porque él te escucha.*

▲▲▲▲▲▲▲

"Oh SEÑOR, de mañana oirás mi voz; de mañana presentaré *mi oración* a ti, y con ansias esperaré" (Salmos 5:3). *Orar es como hacer un pedido en un restaurante y luego esperar a que la comida llegue.*

▲▲▲▲▲▲▲

"Sea puesta mi oración delante de ti como incienso, el alzar de mis manos como la ofrenda de la tarde" (Salmos 141:2). *Orar es como encender una vara de incienso y después dejar que el humo se eleve en el aire hasta que llene el cuarto con su fragancia.*

▲▲▲▲▲▲▲

Un amigo con un "puesto importante" en la compañía

El dicho dice: "Lo que cuenta no es lo que sabes sino a quien conoces". Si alguna vez has recibido pases entre bastidores, boletos de avión gratuitos o un viaje especial que no está abierto al público, todo porque alguien que conociste tiene un "puesto importante" en una empresa de negocios, entonces tienes idea de lo que la Biblia enseña respecto a la oración. Ante todo, la oración significa un acceso especial: es una oportunidad privilegiada como abordar el avión previamente, junto con los pasajeros de primera clase (aun cuando sólo tienes un boleto de segunda clase). Podemos darnos una idea acerca de la oración al imaginarnos que nuestro mejor amigo de toda la vida de repente se enriquece.

Nuestra relación nos da esperanzas de que nuestro amigo quiera hacer algo por nosotros. No somos extraños que desean una dádiva sino amigos de toda la vida que nos estimamos mutuamente aunque ninguno fuera rico. Conocer al amigo es la base sobre la cual anticipamos dicha ayuda. Adicionalmente, contemplamos el contraste entre lo que nuestro amigo acaudalado tiene (toneladas de dinero) y lo que tenemos (poco dinero). Estar consciente de esta enorme diferencia es lo que nos lleva a pensar en recibir ayuda de nuestro amigo; no pasamos mucho tiempo pensando en la ayuda potencial de amigos que son tan pobres como nosotros.

Piensa en lo rico que es Dios quien es el dueño de todo. Jesús tiene toda la autoridad en los cielos y en la tierra y nada es imposible para Él. Cuando toma una decisión, nadie puede cuestionarlo. Entre más entiendas lo estrecho de la relación entre Dios y tú, lo que siente Él por ti, y no sólo lo que tú sientes por Él; entre más captes lo acaudalado y potentado que es el Señor, creerás con mayor intensidad que puede hacer muchísimo más que todo lo que podemos imaginarnos (ver Efesios 3:20-21).

Así es también con la oración. Dios tiene una relación con nosotros que dura toda la vida, no sólo como amigo sino como nuestro Padre amoroso que está extremadamente bien relacionado y tiene una provisión ilimitada de todas las cosas. Así que no tiene que considerar el costo de nuestras necesidades para ver si las puede solventar o pagar en estos momentos.

Lee Lucas 18:1-8. ¿Por qué Jesús usa la descripción de un juez injusto en contraste con nuestro Padre amoroso que está en el cielo?

_____

▲▲▲▲▲▲▲

Lee los versículos 1 y 5 otra vez. ¿Por qué Jesús nos dice que no nos cansemos de orar sino que perseveremos en la fe?

_____

▲▲▲▲▲▲▲

La oración es una audiencia privada con el Señor, una oportunidad para hacerle cualquier pregunta, para saber el por qué de algo que haya ocurrido y para pedir ayuda y provisión al Ser más rico, más poderoso y con más conocimientos de toda la creación. Lo que estamos autorizados a hacer mientras oramos y lo que resulta de nuestras oraciones no sucede de otra forma ni le ocurre a ninguna otra persona. Podemos hacer todas las cosas mediante el Señor, cosas que no tenemos ninguna esperanza de hacer sin Él.

Así que, para ser efectivos en nuestra oración, necesitaremos aprender algunas lecciones importantes respecto a esto que llamamos oración. ¿Qué clase de actividad es ésta?

▲ ▲

La oración es una audiencia privada con el Señor, una oportunidad para hacerle cualquier pregunta, para saber el por qué de algo que haya ocurrido y para pedir ayuda y provisión al Ser más rico, más poderoso y con más conocimientos de toda la creación.

▲ ▲

Y a Aquel que es poderoso para hacer todo mucho más abundantemente de lo que pedimos o entendemos, según el poder que obra en nosotros, a El sea la gloria.

— Efesios 3:20-21

Ora por lo que es imposible sin Dios

Una primera lección que podemos aprender respecto a la oración es que trata con lo que es imposible de lograr por nuestros propios medios. Con la oración entramos al terreno de lo que no podemos hacer y no podemos cambiar, donde nuestra única esperanza es la intervención del Señor. (ver Lucas 18:27) Por muy obvio que suene, es una verdad muy fácil de olvidar. Nuestra tendencia es evaluar una situación: calcular el cociente de las posibilidades y probablemente decidir qué es lo que suceda. Si cambiar algo con nuestras propias fuerzas está sólo un poco fuera de nuestro alcance o una insignificancia más allá de nuestras habilidades, le agregamos oración, así como se le da un pequeño giro a una bola de boliche. Podemos equivocadamente tratar la oración como un seguro adicional, un pequeño "extra que no hace daño". Un giro puede ayudarnos a derribar más bolos, pero no es necesario.

En otras palabras, si no tenemos cuidado de contraatacar esta tendencia natural, terminaremos orando sólo por las situaciones en las que creemos que hay una buena posibilidad de que algo suceda por sí mismo, sin requerir la intervención de Dios. Aun así, cuando el Señor conteste nuestra oración, no parece gran cosa porque ya nos habíamos imaginado que la situación podía resolverse sola; pero si oramos por circunstancias y necesidades que no tienen esperanza sin el toque de Jesús, en realidad veremos más respuestas y aumentará nuestra fe para orar por situaciones aún más imposibles.

Lee Lucas 1:37 y 18:27. Con la oración le pedimos a Dios que sólo Él haga lo que puede hacer en las situaciones de nuestra vida. ¿Puedes recordar oraciones recientes ofrecidas por ti a Jesús que no fueron sino peticiones que dicen: "Espera y ve si va a resolverse solo" con el nombre de Dios anexo a éstas?, ¿han ocurrido cosas que parecían demasiado grandes como para orar por ellas?, ¿cómo ha cambiado tu idea acerca de la oración como resultado de conocer estos versículos?

▲▲▲▲▲▲▲

La oración logra lo imposible; es para aquellas situaciones en las que te sientes impotente y has perdido toda esperanza.

Esta es una de las razones por las que Jesús casi siempre habla de perdón, cada vez que les enseñaba a sus discípulos algo respecto a la oración (leer Marcos 11:23-26; Lucas 11:1-4). Nada en toda tu vida será más imposible que quitar la culpa de tu pecado. De hecho, el milagro más difícil y costoso, como el que no habrá jamás, ya se llevó a cabo con la muerte de Jesús, quien perdonó nuestros pecados. Arrojar una montaña a un océano es un juego de niños comparado con el hecho de que Dios arroja en lo profundo del mar todos nuestros pecados (ver Miqueas 7:19).

> Y Él respondió: Lo imposible para los hombres, es posible para Dios.
>
> — Lucas 18:27

Una vez, cuando Jesús le hablaba a una gran multitud de gente reunida en una casa, le fue llevado un hombre paralítico en una forma muy inusual. Jesús le dijo al hombre que sus pecados habían sido perdonados (leer Marcos 2:1-11). Los líderes religiosos dijeron que Él no podía hacer eso, porque solo Dios tenía el poder y la autoridad para hacer algo tan increíble y tan transformador en la vida de alguien. Sus protestas se basaban en su teología de: "Dios nunca perdonaría a un pecador como él", pero en realidad entendían una verdad que nosotros a veces olvidamos: Ningún ser humano en la tierra tiene la autoridad y el poder de cambiar la condición espiritual de otra persona. Es imposible para nosotros cambiar el destino eterno de alguien. Sin embargo, para probar que Él tenía la capacidad de perdonar los pecados, Jesús sanó al hombre y le dijo que caminara.

La oración logra lo imposible.

Afectar al mundo natural en el que vivimos es fácil para Aquél que creó el universo mediante su Palabra y para Aquél que construyó un camino con el fin de que nuestros pecados fueran borrados. Esto se debe a que el mundo espiritual siempre es más difícil de cambiar que las cosas del mundo natural. Sin embargo, los seres humanos normalmente no están conscientes del valor de lo que el Señor realiza para ellos en el ámbito invisible de la realidad y se impresionan más por los milagros que se ven, que por aquellos que perduran en la eternidad. Una vez que te das cuenta que el Señor decretó que el universo existiera y que nos redimió por su gracia, entiendes que nada es imposible para Él (ver Jeremías 32:27).

Dios puede hacer lo que nadie más puede lograr. Eso significa que estaremos asombrados por su poder extraordinario y, a menos que recordemos que puede hacer lo que de otra forma es imposible, seremos tímidos para pedir su intervención milagrosa. En cada uno de los siguientes episodios bíblicos, el Señor dice que hará algo que no había sido escuchado por oído alguno, algo más allá del ámbito de la credibilidad natural.

Pregunta: Como una forma de practicar cómo leer la Biblia para tu aliento y dirección personal, busca cada uno de los pasajes que en seguida se mencionan. Luego describe la situación real dentro de la cual el Señor introducirá su dominio y describe una circunstancia en tu propia vida que tenga un paralelo con la situación que enfrentan las personas de la historia.
Génesis 18:9-15

He aquí, Yo Soy el SEÑOR, el Dios de toda carne, ¿habrá algo imposible para mí?
— Jeremías 32:27

▲▲▲▲▲▲▲

Zacarías 8:1-8

▲▲▲▲▲▲▲

La oración apela a la jurisdicción todopoderosa del Señor sobre los cielos y la tierra, y mueve su autoridad benigna por amor de sus hijos amados. "Señor, hágase tu voluntad, que tu autoridad, influencia y domino reinen así en la tierra como en el cielo" (leer Mateo 6:9-13). Como la pequeña que se sienta en las piernas del gran jefe, nosotros podemos ir con nuestro Padre del cielo en cualquier momento y lugar, para pedirle ayuda y gracia en nuestros tiempos de necesidad (ver Hebreos 4:16). No tenemos ni idea de lo que Él puede mover a nuestro favor: Cosas que normalmente no percibimos con nuestros sentidos naturales y cosas que nunca podrían ocurrírsenos (ver 1 Corintios 2:9).

Ora por lo que es invisible para ti

Esta es nuestra segunda lección respecto a la oración: opera en el terreno espiritual y logra avances en el plano natural al afectar primero las cosas en la dimensión invisible de la realidad. Nunca debemos perder de vista el hecho de que hay dos dimensiones de la realidad, dos orbes en los cuales vivimos y llevamos nuestra existencia: el ámbito espiritual es más real que el natural. La oración trata no sólo con lo que es imposible para nosotros sino también con lo que es invisible. Como ya aprendimos, el universo físico fue llamado a la existencia mediante la Palabra del Señor, así que lo que podemos ver a nuestro alrededor "no fue hecho de cosas visibles" (Hebreos 11:3).

Jesús les enseñó a sus discípulos que comenzaran sus oraciones con un simple reconocimiento de Dios como su Padre en el cielo, en la dimensión espiritual donde toda la acción se lleva a cabo. Él es el Señor de los cielos y de la tierra (leer Deuteronomio 10:14; Jeremías 32:17). El "eterno, inmortal, invisible" Dios (1 Timoteo 1:17) y su Hijo Jesús, en quien "fueron creadas todas las cosas … visibles e invisibles" (Colosenses 1:16), nos invitan a solicitar su intervención. Dios no está limitado por las circunstancias naturales como nosotros y sus respuestas a nuestras oraciones pueden fácilmente implicar que llame "a las cosas que no son, como si fuesen", como un reordenamiento de las variables naturales de nuestra situación (Romanos 4:17 RVR-60).

Los asuntos reales de nuestra vida son espirituales y las luchas que tenemos no son principalmente contra problemas naturales sino espirituales (ver Efesios 6:12). Mientras que nada en el mundo físico tiene poder en sí mismo para afectar la realidad espiritual, los cambios espirituales siempre hacen que sucedan algunos cambios en el mundo natural. La carne y la sangre no pueden entrar

> Por tanto, acerquémonos con confianza al trono de la gracia para que recibamos misericordia, y hallemos gracia para la ayuda oportuna.
> — Hebreos 4:16

> Cosas que ojo no vio, ni oído oyó ni han entrado al corazón del hombre, son las cosas que Dios ha preparado para los que le aman.
> — 1 Corintios 2:9

Porque nuestra lucha no es contra sangre y carne, sino contra principados, contra potestades, contra los poderes de este mundo de tinieblas, contra las huestes espirituales de maldad en las regiones celestes.

— Efesios 6:12

Respondió Jesús y le dijo: En verdad, en verdad te digo que el que no nace de nuevo no puede ver el reino de Dios... Lo que es nacido de la carne, carne es, y lo que es nacido del Espíritu, espíritu es.

— Juan 3:3, 6

Y esto digo, hermanos: que la carne y la sangre no pueden heredar el reino de Dios; ni lo que se corrompe hereda lo incorruptible.

— 1 Corintios 15:50

En verdad os digo: todo lo que atéis en la tierra, será atado en el cielo; y todo lo que desatéis en la tierra, será desatado en el cielo.

— Mateo 18:18

Y yo os digo: Pedid, y se os dará; buscad, y hallaréis; llamad, y se os abrirá.

— Lucas 11:9

La oración es una de las herramientas "divinamente poderosas" de nuestro oficio, que nos da la capacidad de llegar a la raíz de la causa espiritual y de afectar las situaciones de la vida.

en el ámbito de lo espiritual (ver Juan 3:3-6) ni pueden heredar lo eterno (ver 1 Corintios 15:50).

A la inversa, las llaves espirituales, como la oración, moldean e influyen en cómo resultan las cosas en la tierra: Pueden atar y desatar (ver Mateo 18:18), abrir puertas (ver Lucas 11:9; Colosenses 4:3), y sanar y liberar (ver Marcos 1:34).

Lee Mateo 6:5-6. La palabra griega para secreto es *kruptos*, que significa "oculto, escondido". La verdadera dinámica de la oración sucede bajo la mirada del Señor, no a la vista de otras personas. ¿Por qué se preocupan las personas por cómo suenan al orar cuando otros los escuchan?, ¿esto significa que nunca debemos orar en público o en voz alta cuando estamos con un grupo de personas?, ¿cuál es el punto que Jesús está tratando de señalar?

_____

▲▲▲▲▲▲▲

La oración es una de las herramientas "divinamente poderosas" de nuestro oficio, que nos da la capacidad de llegar a la raíz de la causa espiritual y de afectar las situaciones de la vida (leer 2 Corintios 10:4). Esto no es fácil porque estamos acostumbrados a caminar por vista, no por fe (ver 2 Corintios 5:7), y a vivir nuestra vida al nivel de lo natural. Hemos sido entrenados para hacer algo (físico) respecto a nuestros problemas y necesidades. Queremos influir en las decisiones y en los desenlaces de la vida como resultado de lo que decimos o de cómo actuamos. Nuestra mente natural nos dice que no estamos haciendo lo suficiente al sólo orar por la situación en la que estamos, y eso explica la razón por la cual tenemos la tendencia a no orar mucho por problemas que creemos poder solucionar por nuestra cuenta.

Ora con fe en Dios

Esto nos lleva a una tercera lección respecto a la oración: Ya que es una actividad invisible y pequeña comparada con las necesidades enormes e imposibles que afrontamos, es importante tener fe. "Sin fe (seguridad y confianza en, dependencia en, persuasión respecto a lo que Dios ha dicho) es imposible" recibir del Señor todo lo que quiere darte (Hebreos 11:6, *énfasis agregado*). La fe se especializa en lo invisible y se sostiene en las promesas que Dios habla, aun cuando el cumplimiento de esas palabras no se vea por ningún lado (ver Hebreos 11:1). La fe puede ver lo que tus ojos naturales no. Es como un par de lentes infrarrojos que te permiten "ver en la oscuridad" lo que las personas no pueden ver sin los lentes. La fe es saber, incluso a la una y treinta de la tarde, que las estrellas todavía están en el espacio. El hecho de no verlas no anula su existencia.

A lo largo de tu vida encontrarás una diferencia entre lo que el Señor te dice y lo que las circunstancias dicen. La fe es una decisión de a quién creerle, no solamente qué creer. Oramos con fe al tomar la simple pero profunda decisión de creer que Dios está ahí, que nos recibe y que nos escucha. Cuando le contamos sobre el dinero que necesitamos para los frenillos de los niños, sobre el trabajo que perdimos o sobre la amistad rota que queremos que sea restaurada, Él no nos respondería diciéndonos que esas situaciones no son reales. Son reales y sabe de las mismas, incluso antes de que se las digamos (ver Mateo 6:32). La fe no es como un par de lentes rosa; no es un juego de fantasía o un término religioso para la ingenuidad.

Jesús prometió que "no nos dejará" con nuestros propios recursos o estrategias (leer Juan 14:18; Hebreos 13:5). La oración es una de las formas en las que Dios nos asegura que no nos deja solos para lidiar con las verdaderas y algunas veces angustiosas realidades de un mundo quebrantado. Él dice: "Tened fe en Dios" (Marcos 11:22). No dice: "Confía en Mí; esos problemas no existen" sino: "Confía en Mí, porque yo puedo encargarme de éstos en formas que no te puedes imaginar".

Lee Santiago 5:13-16. ¿Por qué crees que el Señor nos motiva a orar cuando estamos sufriendo?, ¿qué tipo de oración restaurará la salud de alguien?

▲▲▲▲▲▲▲

Al tener fe en Dios y en sus promesas maravillosas de hacerse cargo de nuestra vida y de usarnos en un ministerio, se nos puede asegurar, anticipadamente, que Él es fiel a su Palabra. Lo que promete es tan bueno como lo que ya fue entregado. (leer Marcos 11:23-24). Es como si tu jefe te lleva a cenar a un restaurante exclusivo, sólo para miembros, y te dice que pidas lo que quieras del menú. Pide lo que quieras; y te será hecho (Juan 15:7).

Tu fe no es lo que tú dices que quieres: como si pudieras entrar al restaurante, sin ser invitado por tu jefe, y materializaras una lujosa cena en la mesa frente a ti sólo porque repites: "Brocheta de res, brocheta de res, brocheta de res," varias veces cada hora. No, el jefe te lleva, y él es el único que puede hacer los arreglos necesarios para que la brocheta de res aparezca frente a ti. La cuestión principal es creer que tu petición será concedida debido a lo que tu jefe te invita a hacer: Elegir cualquier cosa del menú. Y puedes comenzar a anticipar lo buena que estará la entrada, incluso antes de que el mesero la traiga

Que Dios nos abra una puerta para la palabra, a fin de dar a conocer el misterio de Cristo, por el cual también he sido encarcelado.
— Colosenses 4:3

Y sanó a muchos que estaban enfermos de diversas enfermedades.
— Marcos 1:34

(Porque por fe andamos, no por vista).
— 2 Corintios 5:7

Ahora bien, la fe es la certeza de lo que se espera, la convicción de lo que no se ve.
— Hebreos 11:1

Vuestro Padre celestial sabe que necesitáis todas estas cosas.
— Mateo 6:32

Si permanecéis en mí, y mis palabras permanecen en vosotros, pedid lo que queráis y os será hecho.
— Juan 15:7

a tu mesa. En la vida cotidiana presentamos un pedido en un restaurante y los esperamos por fe.

Aunque es importante verbalizar tus peticiones y hablar con fe, algunos cristianos ponen demasiado énfasis en tener la posibilidad de llamar las cosas a existencia, independientemente de haber escuchado una invitación previa de parte del Señor para hacerlo.

Lee Filipenses 4:6 y Colosenses 4:2. Nota que ambos versículos mencionan la importancia de la gratitud en la oración. En vista de lo que estamos aprendiendo sobre la fe, ¿por qué es importante ser agradecidos cuando oramos?, ¿por qué cosas tenemos que ser agradecidos?

_____

▲▲▲▲▲▲▲

Ora con agradecimiento a Dios

Nuestra cuarta lección respecto a la oración tiene que ver con una actitud de agradecimiento. Como siempre ocurre en el reino de Dios, la oración es una manera mediante la cual el Señor nos invita a participar con Él en lo que es completamente capaz de llevar a cabo sin ninguna ayuda, porque se complace en nuestros deleites. Así como una madre que le permite a su hijo ayudar a poner la mesa para la cena de navidad, Dios desea compartir su trabajo con nosotros. La oración es nuestra manera de "ayudar" a poner la vajilla de porcelana y los utensilios de plata en la mesa. No podríamos hacerlo sin Dios, pero Él podría hacerlo fácilmente sin nosotros. Mantener eso en perspectiva, que la oración es hacer posible lo imposible, nos recuerda estar siempre agradecidos.

Además, el pequeño que ayuda a su mamá a poner la mesa para la celebración de navidad necesitará mucha ayuda para saber dónde va el tenedor y de qué lado del plato se pone el platito para la mantequilla. En muchas ocasiones, el Señor nos guiará en cuanto a cómo y por qué orar. Si sabemos que el Señor nos oye cuando oramos, también sabemos que tenemos las peticiones que le hemos hecho (leer 1 Juan 5:14-15). Él pondrá en nuestro corazón los deseos y peticiones por los cuales orar. Su Espíritu no sólo nos enseña a orar de acuerdo con la voluntad de Dios sino algunas veces incluso intercederá por nosotros (ver Romanos 8:26).

Las oraciones contestadas son simplemente una expresión más del amor de Dios hacia nosotros. No es un acontecimiento que sucede cuando por casualidad le atinamos a la combinación correcta de palabras o posturas. La oración no es como un carro que funciona un día pero al día siguiente tienes que empujarlo para que prenda. Dios nos quiere y le preocupa nuestra situación. Él no lleva una puntuación de nuestras oraciones como un juez olímpico que resta puntos por resbalones, titubeos y aterrizajes imperfectos en la barra de equilibrio.

> Y de la misma manera, también el Espíritu nos ayuda en nuestra debilidad; porque no sabemos orar como debiéramos, pero el Espíritu mismo intercede *por nosotros con gemidos indecibles.*
> — Romanos 8:26

Es más parecido al entrenador de un equipo de baloncesto de niños menores de ocho años, que entrena a sus jugadores durante una práctica. En lugar de ser una persona exigente con los detalles y llamar la atención por cada violación a las reglas o por cada falta, su inclinación básica es sonreír y decir: "Sigue jugando".

Cuando se trata de la oración, puesto que la mayoría de nosotros nos preocupamos por hacerlo correctamente, es fácil caer en la trampa de esforzarnos o concentrarnos demasiado en afectaciones externas como gestos particulares o la entonación de la voz para que se vea como "se debe ver" cuando se ora.

▲ ▲

Las oraciones contestadas son simplemente una expresión (más) del amor de Dios hacia nosotros.

▲ ▲

Lee el Salmo 38:9; 139:4 y Mateo 6:8. ¿Qué te dicen estos versículos? Si el Señor sabe lo que vamos a pedir antes de que lo hagamos en oración, ¿necesitamos preocuparnos por la forma exacta de orar?

_____

▲▲▲▲▲▲▲

No es que la oración sea un juego, o que los asuntos abrumadores de la vida real no afecten al Señor más que una práctica de baloncesto; pero aprender a orar dentro de un ambiente seguro, motivador y lleno de su amor, y recordar que Él es quien hace el verdadero trabajo, es mucho más útil que pensar que no hará nada, a menos que siempre hagamos nuestra parte de manera exacta. La oración es uno de los recursos más personales y poderosos que el Señor nos ha dado y es un regalo para gozar a través de lo que Jesús llevó a cabo a nuestro favor.

Ora en el nombre de Jesús

La siguiente lección que debemos recordar con respecto a la oración es que todo lo que hagamos en la vida tenemos que hacerlo "en el nombre del Señor Jesús, dando gracias por medio de Él a Dios el Padre" (Colosenses 3:17). Jesús nos dice que le pidamos al Padre cualquier cosa, pero que lo hagamos en su nombre (ver Juan 16:23-24). Jesús es el nombre que está "muy por encima de … todo nombre que se nombra" (Efesios 1:21). "Y en ningún otro hay salvación" (Hechos 4:12). Su nombre es el único en el cielo y en la tierra en el cual podemos ser salvos.

Cuando Dios, en la culminación de los tiempos, restablezca su gobierno completo sobre los cielos y tierra nueva, toda rodilla se doblará en el nombre de Jesús y lo reconocerá como Señor sobre todo (ver Filipenses 2:10).

La razón por la cual nuestras oraciones son escuchadas por Dios no es por lo que somos capaces de hacer, por lo correcto que hemos logrado vivir o por con cuánta gracia dijimos: "¡Por favor!" Dios oye nuestras oraciones sólo porque vamos a Él en el nombre de Jesús, con el privilegio y la autorización que nos ha dado. Somos como jóvenes adolescentes que van de compras con la tarjeta de crédito de su mamá. Su nombre está en la tarjeta porque ella es quien tiene buen crédito y paga las cuentas. Nuestro nombre, como el del joven de catorce años, no se encuentra en ninguna tarjeta de crédito espiritual; nuestro nombre escrito en un pagaré no nos permitiría salir de la tienda con un nuevo par de zapatos.

Cuando oramos, el nombre de Jesús da poder y "respalda" nuestra petición. Exactamente como Jesús realizó milagros en el nombre de su Padre (ver Juan 10:25), así hay que pedir en nuestra oración ayuda para vencer obstáculos y respuestas a las peticiones en el nombre de Jesús. Nuestro Padre Dios entra a nuestro mundo para sanar gente y hacer milagros en el nombre de Jesús, como una forma de traerle gloria y reconocimiento entre la gente como el Salvador del mundo (leer Hechos 4:30). Las oraciones al Padre en el nombre de Jesús, contestadas mediante el poder del Espíritu Santo, le muestran al mundo en forma exacta cómo el Padre, el Hijo y el Espíritu Santo son todos uno (ver Juan 14:13-14).

El Padre nuestro, que sirve como un buen modelo para todas nuestras oraciones, comienza con la adoración de su nombre ("Santificado sea tu nombre"). Dios da su nombre y autoriza su uso sólo a su pueblo como una expresión de su misma presencia y poder sobre la tierra. "En su nombre" es sinónimo de "de parte de Él y de su autoridad, en virtud de lo que ha llevado a cabo".

La Biblia nos dice muchas cosas acerca del nombre del Señor. Por ejemplo:

▲ Debe ser alabado "desde el nacimiento del sol hasta su ocaso" (leer Salmos 113:3).

▲ Es "torre fuerte" de defensa contra los ataques que intentan destruirnos. (leer Proverbios 18:10).

▲ No debe tomarse "en vano" como una expresión vacía en nuestras conversaciones, o para invocar cualquier tipo de maldad. (leer Deuteronomio 5:11).

Una vez más se nos recuerda la diferencia entre la relación que podemos disfrutar con el Señor y la religión muerta que siempre está tratando de quitarnos ese gozo. La oración funciona no porque trabajemos para ganar crédito que podemos "hacer efectivo" más tarde, sino porque Jesús hizo todo el trabajo en la cruz "de una vez y para siempre" (ver Hebreos 7:25,27). Es interesante saber que Jesús mismo a diario va ante su Padre para conversar e interceder, para "presentarse ahora en la presencia de Dios por nosotros" (Hebreos 9:24).

> Para que al nombre de Jesús SE DOBLE TODA RODILLA de los que están en el cielo, y en la tierra, y debajo de la tierra.
>
> — Filipenses 2:10

> Las obras que yo hago en el nombre de mi Padre, éstas dan testimonio de mí.
>
> — Juan 10:25

> Mientras extiendes tu mano para que se hagan curaciones, señales y prodigios mediante el nombre de tu santo siervo Jesús.
>
> — Hechos 4:30

▲▲▲▲▲▲▲▲▲▲▲▲▲▲▲▲▲▲▲▲▲▲▲▲▲▲▲▲▲▲▲▲▲▲▲▲▲▲▲
Ningún asunto o necesidad es demasiado grande o demasiado pequeño para llevarlo ante el Señor.
▲▲▲▲▲▲▲▲▲▲▲▲▲▲▲▲▲▲▲▲▲▲▲▲▲▲▲▲▲▲▲▲▲▲▲▲▲▲▲

En resumen, al Señor le encanta que nos comuniquemos con Él. La comunión con Él es una vía de doble sentido, un diálogo; es compartir recíprocamente. Así como Dios abre su corazón y sus planes para nosotros, con toda certeza también anhela que derramemos nuestro corazón ante Él (leer Salmos 62:8). Nos llama a un diálogo íntimo y personal. Quiere escuchar todo lo que respecta a nuestras vidas, desde asuntos que nos causan incertidumbre como una próxima entrevista de trabajo, hasta enormes obstáculos como la leucemia de una hija única. La oración nos libra de preocupaciones y ansiedades (ver Filipenses 4:6-7). Ningún asunto o necesidad es demasiado grande o demasiado pequeño para llevarlo ante el Señor.

La hora de la oración

Dios desea el intercambio libre y abierto que puede tener con nosotros mientras oramos, muy parecido a cuando los padres disfrutan la conversación que tienen con sus hijos que regresan a casa durante las vacaciones de primavera de su primer año en la universidad. Sin embargo, debemos tener cuidado de no pensar que la oración debe realizarse en períodos de tiempo establecidos y requeridos, como si obtener una respuesta de Dios fuera como comprar un refresco en una máquina dispensadora; se requieren varias monedas (minutos) antes de que puedas oprimir el botón seleccionado.

Algunas veces nos preocupa cuánto tiempo debemos orar, especialmente al leer la pregunta de Jesús a sus discípulos: "¿Así que no habéis podido velar conmigo una hora?" (Mateo 26:40 RVR-60).

Cuando Jesús hizo esa pregunta, estaba enfrentando la agonía culminante de su prueba crucial. Jesús, en su condición absolutamente humana, estaba clamando por compañía y compañerismo. Fue una petición planteada en vista de su necesidad personal, no una imposición dictada para establecer el tiempo estándar mínimo de una oración verdadera. Él sabía lo que era tener un espíritu dispuesto, pero la carne es débil y esa es la razón por la que les pidió a sus discípulos que oraran para que no se encontraran en situaciones en las que su carne fuera intensamente tentada a ir contra la voluntad de Dios (leer Marcos 14:32-38). Tiene más significado lo que oramos que cuánto tiempo oramos.

Apartar tiempo para orar cada día realmente ayuda a desarrollar constancia. Las complicaciones de la vida te robarán tus oportunidades de orar, así que es una buena idea hacer que tu día comience con la oración antes de que suceda lo inevitable. Aunque ciertamente es bueno orar en la noche, justo antes de dormir, hay bastantes probabilidades de que te quedes dormido antes de hacerlo. El espíritu está dispuesto, pero la carne no siempre está en condiciones de tener una conversación con Dios. Te sentirás más satisfecho con la oración si eliges ciertas horas (o posiciones físicas) en las que tu cuerpo coopere un poco más.

Ora ofreciendo todo el tiempo pequeñas oraciones de agradecimiento, rápidos enunciados: "Ve delante de mí", y otros recono-

> Por nada estéis afanosos; antes bien, en todo, mediante oración y súplica con acción de gracias, sean dadas a conocer vuestras peticiones delante de Dios. Y la paz de Dios, que sobrepasa todo entendimiento, guardará vuestros corazones y vuestras mentes en Cristo Jesús.
> — Filipenses 4:6-7

cimientos breves que le expresen a Dios que no quieres pasar por la vida por tu propia cuenta. Recuerda lo contento que Jesús se pone cuando usas el acceso que te concedió para llegar a Él. Puedes tener la seguridad de que Dios te quiere ahí y de que espera con emoción tus horas de oración más de lo que lo haces tú. Un diálogo continuo con el Señor a lo largo de tus días es bastante precioso para Él. Uno de los indicativos de una magnífica relación entre una hija y su madre es que pueden tener conversaciones espontáneas, así como apartar una hora específica para conversar. Dios disfruta ese tipo de relación con nosotros. No todas las oraciones deben ser mediante una cita. Eso hace que la relación sea demasiado forzada y artificial.

HABLA CON DIOS

Aunque hay varios tipos de oración mencionados en la Biblia, cada uno es, simple y esencialmente, una conversación con el Señor. Por ejemplo, en 1 Timoteo 2:1 se utilizan palabras diferentes para describir formas en las que te encontrarás acercándote al Señor en el nombre de Jesús. Veámoslas:

Rogativas (súplicas): Peticiones respecto a necesidades específicas, especialmente cuando estás muy seguro de tu incapacidad para pensar en una solución. Estás deprimido por tus carencias (sabiduría, dinero, otra oportunidad, paciencia o fortaleza), pero más que sentirte humillado por tu necesidad, eliges pedirle humildemente a Dios que intervenga.

Oraciones: Es una conversación seria con Dios y, tal vez, más prolongada para buscar su voluntad y pedirle consejo para tu vida en general. Te presentas ante el Señor, con toda tu atención enfocada en Él, justo como hablarías abierta y profundamente con un consejero de confianza o con tu mejor amigo. Le pides que te diga cualquier cosa porque tu deseo principal es que, de manera natural, te oriente hacia la dirección que Él prefiera.

Peticiones (intercesión): Una serie de preguntas dirigidas al Señor, muy parecida a una entrevista con una persona de respeto y autoridad. Le haces preguntas sobre cualquier tema que te interese y hablas con Él acerca de tu vida, matrimonio, futuro o ministerio. Tienes la oportunidad de comparar opiniones con Él acerca de asuntos importantes y serios a los que te enfrentas y cuando terminas de dialogar, queda muy poca duda de su opinión acerca de cada asunto.

Acción de gracias (dar las gracias): Expresiones enérgicas de gratitud y adoración, que le dicen al Señor cuánto lo aprecias por quién Él es y por lo que ha hecho en tu vida. Las gracias pueden ser profundamente conmovedoras, como un esposo que le agradece a su esposa por diecisiete años de un buen matrimonio o simplemente como agradecerle a un amigo por llevarte de la escuela a la casa. Es una forma de compartir con Él tu completa alegría, justo como cuando un hijo de diecisiete años grita deleitado por un regalo de Navidad; ese grito deleita el corazón de un padre.

Hablemos al respecto

▲ ¿Cómo ha cambiado tu manera de pensar en cuanto a la oración después de leer este capítulo?, ¿cómo le describirías la oración (con tus propias palabras) a un amigo que nunca ha hablado con el Señor?

_____

_____

▲▲▲▲▲▲▲

▲ ¿Por qué Dios le agradan nuestras oraciones?

_____

_____

▲▲▲▲▲▲▲

▲ ¿Qué sucede cuando oramos? Piensa en una oración recientemente contestada por Dios.

_____

_____

▲▲▲▲▲▲▲

▲ Dos mentiras comunes respecto a la oración son: "Tú, cristiano miserable, necesitas orar más" y "Eres tan miserable que no mereces orar". ¿Te llega alguno de estos pensamientos a la hora de orar?, ¿qué leíste en este capítulo respecto a la oración que cambiara tu manera de pensar?

_____

_____

▲▲▲▲▲▲▲

▲ ¿Por qué Jesús casi siempre habla del perdón cada vez que le enseña a sus discípulos acerca de la oración?, ¿hay algo demasiado difícil para Dios?

_____

_____

▲▲▲▲▲▲▲

▲ ¿Por qué son importantes las acciones de gracias y la fe en la oración?

_____

_____

▲▲▲▲▲▲▲

▲ ¿Hay alguna fórmula que debamos seguir cuando oramos al Señor?, ¿tus oraciones deben ser cortas o largas?, ¿hay un tiempo establecido para nuestras oraciones?

_____

_____

▲▲▲▲▲▲▲

▲ Piensa en una analogía que trate de la oración para compartir con un amigo. Completa esta oración (y explica por qué la terminaste de esa forma): "La oración es como _____

_____

_____".

▲▲▲▲▲▲▲

Tu tiempo con Dios

¿Se te está haciendo difícil conseguir lo que necesitas? ¿Has estado deprimido por tus carencias (sabiduría, otra oportunidad, dinero, paciencia, fortaleza, etc.)? Pídele al Señor que intervenga. Pídele a Dios que te muestre cualquier cosa que te ayude a entregarle tu vida y a ir en la dirección que Él quiera.

Es fácil descorazonarnos por situaciones difíciles en nuestra vida, que se han prolongado y que, al parecer, hay muy poca esperanza que cambien. ¿Puedes pensar en una circunstancia sin resolver por la que hayas dejado de orar? ¿Considerarías la posibilidad de hablar otra vez con Dios al respecto?

Aparta un tiempo para orar cada día. Pídele al Señor que te muestre por cuáles asuntos y necesidades debes orar y cómo tienes que hacerlo. Permítele llevar asuntos y personas a tu mente además de por lo que oras regularmente. Cree en Dios, su poder, sus promesas, su disposición y sus respuestas. Cree que Él está a cargo de lo que le hablas y espera las respuestas con fe. Quizá no sean visibles en el terreno natural. Tal vez quieras orar estas palabras:

Padre, gracias por la forma en que deseas estar conmigo, porque me hablas y compartes tu presencia. Señor, gracias, por querer escucharme aun cuando sé tan poco acerca de tus planes a largo plazo y aun cuando sólo entiendo una pequeña parte de lo que en realidad está pasando. Estoy contento de poder decirte lo que me aflige y, cuando lo hago, soy consciente de que estoy soltando toda mi carga en Ti para una solución.

No estoy dándome por vencido; me estoy entregando a Ti al estar dispuesto a permitirte obrar a través de mí, a través de otros y a través del reto en sí. Dios, gracias, por bendecirme con la vida y por hacerlo a lo largo de ésta. Has sido tan fiel conmigo, aun cuando no me daba cuenta de que estabas obrando en mi vida.

Aunque conozco que sabes lo que necesito antes de pedírtelo, te pido que te hagas cargo de las situaciones que ponga ante Ti. En cierta forma, pedirte así las cosas, directamente, me ayuda a recordar todo lo que haces por mí. Me encanta entrar a tu "oficina" y ver que nunca estás demasiado ocupado para escucharme.

Definitivamente creo que nada es imposible para Ti. Señor, Padre, gracias, te alabo, en el nombre de Jesús. Amén.

CAPÍTULO OCHO

Obedece a Dios

La mayoría de nosotros tenemos asociaciones negativas por lo menos con algunos alimentos que no le caen bien a nuestro cuerpo, ya sea porque carecemos de las enzimas para digerirlos o porque nuestro estómago "simplemente no puede manejarlos como antes". Cuando éramos jóvenes, nuestro disgusto por toda la comida, desde los espárragos hasta los hongos, nos hicieron "comensales selectivos", difíciles de complacer y aún más difícil de mantener una nutrición balanceada. Normalmente no nos gustaba nada de lo que "era bueno para nosotros" y preferímos consumir comida frita con mucho aceite, en lugar de comer cualquier cosa asada a la parrilla.

Por fortuna, las personas desarrollan el buen gusto por alimentos mejores. Ahora que hemos descubierto el sabor maravilloso de los hongos y de los espárragos, no podemos recordar exactamente por qué antes no nos gustaban. Un entremés caro de bistec con granos de pimienta acompañado con una guarnición de verduras crujientes, cocidas al vapor, cubiertas con salsa "bernaise" en un buen restaurante nos parece una comida ideal; pero cuando éramos niños, nuestro comentario habría sido exactamente el opuesto: *"¡Uf!, odio la pimienta, ¿Y qué es esta cosa que tienen las zanahorias?"* Las salsas, los condimentos y los sabores que habrían volteado nuestros estómagos de cabeza cuando teníamos seis, siete u ocho años, ahora nos voltean de cabeza a nosotros.

Todo es cuestión de expectativas. Un chico que se da cuenta de que hay trocitos de cebolla en el guisado, seguramente detectará lo terrible que saben, sin importar cuántas veces su mamá le diga: *"Sólo cierra los ojos, ni siquiera percibirás su sabor"*. Si vomitaste después de comer espinacas, los dos acontecimientos quedan ligados en una expectativa sutil de que, muy posiblemente, un acontecimiento seguirá al otro. El hecho de que simplemente se nos diga que algo es bueno para nosotros, no hace que sepa bien. De hecho, la mayoría cree que si es bueno para nosotros, no va a saber bien. Las vitaminas y las medicinas saben mal y sospechamos ligeramente de alguien a quien de verdad le gusta la comida sana.

Entonces, ¿qué sucede?, ¿por qué acabamos disfrutando los hongos? Generalmente es por accidente; los comemos sin darnos cuenta y sólo después descubrimos que eran un ingrediente del platillo, o no tuvimos elección. Una cosa es separar los hongos de un platillo y hacerlos a un lado en la casa de nuestra mamá, pero otra cosa completamente distinta es separar los que están en nuestro plato frente a la persona con quien tenemos una cita amorosa y a quien estamos tratando de impresionar. Nuestra conversión culinaria comienza con: *"No está tan mal después de todo"*, y nos mueve a una anticipación egoísta de la próxima vez que podamos comer hongos salteados. Lo que pensábamos que no nos gustaba se convierte en algo que deseamos comer más.

Oír a mamá decir: *"Cómete las espinacas; son buenas para tu salud"*, no tenía gran impacto cuando tenías muchas otras opciones de donde elegir. Sin embargo, estarías mucho más inclinado a escucharla si ella te dijera lo mismo después de dos semanas en las que los dos se hubieran quedado varados en una isla desierta donde lo único comestible fuera espinacas silvestres. Lo mismo sucede en las cuestiones espirituales. Con frecuencia escuchamos mejor cuando nuestros oídos están estimulados por un interés que te lleva al punto de decir: *"Necesito saber"*.

Un proceso similar se lleva a cabo al aprender a apreciar los consejos de Dios hacia nosotros. Al principio, es fácil pensar que no nos gusta que se nos diga que escuchemos lo que Dios nos está diciendo. Cuando éramos niños y alguien nos decía que escucháramos, era sólo una forma de decirnos: *"Estás a punto de meterte en problemas"*. Escucha, quería decir: *"No estás escuchando"*. "Escucha", generalmente antecedía a algún tipo de castigo, o por lo menos significaba que teníamos que dejar de hacer algo que queríamos. Si las palabras tuvieran sabor de comida, el sabor de la palabra "escucha" para la mayoría de los niños y adultos sería peor que el hígado. La palabra "escucha" sabe a aburrimiento, a enojo y a un alto a la diversión. Queremos seguir con lo que estamos haciendo y no queremos estar esperando a que alguien nos tenga que decir qué hacer.

Pregunta: ¿Por qué crees que las personas se interesan de distinta forma al escuchar a alguien con autoridad cuando serán corregidos (o castigados), a diferencia de cuando necesitan ayuda y consejo? En otras palabras, ¿por qué nuestras expectativas respecto a lo que escucharemos cambian nuestro grado de atención?

▲▲▲▲▲▲▲

Lee Isaías 55:2-3. De acuerdo con estos versículos, menciona cuatro beneficios que obtienes al escuchar al Señor.

▲▲▲▲▲▲▲

Lee Jeremías 13:11. Este versículo indica que Dios nos da otro beneficio que obtenemos como resultado de escucharlo. ¿Cuál es?

▲▲▲▲▲▲▲

"Escúchame"

¡Oh, si mi pueblo me oyera, si Israel anduviera en mis caminos!

— Salmos 81:13

Prestadme atención, pueblo mío, y oídme, nación mía; porque de mí saldrá una ley, y estableceré mi justicia para luz de los pueblos.

— Isaías 51:4

Pero no me escucharon ni inclinaron su oído, sino que endurecieron su cerviz e hicieron peor que sus padres.

— Jeremías 7:26

El Dios amoroso, misericordioso y benigno que estás empezando a conocer quiere que escuches con atención todo lo que dice (ver Salmos 81:13). En la Biblia, Dios nos exhorta, más que casi cualquier otra cosa, a escucharlo. Quiere que lo escuchemos porque es la forma básica en la que puede bendecirnos. Las otras voces que hemos escuchado, nuestras inclinaciones naturales o diversas tentaciones, no han sido capaces de darnos las satisfacciones que prometieron. Dios quiere que sepamos sus caminos para vivir la vida y también cómo ha dispuesto que la vida funcione.

Nos comparte sus verdades con entusiasmo, como alguien que nos ofreciera prender una lámpara para alumbrar el camino oscuro que tenemos al frente (ver Isaías 51:4).

Sin embargo, nuestra reacción natural, casi instintiva, es taparnos los oídos o el trasero con las manos para tratar de amortiguar lo que no queremos oír, o para evitar la inminente nalgada. En lugar de inclinar nuestros oídos para escuchar, tenemos la tendencia a ponernos tensos ya sea mientras esperamos el castigo con una terquedad declarada (ver Jeremías 7:26). Dios no está enojado con nosotros cuando dice: *"Prestadme atención"*. No está tratando de robarse nuestra diversión o de hacernos saber exactamente lo malos que hemos sido.

Más bien el Señor, quien nos perdonó y nos dio libertad a través de la muerte de su propio Hijo, simplemente quiere aumentar la cantidad de cosas buenas que experimentamos en medio de este mundo quebrantado. Nos da cuidadosas instrucciones como alguien que le explica a un visitante extranjero porque quiere que nuestra porción diaria sea "el bien y la misericordia" todos los días de nuestras vidas sobre la tierra (ver Salmos 23:6).

> Realmente no nos beneficia mucho que Dios nos diga cómo llegar a un lugar de bendición si no ponemos atención o si no hacemos lo que dice.

Realmente no nos beneficia mucho que Dios nos diga cómo llegar a un lugar de bendición si no ponemos atención o si no hacemos lo que dice. Tu vida con el Señor no funcionará muy bien aquí en la tierra sin la obediencia. Recordemos que fue la desobediencia de Adán y Eva la que primero introdujo la muerte al mundo y sólo la obediencia suprema de Jesús a su Padre nos salvó de esas consecuencias (leer Romanos 5:12-19).

Ésta es una de las verdades más fundamentales en el reino de Dios: Entre más obedecemos las palabras que Dios nos habla, más paz y gozo tendremos. Dios no se enoja con nosotros por desobedecerlo y tampoco nos ama menos por eso. Ya estamos perdonados y libres de sus consecuencias eternas y sea cual sea la desobediencia, no tiene impacto en la fuerza o en la naturaleza de nuestra relación con el

Señor. Mediante su obediencia en la cruz, Jesús aseguró para nosotros esta relación como hijos de Dios.

Pero definitivamente la desobediencia nos roba la bendición que Dios tiene destinada para nosotros. Al desobedecerlo, perderemos nuestro derecho a disfrutar fragmentos del escenario diseñado con sumo cuidado por Él para nuestras vidas. Nuestra rebeldía contra sus caminos definitivamente provoca que "perdamos" algunas recompensas en nuestra vida, tal como nos perderemos de ver algo de interés cuando un guía de turistas nos dice que miremos a la izquierda y nosotros elegimos mirar al otro lado.

¿"Debemos" o "podemos" obedecer?

Como hemos visto antes, ha sido muy poco lo que nuestra cultura nos ha enseñado acerca de las cosas de Dios, especialmente cuando se trata del concepto de la obediencia. Con demasiada rapidez elaboramos en nuestra mente una imagen de obediencia que se parece a un recluta infeliz, que da un saludo militar con rigidez y se dispone a cumplir sus obligaciones cristianas. O pensamos en un sirviente hostigado que debe añadir otra tarea imposible a su horario ya sobresaturado. Peor que eso, quizá algunas veces sentimos que la obediencia significa hacer cosas sólo porque tenemos que hacerlas, o porque Dios dice que las hagamos, como si hubiera diseñado un curso de obstáculos lleno de actividades que "tienes que" realizar para ver quién está realmente comprometido con su causa.

Nada podría estar más lejos de la verdad. Aunque la obediencia involucra por lo general hacer algo como resultado de lo que escuchas, su significado básico, el corazón de la obediencia, sencillamente es escuchar y poner atención a lo que Dios te dice. Ese es el significado de la palabra obedecer: "Escuchar atenta y cuidadosamente para que de verdad oigas lo que fue dicho".

Ahora, aquí está la pregunta más importante acerca de la obediencia y dependiendo de cómo interpretas el favor y el amor de Dios hacia ti y su compromiso total con tu bienestar y gozo, tu corazón contestará casi de manera instintiva: ¿Tenemos que obedecer al Señor o tenemos la oportunidad de obedecerlo? ¿Debemos escucharlo o podemos escucharlo?

Jesús dice que "de la abundancia del corazón [el nuestro] habla la boca" (Lucas 6:45, énfasis agregado). Puesto que el corazón de Dios está completamente lleno de amor y cariño por nosotros, lo que nos dice en su Palabra por medio de su Espíritu es una expresión de ese amor, porque quiere lo mejor para nosotros.

Lee el Salmo 81:8-16 y luego responde estas preguntas. Cuando no estamos obedeciendo la Palabras del Señor, ¿qué influencia espiritual es probable que sigamos? (v.9)

▲ ¿Tenemos que
▲ obedecer al Señor
▲ o tenemos la
▲ oportunidad de
▲ obedecerlo?
▲ ¿Debemos
▲ escucharlo o
▲ podemos
▲ escucharlo?

▲▲▲▲▲▲▲

¿Qué ha hecho Dios y qué promete hacer por nosotros si lo escuchamos?

▲▲▲▲▲▲▲

¿Por qué algunas veces se nos deja que vivamos con nuestras estrategias y elecciones? Si simplemente siguiéramos nuestros instintos, ¿qué probabilidades tenemos de tener bienestar? (v. 12).

▲▲▲▲▲▲▲

Si obedecemos a Dios, ¿qué promete hacer con las cosas de la vida que se nos oponen? (v. 14)

▲▲▲▲▲▲▲

Su súplica por nuestra atención es otra de las formas en las que Él busca lo mejor para nosotros. Dios no nos dice lo mismo a todos. Aunque todo el mundo puede "oír" acerca del Señor cuando escuchan la majestad de su creación y hasta lo "oyen" en su conciencia, la gran mayoría de las veces sólo sus hijos consiguen recibir palabras específicas. Es uno de los grandes privilegios que nos han sido concedidos.

Ventajas de los padres

El consejo secreto del Señor será tuyo y te revelará la verdadera información sobre las decisiones a tomar (ver Salmos 25:12-14). Estos consejos secretos del Señor, dirigidos por su voz y Espíritu, llegarán a ser una de las señales más distintivas de tu vida. Cuando las personas vean cómo vives y las decisiones que tomas, sabrán que hay algo diferente en ti. Tienes una perspectiva e interpretación de la vida que ellos carecen. Tú sabes cosas que ellos no pueden saber porque eres uno de los hijos de Dios que anda en sus caminos y escucha sus consejos (ver Jeremías 7:23).

Ciertamente eso significa que tendrás un sentido de lo bueno y lo malo diferente a quienes te rodean, pero la finalidad principal de escuchar a Dios y obedecerlo va mucho más allá de tener un nivel más elevado de moralidad. Así como seguramente las personas se maravillaban por los discípulos que eran hombres sin preparación, pero luego percibieron que "habían estado con Jesús", también las personas se impactarán por tu sabiduría, la cual no viene de tus habilidades naturales sino de ser guiado por el Señor (ver Hechos 4:13).

Dios planea instruirte y entrenarte con sus palabras como lo hace un buen padre, "para nuestro bien" (ver Hebreos 12:9-10), para que puedas llegar a ser cada vez más como Él. Lo que los buenos padres hablan con sus hijos va más allá de enseñarles sobre el bien y el mal. Las madres y los padres amorosos instruyen a sus hijos para la vida y les enseñan cómo funcionan las cosas. Por ejemplo: "Así se escribe la 'F'", "Comparte tus juguetes", "Mira hacia los dos lados antes de cruzar la calle". Unos padres así, también transmiten lecciones

---

¿Quién es el hombre que teme al SEÑOR? El le instruirá en el camino que debe escoger. En prosperidad habitará su alma, y su descendencia poseerá la tierra. Los secretos del SEÑOR son para los que le temen, y El les dará a conocer su pacto.

— Salmos 25:12-14

Sino que esto es lo que les mandé, diciendo: "Escuchad mi voz y yo seré vuestro Dios y vosotros seréis mi pueblo, y andaréis en todo camino que yo os envíe para que os vaya bien.

— Jeremías 7:23

Al ver la confianza de Pedro y de Juan, y dándose cuenta de que eran hombres sin letras y sin preparación, se maravillaban, y reconocían que ellos habían estado con Jesús.

— Hechos 4:13

invaluables acerca de las relaciones personales, de cómo manejar el dinero, del significado de la confianza y de otros asuntos de vital importancia.

Los padres les proveen a sus hijos las ventajas esenciales de la vida y les hablan desde un punto de vista más experimentado y conocedor. Los hijos e hijas sabios escuchan y guardan esas palabras en su corazón, desde donde les proveerán un caudal de sabiduría y consejos para todo el curso de sus vidas (leer Proverbios 3:1-2; 4:1-4,20-22).

CONOCE LOS "SECRETOS" DE DIOS

Dios es un "revelador de misterios" (leer Daniel 2:47). Él trae a la luz cosas que normalmente están escondidas o fuera de la vista de la percepción humana y del conocimiento natural. En Mateo 13:10-11, Jesús dice que sólo a sus discípulos les es "concedido conocer los misterios del reino de los cielos". Por misterios no se refería a doctrinas extrañas o estrafalarias; más bien a los secretos que son conocidos sólo por aquellos que han sido iniciados en el reino de Dios al nacer de nuevo (leer Juan 3:3-7).

La multitud recibió parábolas y proverbios, pero sólo los discípulos de Jesús escucharon el significado de todo ello. El Señor no se revela a todos ni tampoco a todos les revela sus planes. Eso fue lo que Isaías profetizó acerca de Jesús: "El brazo del Señor" no les sería revelado a todos, de modo que no todos creerían (leer Juan 12:38). De hecho, el Señor esconde algunas verdades de los incrédulos y exhibe activamente la verdad a las personas que se le acercan con confianza sencilla como la de un niño (leer Lucas 10:21).

Como lo plantea Moisés: "Las cosas secretas pertenecen al SEÑOR nuestro Dios, mas las cosas reveladas nos pertenecen a nosotros y a nuestros hijos para siempre" (Deuteronomio 29:29). Como creyentes de Cristo, somos llamados "administradores de los misterios de Dios", porque nos han sido confiadas sus palabras para toda la humanidad (leer 1 Corintios 4:1).

Una de las facetas más increíbles de tu vida nueva en el Señor es recibir de Él toda clase de instrucción acerca de las cosas de la vida. Sus palabras llenarán tu mente de sabiduría. Te advertirán sobre caminos falsos y peligrosos. Te consolarán y te protegerán; te dirigirán y te guiarán.

Obedecer las palabras de Dios y seguir sus consejos simplemente significa poner mucha atención a lo que Él te dice y atesorar sus palabras en tu corazón, a fin de custodiarlas con mucho cuidado, no sea que se las roben o se extravíen. Descubrirás que el enemigo de tu corazón, así como tu propia naturaleza caída, harán todo lo posible por robarse el tesoro lleno de las palabras que Dios deposita en tu vida.

Pues Dios sabe que el día que de él comáis, serán abiertos vuestros ojos y seréis como Dios, conociendo el bien y el mal.

— Génesis 3:5

No vale sabiduría, ni entendimiento, ni consejo, frente al SEÑOR.

— Proverbios 21:30

Entre más atención pongas a las palabras del Señor en tu vida, más abundancia espiritual, emocional y personal experimentarás. El diablo siempre ha llamado mentiroso a Dios y la táctica a la que más recurre para hacer que los humanos acepten esa acusación ha sido convencernos de que Dios nos da mandamientos sólo para privarnos de las cosas buenas (ver Génesis 3:5). El enemigo dice: "Las palabras de Dios te negarán la total satisfacción que quieres". La verdad es que no hay ninguna sabiduría, ningún entendimiento, ningún consejo que vaya contra el mando y las sugerencias del Señor (ver Proverbios 21:30)

Para que te vaya bien

Mientras te acostumbras a leer tu Biblia, trata de adquirir el hábito de buscar las promesas que Dios te hace. Hay tantas en las Escrituras que no puedes leer ni siquiera un pasaje corto sin encontrártelas, incluso cuando las estamos buscando, tenemos la tendencia a pasar por alto las promesas que siguen después de cualquier tipo de instrucción. Algunas veces, lo que Dios nos dice que hagamos, oscurece la bendición prometida, de la misma forma como cuando éramos niños, el sabor de los hongos oscurecían todo lo demás. En cada uno de los mandamientos del Señor hay una bendición declarada o que implica algo para nuestra felicidad y bienestar, aunque no reconozcamos lo bien que saben.

La promesa, que en la mayoría de los casos sigue a la palabra escucha es: "Para que te vaya bien". Dios quiere que obedezcamos su voz para que pueda darnos toda su herencia, de la misma manera como en una clase privada con un profesional de golf que nos capacita para sacarle el mejor partido a nuestro swing. ¿Por qué intentar resolver todo por nuestra cuenta cuando Dios ofrece lecciones gratuitas? Poner atención a lo que el profesional nos dice y ajustar nuestro swing como corresponde disminuirá el número de golpes en tu puntuación.

Una de las metáforas que encontrarás en la Biblia es la ilustración de la tierra prometida a la cual Dios llamó a su pueblo.

Se trata de un país verdadero donde las tribus de Israel vivían, pero también representa la medida completa de la vida espiritual que Dios quiere que disfrutemos. Somos librados de la cautividad en Egipto y transferidos al "reino de su Hijo amado", es decir, la tierra prometida (ver Colosenses 1:13-14).

Pregunta: Basado en esta interpretación de la tierra prometida, lee Deuteronomio 4: 39-40; 6: 3, 18, y con tus propias palabras explica qué ventajas obtenemos al ser obedientes a los consejos del Señor.

▲▲▲▲▲▲▲

Cuando un amigo, a quien se le facilita la jardinería, nos dice cuáles plantas pueden crecer bien en ese rincón seco y soleado de nuestro jardín, no está tratando de avergonzarnos o de señalarnos la desolación que hay en ese aspecto de nuestra vida.

El amigo simplemente quiere que nuestro jardín sea lo más hermoso posible. El Señor no sólo desea hablar con nosotros tan solo porque le gusta compartir su vida, tal y como disfrutamos una conversación con nuestros mejores amigos y seres queridos, sino que también Él quiere darnos sugerencias cuidadosas de cómo andar en nuestro camino por la vida, con el menor trauma y con el mayor deleite posible en medio de un universo hecho añicos, que se parece a los interiores destrozados de un edificio dañado por un temblor, Dios nos da instrucciones detalladas de cómo encontrar la salida a salvo.

Él es como un controlador de tráfico aéreo que nos da instrucciones para un aterrizaje seguro, después de que descubrimos que tanto el piloto como el copiloto estaban inconscientes en la cabina y nosotros somos las únicas personas disponibles para volar el avión. No escuchar a la torre de control tiene consecuencias que afectarían nuestra seguridad y bienestar, pero eso no tiene que interpretarse como una amenaza del controlador enfurecido. Si estás instalando en tu computadora cierto programa complicado, es importante seguir las instrucciones. Si tu amigo es el único que sabe las instrucciones para llegar al estadio, lo único que tiene sentido es ponerle atención. Síguelas y llegarás; no lo hagas, y no llegarás.

▲▲▲▲▲▲▲▲▲▲▲▲▲▲▲▲▲▲▲▲▲▲▲▲▲▲▲▲▲▲▲

Dios nos habla para que podamos disfrutar una bendición que de otra forma perderíamos, pero también para evitar una consecuencia terrible que de otra forma vendría a nosotros.

▲▲▲▲▲▲▲▲▲▲▲▲▲▲▲▲▲▲▲▲▲▲▲▲▲▲▲▲▲▲▲

Entonces, en cierto sentido, todo lo que Dios nos dice tiene consecuencias, ya sea que nos den ventajas o nos pongan en grandes desventajas (ver Deuteronomio 30:19; Josué 8:34). Él nos habla para que podamos disfrutar una bendición que de otra forma perderíamos, pero también para evitar una consecuencia terrible que de otra forma vendría a nosotros. Es como encontrarte tratando de desactivar una bomba de tiempo; todos hemos disfrutado el suspenso en una película de ver cuál alambre y de qué color es el que hay que cortar; vivir adivinando y recordando a medias es parte de una buena trama. Sin embargo, lo que hace que una película sea buena, hace que la vida sea pésima. Que Dios te susurre al oído que cortes el alambre rojo te salva la vida, a menos que decidas no hacer lo que te aconsejó y cortes el azul.

Al cielo y a la tierra pongo hoy como testigos contra vosotros de que he puesto ante ti la vida y la muerte, la bendición y la maldición. Escoge, pues, la vida para que vivas, tú y tu descendencia.
— Deuteronomio 30:19

Después Josué leyó todas las palabras de la ley, la bendición y la maldición, conforme a todo lo que está escrito en el libro de la ley.

— Josué 8:34

Guardando las palabras de nuestro Amado

Jesús dice: "Si me amáis, guardaréis mis mandamientos" (Juan 14:15). Algunos cristianos perdieron la esencia de Dios al explicar la razón por la que Él dice esto. Consideran que "guardar" sus palabras es una prueba de nuestro amor o incluso, más trágicamente, malinterpretan el versículo para decir algo como: "Si quieres que te ame, mas vale que guardes mis mandamientos". Tal interpretación desafía el amor proactivo de Dios hacia nosotros, un amor que no nos pide casi nada sino aceptarlo. Sentir que debemos hacer cosas (obedecer) por su amor (en lugar de considerarlo como una respuesta que proviene de la gratitud por su amor) elimina la maravilla y el gozo de la gracia inexplicable.

Cada vez que sientas que Dios está tratando de quitarte algo o de obtener algo de ti, como prueba de penitencia o pago, casi siempre puedes contar con el hecho de que malinterpretaste algo. Las palabras de Jesús son un buen caso porque, primero que todo, son una promesa, no una demanda. Lo que en realidad está diciendo es: "A causa de tu amor por mí, terminarás guardando mis palabras". En el análisis definitivo, nuestro amor por Jesús ata nuestro corazón a lo que Él quiere para nosotros, aun cuando, como Pedro, lo neguemos periódicamente debido a las decisiones tomadas a lo largo de nuestra vida (leer Lucas 22:54-62).

A causa de la verdad penetrante que Jesús nos da mediante su Palabra en nuestro diario vivir, habrá tiempos en los que sus palabras crearán una confrontación entre lo que queremos o entendemos naturalmente y lo que Dios quiere. Los conflictos como este son inevitables porque somos carne y sangre, y todavía estamos aprendiendo a ver las cosas de forma correcta. Ya sea algo que Jesús esté mostrándonos acerca de nosotros o algo que nos esté pidiendo que hagamos, tendremos que hacer elecciones: ¿Continuaremos caminando con Él?

Lee Juan 6:66-69. ¿Qué hizo que algunas personas tropezaran con las palabras de Jesús?, ¿por qué los discípulos eligieron quedarse con Jesús? ¿qué puedes aprender con eso?

▲▲▲▲▲▲▲

En los momentos que estamos a punto de olvidar sus instrucciones, nuestro amor por Jesús nos da un incentivo y determinación extra para guardar sus palabras. Es como una pequeña niña atrapada en un lugar peligroso, como resultado de un desprendimiento de piedras. Si trata de moverse con demasiada rapidez o en la dirección equivocada, la saliente precaria en la que está parada se desprenderá y la lanzará a la muerte. El pánico se apodera de ella, las muchas voces y el ruido la desorientan. Finalmente, la voz tranquila de su padre le dice exactamente lo que debe hacer, ya que puede guiarla para salir del peligro paso a paso porque está acostumbrada a sujetarse a su voz. Todo el amor y la unión de su historia juntos sirven para mantener la atención

OBEDECE A DIOS **135**

de la pequeña enfocada en las palabras de su padre cuando, de lo contrario, ella habría escuchado la voz de sus propios impulsos en medio de su miedo.

El significado de la desobediencia

La relación entre escuchar a Dios y amarlo es tan notable que prácticamente la encontramos en toda la Biblia. Él relaciona el amor de forma muy estrecha con sus palabras, porque son expresiones de su amor. No son palabras arbitrarias y carentes de amor dichas con asperesa o indiferencia sino una manifestación de consideración y cariño hacia nosotros. Sólo su pueblo tiene el privilegio de oír sus palabras, escucharlo y obedecerlo; esto es lo que nos identifica como suyos (ver Deuteronomio 4:7).

¿Eso significa que cada vez que le desobedecemos al Señor y nos volvemos presas de las lujurias de la carne, ya no amamos a Jesús? ¿Está cerca de nosotros y observa todo lo que hacemos con una vara de medir para evaluar la calidad y la extensión de nuestro amor por Él, con base en nuestra pecaminosidad? Absolutamente no. Ya hemos visto que somos incapaces de guardar la palabra de Dios con nuestras propias fuerzas. A las personas que no conocen al Señor, no les importa lo que dice. A nosotros, que lo amamos, sí nos importa. Aun en los momentos en que desobedecemos su Palabra y hacemos lo contrario a sus consejos, a causa de nuestro pecado, estamos muy conscientes de su Palabra. Sabemos que estamos haciendo mal porque contradice la Palabra de Dios. Tenemos presente nuestra culpabilidad porque reconocemos la verdad de lo que Él nos ha dicho. Si no guardáramos las palabras de Jesús, no reconoceríamos nuestro pecado como algo malo o ni siquiera nos importaría saber que está mal.

El pecado que "habita" en cada uno de nosotros hará muchas cosas mal. Sabemos que están mal y hacemos nuestro mejor esfuerzo para resistirlas, porque definitivamente *ponemos atención a"* la Palabra de Dios. Todos hemos infringido la ley al manejar a altas velocidades (setenta kilómetros por hora en una zona donde el límite es cincuenta) y lo sabemos todo el tiempo que vamos manejando con tanta rapidez, por lo que nos mantenemos vigilando para ver si viene una patrulla. Por una parte, esperamos que nos atrapen y estamos preparados, desde antes a aceptar las consecuencias porque aceptamos la autoridad del letrero que señala el límite de velocidad. Violar el límite de velocidad señalado es muy diferente a rehusar aceptarlo: *"Sé que voy a veinte kilómetros por hora más de lo que señala el límite"*, no es lo mismo que *"Nadie puede decirme a qué velocidad debo manejar"*.

> Porque, ¿qué nación grande hay que tenga un dios tan cerca de ella como está el SEÑOR nuestro Dios siempre que le invocamos?
> — Deuteronomio 4:7

CUANDO HACEMOS LO QUE SABEMOS QUE ESTÁ MAL

Lee Romanos 7:14; 8:1. Por raro que suene y por muy fácil que pueda convertirse en libertinaje para que los corazones impenitentes hagan lo que quieran, todavía debe decirse lo siguiente: Cuando hacemos lo que sabemos que está mal y terminamos practicando justamente las cosas que sabemos que no debemos hacer, estamos, en un sentido profundo, de acuerdo con la Palabra de Dios; reconocemos que es buena (ver Romanos 7:16). En otras palabras, reconocemos que su Palabra es verdadera justa y que identifica de forma correcta al pecado como pecado. La razón por la que sabemos que la actividad es mala es porque la Biblia dice que es así.

Por esta razón, no queremos hacer lo malo, estamos de acuerdo con lo que la Biblia dice acerca de su maldad. Estamos "oyendo" lo que su Palabra dice, en lugar de descartar su comentario sobre esto. Puesto que queremos "guardar" su Palabra, una parte de nosotros quiere evitar el mal comportamiento.

Tal como Pablo lo experimentó directamente, nuestra carne está ligada al pecado, nuestras inclinaciones naturales están en contra de la verdad esencial de Dios. Sin importar qué tan espirituales lleguemos a ser, nuestra carne siempre será carnal y capaz de "darnos órdenes" como un capataz cruel. Nuestro ser interior, la parte de nosotros que ha sido regenerada y nacida de nuevo en el Espíritu, detesta el pecado que nos arrastra. Nuestro yo interior está de acuerdo con la Palabra de Dios. Nuestra carne ejerce su influencia, para forzarnos a hacer algo que por completo reconocemos que está mal.

Quisiéramos ser más fuertes para resistir la tentación del pecado, y muchas veces lo somos, pero en esas ocasiones en las que no somos capaces de decir "no", podemos ver la maldad que todavía reside en nosotros. Descubrir qué tan carnales podemos ser en ocasiones trae gran desilusión. Aunque tratamos de negar nuestros anhelos carnales, no siempre tenemos éxito, y eso simplemente prueba que hay una gran guerra llevándose a cabo en nuestro interior.

Si tan solo rindiéramos nuestra carne y no nos importara hacer algo mal, no habría una batalla librándose entre nuestro consciente y nuestras ansias de pecar. Si no pusiéramos atención a su Palabra, que nos dice que esa actividad está mal, no estaríamos afligidos por hacerla. Sin embargo, definitivamente nos importa y ese es el motivo por el cual nos sentimos tan mal por hacer lo malo. ¡Qué torturador es estar todavía tan atado a los deseos pecaminosos, aun cuando estamos tan enamorados de Jesús!

¿Cómo nos ve Dios?, ¿como hipócritas?, ¿como mentirosos y estafadores espirituales? ¡No! Él sabe que no podemos salvarnos ni guardarnos a nosotros mismos. Dios vino a libertarnos para estar con Él en la eternidad y está complacido de poder concedernos perdón y libertad cada día. Debido a su gracia, "no hay ahora condenación para los que están en Cristo" (Romanos 8:1).

A lo largo de tu caminar con el Señor, te sentirás como una persona dividida. Tu corazón y tu mente quieren guardar la Palabra del Señor, pero tu carne quiere seguir los susurros del pecado. Aquí el camino se va haciendo más angosto, con pendientes empinadas y caídas mortales a ambos lados. La falsedad a la izquierda dice: *"Puedes hacer lo que quieras, siempre y cuando te sientas mal por ello"*. La mentira a la derecha declara: *"Si pecas, obviamente no amas a Dios"*. El diablo se complace con los corazones humanos endurecidos por el engaño del pecado: *"A quién le importa; no es gran cosa lo que estoy haciendo"*; y con los corazones aporreados con sentimientos de culpa irrefutable: *"Este es el último error; nunca serás perdonado o aceptado por Dios después de haber hecho eso"*.

Las semillas del sembrador

El propósito fundamental de Jesús para venir a la tierra fue ser el sacrificio de expiación que nos permite a todos ser perdonados por nuestros pecados y libertados para siempre del poder que tienen para dictarnos sentencia de muerte eterna. Jesús sabía que la libertad sólo se alcanzaría mediante su muerte. También sabía que después de que se hubiera ido, sus discípulos permanecerían en la tierra para llevar a cabo su ministerio de predicar esperanza y buenas nuevas a la gente. Por consiguiente, Jesús pasó mucho tiempo enseñándoles a aus discípulos acerca del reino de Dios: El gobierno, dominio y autoridad de Dios reafirmándose en medio de este planeta en rebeldía. Por ejemplo, explicó que la oración está esencialmente invitando a la autoridad y a la voluntad de Dios a predominar sobre cualquier circunstancia (leer Mateo 6:9-10).

El Señor quiere que aprendamos cómo funciona su reino de manera efectiva. Este es nuestro destino terrenal y la fuente de nuestra mayor satisfacción. Por esta razón es que quiere que lo escuchemos, porque nos estará dando una tutoría cuidadosa respecto a qué hacer o decir para cambiar las circunstancias a nuestro alrededor, que estén quebrantadas. Cuando Jesús les explica a sus discípulos la parábola del sembrador, y a las personas les inculca que si "no entienden esta parábola", no "comprenderán todas las demás parábolas [el resto de lo que Jesús dice]" (Marcos 4:13, énfasis agregado). ¿Por qué? Pues bien, porque esta parábola establece una de las luchas más notables que continúa en nuestro diario caminar cristiano: oír y aferrarse a las palabras de Dios. Además, señala otro aspecto vital de obedecer a Dios: no sólo escuchar con cuidado todo lo que dice sino aferrarnos a lo que oímos al guardarlo y custodiarlo, no sea que sus palabras dirigidas a nosotros sean robadas o perdidas en la confusión de la vida.

¿Qué cosas hacen que se nos dificulte seguir escuchando las palabras del Señor y que nos aferremos a lo que Él dice? Primero que todo, si realmente no escuchas lo que el Señor dice o no le pones atención, el enemigo arrebatará sus palabras antes de que tengan oportunidad de entrar a lo profundo de tu corazón. Puesto que las palabras

▲ La oración está
▲ esencialmente
▲ invitando a la
▲ autoridad y a la
▲ voluntad de Dios
▲ a predominar
▲ sobre cualquier
▲ circunstancia.

Es como un grano de mostaza, el cual, cuando se siembra en la tierra, aunque es más pequeño que todas las semillas que hay en la tierra.

— Marcos 4:31

Y éstos que están junto al camino donde se siembra la palabra, son aquellos que en cuanto la oyen, al instante viene Satanás y se lleva la palabra que se ha sembrado en ellos.

— Marcos 4:15

Pero no tienen raíz profunda en sí mismos, sino que sólo son temporales. Entonces, cuando viene la aflicción o la persecución por causa de la palabra, enseguida tropiezan y caen.

— Marcos 4:17

de Dios son muy pocas en comparación a todos los demás mensajes que vienen del mundo, es muy fácil pasarlas por alto o pensar que son muy insignificantes como para que hagan una gran diferencia en el resultado final de las cosas (ver Marcos 4:31). Si le das poca importancia a lo que Él dice, su mensaje desaparecerá de tu conciencia rápidamente, y te será negado el beneficio que te hubiera proporcionado (ver Marcos 4:15). Es como saber de un restaurante italiano al que para llegar te tienes que desviar de tu camino y te puedes perder fácilmente, pero no pones atención a las instrucciones para llegar. Cuando llega la hora de la comida, no puedes recordar las instrucciones, así que tienes que conformarte con una hamburguesa en lugar de canelones.

De manera similar, cuando disfrutas las palabras de Dios tan sólo mientras son fáciles de adaptar, cuando nada en tus circunstancias de la vida reta su veracidad, se evaporarán sin dejar ningún fruto que perdure. Es bastante fácil emocionarse por lo que Dios promete hacer por ti y cuando estás en la iglesia rodeado de amigos y de buena música; ¡allí la Palabra de Dios suena magnífica! Sin embargo, en aquellas temporadas cuando hay un precio que pagar por aferrarte a su Palabra, descubres con qué profundidad le ha sido permitido a las raíces de sus consejos entrar en tu corazón.

Las rocas y las raíces no pueden estar juntas. Casi siempre las palabras de Dios están destinadas a propiciar cierto tipo de cambio en nuestra vida. En consecuencia, descubrirás que sus palabras se abren paso en los lugares duros de tu vida. Por ejemplo, te dirá que perdones a alguien y no será fácil, sin importar la razón (no lo lamentan, continúan haciendo daño, agravaron una herida vieja sin sanar). Puesto que las rocas en nuestra alma, los lugares duros, inamovibles e impenetrables están hechos principalmente de nuestras conclusiones acerca de la vida; nuestro corazón expondrá muchas razones que suenen legítimas del por qué no podemos seguir el consejo de Dios.

Aquí es cuando se aprende el camino de obediencia. De esto se trata la fe. Nuestro Padre amoroso nunca nos pedirá que hagamos algo que nos ponga en peligro; sus palabras sólo producen vida y satisfacción. Obedecerlo significa que elegimos creer lo que Dios dice, incluso frente a las declaraciones contrarias emitidas por una de nuestras propias perspectivas o por el mundo que nos rodea. Las palabras de Dios están destinadas a desarrollar sistemas de raíces saludables que, al buscar nuestro beneficio, se abrirán paso hacia abajo para introducirse en un abastecimiento de aguas más profundas que las que sólo están en la superficie de nuestra situación (ver Marcos 4:17). Las palabras que llevan fruto deben tener raíces. O las raíces rodean las rocas para alcanzar más profundidad, o las rocas hacen que las raíces retrocedan.

Aun cuando reconozcas un susurro del Señor y le permitas desarrollar raíces profundas en tu corazón, siempre debes recordar que hay otras plantas muy fuertes que están creciendo en ese mismo corazón.

Es como en tu jardín; hay semillas de malezas, increíblemente fuertes, que compiten por la misma humedad y los mismos nutrientes que necesita el plantío del Señor. Si esas otras palabras no son arrancadas de tu corazón, ahogarán la Palabra del Señor, y la secarán y dejarán estéril (leer Marcos 4:18-19). Cualquier jardinero sabe que si quieres plantar semillas de pasto en un nuevo terreno, más vale que fumigues la tierra y le añadas un producto que mate la maleza. De otra manera, sin importar cuántas semillas de pasto siembres, la maleza se aprovechará y se robará la humedad y el fertilizante para su provecho.

En este mundo quebrantado, la maleza tiene la ventaja. En otras palabras, lo que tú y yo hagamos en respuesta a lo que el Señor nos dice, determina lo que esas palabras producen en nosotros. Ya que la Palabra del Señor es débil e insignificante para nosotros, la mayoría de las veces, o al parecer no se relaciona con la "gran" necesidad que enfrentamos, es fácil pasar por alto o ignorar sus instrucciones. Si no tenemos cuidado de darle a sus palabras el peso que merecen en nuestra vida, esas palabras no tendrán el impacto que Dios proyectó que tuvieran en nuestra situación. Sin embargo, cuando verdaderamente le prestamos atención a su susurro en nuestro corazón y seguimos su consejo, experimentaremos beneficios y avances tremendos. Si valoramos las palabras de Dios, nos enriquecerán. Si las cultivamos, harán que crezcamos (ver Marcos 4:24). Las palabras de Dios producen buenos frutos en nuestras vidas.

Seguidores de la Palabra de Dios

Cuando recibiste a Jesucristo como tu Salvador, te convertiste en uno de sus seguidores; es decir, sigues sus enseñanzas y su forma de vivir. De manera similar, como un discípulo de Jesús, estás capacitado y moldeado por sus palabras. No podemos seguirlo literalmente, no podemos ser como las multitudes de la antigüedad que siguieron a Jesús, incluso hasta el desierto, para ser tocados y enseñados por Él. La única manera en que de verdad podemos seguir a Jesús en esta tierra es obedecer sus instrucciones para la vida en general y sus sugerencias específicas para nuestra vida personal. Esto significa seguir sus caminos, lo que Jesús quiso decir cuando dijo que sus ovejas oyen su voz (ver Juan 10:4-5).

Eso suena suficientemente fácil en ciertos aspectos pero, la mayoría de las veces, las palabras y los consejos de Jesús van exactamente en sentido contrario a todo lo que se nos ha enseñado. Para una persona natural, las "cosas del Espíritu de Dios … son necedad; y no las puede entender" (1 Corintios 2:14). Lo que Dios dice, rara vez se ajusta a lo que estamos acostumbrados a pensar o a creer. De modo que si queremos "seguir" al Señor, debemos acostumbrarnos a ignorar nuestra forma antigua de pensar, a favor de los nuevos caminos que Él nos ofrece mediante sus palabras (ver Marcos 8:34). Esto es lo que Jesús quiere decir cuando nos pide que nos neguemos a nosotros mismos; nos dice que si queremos ir en pos de Él, ajustarnos y adaptarnos al lugar adonde va, debemos negar y contradecir las suposiciones y los patrones que han guiado nuestra vida hasta ahora. En repetidas ocasiones, el Señor dice: *"Confíen en Mí, así es como real-*

Cuidaos de lo que oís. Con la medida con que midáis, se os medirá, y aun más se os dará.
— Marcos 4:24

Cuando saca todas las suyas, va delante de ellas, y las ovejas lo siguen porque conocen su voz. Pero a un desconocido no seguirán, sino que huirán de él, porque no conocen la voz de los extraños.
— Juan 10:4-5

Si alguno quiere venir en pos de mí, niéguese a sí mismo, tome su cruz, y sígame.
— Marcos 8:34

mente funcionan las cosas"; "Los últimos serán los primeros"; "Da, y terminarás teniendo más"; "La grandeza viene mediante el servicio".

Entre más escuchas al Señor, más consciente llegas a estar de la enorme contradicción que existe entre sus palabras y las que estás acostumbrado a escuchar; es imposible escuchar las dos, ya que es como tratar de oír lo que dice si dos casetes de enseñanza fueran mezclados accidentalmente uno sobre el otro. Jesús continúa diciéndonos que pongamos atención a sus palabras, no a las instrucciones que vienen de nuestro corazón. Por ejemplo, nos dice: "Vuélvele también la otra mejilla" (Mateo 5:39), pero nuestra reacción natural al insulto a la herida es desquitarnos.

La verdad es que, tratar de "desquitarnos" sólo agrega un daño adicional a nuestra alma y nos mantiene bajo el poder del que nos ofende o lastima. Por el contrario, al volver la otra mejilla, básicamente nos liberamos a nosotros mismos de ser víctimas. Entonces las conclusiones a las que lleguemos acerca de qué decir, pensar, creer o hacer en la vida se basarán en nuestros pensamientos naturales o en las palabras eternas de Dios (ver Mateo 24:35). El único fundamento seguro que nos sostendrá en pie en las tormentas y las presiones de la vida es el de las palabras del Señor (leer Lucas 6:47-49). Sus palabras nos impulsan a actuar de forma particular, nos dirigen para adoptar una postura contra las cosas que nos enfrentan y alinean los detalles de nuestra mente y corazón para encajar de la mejor manera en lo que Dios quiere hacer por y a través de nosotros en cada situación.

Por tanto, uno de los principales trabajos del Espíritu Santo es recordarte todo lo que nos dijo Jesús (ver Juan 14:26).

Las palabras de Jesús, que incluyen toda la Escritura y no sólo los evangelios, actúan como caminos para guiar nuestros pasos por la vida. A medida que creces en el Señor, oirás su voz cada vez mejor y seguirás sus sugerencias con mayor facilidad. No obstante, por ahora, recuerda que escuchar a Dios implica dos elecciones básicas que harás una y otra vez: primera, ¿cuánta disposición y atención tendrás para oír lo que te está diciendo?; y segunda, ¿qué tanto te apegarás a lo que dice?

Esto te ayudará a darte cuenta de que todas sus palabras son dichas por amor, compasión y bondad, las cuales nos ofrecen ventajas y bendiciones. Podemos confiar en todo lo que Dios nos dice y creer que sus instrucciones realmente funcionan, aun cuando nuestro pensamiento natural nos diga que no lo harán. Sus consejos nos brindan seguridad; incluso en los tiempos en que el amor de Dios lo mueva a corregirnos, lo que diga producirá buen fruto en nuestro futuro, en lugar de vergüenza por nuestro pasado (ver Hebreos 12:11). Su voz puede convertirse en el punto central

> El cielo y la tierra pasarán, mas Mis palabras no pasarán.
> — Mateo 24:35

> Incluso en los tiempos en que el amor de Dios lo mueva a corregirnos, lo que diga producirá buen fruto en nuestro futuro, en lugar de vergüenza por nuestro pasado.

de nuestra atención en medio del gran estrés o daño. Sin importar cuán perdidos hemos llegado a estar, el Señor siempre está feliz de subirse al coche que estamos manejando para poder darnos instrucciones detalladas para cambiar de rumbo.

Qué privilegio tan increíble es conocer al Dios de la creación tan íntimamente que nos aconseja y nos guía con sus palabras (ver Salmos 73:24).

Hablemos al respecto

▲ ¿Qué significa obedecer a Dios y guardar sus palabras?, ¿cómo ha cambiado tu interpretación respecto a la obediencia después de haber leído este capítulo?

_____

_____

▲▲▲▲▲▲▲

▲ ¿Por qué Dios quiere que escuchemos su Palabra?, ¿qué podemos aprender de los consejos secretos de Dios?

_____

_____

▲▲▲▲▲▲▲

▲ Escuchar el consejo de Dios es como cuando un niño está aprendiendo a desarrollar el gusto por la comida de los "adultos." ¿Qué es lo que primero piensas cuando Dios te habla?, ¿entras en conflicto? Si es así, pídele a Dios que comience a cambiar la forma como te suena su voz.

_____

_____

▲▲▲▲▲▲▲

▲ ¿Por qué amar a Dios está tan íntimamente relacionado con escucharlo?

_____

_____

▲▲▲▲▲▲▲

▲ Recordar lo que Dios nos dijo en el pasado puede fortalecer nuestra habilidad y confianza en cuanto a oír Su voz. Piensa en las cosas específicas que Dios te ha dicho recientemente. ¿Cómo oíste su voz en esas situaciones?

_____

▲▲▲▲▲▲▲

▲ ¿Qué cosas hacen que se nos dificulte escuchar la Palabra de Dios y aferrarnos a lo que Él dice?

_____

_____

▲▲▲▲▲▲▲

Al presente ninguna disciplina parece ser causa de gozo, sino de tristeza; sin embargo, a los que han sido ejercitados por medio de ella, les da después fruto apacible de justicia.
— Hebreos 12:11

Con tu consejo me guiarás, y después me recibirás en gloria.
— Salmos 73:24

▲ ¿Qué significa seguir los caminos de Jesús?, ¿qué quiso decir Jesús cuando dijo que sus ovejas lo oyen y conocen Su voz?

_____

_____

▲▲▲▲▲▲▲

▲ ¿Qué quiere decir Jesús al decir que nos neguemos a nosotros mismos?, ¿cuál es la diferencia entre la interpretación que Jesús hace de la negación y qué es lo que otros dicen a la sociedad acerca de la negación?

_____

_____

▲▲▲▲▲▲▲

Tu tiempo con Dios

Es emocionante saber que recibimos consejos, instrucciones, recomendaciones y advertencias del Creador del universo, quien nos instruye en el camino que debemos seguir con el fin de traer más recompensas y bendiciones a nuestra vida. ¿Puedes pensar en los puntos específicos de los consejos que Jesús te ha dado recientemente? ¿Has estado haciendo lo que te dijo? Si es así, ¿qué bendiciones o qué bien han traído a tu vida sus palabras? Si no has estado siguiendo su consejo, ¿lo quieres reconocer delante de Él y preguntarle lo que debes hacer ahora al usar tus propias palabras o las que siguen?

Padre, ayúdame, a escucharte mejor. Abre mis oídos a tu voz solamente. No quiero seguir mi propio consejo, o el de ninguna in-fluencia falsa. Ayúdame a escucharte a ti y al consejo sabio de otros. Los demás susurros, mis propios pensamientos y deseos, cosas que oigo del mundo que me rodea, algunas veces ahogan lo que me dices. Quiero escucharte más activamente y con más responsabilidad.

¿Cuántas veces te oí hablar pero me negué a escuchar, me negué a reconocer lo que dijiste y me rehusé a obedecerte y a actuar de acuerdo a lo que me decías? Perdóname por hacerme el sordo a tu voz tantas veces. Sé que me amas y que sólo quieres lo mejor para mí. Perdóname por las veces que me permití pensar que estabas tratando de retener algo bueno de mí. Esto es una mentira que no quiero escuchar.

Planta tus semillas de vida en mi corazón; permíteme reconocer tu voz cada vez mejor. Señor, realmente te amo y quiero tus palabras. Recibo tus consejos y el sonido de tu voz con beneplácito. Tócame con tu Palabra y ayúdame a estar alerta a tu verdad para mi vida.

Háblame, Salvador. Gracias, Señor. En tu nombre, amén.

CAPÍTULO NUEVE

Cambia Perspectivas

Aprender a ajustar los detalles de nuestros caminos con los del Señor es, en muchos aspectos, como aprender un nuevo idioma. Al principio, cuando nos concentramos solamente en el vocabulario y en las frases sencillas puede sentirse como si no estuviéramos progresando mucho. Además, ya que el nuevo idioma es tan opuesto a nuestro idioma natal, tenemos que obligarnos a pensar "al revés". Como por ejemplo en inglés los adjetivos van antes del sustantivo, en lugar de hacerlo después del sustantivo como en castellano (ejemplo: red sweater, y el suéter rojo). Por supuesto, tales cosas tienen mucho más sentido una vez que aprendes el idioma. Así también es con los caminos del Señor; entre más aprendamos, más sentido tendrá cada uno de estos.

Desafortunadamente, algunas de las cosas más importantes que tenemos que entender en nuestro diario vivir con el Señor han estado ligadas a palabras que suenan religiosas y que oscurecen la verdad que Dios quiere que captemos. Las palabras no sólo tienen definiciones, también sentimientos asociados a éstas, connotaciones que en realidad superan sus significados en el diccionario.

Para nosotros es bastante problemático aceptar las verdades espirituales porque, incluso en nuestros mejores días, vemos el ámbito espiritual nebulosamente y somos como niños tratando de entender conceptos demasiado avanzados para nuestro vocabulario limitado (ver 1 Corintios 13:11-12). Por esta razón, es importante tener la Biblia, pues es nuestro mapa para nuestro diario vivir con Dios. Sin embargo, aun guiandonos por ésta, no siempre veremos las cosas con la claridad que nos gustaría.

Cuando esa dificultad es agravada por una religiosidad involuntaria, ya sea en nosotros mismos o en otros, que básicamente comunica el disgusto de Dios con nuestra raza y necesidad de compensarle por nuestras malas obras, puede ser muy difícil discernir lo que el Señor está tratando de decirnos acerca de sus caminos para la vida. Con tristeza vemos que el mundo ha tenido la idea de que Dios habitualmente menosprecia a las personas y que desaprueba casi todo lo que a nosotros respecta. Esto se da porque la religión pierde el punto central de que Dios, solamente por su gracia y por su obra ha hecho todo lo que se necesita para restaurar y asegurar por completo una relación entre Él y nosotros. La religión intentará ponernos un yugo que nos ate a las riendas de: "tienes que," "debes," "deberías" y "más te vale."

EN ESTE CAPÍTULO APRENDERÁS...

▲ Por qué el arrepentimiento tiene connotaciones tan negativas.

▲ Qué significa arrepentirse.

▲ Por qué el arrepentimiento es el comienzo de las "buenas nuevas."

▲ De qué manera el arrepentimiento es un proceso, no algo inmediato.

▲ Por qué la bondad de Dios, no su ira, nos llama al arrepentimiento.

▲ De qué manera el arrepentimiento es tan útil como práctica regular.

Cuando yo era niño, hablaba como niño, pensaba como niño, razonaba como niño; pero cuando llegué a ser hombre, dejé las cosas de niño. Porque ahora vemos por un espejo, veladamente, pero entonces veremos cara a cara; ahora conozco en parte, pero entonces conoceré plenamente, como he sido conocido.
— 1 Corintios 13:11-12

Como hemos visto, hay una interacción dinámica entre los papeles que juegan el perdón y la obediencia. Debido a que estamos perdonados (todo el tiempo y por todo), más queremos responder a lo que el Señor nos dice. Sin embargo, ser más o menos obedientes en nada cambia cuánto estamos perdonados. Por simple o reiterativo que parezca, esto sostiene la clave para entender muchas de las herramientas que Dios nos ofrece para nuestro diario caminar en este mundo quebrantado. Mientras que el Señor nos motivará a pensar de cierto modo; como darle preferencia a otros o a responder de una forma particular, como poner la otra mejilla con el fin de derramar más bendiciones; la religión nos dirá que hagamos lo que Él dice: "¡O de lo contrario…!" En lugar de gratitud y emoción, nos dejan con sentimientos de culpa, vergüenza y poco valor, y éstos se vuelven nuestra motivación para hacer lo que Dios quiere que hagamos.

El balance entre la obediencia y el perdón se presenta en la Biblia repetidas veces.

Lee 1 Juan 1:10;2:2. ¿Dios gana algo con nuestra obediencia, o pierde algo con nuestra desobediencia?

_____

▲▲▲▲▲▲▲

En vista de su gran misericordia y amor por nosotros, ¿por qué crees que quiere que le pongamos más atención a sus palabras?

_____

▲▲▲▲▲▲▲

Lee Romanos 6:16 "Para libertad fue que Cristo nos hizo libres" (Gálatas 5:1) ¿De qué esclavitud nos libertó Él?, ¿puedes ver porqué Él quiere que le obedezcamos?

_____

▲▲▲▲▲▲▲

Uno de los principales retos que tenemos en nuestro diario vivir es continuar interpretando las palabras de Dios hacia nosotros, con base en lo que Él quiere hacer por nosotros, en lugar de lo que podríamos imaginar que quiere que nosotros hagamos para Él. De lo contrario, nos perderemos de lo que tiene en mente. Nosotros sólo vemos confusamente y siempre estamos tentados a creer que Dios es un juez demandante y exigente. Por consiguiente, muchos de los términos que los cristianos usan para hablar de los caminos del Señor se atascan en verdades a medias y nos dejan con la impresión equivocada de que Dios no es tan bondadoso, o por lo menos, que no se interesa en derramar abundantes bendiciones hacia nosotros.

Arrepiéntete para tu bien

Las definiciones y connotaciones culturales que tenemos para muchos términos bíblicos no coinciden con la forma en que la Biblia los define. Esta es una verdad que siempre querrás recordar cuando leas tu Biblia. Aun cuando crees saber lo que una palabra significa en tu vocabulario natural o religioso, quizá no exprese de forma adecuada lo

> Uno de los principales retos que tenemos en nuestro diario vivir es continuar interpretando las palabras de Dios hacia nosotros, con base en lo que Él quiere hacer por nosotros, en lugar de lo que podríamos imaginar que quiere que nosotros hagamos para Él.

que Dios quiere decir cuando la usa. La palabra "arrepentimiento" es un ejemplo perfecto de esta discrepancia. Nuestra cultura ve el arrepentimiento como una medicina que sabe horrible, una experiencia muy incómoda y humillante que debemos soportar periódicamente, como pasar un día entero en el hospital vestidos con una de esas prendas tres-cuartos (que le falta la corbata), para hacerse un examen médico general. Esperamos y anticipamos el arrepentimiento de igual manera que lo hacemos con una endodoncia.

Cuando se nos dice que nos arrepintamos, se siente como ser sorprendidos y enviados a nuestro cuarto hasta admitir lo malos que somos. El tono de voz que oímos cuando pensamos en arrepentimiento es probablemente enojado, severo y hostil; lo asociamos más con la intimidación que con algo que inspira. El arrepentimiento conjura imágenes de profetas del día del juicio final que lleva pancartas que anuncian el fin del mundo, o de instructores frustrados que casi se les agota la paciencia con nuestra incapacidad persistente para desempeñarnos adecuadamente. Cuando pensamos en Juan el Bautista, el principal personaje de la Biblia asociado con arrepentimiento, nos imaginamos a una persona parecida a un hombre de las cavernas, fornido y con barba, vestido con pieles de animales, que apunta con dedo amenazador a los rostros de las personas y grita: "Arrepiéntanse".

Los pocos ejemplos de la vida real que la mayoría de nosotros hemos visto en las esquinas de la calle o en las plazas públicas, de alguien diciéndoles a todos los demás que se arrepientan, no nos han ayudado a querer recibir esa provisión maravillosa del Señor. Los que censuran el pecado de todos los demás y airadamente les demandan que se reformen comunica una actitud de "(yo soy) más santo que ustedes", que está por completo fuera de armonía con la misericordia clemente del Señor. El llamado al arrepentimiento está basado en la vergüenza, la cual quiere que nos demos cuenta de lo malos que somos y que lo admitamos. Tal noción de arrepentimiento se enfoca en nuestras fallas y carencias, como si el punto principal fuera poner nuestras maldades en exhibición como un montón de ropa sucia. No es de sorprenderse que queramos cruzar la calle para alejarnos de sus gritos estridentes y de sus demandas airadas.

▲▲▲▲▲▲▲▲▲▲▲▲▲▲▲▲▲▲▲▲▲▲▲▲▲▲▲▲▲▲▲▲

Las relaciones rotas, las deudas enormes, la depresión persistente, las ansias ocultas, los temperamentos violentos, el lenguaje soez, la amargura asfixiante y los temores paralizantes pueden ser cambiados en el nombre de Jesús.

▲▲▲▲▲▲▲▲▲▲▲▲▲▲▲▲▲▲▲▲▲▲▲▲▲▲▲▲▲▲▲▲

Lee los siguientes pasajes y pregúntate a ti mismo si te "suenan" como la impresión que tenías de arrepentimiento. Responde la pregunta después de cada versículo.

Isaías 55:3. ¿Cuáles son las dos cosas que Dios quiere hacer por aquellos que se vuelven a Él?

_____

▲▲▲▲▲▲▲

Mateo 11:28. ¿Qué quiere dar Jesús a los que se vuelven a Él?

_____

▲▲▲▲▲▲▲

Juan 5:40. ¿Qué oportunidad pierden las personas que no están dispuestas a volverse a Jesús?

_____

▲▲▲▲▲▲▲

Juan 6:65. ¿Ir al Señor es una obligación necesaria, o un privilegio concedido?

_____

▲▲▲▲▲▲▲

Juan 7:37. ¿Jesús está extendiendo una invitación o presentando una demanda?

_____

▲▲▲▲▲▲▲

El comienzo de las buenas nuevas

La impresión que tenemos del arrepentimiento está muy lejos de ser favorable o invitadora. Sin embargo, la Biblia nos dice que es el punto donde comienzan las buenas nuevas que Dios quiere que conozcamos (leer Marcos 1:1-3). El mensaje del evangelio es que nuestra vida y, por consiguiente, nuestra esperanza, no están acabadas. Dios tiene un futuro extraordinario para nosotros. El lugar en el que estamos ahora y lo que es cierto de nuestra vida en este punto no es la historia definitiva. El día de hoy no es para siempre; el cambio es posible. Las relaciones rotas, las deudas enormes, la depresión persistente, las ansias ocultas, los temperamentos violentos, el lenguaje soez, la amargura asfixiante y los temores paralizantes pueden ser cambiados en el nombre de Jesús; estas son las buenas nuevas. Nuestros pecados pueden ser perdonados, nuestro quebrantamiento puede ser restaurado.

Aquí es donde entra el arrepentimiento. La mayoría de los creyentes se sorprenden al descubrir que el Señor, nuestro Pastor "restaura [mueve al arrepentimiento] nuestra alma" (Salmos 23:3, énfasis agregado).

La Palabra perfecta de Dios hace lo mismo (ver Salmos 19:7). El arrepentimiento es una actividad espiritual que milagrosamente hace que nuestro rostro mire hacia un futuro diferente del que estamos condenados si nos quedamos en nuestro camino actual. El arrepentimiento no es un arma para condenarnos por dónde hemos estado sino una invitación grata al lugar que, con entusiasmo, Dios anhela que vayamos.

La ley del SEÑOR es perfecta, que restaura el alma.
— Salmos 19:7

Lee Lucas 24:46-47. ¿Qué les dijo Jesús a sus discípulos justo antes de ascender al cielo?, ¿cómo crees que sonaría el mensaje de arrepentimiento si Jesús no hubiera muerto y resucitado, si no hubiera perdón de Dios disponible para nosotros?

_____

▲▲▲▲▲▲▲

Juan el Bautista fue un mensajero enviado por Dios con el fin de alertar a las personas de la inimaginable oportunidad que les estaba enviando en Jesús. Él fue como un anuncio de amnistía de un gobierno, el cual dijo a todos los que estaban ilegalmente en el país que serían exentos de procesamiento y recibirían su ciudadanía simplemente al ir a Jesús y admitir que habían estado en el país de manera ilegal. El Señor no quiere que nadie pierda la oportunidad de ser recobrado y restaurado, así que envía a un mensajero delante de Jesús para prepararlos a todos con el fin recibirlo.

Cuando la Biblia dice: "Preparad el camino del Señor", no es una declaración airada sino llena de emoción; no es una amenaza que les dice a los niños que más vale que arreglen su cuarto, o no van a cenar; sino un anuncio de que los abuelos vienen a cenar, así que "vengan y alístense". Juan no les dijo a las personas lo malas que eran sino lo diferente que podían llegar a ser. Jesús estaba viniendo para cambiar el rumbo de las cosas y para regresarlas al lugar que tenían destinado.

Juan el Bautista vino antes de Jesús como un precursor, como Elías, "para preparar un pueblo bien dispuesto para el Señor" (Lucas 1:17). Jesús lo llama "Elías, el que había de venir" a restaurar todas las cosas (Mateo 11:14; 17:11). La restauración es uno de los temas centrales del arrepentimiento. De hecho, en el Antiguo Testamento, arrepentirse [en hebreo, shwwb] se traduce como "restaurar" en muchos versículos como estos. "Regresar" las cosas a su orden y condición original.

Lee Deuteronomio 30:3. ¿De qué nos aliviará Dios mediante el arrepentimiento cuando en su compasión nos reúna para estar con Él?

_____

▲▲▲▲▲▲▲

Lee el Salmo 80:3. Después de haber sido rechazados de la presencia del Señor, ¿qué es lo que nos hace regresar de modo que su rostro pueda brillar sobre nosotros otra vez?

_____

▲▲▲▲▲▲▲

Lee Jeremías 15:19. ¿Qué nos hace el Señor cuando nos arrepentimos y nos volvemos a Él?

_____

▲▲▲▲▲▲▲

Lee Jeremías 29:14. Con tus propias palabras, ¿cómo plantearías la promesa de este versículo aplicada a tu vida?, ¿qué hace el Señor cuando te arrepientes?

_____

▲▲▲▲▲▲▲

Lee Jeremías 30:18. ¿qué es la restauración: un acto de ira o de compasión de parte del Señor? Ya que nuestro arrepentimiento nos lleva a nuestra restauración ¿qué nos lleva al arrepentimiento: la compasión de Dios o su ira?

▲▲▲▲▲▲▲

La mayoría de las veces, no necesitamos que alguien nos diga lo malos que somos. A pesar de que tratamos de no pecar, continuamos haciéndolo y esa conciencia de nuestras fallas nos hace bajar la mirada día tras día. El arrepentimiento no es la forma que Dios tiene de restregarnos nuestras faltas en la cara con el fin de que reconozcamos su existencia; por el contrario, es la forma de pedirle que restaure lo que está mal en nuestras vidas, en vez de tratar de arreglar las cosas por nuestra propia cuenta. El arrepentimiento es para personas reales con carencias reales, que anhelan una completa restauración.

El llamado al arrepentimiento no es una advertencia para que de forma rápida nos restauremos antes de que el Señor regrese sino una oportunidad de reconocer dónde estamos mal y perdidos; es donde desesperadamente necesitamos la intervención y el rescate del Señor. El arrepentimiento es nuestra oportunidad de enviar una señal de auxilio cuando nuestro barco está llenándose de agua y hundiéndose; no es redoblar los esfuerzos frenéticamente para sacar con más rapidez el agua que llena cada vez más el barco.

> El arrepentimiento ▲
> es para personas ▲
> reales con ▲
> carencias reales ▲
> que anhelan una ▲
> completa ▲
> restauración. ▲

Llevados nuevamente al hogar

Cuando leemos en la Biblia sobre las aglomeraciones de las personas que con entusiasmo viajaron al desierto para arrepentirse y ser bautizados (leer Marcos 1:4-5), tenemos que preguntarnos: ¿por qué tantas personas pasarían por la molestia y la inconveniencia de viajar toda esa distancia si les iban a gritar y a ser avergonzados? No tiene sentido, ya que las personas evitan la censura, no la buscan. Si el llamado de Juan al arrepentimiento era un grito airado y amenazador, no es probable que alguien se interesara en participar. Esta escena bíblica que describe a una "multitud" de gente que compite para tener la oportunidad de arrepentirse es completamente inconsistente con nuestra imagen cultural de un adivino que predice fatalidades en una plataforma acondicionada, y con los sentimientos que tenemos respecto al arrepentimiento como resultado de esa imagen.

¿Qué diferencia hay entre lo que ellos experimentaron y lo que nosotros asociamos con el arrepentimiento?, ¿por qué estaban tan ávidos de arrepentirse mientras que nosotros somos tan renuentes para hacerlo? Quizá algunos sólo tenían curiosidad (respecto a los detalles de las confesiones públicas de sus amigos), pero la curiosidad por sí misma, o simplemente "seguir a los demás", no es suficiente para explicar por qué las personas se desviaron de sus caminos para ir a arrepentirse.

La multitud llegó desde kilómetros a la redonda porque estaban escuchando de Juan un mensaje de esperanza y de perdón bastante diferente a las condenaciones religiosas que estaban acostumbrados a oír de los fariseos. No es casualidad que Juan se "apareciera en el desierto". Su mensaje de parte de Dios estaba dirigido a los lugares desérticos de las personas, ahí donde las cosas están mal, donde están torcidas, donde están fuera de control. No estaba llevando un mensaje que les dijera a las multitudes que eran pecadores perdidos y sin esperanza y que no eran lo suficientemente buenos como para adorar en el templo de la ciudad, un mensaje que escuchaban de los fariseos todos los días.

LUGARES DESÉRTICOS

La Biblia está llena de imágenes que comunican realidades profundas de nuestra vida. Entre las más contadas está la analogía de los lugares desérticos, regiones secas y desoladas que más que sustentar la vida, la quitan por completo. En el Medio Oriente hay un contraste muy marcado entre los jardines bien regados y los tramos abiertos de desechos de roca; entre ríos, corrientes y cañones áridos. Nadie sobrevive mucho tiempo en el desierto.

El desierto seco y vacío retrata una condición espiritual en la cual las personas caen a causa de su rebelión contra los caminos del Señor (leer Salmos 68:6). Sólo piensa en el contraste que debió haber en la mente de las personas de Israel que estaban entre el Jardín del Edén, de cuya naciente de agua salían cuatro ríos importantes, y los vastos tramos de desierto que los rodeaban por todas partes (leer Génesis 2:10-14). Fueron guiados a través del desierto a la tierra prometida, una tierra que bebía "el agua de las lluvias del cielo" (Deuteronomio 11:11) y era regada por el mismo Señor (leer Salmos 65:10). Les había sido dicho que si lo desobedecían, no habría lluvia y la tierra no produciría su fruto (leer Deuteronomio 11:17).

Una de las palabras más comunes que los creyentes usan para describir su condición espiritual, especialmente después de cometer errores o de ser atrapados en el remolino de esta vida en la tierra, es "sequía". Lo que quieren decir con sequía, como lo descubrirás en tu diario vivir, es que no se sienten cerca del Señor. Aun cuando todos nosotros sabemos que Él siempre está con nosotros y que nunca nos abandona, podemos percibir que arena desértica invade nuestro jardín exuberante. Así se sentía David a veces:

"Oh Dios, tú eres mi Dios; te buscaré con afán. Mi alma tiene sed de ti, mi carne te anhela cual tierra seca y árida donde no hay agua".

—Salmos 63:1

En su misericordia y gracia, Dios convierte nuestros lugares desérticos en estanques de agua; Él cambia los puntos vacíos y secos de nuestra vida en ríos y corrientes de agua.

Transforma el desierto en estanque de aguas, y la tierra seca en manantiales.

—Salmos 107:35

"Abriré ríos en las alturas desoladas, y manantiales en medio de los valles; transformaré el desierto en estanque de aguas, y la tierra seca en manantiales"

—Isaías 41:18

La venida de Dios con frecuencia es descrita "como la lluvia de primavera que riega la tierra" (Oseas 6:3). Él viene a enseñarnos justicia cuando sembremos para nosotros "según la justicia" (Oseas 10:12). El mensaje del evangelio es esencialmente su promesa para restaurar nuestra justicia y sacarla de los lugares desérticos de nuestra injusticia mediante el derramamiento de su Espíritu: "Porque derramaré agua sobre la tierra sedienta, y torrentes sobre la tierra seca; derramaré mi Espíritu sobre tu posteridad, y mi bendición sobre tus descendientes" (Isaías 44:3). El Señor viene a nuestros lugares difíciles y secos y los llena con los ríos de su Espíritu.

Cuando nos perdimos en el desierto (las elecciones tontas que hicimos, todas las oportunidades que tuvimos para regresar sobre el mismo camino, pero elegimos no hacerlo), nos sentimos culpables. Ese sentimiento de culpa con frecuencia nos engaña y nos lleva a esforzarnos a tratar de encontrar nuestro propio camino a casa. Así que, en lugar de tomarnos el tiempo y la energía para recoger ramas con el fin de hacer una fogata en la cumbre de una montaña para pedir ayuda, tenemos la tendencia a seguir el rastro de otro conejo, y esperamos que éste nos lleve de regreso al lugar donde deberíamos estar. El arrepentimiento llama a un rescate cuando estamos perdidos en medio de nuestro estado fuera de control y cuando estamos imposibilitados para ayudarnos a nosotros mismos. Es una luz de bengala que lanzamos para que el equipo de búsqueda pueda encontrar exactamente dónde estamos y regresarnos al lugar al que pertenecemos. Uno de los significados literales de la palabra arrepentimiento es "ser llevado de nuevo a casa": Dios usa nuestro arrepentimiento para llevarnos a casa.

Las personas que malinterpretan el arrepentimiento de forma errónea concluyen que, antes de ir al Señor en arrepentimiento, tienen que esperar hasta que hayan dejado de pecar. Piensan que antes de que puedan legítimamente pedir perdón para ser rescatados, deben esperar hasta que por fin estén fuera del bosque. En lugar de lanzar la luz de bengala, se dicen a sí mismos: *"Tú solito te metiste en este problema; pues ahora tendrás que salir solo de esto"*; o van un paso más allá y concluyen que la única manera para probarle a Dios que lamentan profundamente lo que han hecho mal (otra vez) es encontrar de algún modo su camino a casa sin su ayuda: *"No molestes a Dios con tus excusas y lloriqueos. Ahora sólo cambia tu vida por completo"*. Eso suena noble y religiosamente correcto, pero ignora por completo el corazón de Dios y su provisión clemente para nuestra vida real.

Lee la historia del leproso Naamán en 2 Reyes 5:1-14. Siendo un general poderoso, Naamán estaba preparado para hacer cualquier hazaña y despliegue de fuerza o valor para ganar el favor y la sanidad de Dios. Cuando el profeta le dijo que hiciera algo fácil y simple con el fin de que su carne fuera restaurada (regenerada a la condición que tenía destinada), Namán estaba furioso. ¿Por qué?

▲▲▲▲▲▲▲

Llamado cariñoso

En el reino de Dios, las cosas simples y (demasiado) fáciles generalmente son los medios por los cuales Dios cumple sus deseos en nuestras vidas. El arrepentimiento es una de esas actividades que se ven fáciles, pero nuestro orgullo personal tratará de probarle a Dios nuestra valentía y sinceridad, tal y como lo hizo Naamán. Recuerda las palabras del siervo de Naamán: "Padre mío, si el profeta te hubiera dicho que hicieras alguna gran cosa, ¿No la hubieras hecho?" ¡Cuánto más cuando te dice: "Lávate, y quedarás limpio!" (v. 13).

Recuerda que somos salvos por gracia, no por nuestra bondad o esfuerzo (ver Efesios 2:8-9). Son "las riquezas de su [la de Dios] bondad" y su "tolerancia y paciencia", no su enojo o frustración lo que nos llevó al arrepentimiento (Romanos 2:4, énfasis agregado). Es demasiado difícil despojarnos de nuestras nociones religiosas acerca de Dios y de sus intenciones hacia nosotros. Si no recordamos con cuánto afecto Dios piensa en nosotros y cuánto quiere que estemos con Él todo el tiempo, sin importar lo que hayamos hecho o qué tan desesperados estemos perdidos por nuestra culpa, fallaremos en aprovechar este regalo tan *maravilloso llamado arrepentimiento*.

El arrepentimiento está representado en la Biblia la mayoría de veces como un regalo, misericordia o un beneficio concedido por Dios (leer Hechos 5:31). No es una línea que Él dibuja en la arena, no es un precursor del castigo que preferiría darnos. Es un enorme error imaginar el arrepentimiento como una oportunidad para lucirnos ante Dios. Aunque hemos hecho mal, intentaremos "conciliarnos" con Él al mostrarle lo indignados que estamos con nosotros.

Una tentación sutil que todos enfrentamos en nuestra vida espiritual es tratar de "hacernos cargo de las cosas de aquí en adelante", apreciar lo que Dios ha hecho por nosotros hasta hoy, pero tomar la carga de mantenernos en rectitud desde ese instante. Tratamos de *"ser perfeccionados por la carne"*, en lugar de continuar en el Espíritu (Gálatas 3:3). En otras palabras, intentamos comportarnos (en vano) tan bien como podemos, con el fin de ser suficientemente buenos como para podernos arrepentir de lo que sea necesario por las cosas malas de nuestra vida. Sentimos que es

Porque por gracia habéis sido salvados por medio de la fe, y esto no de vosotros, sino que es don de Dios; no por obras, para que nadie se gloríe.
— Efesios 2:8-9

deshonesto contarle al Señor de nuestras malas obras antes de corregirlas. De forma equivocada suponemos que debemos esperar hasta que estemos fuera del bosque, ya no perdidos, antes de arrepentirnos por haber estado allí.

Por ejemplo, caemos en la trampa de llegar a la conclusión incorrecta de que es aceptable arrepentirnos de nuestra rabia, sólo después de haber resistido con éxito la tentación de la furia. Esta es una de las ideas equivocadas básicas que nos impide querer arrepentirnos. Sin embargo, después de todo, el arrepentimiento dirige la atención a varios hábitos, pensamientos, comportamientos y actitudes que no pertenecen a nuestra vida. No son lo que sabemos que deberían ser (nuestra clave del arrepentimiento) y ya hemos tratado de detenerlos hasta donde nos es posible y sin ningún éxito perdurable. Si nos imaginamos que el arrepentimiento es nuestra promesa de nunca volver a hacer lo que hemos estado haciendo mal, sólo así tiene sentido que esperemos hasta que la tentación haya sido completamente conquistada, antes de poder arrepentirnos legítimamente.

> Dios no dice: "¡Cambia! y después te puedes arrepentir legítimamente". No, Él dice: "Arrepiéntete. Después podrás cambiar".

Primero queremos tener nuestro pecado bajo control, para entonces poder arrepentirnos. No queremos atraer la atención de Dios al pecado, antes de estar preparados para ofrecerle una garantía de nuestra victoria sobre el pecado, obtenida con mucha dificultad. Eso es como esperar a que tu casa se venda antes de contratar los servicios de una agencia de bienes raíces, o como querer saber una canción antes de tratar de cantarla, o como haber recuperado la salud antes de visitar al médico. Nociones como éstas son retrocesos. Como el día de descanso o la Biblia, el arrepentimiento fue diseñado para servirnos, y no al revés. Dios no dice: "¡Cambia! y después te puedes arrepentir legítimamente". No, Él dice: "Arrepiéntete. Después podrás cambiar".

Conversión misericordiosa

El arrepentimiento esencialmente es un proceso de conversión que intercambia una realidad por otra y convierte una cosa en otra. Cuando viajas a un país lejano, tu primera actividad en el orden del día, después de haber recogido tu equipaje del carrusel, es convertir tu dinero a la moneda de la nación en la que estás; si no lo haces, tu dinero no vale, no es aceptado. El proceso de intercambio es bastante simple: pon en el mostrador tanto dinero como quieras convertir a la otra moneda, y el cajero te lo repondrá con francos suizos, coronas suecas, y así por el estilo. No queda convertida ninguna cantidad de dinero que dejes en tu cartera que no pongas en el mostrador.

Los caminos y los pensamientos de Dios no son como los nuestros; nuestros mundos operan bajo dos gobiernos y economías completamente opuestas. El dinero terrenal no nos llevará a ninguna parte del reino de Dios. Mediante el arrepentimiento tomamos la moneda del mundo: Malos pensamientos, sentimientos, deseos y acciones, y los intercambiamos por la moneda del reino, de la misma manera que convertimos dólares a florines holandeses. El arrepentimiento convierte nuestro pecado; intercambia nuestras obras injustas por la justicia que se encuentra en la "más que abundante" provisión de Jesús (1 Timoteo 1:14).

El Señor está maravillosamente dispuesto a realizar ese intercambio. Espera con entusiasmo que le llevemos un mal pensamiento para que podamos observar cómo lo convierte en uno correcto (el suyo). Sin conversión, un intercambio de una moneda a otra, nuestros pensamientos y caminos, no podrán concordar con los suyos. Nuestras iniquidades son como trapos de inmundicia, pero el Señor en su amor clemente intercambia nuestros trapos por vestidos como de novia adornada con sus joyas (ver Isaías 64:6; 61:10). Él quita nuestros pecados y nos viste con "ropas de gala" (Zacarías 3:4).

Por supuesto, la conversión suprema y eterna de nuestra vida sucede cuando aceptamos la expiación del sacrificio de Jesús por nuestros pecados. No es que los pecados por los que no nos hemos arrepentido obstruyan su perdón y permanezcan como un borrón en nuestros registros. Es importante ver el paralelo entre el arrepentimiento continuo en tu vida diaria y la conversión inmediata que experimentaste la primera vez que Jesús vino a tu vida, la cual te transformó en una persona nueva, completamente libre del poder y las consecuencias del pecado (ver 2 Corintios 5:17). Mientras tanto, el arrepentimiento continuo acelera el proceso del cambio aquí en la tierra.

Pregunta: El arrepentimiento es como un comienzo prometedor sobre el gran cambio que te ocurrirá cuando tu vida terrenal se acabe. Lee 1 Corintios 15:51-52 y Juan 3:2. Si vas a ser cambiado antes de que finalmente alcances tu recompensa eterna en el cielo. ¿Cuál crees que sea el propósito de cambiar antes?

▲▲▲▲▲▲▲

Un proceso de cambio

Esta es la razón por la cual el arrepentimiento es tan útil en nuestro caminar con el Señor, y por la que el enemigo de tu corazón quiere desanimarte para que no te arrepientas. El arrepentimiento y el cambio van de la mano; entre más nos arrepintamos de actitudes y comportamientos malos, más cambios obtendremos. El proceso no

> Todos nosotros somos como el inmundo, y como trapo de inmundicia todas nuestras obras justas.
> — Isaías 64:6

> Él me ha vestido de ropas de salvación, me ha envuelto en manto de justicia.
> — Isaías 61:10

> De modo que si alguno está en Cristo, nueva criatura es; las cosas viejas pasaron; he aquí, son hechas nuevas.
> — 2 Corintios 5:17

> El tiempo se ha cumplido y el reino de Dios se ha acercado; arrepentíos y creed en el evangelio.
>
> — Marcos 1:15

> Pedro le dijo: Señor, ¿por qué no te puedo seguir ahora mismo? ¡Yo daré mi vida por ti! Jesús le respondió: ¿Tu vida darás por mí? En verdad, en verdad te digo: no cantará el gallo sin que antes me hayas negado tres veces.
>
> — Juan 13:37-38

siempre es instantáneo; la autolástima o la codicia que reconozcas y por las que te arrepientas hoy, pueden presentarse también mañana y al día siguiente y al siguiente. Cuando te arrepientes una y otra vez, se puede sentir casi como hipocresía: "Continúo cometiendo exactamente el mismo pecado por el que me arrepentí ayer (o hace unos momentos)". Al sentir culpabilidad por tu pecado y por tu hipocresía, estarás tentado a dejar de arrepentirte; entonces sólo tendrás que sentirte culpable por tu pecado.

En este momento es cuando debemos dejarnos motivar por Jesús para seguir arrepintiéndonos, para poner nuestra confianza en lo que Dios puede hacer por nosotros, no en lo que podemos lograr por nuestros propios medios (ver Marcos 1:15). El evangelio es un mensaje increíblemente simple: *En cualquier momento y cada vez que te des cuenta de que estás haciendo algo mal y lo confieses al Señor, Él te perdona totalmente, sin cuestionamientos o dudas.*

Aunque Dios te dice "no peques más" (Juan 8:11), no insiste en que le asegures que nunca más harás esa maldad. De hecho, puesto que conoce tu futuro, sabe que cometerás el pecado otra vez, tal y como Jesús le dijo a Pedro que lo haría, aun cuando tu sinceridad honesta quiere afirmar que siempre permanecerás fiel y dedicado (ver Juan 13:37-38). Jesús perdonó a Pedro y también nos perdona totalmente, sin cuestionamientos ni dudas.

Pregunta: Jesús nos dijo que perdonáramos a nuestros semejantes por todas las ofensas que cometan en nuestra contra, no sólo una vez o dos sino una y otra vez. Lee Mateo 18:21-22. ¿Cuántas ofensas repetitivas debemos perdonarle a una persona? Jesús dice que debemos perdonar a las personas.

▲▲▲▲▲▲▲

Una brújula

Recibimos perdón cada vez que nos arrepentimos. Dios no tiene un límite de tolerancia y no se le acaba su provisión de misericordia. Así exactamente es que somos cambiados cada vez que nos arrepentimos, aunque sea ligeramente. Imagínate a una persona que no tiene sentido de ubicación de ningún tipo y, en consecuencia, se desubica y se dirige de forma continua al camino equivocado, mientras trata de cruzar un desierto. Cada vez que saca su brújula y se reorienta en la dirección apropiada está rectificando y arrepintiéndose. Entre más lee la brújula, más rápidamente encontrará el camino para cruzar el desierto.

Mientras que es frustrante descubrir que, de acuerdo con la brújula, está dirigiéndose al sur (otra vez) cuando debería estar yendo al norte, la alternativa de no leer la brújula es garantía casi segura de que seguirá perdido.

Después de haber tenido que dar la vuelta, tal vez cientos de veces, su orientación mejorará gracias a la brújula y llegará al otro lado del desierto. El diablo quiere hacer que te sientas culpable por necesitar verificar tu brújula con tanta frecuencia. Te acusará por sacarla: "¿No te acabas de arrepentir ayer por decir mentiras? ¿Crees que Dios te permitirá arrepentirte otra vez con tanta facilidad y rapidez?" No obstante, recuerda que la brújula siempre te dará la dirección verdadera, aun si tuviste que usarla hace apenas veinte minutos.

Conclusiones diferentes

Nuestro arrepentimiento no es una promesa de que no volveremos a hacer algo otra vez. Por el contrario, es un reconocimiento franco de que lo que hemos hecho o estamos haciendo está mal. Cuando nos arrepentimos, reconsideramos el curso de la vida que hemos estado siguiendo, admitimos que hemos pensado en las soluciones equivocadas. Es como si nuestro maestro nos regresara un examen de matemáticas, junto con la invitación a corregir nuestro trabajo para obtener la mejor calificación. Al volver a trabajar en los problemas que el maestro marcó como equivocados, tenemos la oportunidad de terminar por tener todo bien en el examen. Esa era la finalidad de los preexámenes de ortografía en la primaria; al mostrarnos qué palabras habíamos escrito incorrectamente, nos llevaron al arrepentimiento y a cambiar la forma de escribir aquellas palabras en el examen que contaba para la calificación.

Todos nos imaginamos que nuestra manera de pensar es la correcta. Si pensáramos que pensamos incorrectamente, (valga la redundancia) cambiaríamos nuestros pensamientos, así que lo que terminamos haciendo tiene su propia lógica. Como no perdonar a alguien porque no se lo merece después de lo que nos hizo; nos preocupamos por el dinero porque lo necesitamos; ver una película obscena porque nos dará satisfacción; hacer una broma a las expensas de alguien porque eso nos hará más populares. Pecamos por lo que creemos que el pecado hará por nosotros: darnos ventajas, satisfacciones, protección y poder. Casi nadie hace lo malo sólo por hacer lo malo y, aun así, si la meta de una persona es "ser malo", generalmente es porque el individuo percibe que tal comportamiento le dará identidad o algún otro beneficio personal para ganar algo para sí mismo.

Arrepentirnos es llegar a darnos cuenta de que nuestra forma de pensar ha estado al revés y que, en lugar de darnos algo, nuestros pecados han estado robándonos; en lugar de ofrecernos más y mejores pruebas de la "buena vida," han estado matándonos. Por ejemplo, piensa en alguien que ha sido perezoso y tonto al no ser diligente para llevar en su chequera el registro de los retiros en el cajero automático. Eventualmente la persona se dará cuenta de que la tontería de haber sido perezoso le costará caro (demasiados cheques devueltos y cargos por sobregiro). El hecho de darnos cuenta es la raíz del arrepentimiento. Cuando el estado de cuenta bancario llegue, más le vale que cambie sus registros para que concuerden con los del banco y no al revés.

En otras palabras, lo opuesto al arrepentimiento es decirle a Dios que Él debe cambiar sus caminos o su Palabra para que se ajuste a la manera en que elegimos vivir. Un corazón que no está arrepentido insiste en que Dios está equivocado. Un corazón arrepentido confiesa que está equivocado. Quizá todavía no puedas lograr el cambio completo de tu forma de pensar o de tus acciones, pero el proceso del arrepentimiento empieza con admitir, de manera humilde y necesaria, que tú estás equivocado no el Señor.

Confesión y arrepentimiento

La confesión es un aspecto muy importante para el arrepentimiento; de manera esencial significa "estar totalmente de acuerdo con alguien". Nosotros le confesamos al Señor, nos ponemos de acuerdo con Él que su camino es el correcto y que el nuestro está equivocado.

Entonces, ¿cómo nos arrepentimos?, ¿qué significa esto en términos prácticos? Cuando te das cuenta de que estás haciendo algo mal, en tu corazón, mente o acciones, llevas esto en confesión al Señor. Hay tres partes importantes de la confesión que no se tienen que seguir como cierto tipo de fórmula, pero una confesión completa implica estar totalmente de acuerdo con el Señor:

1. "Lo estoy haciendo": nadie más es responsable, nadie me obliga a hacerlo.
2. "Está mal": no hay justificación que pueda hacer que dicha situación esté bien.
3. "No quiero seguir haciéndolo": quiero cambiar la manera en que he estado viviendo.

> Los cristianos tienen la tendencia a quedarse atorados mientras se arrepienten repetidamente por incidentes aislados, y no por arrepintirse después de cada incidente.

Jesús dejó bien claro que no vino a felicitar a las personas que habían logrado guardarse de perderse en el pecado. Él vino al mundo a "llamar … a pecadores al arrepentimiento" (Lucas 5:32). "Si decimos que no tenemos pecado" en nuestra vida, "nos engañamos a nosotros mismos" y llamamos a Jesús mentiroso (1 Juan 1:8,10). Por supuesto, se espera que evitemos pecar. Sin embargo, cuando pecamos, Jesús está ahí para nosotros como nuestro "Abogado" (1 Juan 2:1). Cuando "confesamos nuestros pecados", su fidelidad lo impulsa a perdonarnos para separarnos del poder que esos pecados tienen para manipularnos y para liberarnos del castigo justo que esos pecados merecen (leer 1 Juan 1:9). Su fidelidad neutraliza nuestra infidelidad y su justicia lava nuestra injusticia.

El perdón y la limpieza que Él hace en nuestra vida quedan completos con cada confesión, exactamente de la misma forma como quedaron completos la primera vez que confesamos a Jesús como Señor. No queda ni un residuo para que lo restreguemos por nuestra cuenta. Recordar esto es crucial cuando se trata de los pecados frecuentes de los cuales debemos arrepentirnos en nuestra vida diaria.

Cada una de las tantas veces que cometemos un pecado particular, como fantasear o tener pensamientos lujuriosos, el Señor quiere que los confesemos para que pueda restaurarnos y así regresar al camino correcto. Sin embargo, no tenemos que arrepentirnos numerosas veces cada vez que pecamos. Los cristianos tienen la tendencia a quedarse atorados mientras se arrepienten repetidamente por incidentes aislados, y no después de cada incidente.

En el capítulo 12 estudiaremos el arrepentimiento y el perdón entre las personas; veremos que arreglar las cosas con el Señor no es lo mismo que restaurar las relaciones personales con los demás y, en gran medida, es mucho más fácil hacerlo con Dios que con los demás.

Arrepentimiento y Restauración

Los ángeles en el cielo celebran con gozo cada vez que alguien se arrepiente (ver Lucas 15:7). ¿Esto se debe a un tipo de autocomplacencia jactanciosa que los ángeles sienten cuando un pecador se da cuenta de que ellos tuvieron la razón todo el tiempo?, ¿están felices porque un humano está arrastrándose retorciéndose avergonzado? No, celebran como el pastor que encuentra a su oveja perdida, o como la mujer que encuentra la moneda que había perdido; porque lo que estaba perdido y fuera de lugar fue restaurado y llevado a donde pertenece (leer Lucas 15:4-6;8-9). Recuerda que le pertenecemos al Señor, y esa es la razón por la que nos hizo.

Cuando Juan el Bautista retó a los fariseos a dar "frutos dignos" de su supuesto arrepentimiento (Mateo 3:8), no nos estaba diciendo que necesitamos probar que estamos realmente arrepentidos; les estaba advirtiendo en contra de la presunción de su linaje espiritual; era todo lo que necesitaban y que, entonces, podían ir y observar a todos los demás que necesitaban arrepentirse.

El fruto crece por el arrepentimiento, no podemos forzar el fruto por medio de nuestros esfuerzos carnales para "ser mejores".

Somos llamados al arrepentimiento porque éste nos lleva a un desarrollo espiritual maravilloso en nuestra vida.

Lee Hechos 3:19. ¿Qué nos envía el Señor a nuestro camino después de arrepentirnos?

▲▲▲▲▲▲▲

Lee 2 Corintios 7:9-10. El verdadero arrepentimiento quita el pesar impotente que las personas sienten por las obras malas que han hecho y lo sustituye por una determinación vivificante para su futuro. ¿Puedes decir con tus propias palabras la diferencia entre la "tristeza del mundo" y "el arrepentimiento sin pesar?

▲▲▲▲▲▲▲

Lee 2 Timoteo 2:25. El arrepentimiento lleva a un mayor...

▲▲▲▲▲▲▲

> Os digo que de la misma manera, habrá más gozo en el cielo por un pecador que se arrepiente que por noventa y nueve justos que no necesitan arrepentimiento.
>
> — Lucas 15:7

El arrepentimiento no es un requerimiento pavoroso, o un grito airado de la condenación que debamos amontonar sobre nosotros mismos. Es una invitación que Dios nos extiende para librarnos de las cosas de nuestra vida diaria, que están fuera de su orden. El Señor nos invita a ser "celosos" para arrepentirnos y a que de todo corazón deseemos oportunidades para hacerlo, porque éstas nos llevarán a ser entrenados, moldeados y enseñados por Él (leer Apocalipsis 3:19). El arrepentimiento es una oportunidad para reorientarnos, tantas veces como sea necesario, con el fin de permanecer en el camino.

Jesús, quien vino a "destruir las obras del diablo", (1 Juan 3:8) quiere guiarnos a que nos arrepintamos una y otra vez, hasta que esos lugares en nuestro corazón y mente, donde el enemigo ha clavado su odiosa garra, sean liberados y rotos. El verdadero arrepentimiento es otra de las provisiones maravillosas y milagrosas que Dios nos concede, para que todo en nuestras vidas sea reordenado de acuerdo con su plan original para aquellos a quien Él ama tanto y tan profundamente.

Hablemos al respecto

▲ ¿Por qué crees que a las personas se les dificulta tanto reconocer cuando han hecho algo mal? Respecto a admitir estar equivocados ¿hay algún problema particular contigo?

_____

_____

▲▲▲▲▲▲▲

▲ ¿Cómo ha cambiado tu manera de pensar al leer este capítulo? Describe en pocas palabras el concepto que Dios tiene del arrepentimiento. ¿Qué está buscando Dios en tu corazón cuando te pide que te arrepientas?

_____

_____

▲▲▲▲▲▲▲

▲ ¿Cuál es la diferencia entre querer estar en lo correcto y querer haber estado en lo correcto?, ¿cuál de las dos perspectivas es más probable que mueva a alguien a arrepentirse?

_____

_____

▲▲▲▲▲▲▲

▲ ¿Por qué el arrepentimiento es el punto de arranque para las buenas nuevas que Dios quiere que sepamos?, ¿de qué forma el arrepentimiento es un proceso de conversión, de intercambio de una realidad por otra?

_____

_____

▲▲▲▲▲▲▲

▲ ¿Qué actitudes, patrones de pensamientos o comportamientos tienes que no se ajusten a la manera de pensar o de vivir de Dios?, ¿qué aspectos de tu vida están fuera de control?, ¿te gustaría recibir la intervención y el rescate del Señor?

_____

_____

▲▲▲▲▲▲▲

▲ ¿Qué sucede cuando te arrepientes? ¿cómo puedes hacer una gran fogata para hacerle saber al Señor dónde estás, para que pueda rescatarte?

_____

_____

▲▲▲▲▲▲▲

▲ Confesar significa estar totalmente de acuerdo con alguien. ¿Cuáles son las tres partes importantes de la confesión o de estar de acuerdo por completo con Dios?

_____

_____

▲▲▲▲▲▲▲

Tu tiempo con Dios

El perdón de Dios es uno de los regalos más grandes de la vida que una persona pueda recibir. Mientras consideras todos los principios que aprendiste en este capítulo, trae voluntariamente tus errores y fallas, tus pecados, a nuestro amoroso Padre celestial y pídele su regalo de perdón para que te ayude a reordenar tu vida de acuerdo con el designio asombroso para el cual te creó; estarás contento de haberlo hecho. Utiliza la siguiente oración para hacer de nuevo tu compromiso con Dios.

Amado Padre celestial, estoy haciendo esto; está mal y no quiero seguir haciéndolo. Quiero vivir de otra forma. Líbrame de las cosas de mi vida diaria que no se ajusten a tus caminos. Gracias por darme la oportunidad de quedarme en tu camino y por reordenar mi vida de acuerdo a tu plan original, sin importar lo que yo haya hecho.

Reconozco sinceramente los aspectos en los que me he permitido alejarme de Ti. He hecho y dicho cosas malas. Quiero que sepas que estoy de acuerdo contigo respecto a éstas y al veneno que pusieron en mi vida. Señor, perdóname. Límpiame de su maldad.

Señor, gracias porque con tanta facilidad intercambias las cosas malas de mi vida por más de Ti. Aun cuando me siento frustrado o avergonzado conmigo mismo por cosas que sé que están mal, sé que Tú siempre te acercas a mí con bondad y perdón. Gracias porque eres el Dios de misericordia y compasión infinitas y no importa cuántas veces busque tu perdón, porque Tú me perdonas cada vez.

Señor, te pido que yo participe con mejor disposición en el proceso de cambio que se lleva a cabo cuando me arrepiento y busco tu perdón. Gracias porque el arrepentimiento es sólo una de las vías a través de las cuales Tú anhelas cambiarme permanentemente. En el nombre de Jesús. Amén.

Bautizados con el Espíritu Santo

Las ferias de la ciencia para los chicos de primaria son una mezcla de lo ingenioso con lo rutinario. Probablemente esto refleje en los padres, más que en los niños, su inclinación hacia el mundo científico, o su alejamiento. Los temas de estudio varían desde la necesidad que tienen las plantas de la luz, hasta la conductividad relativa de materiales diferentes. La mayoría de los proyectos han sido reciclados desde hace años y solamente, de vez en cuando, hay uno de verdad notable. Sin embargo, lo que hace que sea un placer asistir a las ferias de la ciencia, aparte del entretenimiento de reconocer los mismos experimentos básicos que hicimos hace pocas décadas, están los muchos recordatorios acerca de la realidad y la fuerza del mundo material que damos por hecho o que tan solo hemos olvidado.

Por ejemplo, tomemos, los tres estados en los cuales toda materia puede existir: Sólido, líquido y gaseoso. Ninguna feria de la ciencia estaría completa sin la exhibición de cartelones con fotos instantáneas y gráficos que registran fielmente las temperaturas a las cuales el agua y otras sustancias (como el shampoo o el chocolate) se vuelven gaseosos, líquidos y sólidos. Aunque la apariencia física de los elementos toma formas diferentes, su composición molecular permanece constante. Todo el mundo sabe que el hielo, el vapor y el agua en realidad son simplemente $H2O$ con cualquier otro nombre. Sin embargo, nadie confundiría vapor con hielo. Lo más probable es que una de las fotos en la cartelera será la de un trozo de hielo derritiéndose en una olla de agua hirviendo que está emanando vapor: tres estados con la misma composición esencial. No siempre es fácil diferenciar el momento exacto en el que el $H2O$ es sólo hielo (completamente congelado) o cuándo llamar al $H2O$ vapor, ya que éste continúa destilándose en la tapa de la olla.

Algo parecido puede decirse acerca del Dios trino y uno, con quien ahora ya tienes una relación personal. No hay una analogía terrenal exacta mediante la cual explicar la naturaleza de la perfecta unidad entre Dios el Padre, Dios el Hijo y Dios el Espíritu Santo. Cómo pueden ser uno y todavía ser distintos, es un gran misterio, pero no para hacernos tambalear. En cierta forma, es tan simple como Jesús lo plantea: Ver a uno es lo mismo que ver a otro de ellos (ver Juan 17:21-22). Asimismo, somos bautizados en el nombre de los tres que son uno (ver Mateo 28:19). No se trata de satisfacer a tres dioses diferentes y de asegurarnos de no dejar a ninguno de ellos fuera de la ecuación sino más bien es una declaración de la plenitud y la integridad con la cual el Dios verdadero se ocupa de todo en toda la creación. En Jesús "toda la plenitud de la Deidad reside corporalmente" (leer Colosenses 2:9-10; 1:19).

Mientras Jesús estuvo en la tierra, les reveló a sus discípulos perfectamente al Padre (Juan 1:18). "Él le ha dado a conocer". Jesús fue la expresión del Dios invisible "que se podía tocar" en el mundo material; no hizo nada en la tierra por su propia iniciativa y separado de su Padre. Lo que vio y oyó de su Padre, llegó a ser lo que Él mismo hizo (ver Juan 5:17; 8:38). Ellos estaban y están siempre de acuerdo. Su unidad e integridad no requiere que se fusionen en una entidad sino que estén en completo acuerdo para los mismos propósitos. Tus ojos, por ejemplo, trabajan como uno, a menos de que algo esté mal. Pueden funcionar de manera independiente uno del otro por ejemplo para tu examen de la vista cuando sacas tu licencia y hay una diferencia entre tu ojo izquierdo y tu ojo derecho, pero juntos te ofrecen (de preferencia) una sola imagen. Aunque tus ojos son más de uno, son una sola característica de tus rasgos.

¿Quién es el Espíritu Santo?

El Espíritu Santo no es una fuerza vaga o un poder incorpóreo y nebuloso; es una Persona definida y puede ser conocida igual que el Padre y el Hijo. Entonces, ¿quién es el Espíritu Santo y cómo es? Primero, es el Espíritu de Dios. Así como el Padre y el Hijo son "uno" (Juan 10:30) y sin embargo, distintos en sus papeles respectivos en la creación y en nuestras vidas, también el Espíritu Santo es uno con el Padre y el Hijo y, sin embargo, distinto a ellos. El Espíritu Santo expresa todo lo que necesitamos saber del Padre y del Hijo, y ha existido desde el principio con Dios y como Dios (leer Juan 1:1-3). El Espíritu fue el que se movió sobre las superficies de las aguas en la creación (ver Génesis 1:2). Cuando por fe recibimos a Jesús en nuestros corazones, en realidad es el Espíritu Santo, como representante de Jesús, el que entra "en nuestro corazón como una garantía" de Dios (leer 2 Corintios 1:22; 5:5).

▲ ▲

El Espíritu Santo no es una fuerza vaga o un poder incorpóreo y nebuloso; es una Persona definida y puede ser conocida.

▲ ▲

Hay tres porciones de las Escrituras que hablan del Espíritu Santo como una prenda del Señor. Otra traducción para "prenda" es "pago adelantado". Un pago adelantado consiste en esto: *Voy a comprar esta propiedad; toma esto en depósito hasta que recibas el pago completo cuando regrese con el resto del dinero*.

Para que todos sean uno. Como tú, oh Padre, estás en mí y yo en ti, que también ellos estén en nosotros, para que el mundo crea que tú me enviaste. La gloria que me diste les he dado, para que sean uno, así como nosotros somos uno.
— Juan 17:21-22

Id, pues, y haced discípulos de todas las naciones, bautizándolos en el nombre del Padre y del Hijo y del Espíritu Santo.
— Mateo 28:19

Hasta ahora mi Padre trabaja, y yo también trabajo... Yo hablo lo que he visto con mi Padre; vosotros, entonces, hacéis también lo que oísteis de vuestro padre.
— Juan 5:17, 8:38

Y la tierra estaba sin orden y vacía, y las tinieblas cubrían la superficie del abismo, y el Espíritu de Dios se movía sobre la superficie de las aguas.
— Génesis 1:2

Tener al Espíritu en nuestro espíritu es la mejor garantía que podemos tener del interés y los planes fundamentales de Dios para nosotros. Observa qué más nos dicen estos tres versículos.

Lee 2 Corintios 5:4-5. ¿Para qué propósitos fuimos preparados? En otras palabras, ¿cuáles han sido los planes de Dios todo el tiempo? y ¿de qué manera la presencia del Espíritu Santo en nuestras vidas nos asegura ese plan?

_____

▲▲▲▲▲▲▲

Lee 2 Corintios 1:21-22. ¿Cuándo fuimos ungidos por el Señor? ¿Cuál es la prueba de esa unción?

_____

▲▲▲▲▲▲▲

Lee Efesios 1:13-14. ¿Cuándo recibimos al Espíritu Santo, y con base en qué nos fue dado?

_____

▲▲▲▲▲▲▲

> Jesús le dijo: Yo soy el camino, y la verdad, y la vida; nadie viene al Padre sino por mí.
> — Juan 14:6

> Y porque sois hijos, Dios ha enviado el Espíritu de su Hijo a nuestros corazones, clamando: ¡Abba! ¡Padre!
> — Gálatas 4:6

> Sin embargo, vosotros no estáis en la carne sino en el Espíritu, si en verdad el Espíritu de Dios habita en vosotros.
> — Romanos 8:9

Algunas de las traducciones antiguas de la Biblia en inglés se refieren al Espíritu Santo como al "Fantasma" Santo, _Holy Ghost,_ un término que ha provocado que parezca misterioso y que dé un poco de miedo, especialmente porque no se habla de Él tanto como del Padre y del Hijo. Es el menos conocido de la Trinidad, porque constantemente nos está llevando al Padre y al Hijo, tal como Jesús nos lleva al Padre (ver Juan 14:6). Su obra y su voz son las más familiares, aun cuando el Espíritu habla las palabras y hace las obras del Padre en tu vida.

Lo que Jesús sabía, lo tomó del Padre y lo compartió con sus discípulos; no enseñó cosas que se le ocurrieron por su cuenta. De la misma manera, el Espíritu trabaja en y a través de nosotros de acuerdo con lo que ve y oye de Dios: "No hablará por su propia cuenta" (Juan 16:13). Como aprenderás en tu diario vivir con el Señor, el secreto para el verdadero ministerio es hacer y decir lo que el Espíritu nos impulsa a hacer; en lugar de sólo hacer y decir cualquier cosa que pensemos por nuestra cuenta.

> Una de las asignaciones principales del Espíritu Santo es asegurar nuestra conexión con nuestro Padre Celestial.

Una de las asignaciones principales del Espíritu Santo es asegurar nuestra conexión con nuestro Padre Celestial, convencernos de que es nuestro Padre (ver Gálatas 4:6) y de que le pertenecemos (ver Romanos 8:9). Por el poder del Espíritu somos transformados de sólo carne y sangre a seres espirituales, avivados y con una relación personal y duradera con el Señor.

Jesús dice que los individuos deben nacer de nuevo, "nacer del Espíritu", o no pueden entrar en el reino de Dios (leer Juan 3:5-7).

A causa de que el Espíritu está tan íntegramente enlazado a una relación con Dios, aquellos que no conocen ni reciben al Señor no pueden recibir al Espíritu (leer Juan 14:17). Él es un extraño total para las personas que afirman estar "cerca de Dios", sin recibir a Jesús en su corazón. Sin el Espíritu Santo, no podemos estar "relacionados" con Dios, nuestro Padre. La adopción se completa sólo cuando el Espíritu Santo hace su residencia en el espíritu de una persona.

Lee Juan 14:16-17. ¿Cuánto tiempo estará con nosotros el Espíritu Santo?

_____

▲▲▲▲▲▲▲

¿Por qué razón Jesús quiere que tengamos al Espíritu Santo?

_____

▲▲▲▲▲▲▲

¿Por qué crees que el mundo no puede aceptar al Espíritu Santo?

_____

▲▲▲▲▲▲▲

¿Crees que en ocasiones estamos tentados a perder Su obra o Su presencia porque estamos evaluando las situaciones en lo natural?

_____

▲▲▲▲▲▲▲

¿Qué hace el Espíritu?

El trabajo principal del Espíritu Santo es comunicarle a todo el mundo, de manera comprensible, cómo es Jesús en realidad y que Él es la suma total del mensaje de Dios para cada persona (ver Juan 16:14). El Espíritu corteja y lleva a las personas hacia Jesús y las capacita para que finalmente lleguen al punto en el que puedan decir: "Jesús es el Señor" (1 Corintios 12:3). Parte de esto lo hace convenciendo a las personas de pecado (ver Juan 16:8) y parte derramando el amor de Dios en sus corazones, donde se transforma en una realidad innegable (leer Romanos 5:5). Confrontadas con su propia maldad y mediante la misericordia amorosa de Dios aun frente a su maldad, las personas responden al ofrecimiento del perdón completo de Jesús.

El Espíritu Santo es llamado *paracletos*, un término griego que significa "ayudante, abogado, dador de ayuda cercano, al que llamas a tu lado". Jesús, quien está "sentado" a la "diestra" de su Padre en el cielo (Efesios 1:20; Colosenses 3:1), no quiere dejarnos "huérfanos", completamente solos en la tierra (Juan 14:18). Por esta razón, nos da su Espíritu para mantenernos en contacto inmediato con Él y el Padre. El Espíritu Santo está en la proximidad más cercana posible con el aspecto más profundo y recóndito de nuestra existencia: nuestro espíritu. Esto es lo que asegura nuestra comunión con Dios.

> Él [el Espíritu Santo] me glorificará [a Jesús], porque tomará de lo mío y os lo hará saber.
>
> — Juan 16:14
> énfasis agregado

> Y cuando Él venga, convencerá al mundo de pecado, de justicia y de juicio.
>
> — Juan 16:8

El Señor quiere que entremos a la increíble unidad e integridad que hay entre el Padre, el Hijo y el Espíritu Santo (leer Juan 17:11,21-22).

Casi, cada aspecto de nuestra vida y ministerio espiritual refuerza el valor que Dios le da a la comunión con nosotros. Aquí es donde el Espíritu Santo concentra mucho de su trabajo: nos habilita a estar al unísono con el Padre y el Hijo. Aun cuando hiciéramos nuestro mejor esfuerzo y tratáramos de ajustar nuestra vida a los caminos de Dios, simplemente no lo podríamos hacer con nuestra fuerza ni con nuestras habilidades limitadas; ni con nuestras percepciones ni discernimientos naturales. Qué emocionante que Dios no es sólo un Creador distante sino uno que activamente se involucra en nuestras vidas. La intención de Dios nunca fue la de hacer que intentáramos seguirlo sin su ayuda, como un físico nuclear con un grupo de alumnos de segundo grado de secundaria. Dios sabe que no seremos capaces de permanecer con Él sin un tipo de tutoría muy especial. Por tanto, quiere guiarnos, enseñarnos e impulsarnos sobrenaturalmente, y la mayoría de las veces lo hace por medio de su Espíritu.

Por el Espíritu, podemos entender lo que el Señor quiere que sepamos. El Espíritu Santo sabe todo lo que Dios cree y siente (ver 1 Corintios 2:11-12); Él busca las "profundidades de Dios" y nos muestra esas verdades ocultas porque somos hijos de Dios. Al aprender del Espíritu, llegamos a tener la capacidad de hacer, decir y saber cosas que de otra forma serían incomprensibles para nosotros. Por eso, Él es llamado el "Espíritu de verdad" (Juan 16:13), pues nos muestra cómo son las cosas en realidad, cómo decretó Dios que fueran.

> Porque entre los hombres, ¿quién conoce los pensamientos de un hombre, sino el espíritu del hombre que está en él? Asimismo, nadie conoce los pensamientos de Dios, sino el Espíritu de Dios. Y nosotros hemos recibido, no el espíritu del mundo, sino el Espíritu que viene de Dios, para que conozcamos lo que Dios nos ha dado gratuitamente.
>
> — 1 Corintios 2:11-12

▲ ▲

Al aprender del Espíritu, llegamos a tener la capacidad de hacer, decir y saber cosas que de otra forma serían incomprensibles para nosotros.

▲ ▲

Lee los siguientes versículos a la luz de lo que hemos aprendido acerca de la verdad que, en lo que se refiere a asuntos espirituales, no es algo que podamos figurarnos por sí solos; viene a nosotros sólo por la revelación de Dios.

Lee 1 Corintios 2:9-10. ¿Para quién están preparados estos secretos maravillosos?

_____

▲▲▲▲▲▲

¿Cómo nos revela Dios estas cosas?

_____

▲▲▲▲▲▲

De algún modo, el Espíritu es como un gerente de una compañía constructora que traslada un remolque habitable a una reciente propiedad adquirida que alberga un edificio en ruinas, y pone un letrero que anuncia que próximamente habrá una tienda renovada. La vieja estructura no lo parece todavía, pero todos se dan cuenta, al ver el letrero y al arquitecto residente, que en realidad habrá una tienda algún día. Así, esa "tienda" renovada, que años antes fue la visión del Señor que compró la tierra, estará en proceso el resto de nuestras vidas. Siguiendo los planos dibujados por el Señor, el Espíritu Santo supervisa la transformación del edificio viejo a uno nuevo y nos restaura para ser lo que fuimos destinados a ser (ver 1 Corintios 6:11).

La metamorfosis llevada a cabo por el Espíritu se conoce como *santificación*: Reemplazar progresivamente las instalaciones viejas y rotas, reparar el apartadero y los pisos, pintar las paredes desteñidas y volver a instalar el alambrado de todos los interruptores. Nuestra vieja construcción adquiere un retoque, que incluye el jardín donde el Espíritu Santo planta y se hace cargo de una selección de árboles frutales (ver Gálatas 5:22-23). Así que, respecto al cambio de nuestras viejas actitudes, pensamientos y comportamiento, el Espíritu de Dios produce nuevas actitudes como paciencia, gozo y dominio propio. A propósito, en el ámbito de la construcción no hay códigos o regulaciones que se relacionen con árboles frutales.

> Y esto erais algunos de vosotros; pero fuisteis lavados, pero fuisteis santificados, pero fuisteis justificados en el nombre del Señor Jesucristo y en el Espíritu de nuestro Dios.
> — 1 Corintios 6:11

> Mas el fruto del Espíritu es amor, gozo, paz, paciencia, benignidad, bondad, fidelidad, mansedumbre, dominio propio; contra tales cosas no hay ley.
> — Gálatas 5:22-23

Participa con el Espíritu Santo

En un sentido muy real, casi todo lo que Dios hace en o a través de nosotros es por medio del Espíritu Santo. Algunas cosas las hace completamente solo, sin requerir de ningún tipo de participación activa de nuestra parte, pero pide nuestra asociación y cooperación para la mayor parte de lo que hace. No nos invita a trabajar con Él porque necesite nuestra ayuda, como si careciera de algo. No está atorado en algún lugar en la arena, con necesidad de que lo saquemos para que pueda continuar con su trabajo. No es como si dijera: "Si tú no haces tu parte, no hago la mía". No es ni petulante ni está perturbado; no está buscando a alguien para encomendarle las tareas rutinarias o a que haga las tareas de preparación antes de que pinte la sala.

Todo lo contrario. Las razones que Dios tiene para querer compartirnos su ministerio son simplemente para reforzar su amor por nosotros. Como un padre orgulloso que quiere agregar nuestro nombre al negocio familiar, disfruta al mostrarnos detalladamente sus transacciones. Así, estamos destinados a una eternidad para trabajar con el Señor hombro a hombro. La cooperación con el Espíritu Santo aquí en la tierra se parece mucho a la capacitación para un conductor. El Espíritu "nos habla a través" de todos los detalles de las situaciones del ministerio y de la vida, a fin de familiarizarnos con la forma en que las cosas funcionan en el reino de Dios.

El Espíritu Santo nos capacita para proclamar a otros el evangelio con poder y unción, y nos dará palabras para hablar, así como maravillas para realizar (leer Marcos 13:11; Hechos 1:8). Junto con estas milagrosas manifestaciones externas, el Espíritu Santo quiere hacer una transformación interna en nuestro carácter y personalidad para que éstos también den testimonio del Señor (leer Efesios 3:16; 1 Tesalonicenses 1:5). Las transformaciones internas que nos capacitan para vivir una vida espiritual verdadera y las manifestaciones externas que nos dan poder para ministrar a otros son señales del Espíritu Santo que obra en nuestras vidas.

Lee Hebreos 2:4. ¿Por qué crees que Dios usa los milagros para dar testimonio de nuestras palabras?

_____

▲▲▲▲▲▲▲

> Mis ovejas oyen mi voz, y yo las conozco y me siguen.
> — Juan 10:27

Como aprendimos anteriormente, todo ministerio verdadero es una respuesta a una dirección o a un impulso de Dios. El Espíritu Santo nos sensibiliza a la voz de Jesús para que podamos discernirla con más facilidad (ver Juan 10:27). La clave de lo que el Espíritu Santo quiere llevar a cabo en nuestras vidas tiene que ver con nuestra cooperación con Él, lo cual le permite guiar nuestros pasos. Esta es la verdadera naturaleza de lo que llamamos inspiración o ser espiritualizados (literalmente, Dios sopló dentro), ser guiados a decir, pensar o hacer lo que de otra forma no vendría a nuestras mentes. Jesús quiere que recibamos capacidades y poderes milagrosos con el fin de llevar su misión completa para extenderla a quienes nos rodean.

En armonía con el Espíritu Santo, recibimos revelación incluso más allá de las habilidades naturales más genuinas, mientras conocemos y hacemos cosas en forma sobrenatural. En forma similar a en que el Espíritu vino sobre María, de modo que pudiera dar a luz al "Hijo de Dios" (Lucas 1:35), se nos da la bienvenida (no al mismo grado, por supuesto, o con el mismo resultado) para recibir semillas sobrenaturales de revelación y verdad del Espíritu. Hablar o hacer lo que Él nos impulsa a decir o hacer dará vida abundante y rescate a otras personas.

Sin embargo, debemos tener una entusiasta disposición fundamental para cooperar con el Espíritu y ofrecernos de forma voluntaria como María dijo: "Hágase conmigo conforme a tu palabra". Centrar nuestra vida cristiana en aprender a funcionar en cooperación con el Espíritu Santo nos lleva a una de las experiencias más antiguas y tangibles para un creyente en Jesús: El bautismo en el Espíritu Santo.

CONOCIMIENTO Y AMOR

Una de las expresiones que escucharás en tu diario vivir con el Señor es "sana doctrina". La palabra doctrina simplemente significa instrucción y enseñanza. La doctrina buena y saludable les enseña a las personas los caminos de Dios y les informa de sus propósitos y verdad. Sin sana doctrina, los que conformamos la iglesia podemos ser "sacudidos por las olas y llevados de aquí para allá por todo viento de doctrina" por personas falsas que causan buena impresión (Efesios 4:14) y por nuestros "propios deseos" (2 Timoteo 4:3). La sana doctrina nutre a la iglesia y proporciona una base para corregir a las personas que se salen de las bases de la verdad de Dios (1 Timoteo 4:6; Tito 1:9-11). La única fuente de la buena doctrina es la Biblia (2 Timoteo 3:14-17).

La buena doctrina es muy importante. Como tenemos un deseo sincero de ayudar a otros creyentes, siempre hay peligro de dejar que nuestras creencias sinceras se vuelvan dogmas que dividen el cuerpo de Cristo más que desarrollarlo. Todos vemos débilmente en el reino y vivimos en un mundo quebrantado. Por consiguiente, nuestro viaje es un caminar de fe, todavía estamos aprendiendo a lo largo del camino y nos corresponde mantener una postura de gentileza y amor hacia los otros miembros de la familia de Dios, que no ven de forma exacta las cosas como nosotros.

De hecho, la Biblia nos dice que si creemos que sabemos cualquier cosa (concluyente), a tal grado que nuestro conocimiento nos coloca por encima de otros, todavía no hemos conocido como debíamos. ¿Por qué? Porque el conocimiento tiene la tendencia a hacer que las personas se envanezcan (estén seguras de sí mismas, se sientan superiores). El amor, en cambio, "edifica" y motiva a otros (leer 1 Corintios 8:1-2). Respecto a esto, Pablo dice: "El propósito de nuestra instrucción es el amor" (1 Timoteo 1:5).

Por consiguiente, sin importar el asunto que estemos discutiendo con nuestros compañeros creyentes en Cristo, nuestro interés primario siempre debe ser el de "preservar la unidad" en el cuerpo al activamente vestirnos "de amor, que es el vínculo de la unidad" (Efesios 4:3; Colosenses 3:14).

Ser bautizados con el Espíritu Santo

Así como no hay ninguna analogía terrenal que pueda expresar adecuadamente toda la maravilla de la Trinidad y la plenitud de la Deidad, tampoco tenemos una forma precisa de ilustrar la maravilla de ser bautizado con el Espíritu. En cierta forma, es como un río que se desborda y cubre sus orillas, de tal modo que enriquece la tierra de los alrededores con nutrientes y minerales que de otra forma no llegarían ahí. La tierra es fertilizada de una manera extraordinaria, no la única sino una forma definida que está disponible para cada creyente.

Como resultado de la creciente, la tierra reblandecida está más receptiva que lo normal al depósito de las semillas espirituales.

Ser bautizados con el Espíritu es como si Él inundara las riveras de nuestro espíritu y anegara nuestra alma, mente, voluntad, emociones y conciencia. Por esta razón, ser *bautizado* con el Espíritu algunas veces se le llama ser *llenos* del Espíritu.

RECIBIR AL ESPÍRITU SANTO EN TU VIDA COMPARADO CON SER BAUTIZADOS EN ÉL

> Ser bautizados con el Espíritu es como si Él inundara las riveras de nuestro espíritu y anegara nuestra alma, mente, voluntad, emociones y conciencia.

Así que, ¿cuál es la diferencia entre recibir al Espíritu Santo y serbautizados con Él?

Si has reconocido a Jesús como tu Salvador, la presencia del Espíritu en tu vida, como una marca que te identifica, es un hecho irrefutable. (leer Romanos 8:9, 16; Gálatas 4:6). Habitando y poseyendo nuestros espíritus, Él participa en todo tipo de limpieza de la casa: los áticos, los sótanos y los cobertizos de nuestra mente, la voluntade, las emociones y el comportamiento. El Espíritu Santo nos ayuda a captar verdades espirituales. Sin Él, no se tiene ninguna relación con el Señor. Esto puede sonar un poco redundante a lo que ya se ha dicho, pero nunca es suficiente seguir enfatizándolo. El Espíritu Santo vive dentro del espíritu de cada creyente.

Jesús les dijo a sus seguidores: "Recibid el Espíritu Santo" (Juan 20:22), y ellos lo hicieron. Varias semanas después, Él les anunció: "Vosotros seréis bautizados con el Espíritu Santo dentro de pocos días" (Hechos 1:5), y así sucedió en el día que ahora conocemos como Pentecostés, cuando en forma manifiesta les fue conferido poder mediante el Espíritu Santo en el aposento alto (leer Hechos 2:1-4). En este ejemplo sencillo podemos ver que recibir al Espíritu en tu vida es diferente de ser bautizados en Él. Mientras que los dos acontecimientos pueden ocurrir simultáneamente, y con frecuencia así sucede, no son idénticos, como podemos ver en algunos ejemplos de la vida de la iglesia primitiva (leer Hechos 10:47; 19:5-6).

La presencia del Espíritu te da vida (espiritual). El bautismo con el Espíritu te da poder (espiritual) milagroso, *no disponible de otra manera* para que puedas compartir esa vida con otros. Por esta razón, Jesús les dijo a sus discípulos que llevaran el evangelio a todo el mundo, pero sólo hasta después de recibir "poder [milagroso]" al ser "bautizados con el Espíritu Santo" (Hechos 1:5,8, énfasis agregado). Aunque no es una comparación exacta, es parecido a la diferencia entre lo que el Señor quiere hacer en ti y lo que quiere hacer a través de ti.

El Espíritu Santo en la vida de un creyente es como tener un pozo de agua en su propiedad. Ser bautizado con el Espíritu es como tener una bomba de agua potente en ese pozo o que, debido a algún movimiento telúrico del manto acuífero del subsuelo, repentinamente salieran chorros de agua del pozo, lo cual lo convierte en un géiser, que le permite a la persona irrigar muchas más hectáreas cultivadas.

O piense en la diferencia entre el aire y el viento. No podrías vivir sin aire y no podría haber viento sin aire, pero el viento es una actividad y fuerza adicional mediante la cual el aire es puesto en marcha para mover otras cosas. El Señor quiere que seamos más que vivificados en su Espíritu; Él anhela que experimentemos su Espíritu como un viento poderoso y recio (no sólo una presencia) que nos mueva para impactar poderosamente la vida a nuestro alrededor.

¿Significa esto que ahora hay menos rocas en la tierra o que tiene menos semillas de maleza? No. ¿Son mejor cuidadas las semillas espirituales de alguien que ha sido bautizado con el Espíritu Santo? No. ¿Puede esa persona ser tan carnal y, aún más, de lo que fue antes de su experiencia? Sí. Ser bautizado con el Espíritu no te hace más obediente, más fiel o más especial que los demás, o más de lo que fuiste antes. No es una garantía de espiritualidad o una prueba contra las mentiras del enemigo. Exactamente es como tener una Biblia y no leerla o no permitir que las palabras profundicen en tu corazón. Así también, las personas pueden ser llenas del Espíritu y, sin embargo, no usar todas sus provisiones ni las capacidades que nos ofrece.

¿Para qué nos capacita el bautismo con el Espíritu?, ¿por qué el Señor quiere que seamos bautizados con el Espíritu? Podrías decir que el bautismo con el Espíritu Santo "extiende" la presencia del Espíritu por todas tus facultades naturales, exactamente como una bomba de agua esparce más agua en los campos más lejanos que la que un pozo podría regar. A medida que el Espíritu nos inunda e impregna (en espíritu), nuestros pensamientos conscientes, sentimientos, impresiones, etc., llegan a tener mayor capacidad para recibir los impulsos de Él que la que teníamos antes.

Es como tener un radioreceptor más poderoso o una antena parabólica mucho más grande: La recepción espiritual es ampliamente mejorada. De esta manera, la llenura del Espíritu nos capacita para participar de forma más activa en lo milagroso, intensifica nuestro estado de alerta y sensibiliza nuestra alma a sus movimientos y susurros.

Esa es la finalidad de ser bautizados con el Espíritu Santo. No es un tema para contenciones teológicas con nuestros compañeros creyentes, no es un punto de orgullo entre los que *ya han sido* y los que no, sino una cualidad ministerial milagrosa para el bien de los demás. Es otro recordatorio de que, aunque Dios puede hacer sin nosotros todo lo que sea necesario, elige trabajar en y por medio de nosotros mediante su gracia y Espíritu.

Como con todos los asuntos en el reino de Dios, esta gracia sobrenatural sólo puede ser apreciada y entendida si se ve a la luz del amor de Dios, siempre noble y placentero; y a la luz de su compasión, siempre activa por las personas que están quebrantadas en el mundo.

El bautismo en el Espíritu no puede ser totalmente comprendido como un hecho aislado. La necesidad de que nos sea conferido poder adicional se vuelve aparente sólo cuando enfrentamos los retos reales del ministerio de amor hacia otras personas. En otras palabras, ser bautizados en el Espíritu Santo sólo tiene sentido cuando entiendes que Dios quiere capacitarte para ministrar a otras personas en formas que van mucho más allá de tus poderes naturales, por muy genuinos que sean.

Resultados sobrenaturales

Ser bautizados con el Espíritu Santo es como una hoja que se va cayendo suavemente y que, de forma repentina, se encuentra con un viento recio y vasto que la mantiene a flote y la impulsa por caminos por los que no podría ir por sí misma. Aunque la hoja ya iba a la deriva como una entidad perteneciente tanto a la tierra como al aire, el viento recio puede llevarla mucho más allá de los límites del árbol. Cuando somos movidos y bautizados con el Espíritu, llegamos a ser como esa hoja que de una manera maravillosa somos transportados a los lugares pintorescos del entendimiento y de la revelación de nuevas percepciones, que van mucho más allá de lo que de otra forma no habría sucedido.

Como personas que nadan en un río de corrientes rápidas, somos volteados y llevados por el movimiento del agua. En el río somos capaces de movernos de maneras que habría sido imposible y antinatural para cualquier persona que sólo estuviera de pie en las orillas del río. Sin duda, la sola acción de pedalear en el agua mientras vamos río abajo dejándonos llevar por la corriente, cosa que en la tierra sería una acción poco peculiar y tonta .

Por esta razón, en las Escrituras generalmente vemos manifestaciones sobrenaturales que acompañan la experiencia de ser bautizados con el Espíritu Santo. No son demostraciones raras o espeluznantes, pasadas de moda o religiosas; con certeza son espirituales. El viento que lleva la hoja no puede ser visto con los ojos naturales, pero sus efectos en ella y la manera en que se mueve, sí (ver Juan 3:8). Las personas pueden hacer cosas dentro del río que no se logran por fuera.

De manera similar, usualmente hay muestras sobrenaturales en la vida de una persona que ha sido bautizada con el Espíritu Santo. Las más comunes son:

> El viento sopla donde quiere, y oyes su sonido, pero no sabes de dónde viene ni adónde va; así es todo aquel que es nacido del Espíritu.
>
> — Juan 3:8

1. La habilidad de orar en un idioma desconocido para su mente natural.
2. La habilidad de recibir (y hablar) revelaciones desconocidas para su mente natural.

No es sabio ni necesario establecer algún tipo de norma rígida de las señales que deben acompañar al bautismo con el Espíritu Santo. Nuestro trabajo no es aplicar un examen de prueba a los demás para ver si cumplen nuestros criterios. Cuando las personas se convierten y reciben al Espíritu Santo como sello de su redención, no siempre experimentan una sensación física o emocional. No todos caen de rodillas, lloran o claman al Señor, aunque muchos lo hacen.

Ser perdonados y restaurados para tener una relación plena con el Señor es la experiencia más espiritual y conmovedora que no volveremos a tener en nuestras vidas. Sin embargo, esa experiencia espiritual se manifiesta en forma diferente en la vida de cada persona. Lo mismo pasa con ser bautizados con el Espíritu. No todos evidenciarán la misma experiencia.

Muchos creyentes, a sabiendas, eligen no tomar parte en su herencia justa y rechazan un regalo milagroso de la gracia del Señor porque no quieren experimentar nada sobrenatural, como poder orar en una lengua que su mente nunca aprendió o ser alertados con información e interpretaciones que su mente nunca sabría por sí misma. El enemigo de nuestra alma quiere ponernos nerviosos por las cosas del Espíritu que interceptan nuestra vida diaria.

Aunque perdió la guerra de evitar que creyéramos en un Salvador que obra milagros, todavía está peleando por convencernos de no dejar que las cosas se salgan de nuestro control natural, para no llegar a ser demasiado "espirituales", más allá de nuestra percepción natural.

De una manera sencilla pero profunda, el bautismo con el Espíritu Santo y la habilidad sobrenatural que viene con éste nos trae de regreso a los temas más centrales de nuestro caminar con el Señor: La gracia (poder conferido por Dios y capacitación dada por Él) y la fe (decidir actuar de acuerdo con las palabras y los impulsos de Dios).

Nuestro diario caminar con Él implica la toma de una serie de decisiones que le permita dirigirnos mediante su poder, para llevar a cabo sucesos en nuestras vidas, en lugar de tratar de hacerlo por nuestra cuenta. Cuando la inclinación natural nos dirige hacia la izquierda, su dirección por lo general es ir a la derecha. Cuando pensamos: "De ninguna manera. Este no es el camino"; tranquilamente nos recuerda que Él es el camino. Lo que nos impacta por ser tontos o por no tener significado, Él lo usa para cumplir sus grandes propósitos.

▲▲▲▲▲▲▲▲▲▲▲▲▲▲▲▲▲▲▲▲▲▲▲▲▲▲▲▲▲▲▲

El bautismo con el Espíritu Santo y la habilidad sobrenatural que viene con éste nos trae de regreso a los temas más centrales de nuestro caminar con el Señor: *la gracia y la fe.*

▲▲▲▲▲▲▲▲▲▲▲▲▲▲▲▲▲▲▲▲▲▲▲▲▲▲▲▲▲▲▲

Ora en el Espíritu

Uno de los mejores ejemplos de esto es orar en una lengua desconocida o como también se le llama, orar en el Espíritu o hablar en lenguas. El día de Pentecostés, cuando a los discípulos se les otorgó el poder del Espíritu, la consecuencia más inmediata fue su repentina habilidad para declarar "las maravillas de Dios" en lenguas que no sabían ni entendían (Hechos 2:11). Cuando los espectadores los ridiculizaron, Pedro explicó que este fenómeno era un derramamiento del Espíritu de Dios, como fue profetizado por Joel (ver Joel 2:28-29). Isaías también habló de cómo un día Dios le hablaría a las personas que se apoyaban demasiado en sus habilidades naturales, "con tartamudez de labios y en lengua extranjera" (Isaías 28:11).

Cuando eres bautizado con el Espíritu Santo, recibes en tu espíritu una lengua con la cual hablar y orar más allá de los límites de tu entendimiento natural. Tu mente no conoce la lengua, pero tu espíritu sí. Por tanto, mientras estás orando en el Espíritu, tu

Y sucederá que después de esto, derramaré mi Espíritu sobre toda carne; y vuestros hijos y vuestras hijas profetizarán, vuestros ancianos soñarán sueños, vuestros jóvenes verán visiones. Y aun sobre los siervos y las siervas derramaré mi Espíritu en esos días.

— Joel 2:28-29

mente no sabe lo que estás orando (leer 1 Corintios 14:14). Las palabras suenan extrañas para ti porque no las adquiriste mediante el estudio, como aprendiste inglés en la escuela. Aunque el lenguaje "desconocido" no tiene sentido para tus oídos, lo tiene para las personas o seres angelicales cuya lengua "natural" o nativa es la que estás hablando.

DUDAS ACERCA DE LA REALIDAD DE TU IDIOMA ESPIRITUAL

Tu mente está acostumbrada a estar a cargo de todo, así que cuando el idioma espiritual no aprendido evita tu pensamiento consciente, tu mente queda un poco ofendida y atenta a desacreditar esta lengua extraña. En consecuencia, pondrá al idioma en duda. Si tu mente es como la de la mayoría, sugerirá tres posibilidades de por qué ha sido ignorada y por qué no sabe lo que estás diciendo:

1. "Esto no es un idioma real; es inventado. Es sólo un montón de sonidos sin ningún sinificado real".

2. "Estas palabras son la copia de lo que alguien más dijo: Es imitación de otro idioma".

3. "Estos son sonidos tontos que inventé hace mucho tiempo cuando era niño; los olvidé cuando crecí. Son sólo un montón de sonidos fantasiosos y de algarabía infantil".

Las dudas siempre nos asaltarán en el ministerio, razón por la cual es importante asociarte con el Espíritu Santo en esto tan básico, como es hablar por fe las palabras que Él te da. Esto te madurará para recibir de Él otras palabras y asignaciones para el beneficio de otros. No tengas miedo, habla como el Espíritu te dirija a expresar.

Cuando oras en el Espíritu, estás cooperando de forma activa con el Espíritu Santo mientras Él dirige y guía tus oraciones, las cuales casi siempre tratan con necesidades o asuntos de nuestra vida que son demasiado profundos o nos causan demasiada incomodidad para "orar como debiéramos" (Romanos 8:26). Con mucha rapidez se nos acaban las palabras para expresar alabanzas al Señor y para hablar con Él acerca de las cosas profundas de nuestra vida. En este sentido, es maravilloso poder ignorar las limitaciones de nuestro vocabulario natural con el fin de orar y alabar con palabras espirituales, "no con palabras enseñadas por sabiduría humana" (1 Corintios 2:13).

La Biblia dice que cuando oramos en el Espíritu, estamos hablando "misterios", verdades que no pueden ser expresadas mediante lenguas enseñadas naturalmente (1 Corintios 14:2).

El Espíritu intercede por nosotros mientras oramos en Él, puesto que sabe cómo ajustar nuestras peticiones a la voluntad de Dios y sabe qué tipo de asuntos en nuestra vida necesitan oración: debilidades y vulnerabilidades de las cuales probablemente no estemos conscientes (ver Romanos 8:27). En consecuencia, orar en el Espíritu nos fortalece y desarrolla (ver 1 Corintios 14:4).

Es una manera de edificarnos en nuestra "santísima fe" (Judas 20), y como nuestra mente consciente no está comprometida en la oración, podemos estar "orando "en todo tiempo en el Espíritu" a lo largo de nuestras actividades diarias (Efesios 6:18).

Poder orar en el Espíritu no es una meta a perseguir por sus beneficios sino un tipo de apertura a través de la cual damos un salto de fe. Para orar en el Espíritu, tienes que dar el primer paso y hablar con tus labios y cuerdas vocales. El Espíritu te da las palabras (la "habilidad para expresarse"), pero tienes que decirlas (Hechos 2:4). El Espíritu no hace que tu boca se mueva como si estuvieras en un tipo de trance. Por el contrario, te invita a creer que sabes una lengua que tu mente dice que no sabes, tan seguro como que hablas tu idioma natal, sin pensar en las palabras que saldrán de tus labios; de esta manera, Él te da la bienvenida para que empieces a orar y a hablar en tu lengua sobrenatural, no natal.

Profetizar

El ministerio espiritual siempre requiere fe, pero no necesariamente porque los problemas que nos estén confrontando sean demasiado grandes sino porque la actividad es algo que el Señor está llevando a cabo y nosotros simplemente estamos empezando lo que Él ya está haciendo. Separados del Señor, con nuestra propia iniciativa o con nuestra propia sabiduría, "nada" podemos hacer que tenga valor espiritual perdurable (Juan 15:5). Cuando en el ministerio estamos en armonía con el Espíritu Santo, quien revela lo que el Señor está haciendo, llegamos a ser socios asistentes del Señor. No debería sorprendernos descubrir que Dios tiene mucho que decirle a sus niños, a quienes tanto ama. Él piensa en nosotros todo el tiempo (ver Salmos 139:17-18), nos observa continuamente para ver qué consejo pudiéramos necesitar (ver Salmos 32:8).

Junto con el privilegio de poder hablarle a Dios con palabras que van más allá de lo que conocemos, también se nos concede la capacidad de escuchar palabras en nuestra lengua nativa, que nos informan acerca de cosas que están más allá de lo que podríamos saber por nuestra propia cuenta. Cuando Dios nos da ese tipo de revelaciones (profecía), es con el propósito de que sean dichas a otras personas (profetizadas). Mientras que orar en el Espíritu nos edifica y nos construye personalmente, profetizar edifica y motiva a otros (ver 1 Corintios 14:3-4). La profecía expresa el corazón de Dios para personas específicas en momentos específicos de sus vidas, y llama su atención a lo que Él está haciendo en ellos o a lo que quiere que hagan.

Y aquel que escudriña los corazones sabe cuál es el sentir del Espíritu, porque Él intercede por los santos conforme a la voluntad de Dios.
— Romanos 8:27

El que habla en lenguas, a sí mismo se edifica.
— 1 Corintios 14:4

¡Cuán preciosos también son para mí, oh Dios, tus pensamientos! ¡Cuán inmensa es la suma de ellos! Si los contara, serían más que la arena; al despertar aún estoy contigo.
— Salmos 139:17-18

Yo te haré saber y te enseñaré el camino en que debes andar; te aconsejaré con mis ojos puestos en ti.

— Salmos 32:8

Pero el que profetiza habla a los hombres para edificación, exhortación y consolación. El que habla en lenguas, a sí mismo se edifica, pero el que profetiza edifica a la iglesia.

— 1 Corintios 14:3-4

Pero si todos profetizan, y entra un incrédulo, o uno sin ese don, por todos será convencido, por todos será juzgado; los secretos de su corazón quedarán al descubierto, y él se postrará y adorará a Dios, declarando que en verdad Dios está entre vosotros.

— 1 Corintios 14:24-25

Generalmente, cuando estés recibiendo una palabra profética, verás alguna imagen en tu mente, ya sea una imagen estática o un video clip corto. Dos cosas más acompañarán a esa imagen.

Primero, y lo más importante, tu mente será alertada y se te recordará por lo menos un versículo de la Biblia. Cuando estás aprendiendo a profetizar, para asegurarte de que esta palabra viene del Señor, siempre es mejor si llegan a tu mente dos o tres versículos. Toda profecía debe estar de acuerdo con la Biblia y si una palabra no puede apoyarse en las Escrituras, no es una palabra del Señor. Lo más probable es que nació del entusiasmo de alguien o del espíritu humano.

Segundo, cuando obtienes una imagen y alguna porción de las Escrituras, también "sabes" instantáneamente lo que la imagen representa o cómo la puedes poner en palabras sin imágenes visuales. No es un error explicar la imagen al dar sus detalles. Sin embargo, una imagen profética significa algo, porque es un mensaje del Señor para alguien. No es sólo una foto o un cuadro.

Cuando percibimos los susurros apenas perceptibles de lo que el Señor revela a nuestro entendimiento y lo decimos como una palabra de profecía, las personas a quienes se las damos serán motivadas, edificadas y atraídas a una mayor cercanía con Él. Esta es la meta y la finalidad. En cierto sentido, profetizar es como darles a otros los resultados de una búsqueda a través de la Biblia que Dios hizo bondadosamente para ellos. Y ello enfatiza los elementos claves de su verdad para la situación de cada uno. Algunas veces, en especial para personas que todavía no reconocen la realidad de Dios en sus vidas, una profecía es tan intensa y penetrante que los convence de la existencia presente y activa de Dios (ver 1 Corintios 14:24-25).

▲▲▲▲▲▲▲▲▲▲▲▲▲▲▲▲▲▲▲▲▲▲▲▲▲▲▲▲

Cuando percibimos los susurros apenas perceptibles de lo que el Señor revela a nuestro entendimiento y lo decimos como una palabra de profecía, las personas a quienes se las damos serán motivadas, edificadas y atraídas a una mayor cercanía con Él.

▲▲▲▲▲▲▲▲▲▲▲▲▲▲▲▲▲▲▲▲▲▲▲▲▲▲▲▲

Podría decirse mucho más acerca de la profecía y de hablar en lenguas como ministerio, pero como capacidades sobrenaturales, completamente imposibles con sólo nuestras habilidades innatas, sirven como recordatorios fabulosos de la obra del Espíritu Santo.

Por otro lado debemos estar vigilantes contra la tentación de *"ponernos"* el bautismo con el Espíritu, hablar en lenguas o profetizar, como insignias o medallas en nuestro pecho. Las capacidades sobrenaturales no son un adorno de glorias pasadas en nuestras vidas. Son (sólo) herramientas asombrosas que deben usarse para el beneficio de otras personas, y todo el tiempo que las estemos usando son recordatorios de que es el Señor, no nosotros, quien por su gracia está haciendo lo que se necesita.

AYUDAS SIMPLES Y PRÁCTICAS PARA SER BAUTIZADOS CON EL ESPÍRITU SANTO

Comienza alabando a Dios por tu relación con Él y por la presencia del Espíritu Santo en tu espíritu.

Pídele a Jesús que te bautice con su Espíritu. Él estará feliz de hacerlo.

Cree que fuiste bautizado en el instante en el que se lo pediste, tal y como recibiste perdón en el momento que lo pediste en el nombre de Jesús por primera vez.

Acepta la realidad de una lengua que tu espíritu ahora sabe, aun cuando tu mente te dirá que no sabe de qué estás hablando.

Empieza a orar en esa lengua. No esperes a que algo te pase o a que Dios haga que tu boca se mueva involuntariamente. Toma nota: Podrías sentir, visualizar o "escuchar" palabras o sílabas extrañas. Podrías también tener la urgencia de hablar una frase desconocida.

Resiste la tentación de dudar la validez de lo que oras. Toma nota: Podrías llegar a pensar que simplemente "inventaste" la lengua o que le copiaste los sonidos que le oíste decir a alguien cuando oraba. Las palabras podrían llegar a sonar como algo que acostumbrabas a decir cuando eras un niño, que suenan infantiles o tontas.

Continúa orando a medida que el Espíritu te da las palabras. No escuches las primeras palabras que se te dieron y luego sólo las repitas (que tu mente ya te oyó hablar).

Todo esto funciona mucho mejor haciendo que alguien ponga sus manos en ti y ore por ti.

Hablemos al respecto

▲ ¿Cómo cambió tu forma de pensar acerca del Espíritu Santo después de leer este capítulo?, ¿te sientes más cómodo con Su obra en tu vida o estás más dispuesto a la misma?

▲▲▲▲▲▲▲

▲ ¿Cuáles son algunos de los sellos del Espíritu Santo cuando está obrando en la vida de alguien? ¿puedes pensar en áreas de tu vida que han sido transformadas por la obra del Espíritu Santo? Da gracias a Dios por las cosas que ha hecho.

_____

_____

▲▲▲▲▲▲▲

▲ ¿Cuál es el secreto del verdadero ministerio? Pídele al Señor que abra tus oídos y ojos a lo que Él está haciendo en tu vida y a lo que Él quiere hacer a través de ti mediante el poder del Espíritu Santo.

_____

_____

▲▲▲▲▲▲▲

▲ ¿Cuál es la diferencia entre recibir al Espíritu Santo y ser bautizado en Él?, ¿tienes algún temor o intranquilidad acerca de ser bautizado con el Espíritu?, ¿qué dice el capítulo al respecto?

_____

_____

▲▲▲▲▲▲▲

▲ ¿Cuáles son las capacidades sobrenaturales comunes que siguen al bautismo con el Espíritu?, ¿debemos insistir en que todos las tengan?

_____

_____

▲▲▲▲▲▲▲

▲ ¿Cómo el bautismo con el Espíritu nos regresa a los temas más centrales de nuestro vivir con Dios: gracia y fe?

_____

_____

▲▲▲▲▲▲▲

▲ ¿Qué pasa cuando oras en el Espíritu? ¿cuáles son las mentiras más comunes que te dicen que tu lengua espiritual es fingida? ¿Oíste alguna de esas mentiras cuando estabas comenzando a orar en el Espíritu por primera vez?

_____

_____

▲▲▲▲▲▲▲

▲ ¿Qué es profecía y por qué es importante compartirla con otros?, ¿cómo sabes si tienes una palabra del Señor?

_____

_____

▲▲▲▲▲▲▲

Tu tiempo con Dios

¿Hay algunos asuntos o necesidades en tu vida que sean demasiado severos y difíciles para expresarlos con palabras? Pídele al Espíritu Santo que te encuentre donde estás. Antes de hacerlo, alaba a Dios por tu relación con Él y por la presencia del Espíritu Santo en tu espíritu.

Acepta la existencia de una lengua que tu espíritu conoce, aun cuando tu mente te diga que no sabe de qué estás hablando. Empieza a orar en esa lengua desconocida. Resiste la tentación de dudar la validez de lo que oras. Continúa orando a medida que el Espíritu te dé las palabras. Es posible que quieras comenzar tu tiempo de oración con las siguientes palabras.

Señor, gracias, porque me amas y porque tengo una relación contigo. Gracias porque tu Espíritu ha estado conmigo desde el momento en el que te invité a entrar en mi corazón. Gracias por todas las cosas que tu Espíritu ya hizo para cambiar y transformar mi vida. Gracias porque me das todo lo que necesito para mi bien.

Espíritu Santo, guía mis pasos. Sensibilízame a la voz de Jesús para que pueda reconocerla con más prontitud y reciba poder para llevar a cabo sus asignaciones en los que me rodean Dios, te invito a que me inspires, para que diga, piense o haga lo que de otra forma no vendría a mi mente.

Confieso a Jesús como mi Salvador y quiero recibir de tu Santo Espíritu tanto poder como sea posible para ministrar a otros. Y ahora, Señor, te pido que me bautices con tu Espíritu, que me llenes completamente hasta que rebose. Sensibiliza mi entendimiento para que pueda "escuchar" la lengua espiritual que me diste. Hablaré lo que Tú me inspires. En el nombre de Jesús. Amén.

Haz Guerra Espiritual

Hay una gran cantidad de cosas que nos afectan más de lo que pensamos; y lo que creemos que hemos establecido con claridad como la causa de algo, con frecuencia resulta no tener la culpa. Por ejemplo, el virus que sospechamos que ocasionó la irritación de nuestra garganta era en realidad una bacteria. De manera similar, ¿Quién sabe si un dolor de cabeza se deba a la falta de sueño o de cafeína, al estrés, a una reacción alérgica o a la gripa?

Las migrañas son el enigma de todo el mundo. Los líderes empresariales o los del mundo del entretenimiento pueden atribuir su éxito a ciertos factores, en retrospectiva, pero hasta ellos saben que en realidad no saben cómo lo hicieron. Simplemente hay demasiados elementos y variables flotando por todo el mundo. Por ejemplo, cada vez que te subes a la báscula y deseas pesar menos estás en medio de una mezcla de varias fuerzas convergentes que tuvieron su parte para llevarte al punto en el que ahora estás: el pastel tentador de queso de anoche y la evidente falta de fuerza de voluntad, el horario tan apretado que ha hecho del ejercicio regular algo casi imposible, la simple herencia, el aumento de los años y un metabolismo que se hace lento y, por supuesto, la gravedad.

En tales momentos es muy consolador recordar que en realidad no pesas nada. Realmente no tienes una pesadez o peso intrínseco, aun cuando tienes masa. Es sólo que la gravedad te tiene agarrado y no te dejará ir. En la luna, la gravedad no es mucho problema. Tus casi 80 kilos aquí en la tierra son sólo 14 kilos allá, y entre aquí y allá, tu peso desparecería todo junto. La falta de peso no se debe a un cambio de tu composición fundamental; es ocasionada por la pérdida de la gravedad, no por la pérdida del apetito.

La gravedad es un ejemplo excelente de los muchos poderes invisibles que afectan nuestras vidas diarias. Aunque es la villana principal detrás de la desagradable caída cuando no viste el peldaño de las escaleras, también es en gran parte una de las "creencias" que hay en el mundo, la cual difícilmente pensarías incluir en la explicación dada a un amigo sobre el moretón de tu brazo. Todo lo que piensas en decir es: "No estaba prestando atención donde pisaba". Hay mucho que está ocurriendo en la vida, y no todo sucede a nuestro modo.

A causa de tu deseo sincero de caminar "como es digno del Señor" en todas las áreas de tu vida, quieres abarcar todo lo que Él quiere para ti (leer Colosenses 1:10).

Querrás prosperar espiritualmente como respuesta amorosa y agradecida a Él (ver 3 Juan 2). Sin embargo, habrá tiempos en los cuales te quedarás perplejo y te preguntarás por qué no progresas como quisieras en tu diario vivir.

Te encontrarás obstaculizado y empantanado como si estuvieras arrastrando una bola de hierro con una cadena. Te preguntarás por qué obedecerlo, de repente se siente como ir nadando contra la corriente de un río caudaloso. Incluso cuestionarás tu propia sinceridad y fe cuando parezcas incapaz de dejar de hacer eso que sabes que está mal.

La naturaleza de la maldad

La Biblia nos habla de que en el mundo hay una dinámica y varias fuerzas específicas que están totalmente contra nosotros y son diametralmente opuestas a los propósitos de Dios en nuestras vidas. No es que queramos darles atención excesiva o que solo enfoquemos nuestra atención en éstas y luego reaccionemos con miedo ante su existencia. Puesto que "no nos ha dado Dios espíritu de cobardía" (2 Timoteo 1:7), y debido a su grandeza y poder, no tenemos necesidad de "amedrentarnos por nuestros adversarios" o de retroceder ante ningún tipo de antagonista espiritual (leer Filipenses 1:28).

Lee 1 Juan 4:4. Sabemos por este versículo que aun cuando las fuerzas de maldad algunas veces parecen más poderosas que el Señor, Él siempre es mayor en poder, majestad y dominio. ¿Por qué crees que las personas a veces pierden de vista la grandeza de Dios?

▲▲▲▲▲▲▲

Si no tienes ni idea de las fuerzas espirituales adversas que ejercen presión sobre ti, y sin soltarte, se te agarran, como la gravedad que echa hacia abajo el peso de tu estructura física, o si inadvertidamente las descartas de la ecuación final de la vida, caerás en una de varias trampas tendidas para ti por el que odia tu alma. No encontrarás ni la más mínima respuesta para contrarrestar la autocondenación, y mucho menos para librar a otras personas de lo que los tiene devastados. Si, por el otro lado, cada adversidad de tu vida la atribuyes a fuerzas que están más allá de tu control, caes en otras redes: autodefensa, inmadurez irresponsable e impotencia espiritual. Tus decisiones son las responsables, en gran parte, de cómo acaban las cosas en tu vida, pero no son las únicas de todas las consecuencias que enfrentas.

Más de lo que puedas darte cuenta, estamos atrapados en medio de una gran lucha entre el bien y el mal, entre los caminos de Dios y todos los demás caminos. Nuestra cultura tiene una definición incompleta e inadecuada de la maldad.

Amado, yo deseo que tú seas prosperado en todas las cosas, y que tengas salud, así como prospera tu alma.
— 3 Juan 2 RVR-60

Básicamente tendemos a pensar en ella en términos extremos: Asesinos en serie, rituales satánicos grotescos o timadores que hacen de los ancianos su presa.

Sin embargo, la maldad se exhibe de muchas otras formas, sin llamar la atención o inmortalizarse. Por ejemplo, el cáncer es parte de la maldad. También lo es la amargura. Hasta las pequeñas observaciones "chistosas" que critican y son cortantes son parte de la maldad, y puede ser obvia como un temperamento violento o puede ser invisible como la envida y la autolástima.

La Biblia retrata la maldad no como un poder tipo película de horror: Espantoso, lleno de imágenes de suspenso o terror, de tratos oscuros y de criaturas salvajes que escurren sangre y acechan a los seres humanos. Así es como Hollywood engaña al mundo. La maldad real no es tan dramática o cautivadora en su personificación.

La maldad en sí rara vez genera horror al estilo Halloween, aunque sí lleva a las personas a hacer cosas espantosas y horrorosas. La maldad, por el contrario, produce miseria, desgracia, desesperación, dolor y pérdida. Lo que la Biblia describe como maldad son los impactos lastimosos y angustiantes sobre los hijos de Dios: todas las desgracias, los afanes, las aflicciones, las penas y los problemas que son traídos a nuestras vidas.

La verdadera naturaleza de la maldad casi no tiene que ver con los seres y poderes que según Hollywood la ejercen. Las fuerzas de la maldad no son como los personajes de una novela de ciencia ficción, que reciben poder de ciertas energías, dignos de una película con efectos especiales. No tiene características propias, casi sin rasgos distintivos como un virus o algunas bacterias. La maldad en sí es la injusticia y el vacío traídos por esas criaturas a un anciano solitario y frágil que está en una casa de asistencia sucia, con una máscara de oxígeno atada, mientras espera las semanas que le quedan de vida, la cual ha sido consumida por el cáncer. Las fuerzas de maldad son como mosquitos. La maldad es lo que sucede cuando la malaria que éstos insectos esparcen consume la vida de una niña, la cual le quita su sonrisa y sus días. La maldad es algo que trae pérdida, destrucción y muerte; desolación vil y total.

Esto es porque la maldad se opone a todo lo que Dios desea para nosotros. La maldad intenta oponerse al crecimiento que Dios anhela darte y protesta por la obra creativa y restauradora del Señor en las vidas de su pueblo. La maldad es nada más y nada menos el futuro perdido y la relación perdida que siempre acompaña a la muerte.

Lo que la Biblia ▲
describe como ▲
maldad son los ▲
impactos ▲
lastimosos y ▲
angustiantes sobre ▲
los hijos de ▲
Dios: todas ▲
las desgracias, ▲
los afanes, ▲
las aflicciones, ▲
las penas y ▲
los problemas ▲
que son traídos ▲
a nuestras vidas. ▲

LA VIDA Y LA MUERTE (RE) DEFINIDAS

La mayoría de las personas piensan en la muerte como en el fin de la vida física de alguien, cuando ellos dejan de respirar y cuando la función del cerebro se ha detenido por completo. Un concepto físico de la muerte como éste hace que sea difícil entender muchos versículos de la Biblia, porque no están hablando del cese de la vida sino de su distorsión. La muerte tiene un significado mucho más fundamental y espiritual.

La muerte le quita a las personas las experiencias de la vida, que de otra forma habrían disfrutado en el plan original de Dios, y les arrebata las relaciones personales que han tenido. La muerte le roba a las personas su vínculo con otros y con el futuro que les estaba destinado. Cuando ésta entró al mundo a través del pecado, provocó que Adán y Eva perdieran el futuro que Dios les tenía destinado (sin trabajar en el jardín) y su cercanía con Dios (leer Génesis 3:8,19,24).

Lee los siguientes versículos y aplícales una definición de la muerte. ¿Hacen que tenga más sentido ahora?

> *"Porque la paga del pecado es muerte, pero la dádiva de Dios es vida eterna en Cristo Jesús Señor nuestro"*
>
> —Romanos 6.23

> *"Y que ahora ha sido manifestada por la aparición de nuestro Salvador Cristo Jesús, quien abolió la muerte y sacó a la luz la vida y la inmortalidad por medio del evangelio"*
>
> —2 Timoteo 1:10

> *"Después, cuando la pasión ha concebido, da a luz el pecado; y cuando el pecado es consumado, engendra la muerte"*
>
> —Santiago 1:15

La vida eterna no sólo es vida que continúa por siempre y para siempre sino vida sin la muerte, vida que nunca sufre la pérdida de la relación con Dios o del futuro que Él ordenó.

Será vida en la que nada falte, en la que nada esté mal. En otras palabras, será la vida que Dios siempre planeó para nosotros: Llena de gozo, satisfacción, realización y más que nada, la relación entre Él y nosotros completamente restaurada y afianzada. Por esta razón, la Biblia define la vida eterna en términos de la relación personal con el Señor...

> *"Y esta es la vida eterna: que te conozcan a ti, el único Dios verdadero, y a Jesucristo, a quien has enviado"*
>
> —Juan 17:3

¿Y por qué la vida eterna está en Jesús? Porque sólo en Él tenemos el perdón de pecados y la liberación de todos los residuos de maldad (muerte):

> *"Y el testimonio es éste: que Dios nos ha dado vida eterna, y esta vida está en su Hijo. El que tiene al Hijo tiene la vida, y el que no tiene al Hijo de Dios, no tiene la vida"*
>
> —1 Juan 5:11-12

La versión de Hollywood de la maldad hará que corramos de miedo. Una verdadera comprensión de la misma nos motivará a intervenir y a hacer algo para ponerle fin al sufrimiento que está creando. Una película de horror no hace otra cosa que hacernos saltar en la oscuridad; un documental de niños que se mueren de hambre en Uganda nos mueve a compadecernos y a actuar.

Hollywood señala un ajo y una cruz sostenida en la mano para defenderse y echar fuera la maldad; Dios señala vinagre y las manos de su Hijo en la cruz para destruirla de una vez por todas: "¡Consumado es!" (Juan 19:30). Las dos versiones de maldad casi nada tienen en común.

Pregunta: La imagen sensacionalista de la maldad hace que las personas retrocedan con miedo. Un verdadero sentido de la maldad hace que las personas quieran intervenir. ¿Por qué crees que el enemigo quiere que las personas tengan una imagen de la maldad que da miedo, que es espeluznante, de suspenso, oscura y entrelazada con imágenes grotescas de horror?

▲▲▲▲▲▲

La naturaleza de lo que se nos opone

Así que, ¿cuáles son algunas de las fuerzas de maldad que nos acosan en nuestro diario vivir con el Señor? La Biblia nos presenta cuatro categorías básicas de maldad que tratan con la muerte, traen pérdida, y se roban la esperanza. Echémosle un vistazo a cada una.

El mundo

Obviamente, aun para las personas que no creen en el Señor, la maldad puede ser vista en el mundo que nos rodea. De hecho, te encontrarás con que uno de los cuestionamientos más comunes se pregunta cómo un Dios bueno pudo haber creado un mundo lleno de tanta maldad. Puede escapárseles el hecho de que no es así como lo hizo, pero la evidencia de la maldad es irrefutable, no los fantasmas y los duendes sino la pobreza, la guerra, los crímenes y la miseria. En verdad vivimos en medio de un mundo desposeído y debilitado, que está lleno de todas las modalidades de angustia y ansiedad. Las personas sufren y mueren a causa del curso actual de este mundo, un curso que nunca fue planeado por Dios.

> La trayectoria del mundo sigue su curso contra el camino de Dios, contra todo lo duradero, lo bueno, lo satisfactorio y lo gozoso.

Esta atmósfera enferma que nos rodea, este ambiente total de desenlaces malos es lo que la Biblia llama *mundo.* Hace mucho tiempo, cuando la humanidad renunció a su derecho de ser administradora de este planeta y lo dejó en las manos del diablo, el *mundo* fue capturado e inutilizado (leer Génesis 3; Romanos 8:20). Ahora, como un rehén atado, yace derribado "bajo el poder del maligno", el diablo (1 Juan 5:19). La trayectoria del *mundo* sigue su curso contra el camino de Dios, contra todo lo duradero, lo bueno, lo satisfactorio y lo gozoso. Como un coche robado por un adolescente inconsciente, el mundo va con furia a toda velocidad, y sigue un curso que lo llevará a la ruina, lo cual lo precipitará a la muerte y nos llevará a todos nosotros con él.

Así que los días en que vivimos son malos a causa de los efectos de la maldad (ver Efesios 5:15-16), y aunque hacemos nuestro mejor esfuerzo para abrirnos paso contra la corriente de "este presente siglo malo" (Gálatas 1:4), el *mundo* nos afecta mucho más de lo que nos damos cuenta. Al *mundo* le encanta que lo amen, y ofrece cosas para complacer a nuestros ojos y a nuestro ego, de modo que lo sigamos, así como los peces van tras un señuelo en movimiento. También hace alarde de su destreza como una competencia entre caballeros con sus armaduras cuando entran a una contienda que con humor obsceno y poses insinuantes, promete lo que puede hacer a nuestro favor.

En los siguientes versículos la palabra maldad se refiere a la influencia o al efecto que tiene sobre otras cosas, no a una maldad intrínseca. En otras palabras, no es mala en sí misma como si así estuviera hecha sino dañina, viciosa, desastrosa, hiriente y mortal hacia otras cosas (como nosotros).

> Por tanto, tened cuidado cómo andáis; no como insensatos, sino como sabios, aprovechando bien el tiempo, porque los días son malos.
>
> — Efesios 5:15-16

Lee Gálatas 1:4. Escribe algunos ejemplos de "cosas malas que le suceden a la gente buena". Si las personas no saben acerca de los efectos malos del mundo, ¿a quién culparán generalmente por las cosas malas que suceden en la vida?

―――――――――――――――――

▲▲▲▲▲▲

Lee Efesios 5:16. Abandonados a la merced de ellos mismos, nuestros días seguirán el curso general del mundo que está muy lejos de lo que Dios proyectó. ¿Cómo podemos "darle la vuelta a nuestros días" para redimirlos y aprovechar bien el tiempo en la tierra?

―――――――――――――――――

▲▲▲▲▲▲

El *mundo* es lo que la gente llama "la buena vida", la sensación de que el futuro está ante ti y no hay nada que sea imposible para ti si sólo pones todo tu empeño en ello. Es como un deslumbrante comercial informativo en el que un hombre que se hizo millonario por sí solo está ofreciendo compartir los secretos de cómo hacer las cosas en grande. Es difícil no creer lo que el mundo dice, en especial cuando las fotos que exhiben en el fondo parecen tener todo lo que siempre hemos querido. El *mundo* tiene un atractivo propio y un curso de vida que lleva seguramente a la destrucción. El camino quizá parezca bueno para nosotros, e incluso razonable, pero "al final, es camino de muerte" (Proverbios 14:12).

La carne

Es utilizada en la Biblia como una metáfora tanto para elementos físicos, como los no espirituales: Nuestro cuerpo terrenal y nuestra naturaleza pecaminosa. La carne se establece contra el Espíritu de Dios y desea exactamente lo opuesto a lo que Él quiere (ver Gálatas 5:16-17). El componente clave de la *carne* es el deseo: Apetitos, deseos vehementes, lujurias de la *carne* que demandan lo que quiere, cuando quiere y como quiere, sin importar las consecuencias. La *carne* es como un niño mimado de nueve años. Se le mete en la cabeza algo que quiere y, si se le dice que no, se vuelve enemigo de Dios en su rebelión (leer Romanos 8:6-8). A la carne le gusta estar a cargo de nosotros.

La *carne* es como un niño malcriado con sus habilidades ya desarrolladas que trae "corrupción" y ruina (leer Gálatas 6:7-8), ya sea haciendo un berrinche cuando se le niega algo o rompiendo lo que tenga a la mano para salirse con la suya. La *carne* lo hace todo sola, y ciertamente sin nuestro permiso; y puede generar celos, temperamentos apasionados, problemas de droga y alcohol, inmoralidad, peleas y mucho más (ver Gálatas 5:19-21). Nos ofrece una imagen contaminada de la realidad al razonar lo que quiere (deletrea esto: s-e m-e-r-e-c-e), o al provocar un apasionamiento tenaz para un escenario de puros placeres y libre de resistencias.

▲▲▲▲▲▲▲▲▲▲▲▲▲▲▲▲▲▲▲▲▲▲▲▲▲▲▲▲▲▲▲
La carne es como un niño mimado de nueve años. Se le mete en la cabeza algo que quiere y, si se le dice que no, se vuelve enemigo de Dios en su rebelión.
▲▲▲▲▲▲▲▲▲▲▲▲▲▲▲▲▲▲▲▲▲▲▲▲▲▲▲▲▲▲▲

Aunque nuestro espíritu está más que "dispuesto" para seguir al Señor, la *carne* que lo rodea es muy "débil" y enfermiza cuando se trata de búsquedas espirituales (ver Mateo 26:41). No es extraordinario que cuando nos negamos a satisfacer la carne, como cuando ayunamos, se levante como un rinoceronte enojado y arremeta justo contra la disciplina que se atrevió a causarle incomodidad. La *carne* es como un traficante de esclavos que ofreció ser nuestro amigo, luego nos vendió al pecado para que pudiera hacer lo que quisiera con nosotros. Tal como las personas que están pasando la mediana edad y se quejan de que sus cuerpos "los están traicionando," por ejemplo, cuando una de las rodillas flaquea, así nuestra carne nos falla inevitablemente y cede bajo el peso de la tentación.

Lee Romanos 7:14-15, 18. Pregúntate a ti mismo: "¿Quién parece estar a cargo de quien?"

> Digo, pues: Andad en el Espíritu, y no satisfagáis los deseos de la carne. Porque el deseo de la carne es contra el Espíritu, y el del Espíritu es contra la carne; y éstos se oponen entre sí, para que no hagáis lo que quisiereis.
> — Gálatas 5:16-17 RVR-60

> Ahora bien, las obras de la carne son evidentes, las cuales son: inmoralidad, impureza, sensualidad, idolatría, hechicería, enemistades, pleitos, celos, enojos, rivalidades, disensiones, sectarismos, envidias, borracheras, orgías y cosas semejantes, contra las cuales os advierto, como ya os lo he dicho antes, que los que practican tales cosas no heredarán el reino de Dios.
> — Gálatas 5:19-21

▲▲▲▲▲▲▲

Nuestra "vieja naturaleza" fue arruinada para siempre por la caída. La composición con la que estamos constituidos, la forma en la que estamos conectados ahora es para preferir lo erróneo sobre lo correcto, así como Adán eligió la fruta sobre la obediencia. La *carne* no puede "agradar a Dios" porque nada bueno reside allí (Romanos 8:8). Es irremediablemente mala, tan incorregible que el Señor nos alerta a estar siempre vigilantes contra ésta y a establecer salvaguardas para controlarla e inhabilitarla (ver 1 Corintios 9:27). Aunque nuestra *carne* está en libertad condicional, no se le pueden confiar nuestras posesiones valiosas.

La fuerza del pecado

La mayoría de las personas entienden que el pecado es algo malo que hacemos, pensamos o decimos. No obstante, es sorprendente darse cuenta de que el pecado no sólo es un hecho o un episodio, también es una fuerza, como la gravedad, que nos hace cosas. Cuando hacemos algo en contra de la voluntad de Dios, es pecado; una violación o una transgresión que cruza los límites que Dios ha establecido para mantenernos seguros y satisfechos. Somos responsables de haberlo cometido; fue nuestra decisión, como la de Adán y Eva.

Sin embargo, parte de la razón por la cual sucumbimos a la tentación es el poder de *la fuerza del pecado,* que actúa como un viento fuerte y prevaleciente para sacarnos de nuestro curso.

Muy al principio, Dios previno a la humanidad de *la fuerza del pecado* que había entrado en el mundo a través de la puerta que Adán y Eva abrieron por su desobediencia (leer Romanos 5:12). Fue como una infección maligna que extendía muerte y miseria por todas partes. El Señor nos instó a que ejerciéramos dominio sobre el pecado, porque *"yace a la puerta"* para emboscarnos y aprovecharse cada oportunidad para abrumarnos con su peso (ver Génesis 4:7). *La fuerza del pecado* es como una araña gigante que tejió su tela por los pasillos de nuestra mente y corazón. Conociendo nuestra debilidad en la carne y el encanto del mundo, *la fuerza del pecado* echa las hebras de sus enredos adonde sea más probable que se agarren de nuestros defectos. Es la oportunista por excelencia.

La fuerza del pecado, "que tan fácilmente nos envuelve", debido a la maldad y a la rebeldía del pecado, continúa arrojándolo en nuestra dirección como la red enorme de un cazador (ver Hebreos 12:1). Si tan solo nos quedamos quietos y permitimos que las cosas sucedan sin trabajar activamente para quitarnos la red de encima, la telaraña nos envolverá, de modo que la araña pueda succionar los jugos de nuestra vida, hasta dejarnos secos. El aguijón de la araña es la muerte, "el aguijón de la muerte es el pecado", que nos priva de lo que Dios proyectó para nosotros (1 Corintios 15:56).

Golpeo mi cuerpo y lo hago mi esclavo, no sea que habiendo predicado a otros, yo mismo sea descalificado.
— 1 Corintios 9:27

Aun conociendo ese peligro, todavía tomamos malas decisiones que nos arriesgan más o nos ponen bajo su influencia.

Como prueba de su maldad total, la *fuerza del pecado* se provecha de la ley de Dios, y utiliza sus mandamientos, que son santos y justos, como un medio para engañarnos y matarnos (ver Romanos 7:7-8). Tan pronto como tenemos conocimiento de algo prohibido, como un letrero diciéndonos que no nos paremos demasiado cerca de la orilla de un acantilado, la fuerza del pecado empieza a empujarnos precisamente hacia esa dirección con pensamientos como: *"¿Por qué?"*, *"Me pregunto qué tanto me puedo acercar"*, *"Probablemente no es tan peligroso para personas capaces como yo"*.

Aun cuando cada uno de nosotros tiene su propia responsabilidad y la culpabilidad por sus pecados, la Biblia explica que algunas veces es *la fuerza del pecado* la que nos lleva a pecar: "Porque el pecado, aprovechándose del mandamiento, me engañó, y por medio de él me mató... ¿Entonces lo que es bueno vino a ser causa de muerte para mí? ¡De ningún modo! Al contrario, fue el pecado, a fin de mostrarse que es pecado al producir mi muerte por medio de lo que es bueno, para que por medio del mandamiento el pecado llegue a ser en extremo pecaminoso... Y si lo que no quiero hacer, eso hago, estoy de acuerdo con la ley, reconociendo que es buena. Así que ya no soy yo el que lo hace, sino el pecado que habita en mí" (Romanos 7:11,13,16-17).

La fuerza del pecado desarrolla un control progresivo en nuestras vidas, que aumenta con los pecados que cometemos, lo cual nos hace a cada uno "esclavo del pecado" (Juan 8:34). Se vuelve un círculo vicioso; un pecado te pone cada vez más bajo la influencia de *la fuerza del pecado*, lo cual te hace presa de la vulnerabilidad ocasionada por ese pecado. La mala decisión de dar un paso más en la orilla de esa montaña con nieve puede crear una avalancha que nos arrastre con ella, hasta que nos entierre bajo el peso de mucho más de lo que esperábamos.

▲▲▲▲▲▲▲▲▲▲▲▲▲▲▲▲▲▲▲▲▲▲▲▲▲▲▲▲▲▲▲▲▲

La fuerza del pecado desarrolla un control progresivo en nuestras vidas, que aumenta con los pecados que cometemos, lo cual nos hace a cada uno "esclavo del pecado".

▲▲▲▲▲▲▲▲▲▲▲▲▲▲▲▲▲▲▲▲▲▲▲▲▲▲▲▲▲▲▲▲▲

Los espíritus malignos

Aunque nuestra cultura occidental y científica se burle de la existencia de una dimensión espiritual de la realidad, más allá de los tan confinados límites de lo que puede ser físicamente medido y observado, sabemos exactamente lo opuesto. Este mundo tangible sólo existe porque fue formado del ámbito espiritual (ver Hebreos 11:3; Salmos 33:6). El mundo que no vemos es más real que lo que contem-

---

¿Qué diremos entonces? ¿Es pecado la ley? ¡De ningún modo! Al contrario, yo no hubiera llegado a conocer el pecado si no hubiera sido por medio de la ley; porque yo no hubiera sabido lo que es la codicia, si la ley no hubiera dicho: NO CODICIARÁS. Pero el pecado, aprovechándose del mandamiento, produjo en mí toda clase de codicia; porque aparte de la ley el pecado está muerto.

— Romanos 7:7-8

Por la fe entendemos que el universo fue preparado por la palabra de Dios, de modo que lo que se ve no fue hecho de cosas visibles.

— Hebreos 11:3

plamos en este planeta con nuestros ojos (ver 2 Corintios 4:18). Por lo tanto, el ámbito básico de nuestra lucha contra la maldad no será natural sino sobrenatural; como la Biblia dice, luchamos la mayoría de veces contra las maquinaciones de *espíritus malignos* y de las "huestes espirituales de maldad" en las regiones celestes (leer Efesios 6:12; 2 Corintios 2:11).

▲ ▲

Como rastros de productos químicos tóxicos que se filtran desde un lugar de desechos, lo cual causa deformidades, enfermedades y muerte; los espíritus malignos traman su camino para infiltrarse en la psique y en la condición humana. Traen vacío, confusión y tristezas.

▲ ▲

Jesús mismo fue confrontado por la tentación satánica (leer Mateo 4:1-11). Parece ridículo imaginarse que nosotros no lo seamos. Dos de las evidencias básicas que Él ofreció acerca de la autoridad de su reino fueron la de echar fuera *espíritus malignos* y la de sanar a todos los que estuvieran "oprimidos" por presencias demoniacas (Hechos 10:38). Los *espíritus malignos* son exactamente eso: seres cuyas identidades y asignaciones están en contra de la verdad y de los caminos maravillosos de Dios. No son una maldad espectral que cause miedo de una serie de películas de Hollywood, pero son como semillas de maleza de ruina, aflicción, adversidad, improductividad, desilusión y dolor, que quieren sembrarse a sí mismas en todas partes.

Tal como hay un número incontable de ángeles que son enviados por el Señor para ministrarnos y servirnos (leer Hebreos 1:14), así el diablo tiene un número mucho menor de huestes de *espíritus malignos* que hacen lo contrario: Afligen y ponen cargas sobre las personas con enfermedades, preocupaciones, incredulidad, falsas creencias, adicciones, depresión y muchas otras clases de desdichas o tormentos mentales. Como rastros de productos químicos tóxicos que se filtran desde un lugar de desechos, lo cual causa deformidades, enfermedades y muerte; *los espíritus malignos* traman su camino para infiltrarse en la psique y en la condición humana.

Traen vacío, confusión y tristezas.

En la cruz, Jesús no sólo compró nuestra salvación que nos libra de las garras de la muerte por el pecado sino que también "desarmó" a los secuaces del infierno y acabó con las obras del diablo.

Lee Colosenses 2:15. Era práctica común que al regresar a casa de una guerra, los generales victoriosos hicieran desfilar a sus enemigos derrotados por todas las calles de la ciudad, para que todos

Por la palabra del SEÑOR fueron hechos los cielos, y todo su ejército por el aliento de su Su boca.
— Salmos 33:6

Al no poner nuestra vista en las cosas que se ven, sino en las que no se ven; porque las cosas que se ven son temporales, pero las que no se ven son eternas.
— 2 Corintios 4:18

> El ladrón sólo viene para robar y matar y destruir; yo he venido para que tengan vida, y para que la tengan en abundancia. Yo soy el buen pastor; el buen pastor da su vida por las ovejas.
> — Juan 10:10-11

los vieran. En vista de esto, ¿puedes describir este versículo con tus propias palabras?

▲▲▲▲▲▲▲

Lee Hebreos 2:14. La palabra "anular" significa "dejar completamente improductivo, reducir a la nada, invalidar las consecuencias." ¿Qué hizo la muerte de Jesús con respecto a nuestro enemigo?

▲▲▲▲▲▲▲

Lee 1 Juan 3:8. ¿Puedes pensar en tres analogías de sustancias o cosas que parezcan sólidas y fuertes, pero que puedan ser "destruidas"?

▲▲▲▲▲▲▲

Mientras que Jesús dio su vida para liberarnos de la muerte traída por la maldad, la única orden del día del diablo es afligir nuestra vida con todo tipo de angustias y quebrantamientos posibles (ver Juan 10:10-11). "La serpiente antigua que se llama el diablo y Satanás," cuyas actividades básicas en la tierra son la decepción y la acusación; es un mentiroso (leer Apocalipsis 12:9-10; Juan 8:44; Hechos 13:10). Cuánto odia el diablo al pueblo de Dios, a nosotros quienes ocuparemos un lugar más elevado en el orden cósmico, del cual este ser fue echado hace mucho tiempo, a causa de su tonta vanidad.

La naturaleza de lo que nos hace campeones

Frente a enemigos como estos, ¿qué tenemos que hacer? ¿hay formas de conquistar estas fuerzas de maldad o debemos ser sus víctimas en tanto vivamos en la tierra? Dios es nuestro campeón; Aquél que pelea por nosotros contra enemigos opresores, que de otra forma no venceríamos (ver Isaías 19:20). De hecho, Él es llamado nuestro "campeón temible" (Jeremías 20:11), quien deshonrará a nuestros perseguidores y frustrará sus maquinaciones. Una vez más, vemos este tema recurrente a lo largo de nuestro diario vivir con el Señor; Él hace por nosotros lo que no podemos hacer por nosotros mismos. Esta es la lección más importante que debemos recordar acerca de la guerra contra los enemigos invisibles de nuestra vida: "La batalla es del Señor" (1 Samuel 17:47; Salmos 62:1-2), y "si Dios está por nosotros, ¿quién estará [realmente] contra nosotros?" (Romanos 8:31, énfasis agregado).

Hagamos un recordatorio de las cuatro categorías de maldad que confrontamos en la vida, para ver lo que la Biblia nos ofrece como un antído contra su influencia y efectos.

> Y será por señal y por testimonio al SEÑOR de los ejércitos en la tierra de Egipto; porque clamarán al SEÑOR a causa de sus opresores, y Él les enviará un salvador y un poderoso, el cual los librará.
> — Isaías 19:20

El mundo

Dios hizo *el mundo* y "juzgará al mundo con justicia" (Salmos 9:8; 89:11). Aun cuando el *mundo* ha caído bajo la influencia del enemigo, Dios tiene derecho previo sobre el mismo. Él nos envía al *mundo* a predicar, no a escondernos de éste. (leer Marcos 16:15; Juan 17:18) Aunque tendremos dificultades en el *mundo,* Jesús promete darnos su paz y su victoria. (ver Juan 14:27; 16:33) A través de la cruz, el *mundo* "ha sido crucificado para mí". (Gálatas 6:14) En el plan eterno de Dios para su creación, el mundo "pasa" (1 Juan 2:17), para pronto ser reemplazado por "nuevos cielos y nueva tierra" en los cuales ninguna maldad existe (2 Pedro 3:13). Toda la finalidad del cielo es reemplazar nuestra situación actual en la vida (el mundo) por una que es establecida en el mismo rumbo que Dios.

Lee 2 Pedro 1:4. ¿De dónde viene la "corrupción" del mundo y qué herramienta nos ayuda a escapar de ésta?

▲▲▲▲▲▲▲

Lee 1 Juan 5:4-5. ¿Qué arma es la más efectiva contra el mundo?

▲▲▲▲▲▲▲

La carne

Sabemos que la *carne* tiene muy poco que ofrecernos espiritualmente, "para nada aprovecha" (Juan 6:63), y es muy débil y muy susceptible al pecado (leer Romanos 6:19). Sin embargo, Jesús en verdad vino en la *carne* y vivió sin pecado (Juan 1:14), y se nos pide que nos vistamos de Él y no pensemos en "proveer para las lujurias de la carne" (Romanos 13:14). Si andamos por el Espíritu, dirigidos e impulsados por Él, será menos probable que cumplamos "el deseo de la carne" (Gálatas 5:16).

Lee Gálatas 5:13. ¿Qué debemos hacer como antídoto que sirva en contra de nuestra propia carne?

▲▲▲▲▲▲▲

Lee 1 Pedro 4:1-2. ¿Con qué propósito debemos armarnos para contraatacar la fuerza de la carne en nuestras vidas?

▲▲▲▲▲▲▲

La fuerza del pecado

El engaño de *la fuerza del pecado* puede ser resistido al luchar con intención contra sus sugerencias de una forma que te hará sentir como si te estuvieras muriendo por no obtener lo que éste te dice que debes tener (ver Hebreos 3:13; 12:4). Las buenas nuevas, por supuesto, tratan de Jesús quien condenó la *fuerza del pecado* a

La paz os dejo, mi paz os doy; no os la doy como el mundo la da.
— Juan 14:27

Estas cosas os he hablado para que en mí tengáis paz. En el mundo tenéis tribulación; pero confiad, yo he vencido al mundo.
— Juan 16:33

> No sea que alguno de vosotros sea endurecido por el engaño del pecado.
>
> — Hebreos 3:13

> Porque todavía, en vuestra lucha contra el pecado, no habéis resistido hasta el punto de derramar sangre.
>
> — Hebreos 12:4

> Ninguno que es nacido de Dios practica el pecado, porque la simiente de Dios permanece en él; y no puede pecar, porque es nacido de Dios.
>
> —1 Juan 3:9

> Y los bendijo Dios y les dijo: "Sed fecundos y multiplicaos, y llenad la tierra y sojuzgadla; ejerced dominio sobre los peces del mar, sobre las aves del cielo y sobre todo ser viviente que se mueve sobre la tierra.
>
> — Génesis 1:28

la pena de muerte, que precisamente ésta había buscado para nosotros y que el Espíritu Santo trabaja de forma agresiva para convencer al mundo de pecado (leer Juan 16:8). Además, puesto que somos nacidos de Dios, nuestro espíritu ya fue puesto por completo fuera de los límites de la influencia y del toque de *la fuerza del pecado* (ver 1 Juan 3:9).

Lee Romanos 6:12-13. ¿Qué crees que significa presentar tus miembros "a Dios como instrumentos de justicia"?

_____

▲▲▲▲▲▲▲

Lee Hebreos 11:25. ¿Qué decisión puedes tomar que impida que la fuerza del pecado reine en tu vida?

_____

▲▲▲▲▲▲▲

Los espíritus malignos

Para empezar, recordemos que Dios es el "Altísimo" de los cielos y de la tierra, que gobierna "sobre toda la tierra" (Salmos 97:9), y Jesús es su "Hijo" (Lucas 1:32). El conflicto entre el bien y el mal nunca debe malinterpretarse como si se enfrentaran dos iguales, Dios y Satanás, uno contra el otro; de ninguna manera él es la contraparte de Dios. El diablo solamente es un ser creado; hecho por Dios, un ángel como Miguel o Gabriel, quien fue exiliado a la tierra, lejos de la presencia de Dios, porque escogió no vivir conforme a los propósitos elevados del Señor (leer Ezequiel 28:14-17). Para él en las cortes del cielo.

Su rebelión fue un prototipo de la nuestra; él pecó contra el Señor, y engañó a Adán y a Eva para que hicieran lo mismo. No obstante, el hecho de que pequemos contra el Señor, no nos hace iguales a Él; ni tampoco la rebelión continua de Satanás contra el Rey de reyes lo pone al nivel de Dios.

Aunque el diablo no se iguala ni siquiera a los ángeles de Dios y aunque su destino fatal está establecido, nosotros, en nuestra propia fuerza, no nos igualamos ni a él ni a sus tramas. No podemos depender de nuestro intelecto innato, fuerza física o cualquier ritual del hombre para poderle vencer.

Jesús lo llamó "el príncipe de este mundo" (Juan 16:11), lo cual quiere decir que, para ese entonces, ya se le había permitido al diablo jurisdicción sobre la tierra y sobre todos sus habitantes.

No siempre fue así, ni tampoco Dios lo planeó de esa manera. Originalmente, Dios le entregó a Adán y a Eva completo dominio sobre el mundo, y preparó a sus hijos para regir sobre las criaturas y los recursos de nuestro planeta, con poder y sabiduría, bajo su autoridad suprema (ver Génesis 1:28). Sin embargo, cuando Adán y Eva le permitieron al enemigo que controlara sus pensamientos ("¿Conque Dios os ha dicho?") y finalmente también sus acciones (Cuando comieron la fruta prohibida por Dios), sin saberlo, le cedieron su autoridad a Satanás para regir sobre el mundo y dejaron que les fuera arrebatada (leer Génesis 3:1,6).

En Apocalipsis, Dios resume su plan de anular al diablo y la autoridad que él arrebató cuando dio un golpe contra la humanidad. Dios, nuestro Padre, volverá a crear todo, sin rezagos o rastros de muerte, penas, dolor o injusticia. Hasta ese tiempo, cuando Jesús regrese a la tierra a enderezar todas las cosas, nosotros, quienes lo llamamos Señor, estamos comisionados a "ocupar" el mundo como una Elite Especial de Fuerzas Operativas.

Estacionados tras las líneas enemigas, tenemos que hacer serios avances para su reino venidero. Como Jesús, tenemos que ir por el mundo "haciendo bien y sanando," rescatando y liberando a quienes hayan sido "oprimidos por el diablo" (Hechos 10:38).

Cuando elegimos identificarnos con Jesús en su muerte, también recibimos poder para reinar en la autoridad que la vida nueva en Él tiene sobre la muerte y el pecado. Nuestra autoridad espiritual sobre la maldad descansa únicamente en Jesús, porque Él es quien despojó a los "poderes y autoridades... triunfando sobre ellos" a través de la cruz (Colosenses 2:14-15). Por consiguiente, cuando nosotros somos intimidados por nuestra propia *carne,* por la *fuerza del pecado* o por los *espíritus malignos,* podemos decir: "Quizá sea débil en mis propias fuerzas, pero en el nombre y la autoridad de Jesús, a ti te digo ¡no!" Pocas palabras infunden tanto temor en el corazón del enemigo de nuestra raza. Cuando resistimos al diablo así, se desaparece de la escena para eludir nuestra presencia (ver Santiago 4:7).

▲ ▲

Cuando nosotros somos intimidados por nuestra propia carne, por la fuerza del pecado o por los espíritus malignos, podemos decir: "Quizá sea débil en mis propias fuerzas, pero en el nombre y la autoridad de Jesús, a ti te digo ¡no!"

▲ ▲

Las armas de nuestra milicia

Hemos sido ungidos con el poder de Dios y con su Espíritu. Equipados de esta manera, y enseñados a través de la Palabra de Dios, tomamos el "ministerio de la reconciliación" en un mundo que muere y está desesperado, donde el diablo ha destrozado las vidas de las personas y se ha robado sus esperanzas (ver 2 Corintios 5:18). La armadura de Dios y nuestra disposición para sufrir por el beneficio de los demás nos capacita para soportar y desafiar las presiones que vienen contra nosotros de parte de *los espíritus malignos, del mundo, de la fuerza del pecado y de nuestra propia carne.*

Las *"armas de nuestra milicia"* son espiritualmente poderosas, más allá de cualquier habilidad natural, y están específicamente diseñadas para derribar los puntos de asalto contra nuestra alma

Por tanto, someteos a Dios. Resistid, pues, al diablo y huirá de vosotros.
— Santiago 4:7

(2 Corintios 10:1-6), en forma parecida a la manera en que los antibióticos atacan elementos invasores en nuestro cuerpo. Tal y como una buena dieta y el ejercicio pueden ayudar a prevenir algunas enfermedades del cuerpo, así ciertas actividades regulares como hablar con el Señor, leer su Palabra, adorar, estar en comunión con otros creyentes y arrepentirnos, pueden hacernos menos vulnerables a algunas dolencias causadas por el *mundo, la carne, las fuerzas del pecado o los espíritus malignos.*

De hecho, aprendemos que hacer guerra espiritual es esencialmente adoptar una postura de firme resolución y seguir confiando en el Señor cuando parece que la vida no está funcionando; es buscar el reino de Dios como nuestra prioridad número uno, resistir las mentiras que dicen que a Dios no le importa o que nada puede hacer respecto a nuestras dolencias. Cuando sufrimos en este planeta quebrantado, cuando nuestros deseos quedan insatisfechos, cuando nuestros corazones se resquebrajan por elecciones equivocadas, cuando nos encontramos a nosotros mismos sin explicación, atados a impulsos o tambaleando por las confusiones, sabemos que la batalla ha iniciado.

Pregunta: Desde el punto de vista de la victoria y al mirar hacia atrás nuestras luchas aquí en la tierra, ¿Qué herramientas específicas nos dio el Señor para resistir y hacer retroceder los poderes que asaltan a nuestros amigos y a nosotros?

▲▲▲▲▲▲▲

¿Cuáles son algunas de las medidas preventivas que tenemos a nuestra disposición?

▲▲▲▲▲▲▲

El nombre de Jesús

Su nombre es el más poderoso nombre de toda la creación. Cuando lo usamos para orar o hablar contra cualquier fuerza o situación, estamos proclamando su autoridad, su derecho y su capacidad de anular cualquier otra cosa. El nombre de Jesús está muy por encima de cualquier otro nombre. Esto es como tener un vehículo de cuatro ruedas contra "carrozas" jaladas por caballos, en una carrera de carros por el país (Salmos 20:7), o como tener un extinguidor industrial para apagar una vela (leer Salmos 118:10-12).

El nombre de Jesús nos capacita para llevar sanidad a los enfermos, libertad a los que están atormentados por espíritus malignos y salvación a todo aquél que crea (leer Hechos 4:10; Santiago 5:14-15; Hechos 16:18; 2:22). Haremos milagros en el nombre de Jesús (Marcos 9:39), y nuestras vidas serán asistidas por un constante fluir de lo milagroso, que nos capacita para hacer lo que de manera natural no es posible (ver Marcos 16:17-18).

Él escucha "todo lo que pidáis al Padre" en el nombre de Jesús y nos concede nuestras peticiones (Juan 15:16). Nos convertimos en sus agentes suplentes, conducimos los negocios del reino en su Nombre y hacemos lo que Él hizo: "Haciendo bien y sanando a todos" y librándolos de los poderes de la maldad (Hechos 10:38).

El nombre del Señor es tanto un arma ofensiva, que serás impulsado a usar para hacer grandes avances contra la maldad, así como una defensiva (una "torre fuerte") en los tiempos que te sientas desanimado (Proverbios 18:10).

La Palabra de Dios

Jesús le citó las Escrituras al enemigo cuando resistió sus tentaciones en el desierto. Dijo: "Escrito está" (leer Mateo 4:1-11). Jesús usó la autoridad y la verdad de la Palabra de su Padre para echar atrás las verdades a medias y las mentiras del "padre de la mentira". Aun cuando toda autoridad le fue dada a Jesús por su Padre, Él eligió apoyarse únicamente en la Palabra de Dios para alejar la tentación. Es interesante que siendo Jesús la Palabra de Dios hecha carne, la usara para vencer la maldad.

La Palabra de Dios es la verdad eterna sobre la cual todo en la creación está basado (leer Salmos 119:160; Juan 17:17). Cada una de sus palabras es como un "escudo" que ya ha sido probado y que puede protegernos de cualquier lluvia de flechas malignas lanzadas hacia nosotros (Proverbios 30:5). Frente a las muchas aflicciones, dificultades y temores que nos confrontarán en nuestra jornada de fe, podemos hablar la verdad de la Palabra de Dios y confesar su realidad sobre y por encima de la realidad natural que vemos. Al sostenernos en sus promesas, tenemos un fundamento seguro con el cual resistir cualquier tormenta.

Quizá la mejor forma de permanecer cerca del Señor es pasando tiempo regular en su Palabra, "siguiendo" las verdades que nos avivan y esperando con entusiasmo a que Él nos instruya. Es una forma de buscar su sabiduría para enfrentar al enemigo cercano (ver Isaías 26:8).

El temor del Señor

Temer no significa temblar de miedo anticipado por lo que Dios te hará. Sus enemigos tiemblan, no sus hijos (Joel 3:16). El temor del Señor es recordar que Él tiene la última palabra en todo y que todas las particularidades de la vida serán juzgadas de acuerdo con sus reglas, no las de nadie más. Es darse cuenta de que no importa lo que parezca, sus caminos y "juicios" son totalmente confiables y correctos; "todos ellos justos" (Salmos 19:9).

El temor del Señor nos da sabiduría respecto de lo que es justo y nos da incentivos extras, que con frecuencia necesitamos para decidir lo correcto cuando nuestra carne y el mundo nos atraen

Y estas señales acompañarán a los que han creído: en mi nombre echarán fuera demonios, hablarán en nuevas lenguas; tomarán serpientes en las manos, y aunque beban algo mortífero, no les hará daño; sobre los enfermos pondrán las manos, y se pondrán bien.

— Marcos 16:17-18

Ciertamente, siguiendo la senda de tus juicios, oh SEÑOR, te hemos esperado; tu nombre y tu memoria son el anhelo del alma.

— Isaías 26:8

hacia otra dirección (leer Salmos 111:10; Proverbios 16:6). La maldad obliga a hacer cosas malas, lastimosas y vacías; el temor del Señor es esencialmente darse cuenta de la conexión entre las fuerzas malignas y la miseria mortal que ocasionan.

Aun cuando seamos fuertemente tentados a seguir al mundo o a obedecer a nuestra carne con el fin de obtener lo que creemos querer, el temor del Señor nos capacita para darnos cuenta del verdadero resultado de tomar ese camino. Daremos la media vuelta por cuanto odiamos en realidad lo que la maldad nos hace a nosotros y a otros (leer Proverbios 8:13; 14:26-27). Así es como el temor del Señor nos mantiene y nos hace menos propensos a ser importunados por las fuerzas malignas. "El temor del Señor conduce a la vida" (Proverbios 19:23).

La adoración y la alabanza

En la Biblia, la guerra y la adoración están enlazadas mucho más de lo que la mayoría de los creyentes se dan cuenta. Con alabanzas de exaltación a Dios en nuestras bocas y una espada en nuestras manos ataremos precisamente a los poderes de maldad que han buscado capturarnos (leer Salmos 149:6-9). Cuando nos sentimos carentes de poder frente a la maldad que viene hacia nosotros, tenemos que poner nuestra atención en el Señor en lugar de ponerla en la maldad, y mientras lo adoramos con cantos, Él hace emboscadas contra esos poderes de injusticia (leer 2 Crónicas 20:12,17-19,21-22).

Cuando alabamos y exaltamos a Dios, experimentamos un aumento de su poder enviado para influir en nuestra situación, muy parecido a la forma en que alguien llama la atención de un equipo de rescate al ondear sus brazos y gritar (ver Éxodo 15:2; Salmos 21:13).

O bien, alguien obligado con pistola a pasar por una estación de policía tratará de enviar pequeñas señales de que algo no está bien; la adoración actúa de esa manera. Observa cómo algunas palabras de alabanza tales como magnificar y exaltar son imágenes de aumento. Aunque Dios siempre es el mismo, la adoración aumenta nuestra percepción de lo grande que Él es comparado con nuestros enemigos.

Pablo y Silas elevaron cantos de adoración al Señor cuando estaban encerrados en la prisión, y mientras lo hacían, un temblor sacudió su celda, y quedaron libres (también los demás) (leer Hechos 16:25-26). Este y muchos otros ejemplos de la Biblia nos muestran que la alabanza tiene una capacidad única de liberar a las personas y las circunstancias de la garra esclavizante de la maldad.

Con mucha frecuencia, el Señor cambia las circunstancias difíciles mientras lo alabamos en medio de las mismas, y aun cuando la situación continúe igual, somos transformados en su gloria.

Mi fortaleza y mi canción es el SEÑOR, y ha sido para mí salvación; éste es mi Dios, y le glorificaré, el Dios de mi padre, y le ensalzaré.

— Éxodo 15:2

Engrandécete, oh SEÑOR, en tu poder; cantaremos y alabaremos tu poderío.

— Salmos 21:13

Resistiendo al diablo

Como un ser finito que sólo puede estar en un lugar a la vez, El diablo, el acusador, el mentiroso, busca su presa "como un león rugiente" (1 Pedro 5:8). Él y sus hordas de vacío quieren devorar al pueblo de Dios; apuntan a nuestra fe con dardos feroces, cuyas puntas son acusaciones contra la bondad amorosa y el poder de Dios; tratan de alcanzarnos cuando las circunstancias nos están causando sufrimiento. El enemigo sabe que no nos gusta ningún tipo de dolor.

No queremos sufrir. Así que, después de un tiempo prolongado de dolor o cuando nuestro sufrimiento alcanza niveles intolerables, el diablo tratará de hacer que nos alejemos de la verdad de Dios. Si lo resistimos, él "huirá" (Santiago 4:7). La forma de resistirlo es continuar confiando nuestras vidas al Señor y darnos cuenta de que nuestros "hermanos en todo el mundo" están sufriendo junto con nosotros (1 Pedro 5:9). No usamos ajos o cruces; en su lugar, nos arrodillamos a los pies de la cruz donde Jesús sufrió, y repetimos sus palabras: "En tus manos encomiendo mi Espíritu" (Lucas 23:46). Él punto esencial es que el diablo trata de convencernos de que Dios no nos cuidará o de que no puede cuidarnos. Tomar la decisión de continuar creyendo en el rescate del Señor es una de las armas más poderosas de nuestro arsenal espiritual.

> Tomar la decisión de continuar creyendo en el rescate del Señor es una de las armas más poderosas de nuestro arsenal espiritual.

La ocurrencia cultural: "Él diablo me llevó a hacerlo" es una rendición espiritual. Sin embargo, uno de los clamores de guerra espiritual más aterradores para el enemigo, que alguna vez en la vida se haya pronunciado, es: "Aunque Él [Dios] me mate, en Él esperaré" (Job 13:15, énfasis agregado).

La armadura de Dios

Usando el lenguaje figurado de un legionario romano, las Escrituras pintan un cuadro detallado de varios implementos para nuestra lucha contra las fuerzas de maldad y sus maquinaciones. (leer Efesios 6:10-17.)

▲ **La Verdad:** La forma en que Dios ha hecho las cosas, sus caminos, lo que Él decreta acerca de todo. La verdad de la Palabra de Dios nos libra de las mentiras y de las tentaciones de los espíritus malignos, el mundo, nuestra carne y la fuerza del pecado. (leer Juan 8:32, 44.) Cuando las cosas parezcan salirse de tus manos, cuando los aspectos de tu vida estén arruinándose, clama a la verdad de Dios para que sea una cuerda que levante y sostenga todo.

> Si confesamos nuestros pecados, Él es fiel y justo para perdonarnos los pecados y para limpiarnos de toda maldad.
>
> — 1 Juan 1:9

▲ **La Justicia:** La bondad y la solidez, y exactamente cómo son las cualidades y condiciones de la vida de Dios. Hemos sido hechos eternamente justos a través de Cristo, y entre más ajustamos nuestra vida diaria a Él, menos vulnerables estaremos. Nuestro corazón es fácilmente engañado para justificarse a sí mismo. Entonces cuando percibas que algo no está muy bien, pídele a Dios que señale el error con su justicia.

▲ **El arrepentimiento:** Reconocer la dirección equivocada por la que hemos estado yendo y devolvernos. Al confesar nuestra rebeldía, quedamos limpios de los residuos fácilmente infectados que actúan como un imán que atrae problemas a nuestra vida (ver 1 Juan 1:9). No importa cuántas veces debas dar la media vuelta para ir por el camino correcto, continúa haciéndolo.

▲ **La fe:** Creer todo lo que Dios nos ha dicho en su Palabra acerca de nuestras situaciones. Todas las fuerzas de maldad tratan de hacer que tomemos los asuntos en nuestras propias manos o que escuchemos palabras (pensamientos, emociones, circunstancias) diferentes a las del Señor (leer Romanos 10:17; 2 Corintios 5:7; 1 Tesalonicenses 3:5). Cuando te sientas impotente o confuso, regresa a las últimas palabras que escuchaste del Señor y aférrate a éstas como a un escudo.

▲ **La salvación:** No sólo la eterna liberación de los poderes del pecado y del "dominio de las tinieblas," sino también la libertad de las ataduras de espíritus malignos en nuestra mente, voluntad y emociones. (leer 2 Corintios 1:10; Colosenses 1:13). La eliminación milagrosa de los obstáculos demoniacos a través del ministerio de liberación es un recurso increíble en nuestra vida. Pídele a Dios que libere tus pensamientos de la maldad en aquellas áreas de tu vida en las que encuentres confusiones u obsesiones.

▲ **Las Escrituras:** Versículos específicos de la Biblia enviados a tiempo para animarnos a través de palabras proféticas, enseñanza, consejo y lectura. Dios nos envía Sus Palabras como por correo electrónico con el fin de sanarnos y rescatarnos (leer Salmos 107:20; Mateo 8:8, 16). Si visualizas la Escritura como una espada, entenderás cómo usarla para esquivar las estocadas del enemigo, y cómo derribar sus mentiras de un solo golpe.

▲ **La oración:** Pedir la intervención de la voluntad del reino de Dios en las situaciones de nuestra vida, "venga tu reino" (Lucas 11:2). Jesús nos enseñó a orar que se hiciera la voluntad de Dios, no como un fatal "Lo que sea", sino como un recurso para clamar en los días que tengamos conflictos. (leer Salmos 50:15; Nahum 1:7). Con mucha frecuencia la oración es un diálogo continuo con el Señor, susurrado a lo largo del día en momentos de reto o de celebración.

▲ **Orando en el Espíritu:** Cuando le permitimos al Espíritu Santo interceder por nosotros en momentos en los que no sabemos cómo hacerlo (leer Romanos 8:26). Una lengua desconocida para nuestras mentes naturales y no dirigida por nuestros sentidos orientados empíricamente conviene más para la guerra espiritual que un vocabulario limitado a palabras naturales. Ora con tu lengua espiritual tanto como parte regular de tus devociones diarias como en tiempos de álgida batalla.

Definitivamente nuestro planeta vive bajo el control y el "poder del maligno" (1 Juan 5:19; Efesios 2:2), pero este ser será llevado al juicio final y para siempre arrojado al "lago de fuego" (Apocalipsis 20:10). El final de la historia ya se ha dicho. Nuestra lucha en la tierra tan sólo le da vuelta a las páginas hacia ese fin. Todavía hay bajas y el cuadro completo es el de una guerra peleada por un enemigo furioso y desesperado, que sabe que no tiene sino "poco tiempo" antes de la derrota total y perdurable (Apocalipsis 12:12).

El Señor pronto "aplastará" a Satanás (Romanos 16:20) y Jesús, quien ya lo había visto "caer del cielo" (Lucas 10:18), anuló su poder cuando murió en la cruz y quitó nuestra vulnerabilidad hacia todo el quebrantamiento estéril de la muerte (Hebreos 2:14-15).

La forma inexorable de poner en práctica los planes de Dios es tener "todo dominio y toda autoridad y poder" subyugados a Jesús (1 Corintios 15:24-28), hasta ese gran día final cuando "toda lengua" de toda criatura lo declarará Señor (Filipenses 2:10-11). Vamos hacia donde toda la historia de la humanidad se está dirigiendo, a un banquete de victoria ya preparado; y a la vida sin el más mínimo vestigio de maldad o muerte: El cielo (leer Juan 14:2; Mateo 22:4; Apocalipsis 19:9). Sin importar la naturaleza de las fuerzas que buscan obstaculizar los propósitos supremos de Dios en nuestras vidas, ya sean espíritus, poderes, muerte o cualquier otra cosa creada, tenemos la seguridad de conquistarlos de forma asombrosa a través de Jesús (ver Romanos 8:38-39).

A medida que aumenta tu comprensión de lo que lees en la Biblia y de lo que aprendes de tus compañeros creyentes, te sentirás más capacitado para discernir y detectar la naturaleza de lo que te abruma (ver 2 Corintios 2:11; Hebreos 5:14). Conocer a tu enemigo ayuda. No obstante, conocer lo que Dios te ha dado es todavía más importante. El Señor "adiestra [nuestras] manos para la guerra" (Salmos 144:1-2, énfasis agregado), y nos usa para decirle a otros: "Se ha acercado a vosotros el reino de Dios" (Lucas 10:9). Sin embargo, siempre pelea por nosotros, en lugar de nosotros por Él.

▲▲▲▲▲▲▲▲▲▲▲▲▲▲▲▲▲▲▲▲▲▲▲▲▲▲▲▲▲▲▲▲

Conocer a tu enemigo ayuda. No obstante, conocer lo que Dios te ha dado es todavía más importante.

▲▲▲▲▲▲▲▲▲▲▲▲▲▲▲▲▲▲▲▲▲▲▲▲▲▲▲▲▲▲▲▲

> Porque estoy convencido de que ni la muerte, ni la vida, ni ángeles, ni principados, ni lo presente, ni lo por venir, ni los poderes, ni lo alto, ni lo profundo, ni ninguna otra cosa creada nos podrá separar del amor de Dios que es en Cristo Jesús Señor nuestro.
> — Romanos 8:38-39

> Para que Satanás no gane ventaja alguna sobre nosotros; pues no ignoramos sus maquinaciones.
> — 2 Corintios 2:11 RVR-60

> Pero el alimento sólido es para los adultos, los cuales por la práctica tienen los sentidos ejercitados para discernir el bien y el mal.
> — Hebreos 5:14

Hablemos al respecto

▲ ¿De qué maneras puede el mundo espiritual hacer presión sobre el natural? Como consecuencia de leer este capítulo, ¿cómo ha sido cambiada tu manera de pensar en cuanto a las diferentes causas que determinan el desenlace de la vida?

_____

▲▲▲▲▲▲▲

▲ ¿Cuál es la naturaleza de la maldad? ¿cómo la describe la Biblia, comparado con la forma en que Hollywood la representa?

_____

_____

▲▲▲▲▲▲▲

▲ ¿Cuáles son las cuatro categorías básicas que la Biblia nos presenta de la maldad que ocasiona muerte, trae pérdidas y roba la esperanza?

_____

_____

▲▲▲▲▲▲▲

▲ ¿Es exacto describir el conflicto entre el bien y el mal como una batalla pareja entre el diablo y el Señor? ¿por qué si o por qué no? ¿Qué significa tener a Dios como nuestro Campeón?

_____

_____

▲▲▲▲▲▲▲

▲ Se nos han dado varias armas espirituales con las cuales resistir y vencer las fuerzas de la maldad. Para revisar algunas de esas armas poderosas, responde lo siguiente:

¿Qué podemos hacer en el nombre de Jesús?

_____

_____

▲▲▲▲▲▲▲

▲ ¿Por qué citar las Escrituras es tan efectivo frente a las tentaciones y las mentiras del diablo?

_____

_____

▲▲▲▲▲▲▲

▲ ¿Cómo están ligadas la adoración y la guerra espiritual en la Biblia?

_____

_____

▲▲▲▲▲▲▲

▲ ¿En qué forma específica la Biblia nos motiva a resistir al diablo?

_____

_____

▲▲▲▲▲▲▲

▲ El enemigo tratará de atraparnos con mentiras en nuestros pensamientos y en situaciones que traten de convencernos de que Dios no es quien dice ser. ¿Hay algunas mentiras recurrentes o patrones de pensamiento con los que el enemigo se mofa de ti? ¿Cómo puedes usar las armas de guerra espiritual descritas en este capítulo para pelear contra las mismas?

_____

_____

Tu tiempo con Dios

En este capítulo aprendiste acerca de nuestros enemigos: El formidable cuarteto que enfrentamos en el mundo, la carne, la fuerza del pecado y los espíritus malignos. Formidables, excepto cuando son confrontados con el poder increíble y sobrenatural que está disponible para nosotros a través del Espíritu Santo y de la armadura de Dios. No tenemos que temerles a esos cuatro. En su lugar, podemos invocar a nuestro gran Dios para que pelee por nosotros y nos dé la victoria. Prepárate para la batalla espiritual y la victoria total al elevar esta oración.

Señor Jesús, levanto tu nombre en mi vida. Tú eres mi justicia y mi fuerza. Sólo en Ti encuentro salvación y verdad. Te invito a reinar y gobernar en todo lo que me atañe. Gracias porque en Ti puedo encontrar sanidad, provisión y libertad de tormento.

Dios Padre, gracias porque no hay nada en el mundo espiritual o natural que sea más grande o más poderoso que Tú. Eres el Dios Altísimo. Conquistas cualquier fuerza espiritual que se levanta contra mí. Ayúdame cada día a estar alerta para resistir el plan de destrucción del enemigo en mi vida y en las de otros. Gracias porque conocerte es lo más importante que puedo hacer para pelear contra el enemigo.

Señor, ayúdame, a continuar confiando en Ti cuando parece que la vida no está funcionando, ayúdame a continuar buscando Tu reino y tus caminos como mi prioridad número uno. Ayúdame a resistir las mentiras que dicen que no te importa o que no puedes hacer nada respecto en las áreas dolorosas de mi vida. Señor, contigo, estoy seguro, sin importar cuánto me tiente mi carne, cuánto me ciegue o deslumbre el mundo, cuánto se opongan a mí los espíritus malignos o cuánto pecado esté agazapado detrás de mi puerta.

Guárdame y enséñame cómo guardar tu Palabra y tus caminos. Oro en tu nombre, Jesús. Amén.

CAPÍTULO DOCE

Ama y Perdona a los demás

La vida está llena de deducciones, no del tipo que hace el SAT (Servicio de Administración Tributaria) sino de conclusiones a las que llegamos con base en pequeños detalles que entrevemos en las personas y cosas a nuestro alrededor. Cuando notamos los ojos flácidos, a medio cerrar de un niño de tres años y los momentos de inmovilidad en medio de su juego, correctamente suponemos que es hora de una siesta. La bandada de gansos dirigiéndose al norte otra vez nos da esperanzas de que los días cálidos no tardarán. La foto de una mujer de ojos oscuros, vestida con falda hawaiana, nos hace suponer, que lo más probable es que no fue tomada en Islandia. Basándonos sólo en los colores de su ropa, sabemos si esos tres hombres que están a unos cuantos asientos del nuestro en el juego de fútbol estarán con nosotros o en nuestra contra.

Podemos decir mucho de tan solo un poco y comunicamos mucho con los más pequeños fragmentos de palabras y acciones. Eso explica por qué la mayoría de las religiones del mundo piden a sus devotos que expresen su piedad en pequeñas formas que los aparten de todos los demás. Podría ser un ritual como la oración diaria, un peregrinaje a un lugar santo o una prenda de vestir como por ejemplo un turbante, una vestimenta oculta o una túnica del color del azafrán. Otras observancias religiosas toman la forma de un emblema corporal, como una mancha de ceniza, un tatuaje, una estricta limitación en su dieta que evita la carne o un ayuno durante períodos designados. Dentro de los círculos religiosos, a los seguidores más avanzados y devotos les dan algo con una significación especial: Títulos, vestimentas o privilegios, algo que a todos los que les rodean les diga: "Aquí hay una persona verdaderamente espiritual. Pídele sabiduría a él".

Las actividades y símbolos religiosos exhibidos por los seguidores de un dios hacen más que identificar a esas personas con su dios. Las prácticas religiosas también declaran algo acerca de la naturaleza de ese dios, en términos de cuáles atributos son los que éste más aprecia. Un dios puede pedirle a sus devotos lo que sea, qué quiere de ellos y cómo quiere que se identifiquen; entonces las cosas que pide son pistas de cómo es ese dios en realidad.

Por lo general, lo más cierto de un dios es lo que anhela que sea más cierto de sus seguidores. Ellos decretan: "Vosotros seréis como yo". Por tanto, ¿qué marca a un creyente de Jesucristo?, ¿cuáles son las señales reveladoras que les notifican a todos a nuestro alrededor el hecho de que le hemos rendido nuestra vida a Él?, ¿es un objeto como una cruz que debamos ponernos?, ¿un objeto para llevar con nosotros a dondequiera que vayamos como nuestra Biblia?, ¿una práctica regular como asistir a la iglesia cada semana?, ¿cómo sabrá cualquier persona, excepto nuestros amigos más cercanos y familia, que somos discípulos de Jesús?, ¿cuál es el atributo más significativo que comunica no sólo la realidad de nuestra relación con Él sino también lo que es más cierto de Él?

Prominente característica en el espejo

Jesús, el Unigénito de Dios, le dio a sus seguidores una respuesta a estas preguntas muy sencillas: "Que os améis los unos a los otros, así como yo os he amado" (Juan 15:12). Él dijo: "En esto conocerán todos que sois mis discípulos, si os tenéis amor los unos a los otros" (Juan 13:35). No es de sorprenderse que Jesús quiera que nos distingamos por la misma cualidad que más caracteriza a Dios mismo. Como hemos aprendido: "Dios es amor" (1 Juan 4:16) y el amor es la llave para todos sus pensamientos, palabras y acciones a través de los tiempos. Él es el que origina el amor, "el amor es de Dios" (1 Juan 4:7), y ha puesto su afecto en nosotros y quiere que le comuniquemos esa misma acción a otros. Puesto que el amor es la característica más prominente de Dios, sus hijos portarán esa semejanza con Él.

Pregunta: ¿Por qué crees que las personas asemejan "ser piadosos" con "ser moralmente buenos", aunque no necesariamente sean muy amorosos? Cuando te imaginas a una persona de verdad espiritual, ¿piensas en un individuo amable, gentil y amoroso o algo distinto?

▲▲▲▲▲▲▲

Lee 1 Juan 4:20-21. ¿Algunas veces es más fácil ser "bueno" que amar a las personas que no necesariamente inspiran cariño? ¿por qué parece más fácil amar a Dios que a las personas?

▲▲▲▲▲▲▲

Lee 1 Juan 4:16. ¿Qué tiene el amor de Dios para ti que hace que le creas? ¿Cómo te ha dado "pruebas" de su amor?, ¿es posible para nosotros "probar" nuestro amor a otros de manera similar?

▲▲▲▲▲▲▲

Jesús les explicó a sus discípulos que el amor que les prodigaba era una copia perfecta del amor que Él primero había recibido del Padre (ver Juan 15:9). Él era como su Padre en todos los sentidos; manifestaba la gloria, el resplandor de Dios, de manera que, al ver a Jesús, las personas podían observar al Padre (ver Juan 1:14;

Como el Padre me ha amado, así también yo os he amado; permaneced en mi amor.
— Juan 15:9

Hebreos 1:3). Los milagros que Jesús hizo y las enseñanzas que compartió no eran suyas; el Padre que permanecía en Él tomaba la iniciativa y los realizaba a través de Jesús (leer Juan 5:30; 8:28; 12:49; 14:10).

Más que los milagros o las enseñanzas, lo que Dios reflejaba a través de Jesucristo era y es el amor. Jesús vivió de acuerdo con los mismos modelos de gracia, misericordia y bondad; y un deseo de relaciones restauradas, que eran pruebas del amor de Dios para toda la humanidad (ver Tito 3:4-5). En la tierra, Jesús reflejaba el amor del Padre así como un espejo refleja la imagen de quien se contempla allí. Esta simple verdad tiene implicaciones profundas para cada uno de nosotros cuando se trata de manifestar la verdadera señal de un creyente: Amar a otros.

▲ ▲

En la tierra, Jesús reflejaba el amor del Padre así como un espejo refleja la imagen de quien se contempla allí.

▲ ▲

Como en todos los demás aspectos de nuestra vida con el Señor, Él hace por nosotros lo que no podemos hacer por nuestra propia cuenta. Incluso el mandamiento que nos dio de amar a otros, lo cumplimos por su gracia, que es la que hace el trabajo. Dios quiere brillar a través de nosotros, simplemente quiere que sostengamos el espejo de nuestra vida y lo dirijamos hacia Él, en un ángulo tal que nos dé una reflexión clara de su amor para todos los que nos rodean.

Cuando "vemos" a alguien en el espejo, sólo significa que el espejo está en el ángulo apropiado para devolver su reflexión. Los espejos no son fotos; son incapaces de proyectar una imagen por sí mismos. Así que, uno de los primeros secretos que aprendemos respecto a amar a otros "como" Jesús nos amó primero, es hacer exactamente eso: imitar los modales y los caminos de su amor.

Ama con el amor del Señor

No es que tengamos que obtener de nuestro interior la capacidad de amar a otros. Más bien, tal como Dios nos ama, así nosotros debemos amar a otros. O plantearlo en términos más practicos, como amemos a los demás será el reflejo verdadero de lo que afirmamos saber acerca del amor de Dios, que da consuelo y esperanza (ver 2 Tesalonicenses 2:16-17). Ser recipientes del amor de Jesús, siempre rodeados de su favor y deleite, nos da esperanzas de tener la capacidad de amar a otros.

Aunque se requiere práctica, el principio para amar a otros como Dios nos ama es bastante simple. Cuando encuentres versículos que describan cualquier atributo del amor de Dios por nosotros como los que vienen a continuación, comienza a "practicar" esa cualidad con y por las personas que te rodean. Piensa en lo que se tiene que hacer como pasos específicos a seguir. Al final del camino, habrás amado a otros como Jesús te ama.

Y el Verbo se hizo carne, y habitó entre nosotros, y vimos Su gloria, gloria como del unigénito del Padre, lleno de gracia y de verdad.

— Juan 1:14

El es el resplandor de su gloria y la expresión exacta de su naturaleza, y sostiene todas las cosas por la palabra de Su poder.

— Hebreos 1:3

Pero cuando se manifestó la bondad de Dios nuestro Salvador, y su amor hacia la humanidad, El nos salvó.

— Tito 3:4-5

Y que nuestro Señor Jesucristo mismo, y Dios nuestro Padre, que nos amó y nos dio consuelo eterno y buena esperanza por gracia, consuele vuestros corazones y os afirme en toda obra y palabra buena.

— 2 Tesalonicenses 2:16-17

Lee 2 Tesalonicenses 2:16-17. ¿Puedes ver en este pasaje los actos de amor específicos: ofrecer a las personas comodidad, darles esperanza y fortalecer sus corazones?

▲▲▲▲▲▲▲

Lee Efesios 4:32. ¿Cuáles son los tres actos de amor que contiene este versículo?, ¿puedes plantearlos con tus propias palabras?

▲▲▲▲▲▲▲

Lee Deuteronomio 7:7. ¿Qué tipo de personas deberían llamar tu atención?, ¿a quién deberías elegir en un grupo: al más o al menos "popular"?

▲▲▲▲▲▲▲

Lee Deuteronomio 10:15. En este ejemplo, amar como el Señor, es una simple decisión, tal como elegir a alguien a tu alrededor a quién mostrarle amor. ¿Cómo puedes participar en actos de amor intencionados?

▲▲▲▲▲▲▲

A veces encontramos difícil amar con nuestras propias fuerzas a las personas que nos rodean. Los individuos nos ponen nerviosos, nos hacen cosas tontas que nos lastiman, nos estorban o actúan groseros o son egoístas y despistados. Lo que es más, tienen temperamentos, lujurias, miedos, actividades y heridas justo como nosotros. Esta es una combinación inestable: las cosas de los otros y las nuestras no hacen una buena combinación, así como el nitrógeno y la glicerina no se mezclan. Así que, ¿cómo debemos amar a las personas desagradables quienes, como nosotros, tienen muchas asperezas y cualidades poco refinadas?

El amor natural por lo general es una respuesta a algo respecto a alguien más: La forma en que esa persona se ríe, lo considerada y lista que es. Somos atraídos por su atractivo y queremos estar cerca de lo que nos gusta de los demás. A la inversa, si algo de ellos nos molesta: el sonido quisquilloso de su voz o la sofocante vanidad de su vida egocéntrica, no queremos estar cerca. Algunas personas simplemente nos fastidian y nos tropezamos con cosas de su vida que no son como queremos que sean.

Sin embargo, Dios no ama de esa manera; porque nos ama por lo que es cierto acerca de Él, no por lo que es cierto acerca de nosotros. Si Él hubiera basado su deseo de estar con nosotros en lo deseables que éramos mientras estábamos atrapados en nuestro pecado, todavía estaríamos distanciados de Él. No esperó a que nos deshiciéramos de todas nuestras cosas malas antes de amarnos; nos amó primero al ver más allá de todas las cosas que teníamos cuando todavía éramos pecadores (ver Romanos 5:8). En su corazón hizo una separación entre nosotros y nuestras obras malas para poder quitar lo que nos apartaba de Él.

> ▲ Dios nos ama por
> ▲ lo que es cierto
> ▲ acerca de Él, no
> ▲ por lo que es
> ▲ cierto acerca de
> ▲ nosotros.

Pero Dios demuestra su amor para con nosotros, en que siendo aún pecadores, Cristo murió por nosotros.
— Romanos 5:8

¿QUÉ HAY DE MALO?

El solo pensamiento de amar a ciertas personas nos hace retroceder. Nuestro reflejo natural es retirarnos, tal vez cortésmente y sin que nuestro desaire llame mucho la atención, pero decididos a zafarnos de tener que ser clementes, amorosos y amables con las personas que no podemos tolerar. Nuestra justificación es que nadie podría simpatizar con esa persona que es detestable, mandona o rara. Incluso nos sentimos con un poquito de discernimiento, capaces de detectar las cosas inapropiadas y las distorsiones de la personalidad, del carácter o del estilo de vida de esa persona.

La cuestión es que Dios, quien ve más de lo que podemos ver, no tiene dificultad alguna en amar a esa persona. ¿Él ve los problemas de la persona y la forma en que se comporta? ¡Claro! Entonces, ¿Qué le permite amarla a pesar de ella misma? La respuesta es inquietante, porque es demasiado contraria a lo que estamos acostumbrados a pensar al respecto. Dios puede fácilmente amar a las personas como nosotros, con problemas mayores y personalidades excéntricas, humanos quebrantados y malformados, porque Él mismo no tiene esas cosas.

"El Señor es uno", se nos dice, lo cual quiere decir que es completo y perfecto; que se contiene a Sí mismo y es total, sin que le falte ninguna parte (ver Deuteronomio 6:4; Marcos 12:29). En otras palabras, no hay nada malo en Él; "[totalmente] Justo es el Señor" (2 Crónicas 12:6, énfasis agregado). Por esta razón, puede amar a todos y a cada uno. No hay nada malo en Él como para reaccionar injustamente a lo malo en las personas. Él juzgará al mundo y está en oposición al orgullo, al pecado y a la maldad del mundo. Sin embargo, ese juicio no es por falta de amor. Él nunca pierde de vista a ninguna persona ni su interés afectuoso hacia ella.

¿Te sorprendería saber que la razón principal por la cual luchamos con amar a otros no es tanto por las cosas que están mal en ellos, como lo que hay de carnal en nosotros? Confiar en ellos es otra cosa; también lo es ignorar tontamente los elementos tóxicos de su personalidad. No obstante, tener la capacidad de amar a otros viene principalmente de la rectitud en nosotros, más que de la de ellos. Entre más íntegro llegas a ser como hijo de Dios, más tendrás la capacidad de amar a las personas desagradables.

Lee los siguientes versículos y observa la manera en que ellos relacionan la justicia con las actitudes del amor:

"Clemente y justo es el SEÑOR; sí, compasivo es nuestro Dios"
—Salmos 116:5

"Justo es el SEÑOR en todos sus caminos, y bondadoso en todos sus hechos" —Salmos 145:17

Si le pides al Señor que te ayude a amar a las personas como Él lo hace, se pondrá en acción casi de inmediato, y ajustará tu corazón, mente, voluntad y perspectiva.

A medida que crecemos en el Señor y en forma directa experimentamos su amor clemente una y otra vez, este amor de forma sorpresiva comienza a imprimirse en nuestra alma, de modo que llegamos a tener cada vez mayor capacidad de amar a otros activamente. La sanidad que recibimos de nuestro amoroso Padre Celestial hace que sea más fácil reaccionar ante la gente y aceptarlos del mismo modo que Dios lo hace, en lugar de cómo lo haríamos de manera natural. Es casi como convertir nuestros corazones en papel para calcar: cuando los ponen sobre el retrato del amor de Dios, se pueden marcar nuestros corazones con lápiz y se puede hacer un leve bosquejo para parecernos cada vez más a la imagen de su amoroso corazón.

Pocas experiencias en tu diario vivir con Dios son más emocionantes y satisfactorias que encontrarte reaccionando con amor sobrenatural hacia las personas por quienes habrías retrocedido. El reconocimiento después de los hechos ocurridos o incluso mejor, el hecho de darnos cuenta justo cuando esté sucediendo te hará celebrar mucho más de lo que acostumbrabas a regocijarte cuando esas personas salían del lugar donde también te encontrabas. Esta es una probada de la victoria y de la transformación que Dios está obrando en tu alma. Nada sabe tan bueno como el amor.

El nuevo mandamiento

En varias ocasiones le pidieron a Jesús que resumiera lo que Dios anhela y lo que para Él en realidad implica obediencia. Jesús lo resumió en dos mandamientos básicos; las dos cosas que a Dios le importan más, que explican casi por completo cómo es Él: "Amarás al Señor tu Dios con todo tu corazón, y con toda tu alma, y con toda tu mente, y con toda tu fuerza... amarás a tu prójimo como a ti mismo" (Marcos 12:30-31). Dios quiere que las relaciones personales afectuosas sean el enfoque mayor de nuestra vida, porque esto siempre ha sido el enfoque principal de la suya. Todo lo que concierne al reino de Dios, destila hacia una verdad tremenda: Dios quiere que todos sus hijos disfruten una eternidad feliz, segura y satisfactoria para siempre, reintegrados a su amor desbordante y sin límites.

¿Por qué Dios enlaza nuestro amor por Él con el amor por otros?, ¿es Él como una mamá exasperada que trata de manejar con varios niños que pelean en la parte de atrás de la camioneta: "Niños, es que no se pueden portar bien"?, ¿o es que Él sabe algo acerca de lo que en realidad significa amarlo, algo que nosotros como humanos olvidaríamos o elegiríamos pasar por alto? Jesús enlaza los dos tipos de amor al dejarlos directamente juntos, de tal forma que, como hemos visto, nadie puede decir que ama a Dios si no ama a otras personas. La verdadera prueba de cuánto amamos a Dios está exactamente en cuánta capacidad tenemos de amar a los demás.

Así que Jesús dijo: "Un mandamiento nuevo os doy: Que os améis los unos a los otros; que como yo os he amado, así también

▲ La verdadera
▲ prueba de
▲ cuánto amamos
▲ a Dios está
▲ exactamente en
▲ cuánta capacidad
▲ tenemos de amar
▲ a los demás.

os améis los unos a los otros" (Juan 13:34). Esta simple enseñanza fue un nuevo comienzo para todas las cosas que los discípulos aprenderían, un nuevo fundamento en el cual todas las demás verdades espirituales se basarían. Era una forma de encapsular la esencia de la madurez en su reino: La comprensión precursora de todo conocimiento, todo ministerio y todo significado verdadero en su jornada de fe.

El peligro para nosotros como creyentes es separar la verdad de Dios, del amor de Dios, cuando deberían ser lo mismo y una sola cosa. Por esta razón, el apóstol Pablo más tarde escribiría acerca de lo que realmente quiere decir ser una persona espiritual significativa, lo cual nos informa que cualquier otra cosa que conozcamos, digamos o hagamos, si no tenemos este tipo de amor, nuestras palabras, acciones y conocimiento son huecos en lo que a Dios respecta:

"Si yo hablara lenguas humanas y angélicas, pero no tengo amor, he llegado a ser como metal que resuena o címbalo que retiñe. Y si tuviera el don de profecía, y entendiera todos los misterios y todo conocimiento, y si tuviera toda la fe como para trasladar montañas, pero no tengo amor, nada soy. Y si diera todos mis bienes para dar de comer a los pobres, y si entregara mi cuerpo para ser quemado, pero no tengo amor, de nada me aprovecha... Porque ahora vemos por un espejo, veladamente, pero entonces veremos cara a cara; ahora conozco en parte, pero entonces conoceré plenamente, como he sido conocido. Y ahora permanecen la fe, la esperanza y el amor, estos tres; pero el mayor de ellos es el amor"
—1 Corintios 13:1-3, 12-13

Este es el "nuevo mandamiento" que resume vigorosamente nuestro llamado como creyentes: "No debáis a nadie nada, sino el amaros unos a otros; porque el que ama a su prójimo, ha cumplido la ley" (Romanos 13:8). En otras palabras, la forma en la que Dios quiere que vivamos en medio de este mundo quebrantado no está bien entendida si se interpreta como una lista larga de "haz esto" y "no hagas esto otro", sino como un corazón de amor que "no hace mal al prójimo" (v. 9-10). El amor es proactivo en el comportamiento y positivo en el tono. Entre más lleguemos a amar a las personas con el mismo tipo de amor con el que hemos sido amados por el Señor, más espirituales seremos.

Amar a otros es como dar orientación en la sala de espera de un hospital cuando necesitan saber qué pensar o hacer. Amar a Dios con todo tu ser y amar a otros como a ti mismo te dará las mejores respuestas.

> El peligro para nosotros como creyentes es separar la verdad de Dios, del amor de Dios.

Amor en acción

El amor, entonces, es la señal significativa de nuestra espiritualidad: la verdadera madurez en Cristo se mide por el grado en el que amamos a otras personas. Si tal amor debe servir para diferenciarnos de las demás personas del mundo y clasificarnos como discípulos de Jesús, no puede ser una cualidad invisible como una emoción o un sentimiento. De esta forma, nadie podría verla. Este hecho, junto con la imposibilidad relativa de forzarnos a generar sentimientos de amor hacia las personas a quienes encontramos desagradables nos da una pista de que el Señor no está hablando del amor como una respuesta emocional interna sino como algo externo y visible.

Estamos aprendiendo que el amor hace y cumple cosas en nuestra vida y en las de los demás; es activo, tiene recursos y es fuerte en lo espiritual. Más de lo que podríamos imaginar, es el enfoque básico de la obra de Dios en y a través de nosotros.

Lee Romanos 13:8. ¿Qué es lo único que deberíamos deberle a alguien?

_____

▲▲▲▲▲▲▲

Lee 1 Corintios 8:1. ¿Qué es lo que más le afecta a la gente de forma positiva el amor o el conocimiento?

_____

▲▲▲▲▲▲▲

Lee 1 Corintios 13:8. ¿Cuál es la cualidad que sobrepasa cualquier otra actividad y cualidad espiritual?

_____

▲▲▲▲▲▲▲

Lee 1 Corintios 16:14. ¿Cuál es el motivo para todo lo que hacemos en el ministerio?

_____

▲▲▲▲▲▲▲

Lee 1 Timoteo 1:5. ¿Cuál es la meta de toda enseñanza y doctrina? ¿Es justo evaluar la calidad de la enseñanza de alguien con base en cómo nos ayudó a amar más a otros?

_____

▲▲▲▲▲▲▲

Amar a otros como Jesús lo hizo en realidad significa hacer cosas para los demás, más que sentir cosas respecto a ellos. El amor espiritual es una decisión que lleva a las acciones, no es el capricho de las emociones. Es cómo tratamos con las personas, no cómo nos sentimos hacia ellas; el amor se manifiesta a sí mismo "de hecho y en verdad", no de palabra (1 Juan 3:18). El amor espiritual provoca "buenas obras" y un comportamiento muy particular hacia los demás (Hebreos 10:24). Así es como supimos que Jesús nos amó: "Puso su vida por nosotros" (1 Juan 3:16).

Si Él sólo nos hubiera amado desde lejos, con pensamientos de

> ▲ El amor, entonces,
> ▲ es la señal
> ▲ significativa
> ▲ de nuestra
> ▲ espiritualidad:
> ▲ la verdadera
> ▲ madurez en Cristo
> ▲ se mide por el
> ▲ grado en el que
> ▲ amamos a otras
> ▲ personas.

esperanza respecto a nuestro futuro o nuestra condición, nunca lo habríamos sabido. Sin embargo, Él hizo algo para que Su amor fuera real y nosotros debemos hacer lo mismo: Expresar con hechos nuestro amor por las personas.

Por ejemplo, estamos amando a otros cuando les damos la preferencia al poner sus necesidades o preocupaciones por encima de las nuestras (ver Romanos 12:9-10). Darles la preferencia a otros puede expresarse con hechos diferentes: Puede ser tan simple como irse al final de la fila para que nos sirvan la comida, o llegar a ser conocido en tu trabajo como la persona que siempre está dispuesta a remplazar a alguien que tiene una crisis familiar o que tiene la necesidad de cambiar turnos laborales. Tal comportamiento es notorio.

Lograr soportar y tolerar la actitud detestable de alguien, mucho tiempo después de que ha sido abandonado por todos los demás, "soportando a otros en amor", es otro ejemplo de amor en acción (Efesios 4:2). Lo es también cualquier decisión que te deja en desventaja por el bien de otra persona, como elegir el pedazo más pequeño de pastel, ofrecer quedarte después de un evento para limpiar u ofrecerte como voluntario para llevar a alguien a casa en tu carro, aun cuando te tienes que desviar (ver Efesios 5:2).

No todas las acciones de amor son de naturaleza que implican sacrificio. Piensa en sólo algunas de las cosas que Dios hace por nosotros a causa de su amor, y empezarás a captar la idea de cuán gozoso y satisfactorio es amar a otros:

> **El amor sea sin hipocresía; aborreciendo lo malo, aplicándoos a lo bueno. Sed afectuosos unos con otros con amor fraternal; con honra, daos preferencia unos a otros.**
> — Romanos 12:9-10

> **Y andad en amor, así como también Cristo os amó y se dio a sí mismo por nosotros, ofrenda y sacrificio a Dios, como fragante aroma.**
> — Efesios 5:2

▲ Extenderle misericordia a las personas que no lo merecen (leer Efesios 2:4).

▲ Crear un espacio que satisfaga las necesidades y aspiraciones de otros (leer Génesis 1).

▲ Tratar a los extraños como parte de la familia (leer 1 Juan 3:1).

▲ Realizar actos de bondad (leer Tito 3:4).

▲ Rescatar a otros de las situaciones tensas o delicadas (leer Deuteronomio 7:8).

▲ Promover a otros y creer en ellos, aun cuando su confianza no haya sido probada (leer 2 Crónicas 9:8).

▲ Mostrar una amabilidad que invite y atraiga a las personas desde lejos (leer Jeremías 31:3).

Entre más reflejemos el comportamiento amoroso de Dios hacia nosotros por cómo tratamos y nos conducimos con las personas que nos rodean, más reflejaremos el amor de Dios hacia ellos. Cuando ven cómo somos, empiezan a entender lo que Dios siente hacia a ellos. Como un Dios invisible que evita cualquier ídolo o cualquier intento de parte de sus seguidores por crear un objeto de piedra, madera o metal precioso que lo represente, el Señor confía en que seamos su retrato para ser mostrado a un mundo perdido.

Qué doloroso debe ser para Él que sus seguidores sean mayor mente conocidos por todo el mundo como las personas que siempre les están diciendo a todos lo equivocados que están o lo malos que son. A veces la iglesia se acerca más a los fariseos que a los pecadores, y los miembros del cuerpo de Cristo tienen la capacidad de tener mejor memoria para las injusticias sufridas que la de muchos partidarios del béisbol para el conteo del porcentaje de bateo. Cuando llegamos a ser más temidos por ser personas que confrontan, que buscados por ser personas que consuelan; y si lo que nos destaca como personas es que señalan con el dedo a otros en lugar de destacarnos como quienes tienden la mano, entonces no hemos honrado el nombre del Señor.

Tal comprensión nos lleva a uno de los ingredientes más esenciales de nuestro amor por otros: El aspecto del amor de Dios es el más responsable de asegurar nuestra relación con Él. En el espejo de nuestra vida, nuestros amigos y conocidos tienen que ver el perdón amoroso; debe ser la característica particular más prominente de nuestro trato con todos los demás. Sin esa característica, le estamos presentando al mundo un mensaje distorsionado: un mensaje que es exactamente opuesto al que es tan valioso para nosotros.

> ▲ El perdón
> ▲ amoroso; debe ser
> ▲ la característica
> ▲ particular más
> ▲ prominente de
> ▲ nuestro trato con
> ▲ todos los demás.

Evita el legalismo

El Señor nos dio su mandamiento para todos los propósitos: El de amarnos unos a otros Jesús estaba corrigiendo un malentendido que tiene mucha gente religiosa: que nuestro trabajo principal es creer y hacer las cosas correctas, llegar a lo "correcto" y quedarnos ahí. El problema de pensar así es que produce autojusticia y condenación. Después de todo, la autojusticia es exactamente el otro lado de la moneda de la condenación: sólo nos sentimos bien por lo "rectos" que hemos sido capaces de ser. Si nos evaluamos de acuerdo con una escala del bien y el mal, alternadamente nos sentiremos bien o mal respecto a nosotros mismos.

Esto es lo que llamamos legalismo: La mentira que dice que nuestra relación y nuestro apego a Dios están basados en nuestra actuación; que debemos ganar o mantener nuestra posición con Él de acuerdo con reglas, códigos y expectativas mínimas; que su protección e interés por nosotros mengua con cada mala decisión que tomamos. El legalismo sofoca nuestro corazón y gozo porque crea una unión impersonal con Dios y desprovista de emociones.

Entonces, en lugar de ser la niña de sus ojos, los hijos en quienes Él se complace, a quienes llama por su nombre hacia un destino futuro, terminamos como "un cualquiera" y como "todos," ya sea que obtengan una buena calificación o que reprueben el examen.

Sin duda, cuando el asunto de lo correcto o incorrecto se vuelve la preocupación principal, nuestra relación con Dios, así como con otras personas, está sujeta a cuánto estamos en lo cierto o a cuánto estamos equivocados nosotros y los demás. El legalismo dice que la relación debe esperar hasta después de hacer una evaluación.

Marcamos nuestra posición y progreso con Dios al depender de lo bien que nos haya ido en el examen del día. Por ejemplo, qué tan bien controlamos nuestra ira hacia los niños, o cuántas actividades de nuestro repertorio espiritual cumplimos tales como la oración, la lectura de la Biblia, servir en la escuela dominical. El legalismo hace que el amor y la aceptación de Dios estén condicionados a que nuestras habilidades sean buenas y justas. También la iglesia primitiva luchó con el tema del legalismo. Debido a que existe algo como lo correcto y lo incorrecto, las personas sinceras como nosotros haremos el mejor esfuerzo para elegir lo correcto sobre lo incorrecto. Esto está bien, siempre y cuando no permitamos que el comportamiento que elijamos tener se vuelva la base de nuestra posición con el Señor. Hace mucho tiempo Él eligió perdonarnos por nuestras malas elecciones, de tal forma que pudiéramos estar juntos toda la eternidad.

Lee Gálatas 5:4-6. La ley era una lista de lo que se debe y no se debe hacer. La circuncisión era un reconocimiento físico de que alguien había recibido la lista y que viviría de acuerdo con ésta. ¿Por qué, entonces, la circuncisión ya no importa para los creyentes en Cristo?

_____

▲▲▲▲▲▲

¿Qué es lo que importa para nosotros y para nuestra vida espiritual?

_____

▲▲▲▲▲▲

En un esfuerzo por vivir como el Señor quiere que vivamos, podemos caer en una tiranía al tratar de hacerlo de acuerdo con sus expectativas: haciendo y comportándonos bien en nuestras propias fuerzas. Aunque esto es sinceramente motivado, es mortal para nosotros y para las otras personas que ponemos bajo el mismo yugo de expectación; vivir de acuerdo con reglas y normas nos sujeta otra vez bajo el mismo yugo del cual Jesús nos liberó. Esto es lo suficientemente mortal para nuestra relación con el Señor, porque nuestra actuación nunca será suficiente y concluiremos de forma errónea que Dios preferiría no tenernos cerca de Él, hasta que podamos vivir mejor y con más justicia de lo que lo hemos logrado hasta el momento.

Además, el pensamiento legalista concluye que debemos hacer lo que podamos para ayudar a otros a lograr vivir correctamente. Entre más rectos (deletrear como m-a-d-u-r-o-s) nos volvamos, la religión promete que tendremos más capacidad para ver en dónde están equivocados los demás. Todo termina siendo un juicio, el cual tasa cuán buenas o malas, o cuán en lo cierto o equivocadas están las otras personas, y luego terminamos sentenciándolos a cierto tipo de prisión: Una oportunidad o una relación personal perdida o a cierto tipo de recompensa como un ministerio importante, o una relación cercana.

Un estándar parejo

Sin embargo, cuando se trata de las cosas tremendas que hicimos mal, o cuando nos visualizamos siendo llevados ante la corte del cielo, nos damos cuenta de que no podemos arreglar nuestras imprudencias como si fueran infracciones por estacionarnos mal en un pueblo pequeño donde el funcionario público es un viejo amigo de la escuela. Cuando nuestra culpa es una conclusión inevitable y enfrentamos una sentencia severa, desechamos todas las estrategias para nuestra defensa, y de forma frenética ponemos nuestra esperanza en la misericordia. Cuando estamos en realidad desesperados, buscamos el perdón como único medio de salvación.

> No podemos tener cierta actitud cuando necesitamos el perdón de otros y la actitud opuesta cuando otros la necesitan de nosotros.

En términos financieros, esto se llama bancarrota personal: Es una reconocida incapacidad de satisfacer a los acreedores, ya que les debemos más de lo que podemos pagar y no tenemos ninguna posibilidad de hacerlo. Deber mucho dinero es muy diferente a que nos lo deban. Cada instante tenemos exactamente los sentimientos opuestos. Jesús usó ese contraste para enseñarles a sus discípulos cómo funciona el perdón en la dimensión espiritual.

Nos cuenta la historia de un trabajador que le debía a su jefe más de diez millones de dólares, e imploró que se le diera más tiempo para pagar toda su deuda (leer Mateo 18:23-35). En lugar de conceder una prórroga al plazo para pagar la cuenta, el jefe la borró de los libros. Poco tiempo después de esto, el trabajador consideró su nueva situación financiera, se dio cuenta de que un compañero de trabajo le debía un poco menos de diez mil dólares, y le demandó el pago inmediato.

Todos los demás trabajadores, quienes habían estado asombrados y felices por su amigo cuando les contó acerca de los diez millones perdonados, se escandalizaron por su falta de perdón hacia esos diez mil. Le informaron al jefe y él cambió su decisión anterior de eliminar lo que le debía con el fin de igualar la decisión del trabajador de no perdonarle la deuda a su compañero.

¿La finalidad de Jesús? No podemos tener cierta actitud cuando necesitamos el perdón de otros y la actitud opuesta cuando otros la necesitan de nosotros. Por esta razón nos enseña a orar: "Perdónanos nuestros pecados, porque también nosotros perdonamos a todos los que nos deben" (Lucas 11:4), y nos invita a ser misericordiosos, tal y como Dios lo es (ver Lucas 6:36).

En lugar de permitir que fuéramos arrojados a la prisión de los pecadores, el Señor entró a la escena después de que nos declaramos en bancarrota espiritual y pagó por completo todas nuestras

Sed misericordiosos, así como vuestro Padre es misericordioso.

—Lucas 6:36

obligaciones. Basado en lo que Jesús pagó en la cruz, el Padre considera toda nuestra deuda saldada. Y eso nos encanta.

"*¡ -Exclamamos-, gracias, Dios por el perdón!*" Sin éste, todos estaríamos perdidos.

Eligiendo perdonar

El perdón es una de las declaraciones con acción más significativas que hace el amor. El amor apremiante de Dios envió a su Hijo al mundo como el medio por el cual el perdón fue posible para todos nosotros (ver Juan 3:16). Él es un Dios justo, y perfectamente recto. No obstante, si el Señor sólo hubiera mantenido su rectitud y nos hubiera señalado nuestra injusticia, sin hacer nada para perdonarnos, habría pasado la eternidad solo, sin nosotros. En un universo donde hay una diferencia entre lo correcto y lo incorrecto, entre la luz y la oscuridad, los dos siempre van a oponerse mutuamente. Nunca pueden estar de acuerdo o juntos.

Ese era el dilema del amor de Dios. Esa fue la angustia del pecado de Adán: Introducir al mundo de la creación de Dios lo diametralmente opuesto a lo correcto. Dios supo que, desde ese momento en adelante, las decisiones equivocadas y las malas obras de la humanidad serían un elemento dado y una variable constante en el mundo. Teniendo que elegir entre el bien y el mal, nosotros, su pueblo, con frecuencia elegiríamos el mal. A Dios no le quedó sino elegir una sola opción entre perdonar el pecado u olvidar la relación.

En nuestros tratos con otras personas tenemos las mismas opciones. No funciona tener una relación con las personas y con sus pecados. Nos relacionaremos con ellos, ya sea con base en quiénes son como personas o en lo que han hecho para ofendernos. Si de la imagen que de ellos tenemos no quitamos lo malo que hicieron, esto pronto se convertirá en la característica más prominente de lo que son para nosotros, e inadvertidamente transferimos a nuestra relación con la persona el crimen que hayan cometido contra nosotros. Por lo general, la transferencia es inconsciente de nuestra parte; no necesariamente planeamos terminar la relación con la persona, de modo que nos enfoquemos en el mal que nos hicieron; pero así sucede.

En el transcurso de tu vida puedes ver cómo las ofensas contra ti terminaron por completo la relación que había entre tú y varias personas. Entre más significativos y dolorosos fueron los comentarios y las acciones, más ensombrecen la imagen que tienes de esas personas. Sin duda, esas ofensas que persisten en nuestros pensamientos, en realidad se aumentan y se convierten en los pensamientos que más nos consumen. Por un lado, las pequeñas cosas que pasamos por alto no son tan dolorosas o no tienen tantas consecuencias, y por esa razón se deslizan de nuestra conciencia sin ser percibidas. Por otro, las cosas grandes, aquellas palabras y acciones punzantes y devastadoras que han golpeado nuestras vidas, surgen como amenazas frente a nosotros y atraen nuestros pensamientos a sí mismas con un magnetismo increíble, casi irresistible.

Porque de tal manera amó Dios al mundo, que dio a su Hijo unigénito, para que todo aquel que cree en Él, no se pierda, mas tenga vida eterna.

— Juan 3:16

Como un agujero negro gigante en el espacio, la gravedad de las transgresiones contra nosotros succiona todo lo demás hacia sí mismo. El perdón es la única fuerza lo suficientemente poderosa para contraatacar la gravedad ofensiva y hacer que el agujero negro se colapse en sí mismo. Mientras que nuestra cultura considera el perdón como una idea sufrida aunque noble posterior a un aconte- cimiento terrible de la vida, en realidad es uno de los poderes más potentes e impresionantes de toda la creación. Puede levantar a las víctimas por encima y más allá de lo que les fue hecho, cosa que asombra a sus ofensores.

Dios creó el universo de tal forma que el amor y el perdón siem- pre pudieran sobrepasar el peso del pecado; que la misericordia siem- pre pudiera triunfar sobre la culpa. Él no quiso renunciar a sus intenciones amorosas hacia nosotros al permitir que nuestros pecados tuvieran la influencia final y determinante. El perdón fue su pro- visión para asegurar que el amor siempre tuviera la última palabra.

El perdón es extraordinario e impactante, y deja en los demás una huella inconfundiblemente divina. Ya que vivimos entre personas como nosotros que han sido quebrantadas por el pecado, tendremos muchas ocasiones en las cuales exhibir esta característica increíble de Dios a los que nos rodean. Las personas nos lastimarán con sus pa- labras y acciones. Nos decepcionarán, traicionarán, se nos opondrán, nos restarán valor, nos calumniarán y nos ofenderán. ¿Qué haremos cuando suceda lo inevitable? La esperanza del Señor para nosotros es que elijamos hacer lo que Él eligió hacer: Perdonar.

Perdón en acción

Hasta que entendamos qué es y qué no es el perdón es muy difícil decidir si queremos o no perdonar a los demás. En realidad, lo que hace más difícil querer perdonar a alguien probablemente sea nues- tra mala interpretación de lo que el perdón conlleva. El perdón es una decisión difícil; va contra nuestro temperamento natural. Sin embargo, la obra del Espíritu de Dios en nuestras vidas nos dirige de manera firme en esa dirección, milagrosa y maravillosamente.

Una de las lecciones que hemos estado aprendiendo es que nues- tro concepto de la mayoría de las palabras de Dios es ligeramente erróneo. Por lo general, Dios tiene una intención diferente a lo que hacemos. Este es el caso del perdón. Debido a que ha sido pobre- mente definido, por lo menos en términos prácticos, la mayoría de nosotros lucha de manera innecesaria para responder la simple pre- gunta: "¿Qué significa perdonar a alguien?" Después de decidir per- donar, nos confundimos por los sentimientos de dolor que nos quedaron y, de forma equivocada, concluimos que, quizá, no per- donamos de verdad o no nos causaría dolor en nuestro interior todavía.

Como el amor real, el perdón es una decisión de cómo comport- tarte y relacionarte con alguien que te ofendió. No es una decisión de cómo sentirse después de lo que fue hecho. Puedes perdonar el descuido de un amigo que cerró de golpe la puerta del carro sobre tus dedos, mucho antes de que las palpitaciones de tus dedos se calmen. Perdonar a tu amigo no reducirá la hinchazón o el dolor de tu mano. Asimismo, puedes seguir enojado con tu amigo mucho tiempo después de que el dolor desaparezca.

El perdón no es un sentimiento, tampoco está necesariamente atado a tus sentimientos; es una decisión de lo que quieres que le suceda a alguien que te lastimó. ¿Quieres que paguen con un castigo de la misma magnitud que tu dolor, o los liberas de las consecuencias que justamente se merecen?

> El perdón es una ▲
> decisión de lo ▲
> que quieres que ▲
> le suceda a ▲
> alguien que te ▲
> lastimó. ▲

Pregunta: Algunas veces la mejor manera de entender el significado de un término espiritual es verlo utilizado en contextos no religiosos, y después transferir la ilustración de la palabra a nuestro vocabulario espiritual. Toma la palabra *aphiemi,* perdón ("dejar o descargar algo, cortarlo para liberarlo"). Este mismo vocablo (mostrada en itálicas) es utilizado en los siguientes versículos. Leelos e intenta hacer el ejercicio. Después explica con tus palabras lo que cada uno te dice acerca de lo que significa perdonar los pecados de otros.

"Y dejando al instante las redes, le siguieron" (Marcos 1:18).

▲▲▲▲▲▲▲
_____

"Pero Jesús dijo: Dejadla; ¿Por qué la molestáis? Buena obra ha hecho conmigo" (Marcos 14:6).

▲▲▲▲▲▲▲
_____

"E inclinándose sobre ella, reprendió la fiebre y la fiebre la dejó; y al instante ella se levantó y les servía" (Lucas 4:39).

▲▲▲▲▲▲▲
_____

"Y el que había muerto salió, los pies y las manos atados con vendas, y el rostro envuelto en un sudario. Jesús les dijo: *Desatadlo, y dejadlo ir*" (Juan 11:44).

▲▲▲▲▲▲▲
_____

"Y la mujer cuyo marido no es creyente, y él consiente en vivir con ella, no abandone a su marido" (1 Corintios 7:13).

▲▲▲▲▲▲▲
_____

El término del Nuevo Testamento para la palabra perdón esencialmente significa separarte de algo, pero veamos dos explicaciones: 1) enviarlo lejos, tal como se tira una oferta de una tarjeta de crédito que no se quiere, o como arrojar una flecha y 2), dejar atrás, como pasar un coche que avanza con lentitud o separar el furgón de cola de un tren. Planteado de forma simple, el perdón es la decisión de separar a una persona culpable del castigo que su culpa merece.

En lugar de decir: *"Esto es lo que te será hecho por lo que hiciste"*, el perdón declara: *"Te absuelvo de lo que merecías que te pasara; te libero y te encomiendo al cuidado del Señor"*.

> El perdón es la decisión de separar a una persona culpable del castigo que su culpa merece.

Por mucho que los humanos nos declaremos inocentes, en lo profundo sabemos que somos culpables de maltratar, traicionar y quebrantar a otros.

Sabemos el castigo que la culpa merece, así que tratamos de convencer a todos (especialmente a nosotros mismos), de que no somos culpables. Esta es la respuesta de por qué el perdón es tan impactante, por qué sobresale con tanto alivio del telón de fondo de lo natural y por qué nos marca como seguidores de Jesús. El perdón pasa por alto la negativa de las personas; les concede una solución llena de paz que no podrían alcanzar si se defendieran por su cuenta.

El perdón no definido

Debido a que el mundo natural no entiende la naturaleza del verdadero perdón, ha ofrecido varias formas de seudo-perdón, maneras de manejar las faltas cometidas contra nosotros, que no funcionan. No nos permiten experimentar la liberación total que Dios tiene en mente para nosotros cuando perdonamos a los que nos han hecho daño. El perdón es profundamente espiritual y Dios tiene el propósito de que lleve a cabo cosas en nuestras vidas, así como en las de los que nos ofendieron. Lo que el mundo llama perdón, no es lo mismo que Dios llama perdón. La perspectiva del perdón que el mundo tiene lo hace insignificante, insatisfactorio y patético. Entre más entendamos la verdad majestuosa del perdón, más queremos hacerlo como un acto de amor.

Dios no está tratando de poner a sus hijos en desventaja sino en ventaja. No quiere que perdonemos para que se aprovechen de nosotros o nos puedan hacer daño. No quiere que tratemos de probar algo, como por ejemplo, que realmente somos cristianos sinceros, que nos disponemos a pasar por una experiencia terrible. Él quiere que perdonemos, porque es muy vivificante y liberador para todo aquel que está involucrado.

LO QUE NO ES EL PERDÓN

El mundo ha ofrecido falsificaciones del verdadero perdón, lo cual hace que sea muy difícil que queramos perdonar. Nuestra disposición para perdonar a otras personas, de la manera que el Señor nos perdonó, puede ser obstaculizada por cualquiera de los varios conceptos erróneos de la naturaleza del verdadero perdón. Entre mejor entiendas la diferencia entre lo que Dios anhela que extendamos a otros y lo que nuestra cultura y nuestros temores nos ofrecen en nombre del perdón, más fácil será manifestar esta característica espiritual maravillosa y vivificante. Aquí hay algunas diferencias entre el verdadero perdón y unos cuantos conceptos del mundo acerca de éste.

El perdón no es la versión espiritual de la negación que afirma que algo nunca ocurrió (o por lo menos no con esa frecuencia), o que lo que la persona te hizo no fue "algo importante". Fue algo muy importante, razón por la cual estás pasándola muy mal al tratar de solucionarlo. Intentar convencerte que su ofensa fue insignificante, sólo logra hacer que te sientas mezquino por haber sentido dolor por ello.

El perdón no es decir que lo que hicieron estuvo bien, que tú lo provocaste o que probablemente no debiste sentirte lastimado por esto. Decir cosas como estas en nombre del perdón, y tratar de culparte, sólo empeora las cosas porque trae más confusión para algo que ya de por sí es desconcertante por el giro que tomaron las cosas. No será una explicación satisfactoria, y terminarás sintiéndote culpable por el dolor que experimentas.

Perdonar no es justificar, excusar o explicar una ofensa, ya que "encubrir" a la otra persona es poco sano y crea dependencia mutua. Al decir que no fue su culpa, te quedas con una sensación fatalista de impotencia en un universo impersonal donde las "cosas" sólo pasan; si no puedes culpar a las personas, amarga y tontamente culparás al destino ("Así es la vida") o a Dios ("¿Por qué no impediste que sucediera?").

El perdón no se trata de "ir más allá" del dolor que alguien causó en tu corazón. Igualar el perdón con estar por encima del dolor causado por lo que alguien te hizo agrava la herida; no puedes dictaminar la intensidad del dolor que sientes (por eso tenemos aspirinas contra el dolor del cuerpo). Lo que hace del perdón algo tan impresionante es la decisión de perdonar a pesar del dolor que hace trizas tu corazón.

El perdón no es la disposición de continuar confiando en una persona abusiva, que te lastimó y que no es digna de confianza. David se mantuvo lejos de Saúl, la persona que lo maltrataba, pero decidió no tomar venganza cuando pudo haberlo hecho. La confianza se construye con el tiempo y se gana por lo que la gente hace. El perdón se concede a pesar de lo que han hecho.
Sin ver una demostración de cambio en su comportamiento, es tontería, no perdón, ponernos en las manos de los que tienen un patrón de conducta que nos hiere.

Falsas nociones acerca del perdón tienden a caer en alguna de estas dos categorías: 1) Te hacen sentir inseguro o 2) Te hacen sentir loco.

El falso perdón sugiere que debes llegar a ser (permanecer) vulnerable a repetidas ofensas.

"Si realmente perdonas a alguien, debes estar dispuesto a olvidar el pasado, hacer borrón y cuenta nueva, y a no tratar de protegerte contra un abuso posterior". Esta es una frase clásica usada (por mencionar sólo algunas) por esposos abusivos, personas que sin remordimiento alguno le causan gran daño a otros, y algunos individuos que quieren poner una carga legalista sobre las mismas personas que ellos quebrantaron.

El perdón libera al ofensor del castigo; no pone a la persona agraviada bajo esclavitud para quedarse vulnerable en un futuro. Jesús nos dice que pongamos la otra mejilla, no como un mandamiento para que la misma persona se siga aprovechando de nosotros una y otra vez sino como un mandamiento para no intentar nivelar la balanza de justicia ("ojo por ojo") al buscar nuestra venganza (Mateo 5:38-39).

El seudo-perdón te deja con la impresión de que no deberías sentirte tan lastimado como estás por lo que te hicieron.

"¿No puedes simplemente perdonar, olvidar y superar lo que pasó? ¿Por qué todavía es tan importante para ti?" Una vez más, la carga está en los individuos agraviados y cuestiona su integridad o carácter por no estar tratando de hacer lo suficiente para "ser mejores", o por estar haciendo un gran lío sobre una ofensa tan pequeña.

Las personas que necesitan tu perdón merecen la ejecución de tu juicio. No necesitan tu perdón, a menos que hayan cometido un crimen en tu contra. No es perdón cualquier cosa que subestime la severidad de la ofensa o que trate de minimizar las consecuencias dolorosas que trajo a tu vida.

Resplandor sobrenatural

El perdón es "dejar por completo las cosas atrás", en cuanto a las faltas cometidas contra ti. La herida quizá permanezca, las consecuencias podrían estar todavía en tu vida, pero si todavía estás enfocando tu atención en las personas que cometieron las obras malas, en lo malo que son y en lo que se merecían (*"quisiera que supieras qué se siente…"*), no las has perdonado completamente.

Aquí es donde las Escrituras pueden sernos muy útiles. Cuando Jesús estaba siendo crucificado, declaró su perdón en voz alta. Si puedes repetir sus palabras en voz alta mientras piensas en aquéllos que te hirieron, puedes estar seguro de que ya los perdonaste. Jesús dijo: "Padre, perdónalos, porque no saben lo que hacen" (Lucas 23:34).

Por otro lado, el perdón se basa en un veredicto completo y final que dice "culpable", pero decide liberar a la persona del castigo que debe seguir al veredicto. Quizá porque no queremos "juzgar" a otros, nos resistimos a hacer una evaluación apropiada de lo que se nos hizo y tratamos de dar todo tipo de excusas de por qué las personas hicieron lo que hicieron. Sin embargo, no puedes perdonar a gente "inocente", pues es como tratar de resolver una ecuación de álgebra en un libro de texto de secundaria, que tiene un error de impresión; te quedas sintiendo que algo mal debe haber en ti por no poder resolverlo.

El perdón es antinatural. Nuestros instintos de supervivencia y nuestro sentido de justicia argumentan en contra de ello. Queremos vengarnos, aunque nos encanta camuflar esa pasión a flor de piel dentro del idioma de justicia. Dejar pasar lo que nos ocurrió se siente como dejar a la persona "escapar" con lo que hicieron, y eso no parece correcto. No sentimos que podamos dar por terminado lo que nos hicieron, hasta que obtenemos una garantía de que no volverán a repetirlo. Queremos que las cosas se hagan bien, ajustar las cuentas por nuestros diez mil dólares con el fin de que quede balanceado en los libros.

No obstante, el Señor dice que en el terreno limitado de este mundo, lo incorrecto no puede hacerse correcto o sensato. En el análisis final, la única explicación de por qué las personas como nosotros hacemos lo que hacemos para quebrantar a otros, se encuentra en la realidad de que lo incorrecto es una decisión en la vida y en el hecho de que, aunque Dios hizo a las personas rectas, nosotros hemos buscado "muchas artimañas [malas]" (leer Eclesiastés 7:29, énfasis agregado). Él, como nosotros, quiere que las cosas se hagan bien, así que diseñó el perdón, un mecanismo extraordinario y antinatural para que lo busquemos y apliquemos.

Cuando el perdón es concedido, sin importar por quién, corrige un error de forma permanente, y con rapidez impregna la oscura penumbra del aire que respiramos con un destello de brillantez en la semejanza del único y verdadero Dios.

> El perdón corrige un error de forma permanentemene, y con rapidez impregna la oscura penumbra del aire que respiramos con un destello de brillantez en la semejanza del único y verdadero Dios.

Hablemos al respecto

▲ ¿Cómo cambió tu definición de una persona "verdaderamente espiritual" después de leer este capítulo?

_____

_____

▲▲▲▲▲▲▲

▲ ¿Por qué las personas amorosas están unidas al Dios amoroso?, ¿por qué tenemos dificultades para amar a las personas detestables?

_____

_____

▲▲▲▲▲▲▲

▲ Explica con tus palabras por qué el amor es una decisión del comportamiento y no un sentimiento. ¿Puedes pensar en algunas formas prácticas de empezar a amar a otros?

_____

_____

▲▲▲▲▲▲▲

▲ ¿Cuál es el nuevo mandamiento?, ¿de qué manera debería ser la base para todo lo que aprendemos en nuestro diario caminar con el Señor?

_____

_____

▲▲▲▲▲▲▲

▲ ¿Cómo definirías el legalismo? ¿cuál es su característica principal?, ¿en quién echa la carga para sostener una relación con Dios?

_____

_____

▲▲▲▲▲▲▲

▲ ¿Por qué Jesús nos enseña a orar: "Perdónanos nuestras deudas, como también nosotros hemos perdonado a nuestros deudores"? ¿Por qué Jesús nos insta a que seamos misericordiosos como lo es Él?

_____

_____

▲▲▲▲▲▲▲

▲ El perdón verdadero es la decisión de cómo comportarte con alguien que te ofendió; es la decisión de lo que quieres que le suceda a alguien que te lastimó. ¿Hay personas a las que no has perdonado?

_____

_____

▲▲▲▲▲▲▲

▲ ¿Cuáles son algunas diferencias entre el perdón verdadero y unos cuantos conceptos que el mundo tiene al respecto?, ¿qué ejemplos de perdón falso te han hecho dudar para perdonar a otros?

_____

_____

▲▲▲▲▲▲▲

▲ ¿De qué manera tu forma de pensar acerca del perdón es ahora diferente de lo que era antes de leer este capítulo?

_____

_____

▲▲▲▲▲▲▲

Tu tiempo con Dios

Amar a otros a la manera de Jesús involucra hacer cosas para y por los demás. El amor espiritual es escoger las acciones. Es cómo tratamos a la gente, no cómo nos sentimos hacia ellos. Piensa en algunas cosas que Dios ha hecho por ti a causa de su amor, y empezarás a captar la idea de lo satisfactorio que es amar a otros.

¿En alguna oportunidad has tratado mal, traicionado o herido a otros? Pídeles perdón después de que te hayas perdonado a ti mismo. Pídele a Dios que empiece un proceso de restauración en ti. Quizá la siguiente oración te ayudará a empezar este proceso hoy.

Señor, estoy agradecido porque me amas y porque puedo ser una expresión de tu amor para otras personas. Debido a cuánto me amaste y cuánto me amas en verdad, quiero aprender mejor a hacer lo mismo con las personas que me rodean. Mi amor hacia otros tiene su fundamento esencial en tu amor por mí. Con cada palabra amable, cada pensamiento amoroso estoy cumpliendo la encomienda sagrada de sostener a otros en la luz de tu amor, reflejando lo que es cierto de Ti.

Tu amor es tan poderoso que sana mi herida, aun antes de que se desplace y salga de mí y tome la forma de un perdón hacia otros. Padre, gracias, por la compasión y comprensión para perdonarme y perdonar a otros. Reconozco tu presencia dentro de mí y tu demanda de amor en mis días. Quiero irradiar tu amor, misericordia y perdón a otros.

Señor, quiero reconocer lo difícil que a veces es amar y perdonar a las personas. Ayúdame en esos lugares donde estoy lastimado y herido por las cosas que he hecho y por las que me han hecho. Sana esas áreas de mi vida. Señor, no quiero tener atados a otros por no perdonarlos. De forma voluntaria decido liberarlos por sus acciones hacia mí.

Dios, ayúdame, a ver las oportunidades diarias que se presentan en mi vida para mostrarle mi amor a los demás. Gracias porque a través de mis acciones, otros pueden ver el amor que tienes para ellos. En el nombre de Jesús. Amén.

CAPÍTULO TRECE

Rescatados del mal

Cualquiera que haya sufrido una intoxicación causada por alimentos puede decirte con exactitud dónde y cuándo lo atacó y sus sospechas bien fundadas de cuál comida se lo causó. Los síntomas de la intoxicación con alimentos, a diferencia de los de la gripa, aparecen repentinamente. El estómago gorgoreando y protestando, anuncia de forma inconfundible que algo está mal. Mientras el cuerpo se concentra en deshacerse de la bacteria ponzoñosa que nosotros le metimos sin saber, el resto de nuestra vida pierde importancia. Ahí, tirados como marineros náufragos en las olas, esperamos a que la próxima que nos provoque nauseas, o algo peor, sacuda nuestro cuerpo frágil. Nuestros pensamientos se vuelven delirantes. Habiéndonos preocupado alguna vez por la posibilidad de morir envenenados por comida, empezamos a temer qué sucederá.

Todos los que han sufrido envenenamiento por comida quisieran que nunca hubieran ingerido ese alimento contaminado. Ningún postre con mucha crema, ningún tomate enlatado, ni las hamburguesas con carne de res valen la pena después si los organismos E. coli o de salmonela invaden nuestros cuerpos. ¿Por qué no tuvimos más cuidado con las sobras, o al identificar los hongos? Debimos haber cocinado la carne más tiempo. La lista de lamentos se repite una y otra vez como el enfoque de nuestra conciencia torturada. Sin embargo, no se puede regresar el tiempo. Como los turistas que accidentalmente se subieron al autobús equivocado, tenemos que seguir el camino hasta que haga una parada rutinaria.

Pasar por un ataque de botulismo no es la idea de vida para nadie. La vida a veces puede sentirse como muerte en vida. Algunas enfermedades llevan a la culminación de la vida de las personas en la tierra, pero la mayoría de las enfermedades tan solo hacen que la vida en la tierra sea más miserable. Por esta razón, podemos decir que la enfermedad es una sombra de la muerte, tal como el color lila lo es del morado; porque cuando nuestro cuerpo se enferma, algo está funcionando mal. La muerte, como la Biblia la define, es la vida contraria a como Dios la proyectó. La muerte en cualquiera de sus formas es la antítesis de los caminos de la vida de Dios; es lo opuesto a la vida. La muerte degrada, viola y disminuye todo lo que Dios declaró "bueno en gran manera" (Génesis 1:31). Como una interpretación de la maldad, el único interés de la muerte es destrozar y arruinar lo que es bueno.

De hecho, una de las mejores formas de captar las implicaciones completas de la injusticia (lo malo) es simplemente plantearlo como

EN ESTE CAPÍTULO APRENDERÁS...

▲ Cómo la maldad y la muerte distorsionan el orden que Dios proyectó para toda la vida.

▲ Que estás compuesto de cuerpo, alma y espíritu.

▲ Por qué tu cuerpo y alma están sujetos a la aflicción y al ataque de la maldad.

▲ Acerca del corazón del Dios que rescata y te libera de toda atadura diabólica.

▲ Una perspectiva balanceada y esperanzadora del ministerio de liberación.

▲ Cómo caminar en la libertad que Jesús te otorgó.

lo incorrecto: Los síntomas, el estómago encogido, el *"ah - ah - tengo -un- mal presentimiento de que algo no está bien, y de que sólo va a empeorar"*. Mientras que el Señor y su justicia quieren que nuestra vida vaya en aumento, traer más recompensas, mayores satisfacciones, más gozo; el diablo y la injusticia quieren hacer lo contrario.

Desde esa primera decisión que nuestra raza tomó hace tanto tiempo, la de pecar, todas las personas han estado viviendo una vida llena de numerosas manifestaciones de maldad. Las relaciones personales van mal; las personas dicen y hacen cosas sin pensar que tienen consecuencias terribles en la vida de otros; las personas sufren crisis nerviosas y desórdenes psicológicos o emotivos. Las cosas mortales conllevan pérdidas; porque perdemos nuestra salud, nuestro negocio, nuestros amigos, nuestra esperanza y se extravía nuestra mente. Como un tornado impredecible, la maldad y la muerte juntaron en el aire sus nubes que, al formar un embudo, aterrizaron en muchos puntos de nuestra vida, lo cual dejó tras de sí una estela de escombros y confusión.

Somos como personas atrapadas en una inundación, que para librarse de morir ahogados en el agua que se precipita, se treparon de manera apresurada al techo completamente empinado de la casa. Ese techo es como el mundo, permanente y peligroso, inclinado en un ángulo que apunta hacia el agua creciente. La fuerza del pecado que actúa como la gravedad, de forma implacable nos hala hacia abajo. Por supuesto, nuestra carne, que siempre quiere el camino más fácil con la menor resistencia, se inclina de cualquier forma hacia esa dirección.

Rondando nuestra vida aquí en la tierra, los espíritus malignos (fuerzas invisibles en las que no pensamos mucho) están como ráfagas de viento que nos derriban.

Sin importar la forma que tome, la maldad es tóxica y destructiva para los seres humanos, como una sustancia corrosiva, una "corrupción" que erosiona a las personas que Dios diseñó que fuéramos y que se roba la vida que quiere que disfrutemos (2 Pedro 1:4).

Lee Salmos 107:10-11. ¿Por qué las personas a veces terminan en circunstancias miserables?

_____

▲▲▲▲▲▲▲

Lee 2 Pedro 2:19. Si alguien es constantemente vencido por el pecado y continúa empeorando cada vez más, ¿qué pudo haberle sucedido?

_____

▲▲▲▲▲▲▲

Lee Juan 10:10. Explica con tus palabras los tres indicadores evidentes de la actividad satánica en la vida de las personas.

_____

▲▲▲▲▲▲▲

No es difícil darse cuenta de que la vida y la muerte nunca fueron destinadas a ir juntas, y no es de sorprenderse el saber que varios tipos de maldad han impactado tu vida. Sin embargo, con el fin de entender cómo la maldad nos puede afectar tan profunda y permanentemente, debemos aprender algunos factores respecto a quiénes y qué somos. En otras palabras, ¿cómo proyectó Dios que fuéramos? ¿De qué estamos compuestos?

Cuerpo, alma y espíritu

Aunque nuestro idioma natal es inapropiado para describir de manera adecuada los componentes de nuestro ser, tal y como fueron creados por Dios y la forma en que quería que funcionaran, al menos podemos obtener una comprensión básica de quiénes somos en el Señor y de cómo somos atacados por la maldad. Además de tu cuerpo, hay otras dos partes que te conforman como un individuo.

Estás hecho de "espíritu, alma y cuerpo". En lo profundo de tu ser interno ("alma y espíritu") están conectados (1 Tesalonicenses 5:23). Y Dios quiere protegerlos contra pérdidas o heridas, "todo… preservado" (Hebreos 4:12) . También anhela restaurar cualquier ruina que las fuerzas de maldad hayan logrado causarte.

Nuestros cuerpos son bastante evidentes y no necesitamos mucha comprensión adicional de los mismos desde un punto de vista bíblico, excepto darnos cuenta de que todas las fuerzas malignas quieren convertir nuestros cuerpos en "instrumentos de iniquidad" (Romanos 6:13). Por otro lado, los otros dos aspectos de nuestra existencia, son menos notorios y aparentes. Aun cuando en las Escrituras y en nuestra cultura son usados (de cierta forma) de modo intercambiable, los términos alma y espíritu no son sinónimos.

Tu *alma* (*psique* en griego, de la cual sacamos la palabra psicología) es esencialmente tu conciencia: Tu mente, voluntad, emociones y estado de alerta básico en el mundo natural. Los griegos usaron esta palabra para nuestra "vida interior", que nos mueve a vivir como lo hacemos, tal y como la respiración anima a un cuerpo vivo.

Tu *espíritu* (*pneuma* en griego, utilizado en palabras como neumonía) es un poco más difícil de definir porque se relaciona exclusivamente con el mundo invisible o espiritual, donde el Espíritu Santo hace morada en tu corazón (ver Gálatas 4:6). Mientras que el alma es como el aire que respiramos, el espíritu es como el viento que mueve ese aire. El cuerpo es vivificado por el alma; el alma es animada por el espíritu.

A diferencia de tu hígado y páncreas, ni tu alma ni tu espíritu tienen una ubicación exacta en tu cuerpo; porque no son partes tangibles de ti. No obstante, como órganos internos, pueden llegar a estar afligidos e indispuestos (especialmente el alma). Nuestro pecado y el de otros, puede dejar cicatrices profundas en tu alma.

Y porque sois hijos, Dios ha enviado el Espíritu de su Hijo a nuestros corazones.
—Gálatas 4:6

Pedazos filosos de este mundo en ruinas pueden clavarse directamente hasta en las partes más protegidas de tu mente y corazón. Tu carne puede llegar a ser tan tenazmente exigente que te conviertes en un prisionero de sus adicciones. Algunas veces hay razones sicológicas o químicas que explican los desórdenes psicológicos que perturban la personalidad que Dios destinó para la gente. Sin embargo, con más frecuencia, los culpables de las dolencias emocionales y mentales, ya sean graves o leves, son esas fuerzas de robo y ruina que llamamos espíritus malignos. Son como virus y toxinas espirituales que permean la atmósfera de esta vida.

Tal como nuestro cuerpo físico puede quedar bajo el ataque de gérmenes, toxinas o lesiones, así pueden estarlo también las otras partes internas de nuestra vida. Hemos sido hechos a la imagen de Dios, íntimamente ideados por Él en forma personal. (Leer Salmos 139:1-18). Tenemos, por lo tanto, atributos dados y proyectados por Dios, que están diseñados para ser parte de su asignación y llamado para nuestra vida. Contrario a lo que nuestra cultura nos enseña, no es por casualidad que acabamos siendo como somos, simplemente como resultado de una herencia natural, el medio ambiente y el azar.

Lee los siguientes versículos. ¿Qué te dicen acerca de cómo formó Dios sus planes para tu vida?, ¿crees que Dios te ideó sólo para satisfacer su llamado en tu vida?, ¿para el enemigo cuál sería la mejor forma de arruinar o disminuir tu habilidad de cumplir los deseos que Dios proyectó para tu vida?

Jeremías 1:5.

_____
▲▲▲▲▲▲▲
Gálatas 1:15.

_____
▲▲▲▲▲▲▲
Jeremías 29:11.

_____
▲▲▲▲▲▲▲

Somos lo que somos (verdaderamente) en nuestra alma por la gracia de Dios (ver 1 Corintios 15:10). Somos sus obras maestras, poemas con metro y rima de una belleza precisa, y nos ideó para que lleváramos a cabo muchas obras buenas (opuestas a las malas) que preparó hace mucho tiempo para que participáramos en ellas (ver Efesios 2:10). Puesto que toda la maldad se establece en oposición a la voluntad de Dios, las fuerzas de maldad buscarán desafiar y violar el plan y la obra del Señor para tu vida. Es aquí, en el mismo núcleo de la personalidad que Dios te dio, donde los espíritus malignos organizan su ataque más feroz.

Borrando las líneas que Dios compuso, o reescribiendo las estrofas de nuestro ser, los espíritus malignos trabajan para incapacitar

Pero por la gracia de Dios soy lo que soy, y su gracia para conmigo no resultó vana; antes bien he trabajado mucho más que todos ellos, aunque no yo, sino la gracia de Dios en mí.
— 1 Corintios 15:10

Porque somos hechura suya, creados en Cristo Jesús para hacer buenas obras, las cuales Dios preparó de antemano para que anduviéramos en ellas.
— Efesios 2:10

nuestra vida espiritual y afligir nuestro ser interior con desorden, consternación y desesperación. Los espíritus malignos suplantaron las palabras melodiosas de vida y de verdad inspiradas por nuestro Creador y sopladas en nuestra alma, y tratan de reemplazarlas con sílabas incoherentes y guturales, sin ritmo ni significado. En lugar de ser poemas de belleza extraordinaria y de distinción, perdemos nuestras palabras más y más. Se desordenan en la página y terminamos como versos crípticos, versos fragmentados casi imposibles de entender, y que apenas tienen una vaga semejanza con los poemas originales compuestos por el Señor.

Sabemos que los espíritus malignos no son la única fuerza que debamos considerar, que tiene que ver con la muerte, pero con la combinación del mundo en declive, la tentación del pecado y la inclinación de nuestra propia carne, las fuerzas demoniacas afectan nuestra vida de forma radical, incluso más de lo que muchas personas eligen creer. Veremos por qué y cómo el enemigo de nuestra alma quiere desviar nuestra atención de los ataques insidiosos que organiza contra los hijos de Dios. Sin embargo, aun más importante, veremos cómo el Señor ha hecho provisión para que resistamos esos ataques y cómo recuperarnos de cualquier daño previo que haya sido causado por los mismos. Jesús nos ofrece liberación de los espíritus malignos y de su manera tan inusitada de atacarnos.

▲ Jesús nos ofrece
▲ liberación de los
▲ espíritus malignos
▲ y de su manera
▲ tan inusitada de
▲ atacarnos.

Perspectiva balanceada

Debido a que nuestra cultura occidental argumenta de forma tan enérgica contra todo lo que tiene que ver con la dimensión espiritual, y debido a que algunos cristianos se vuelven tan místicos y sensacionalistas en su preocupación por las influencias demoniacas; en la iglesia no hay mucha enseñanza detallada y balanceada respecto a la liberación de los "principados y potestades en los lugares celestiales" que Jesús quiere para nosotros (Efesios 3:10). La iglesia tiene la tendencia a darle a esto, ya sea demasiada importancia, o casi ninguna; los cristianos parecen estar o asustados o fanáticos acerca de los *espíritus malignos*.

Aun cuando no "ignoramos sus maquinaciones [del diablo]" (2 Corintios 2:11, énfasis agregado), el cuerpo de Cristo ha tenido la tendencia a relegar la información acerca de los espíritus malignos a la periferia de nuestra doctrina. La falta de enseñanza honesta sobre este asunto ha permitido todo tipo de supersticiones y especulaciones para oscurecer la verdad simple y poderosa del triunfo de Jesús en la cruz, y lo que eso puede significar para cada uno de nosotros y para nuestra libertad personal.

Es interesante que la Biblia sea bastante práctica acerca de los espíritus malignos; no los señala en términos de las heridas y el daño que pueden traer sino más bien en el sentido de lo que son: Lo que hacen y cómo Jesús ya triunfó sobre éstos. Incluso la lectura más superficial del Nuevo Testamento, especialmente la de los evangelios, revela que el Señor sana dolencias espirituales con la misma frecuencia que las enfermedades físicas (leer Mateo 10:1; Lucas 7:21; Hechos 8:7). Algunas dolencias físicas son en realidad causadas por espíritus demoniacos (leer Lucas 13:11; Hechos 19:12).

Como hemos estado viendo una y otra vez, hay varias fuerzas de maldad contra las cuales debemos contender como cristianos, y ninguna discusión sobre los espíritus malignos debería quitarnos nuestra responsabilidad de resistir los impulsos de nuestra propia naturaleza carnal. Siempre debemos considerarnos "muertos para [los deseos del] pecado, pero vivos [responsables] para Dios" (Romanos 6:11, énfasis agregado). Debemos crucificar la carne a diario (Gálatas 5:24) y no proveer para las lujurias de la vida (leer Romanos 13:14). Por tanto, declarar con mucha labia que "el diablo me hizo hacerlo" es asumir muy poca responsabilidad de nuestra parte, y darle a nuestros enemigos demasiado crédito. En su celo, o en su tontería, los cristianos sinceros pueden achacarle a lo invisible muchos de sus conflictos y no responsabilizarse de manera personal por su propio comportamiento.

Parte de la razón por la que las personas se confunden respecto a qué tipo de maldad los está atacando es porque toda la maldad se inclina hacia el mismo propósito, y finalmente lleva a las personas al mismo lugar: Lejos de lo que Dios desea para ellos. La Biblia nos dice: "Limpiémonos de toda inmundicia de la carne y del espíritu" (2 Corintios 7:1); pero también indica que la mayoría de nuestra lucha será contra "huestes espirituales" en las regiones invisibles (Efesios 6:12). Francamente, con frecuencia es difícil identificar y aislar a un solo culpable de las ruinas que encontramos en nuestra vida y en la de otros.

Por lo tanto, nos corresponde ser clementes y misericordiosos hacia las personas que pueden llegar a ser demasiado celosas en su enfoque (o en su evasión) de cualquiera de las fuerzas de maldad en el mundo. No necesitamos argumentar contra cualquier maldad en particular como si se tratara de un debate; simplemente queremos aprender todas las provisiones que Jesús dejó disponibles para que las usemos cada vez que nos encontremos con cualquiera de estas manifestaciones. En consecuencia, el resto de este capítulo lo enfocaremos en el poder del Señor para librarnos de los asideros de los espíritus malignos en el alma humana. No queremos especular o llegar a ser supersticiosos acerca de los espíritus malignos sino permanecer espiritual y bíblicamente sanos en cuanto a cómo resistirlos u oponernos a las influencias demoniacas.

Naturaleza de los espíritus malignos

¿Qué sabemos de la Biblia acerca de los espíritus malignos? Si con absoluta certeza reconocemos que no sabemos mucho, podemos al menos decir unas pocas cosas acerca de éstos.

1. **Probablemente son los ángeles caídos que fueron arrojados de la presencia de Dios cuando Él los "arrojó sobre la tierra"**; porque se unieron a la rebelión de Satanás contra el Señor (leer Apocalipsis 12:4,7-9). Era sólo una tercera parte de las huestes celestiales, así que son la mitad, comparados con los seres angelicales que nos ministran (leer Hebreos 1:14).

2. **Estos ángeles caídos ya han sido derrotados dos veces;** una vez por Miguel y sus ángeles en el cielo, y otra vez cuando Jesús se levantó de entre los muertos (leer Mateo 12:40; Efesios 1:20-21; 4:9-10). Su destino eterno ya está escrito: están destinados para la derrota y el tormento, "día y noche por los siglos de los siglos" (Apocalipsis 20:10).

3. **Hay cierta clase de jerarquía dentro de sus rangos** y tienen designaciones diferentes que indican que pueden tener distintos tipos de influencia sobre situaciones o personas, que varía desde ciertos aspectos del alma de una persona, hasta una nación entera (leer Efesios 6:12; Colosenses 1:16; Daniel 10:13,20; Marcos 5:8-10).

4. **Como los dioses falsos, su actividad básica es distorsionar la verdad del verdadero Dios,** e introducen herejías religiosas, "doctrinas de demonios" (1 Timoteo 4:1), y afligen y oprimen a la gente (leer Marcos 1:23-26; 5:5,15; Hechos 16:16-18). De este modo se convierten en falsos puntos centrales (ídolos) de adoración y servidumbre (leer Deuteronomio 11:16; Salmos 106:36; Lucas 16:13; 1 Tesalonicenses 1:9).

5. **No tienen cuerpos naturales,** pero algunos parecen encontrar intolerable estar sin un cuerpo físico con el cual manifestar su característica esencial (adicción, depresión, auto-odio, temor). Por esta razón los demonios le suplicaron a Jesús: "Envíanos a los cerdos" (Marcos 5:11-12). De alguna manera quieren estar conectados espiritualmente a las personas (leer Mateo 12:43-45).

6. **Sea cual sea la manera en que se adhieran al alma;** ya sea que estén "en" las personas o sólo "presionando sobre" ellas, pueden ser quitados y desalojados en el nombre de Jesús (Lucas 11:18-20).

Lee 2 Reyes 6:11-17. ¿Por qué crees que las personas se impresionan más con la realidad del poder de las fuerzas demoniacas que con la realidad de las huestes angelicales y la del Espíritu Santo?, ¿qué nos lleva a pensar esta desproporción respecto al mundo espiritual?

▲▲▲▲▲▲▲

Lee 1 Juan 4:3-4. ¿Quién está en ti? ¿De qué manera ya han sido conquistados los espíritus malignos?

▲▲▲▲▲▲▲

Lee Lucas 4:36. ¿Puede algún poder demoniaco resistir el mandato de Jesús?

▲▲▲▲▲▲▲

Lee Marcos 16:17. ¿Por qué el nombre de Jesús es tan importante para librar a las personas de la opresión demoniaca?

▲▲▲▲▲▲▲

Lee Lucas 9:1. ¿De quién tenemos la autoridad, la capacidad y el privilegio de liberar a las personas de los *espíritus malignos*?

▲▲▲▲▲▲▲

Ataque demoniaco

Los *espíritus malignos* actúan como ráfagas de viento repentinas para derribarnos, y pueden afligir, presionar, propulsar y manipular áreas del alma humana para que respondan a sus impulsos. Tal como un latido rápido del corazón puede ser disparado por impulsos contrarios a los de nuestro cuerpo, lo que causa que lata fuera de sincronía con su ritmo normal, así también nuestra alma puede ser llevada a perder el paso con lo que Dios proyectó para ella.

Cuando cualquier parte del alma humana (pensamientos, sentimientos, conciencia, decisiones, recuerdos, percepciones) se enreda con los *espíritus malignos* o es contenida o cautivada por éstos, puede decirse que está atada. En tal caso, en una parte específica y particular de su alma, las personas no están libres por completo para orientar sus propias decisiones y seguir el curso de vida que en verdad quieren tomar. Alguna porción limitada de su pensamiento o capacidad de decisión o sentimientos está siendo utilizada por una fuerza más allá de ellos mismos. Es similar a una obsesión física que causa adicción; no es imposible resistir los impulsos adictivos, pero seguramente es más difícil resistir de lo que sería si no hubiera una adicción. Las ataduras espirituales (el término genérico que usaremos para cualquier tipo de manipulación u opresión en el alma causada por los espíritus malignos) son como una adicción del alma, en lugar de una física.

La opresión que viene de los espíritus malignos nunca se vuelve tan abrumadora al alma humana como para que una persona pierda completa jurisdicción sobre su ser. Las personas siempre retienen al menos alguna habilidad para ir a Jesús, sin importar lo represiva que su cautividad pueda ser (leer Marcos 5:5-9). Antes de que aceptaras a Jesús como Salvador, tu espíritu estaba "muerto", esto es, separado de la relación con el Señor y de la vida que Él quería para ti (Efesios 2:1,5). Sin embargo, ya que abriste tu corazón para recibir al Espíritu Santo, Él vino como la "garantía"

de la herencia completa de Dios a habitar en tu espíritu (leer
2 Corintios 1:21-22; 5:5).

Puede sonar un poquito extraño plantearlo de esta manera, pero
desde entonces el Espíritu Santo ha poseído tu espíritu. Por consiguiente, el espíritu de un cristiano nunca puede ser poseído por
un espíritu maligno o hacer allí su lugar de residencia. Podemos ser
oprimidos, fastidiados y atacados por los espíritus malignos tanto
como podemos ser tentados por nuestra carne, la fuerza del pecado
y el mundo. Lo más importante para nosotros como creyentes en
Jesucristo es que el Espíritu Santo, quien ocupa nuestro espíritu,
siempre está obrando en nosotros "tanto el querer como el hacer,
para su beneplácito" (Filipenses 2:13).

Las ataduras espirituales pueden tener diferentes grados, exactamente como cualquier aflicción del cuerpo, y entre más aguda sea
la opresión, más capaces son esas fuerzas de imponer sus atributos
malignos sobre el alma de una persona. El poder de la voluntad del
maligno empieza a erosionar la de la persona, y los "falsos" recuerdos de éste inundan sus recuerdos. Las características de la personalidad maligna se imprimen sobre ella, lo cual forma rayones y
garabatos como un grafiti sobre el verdadero yo. En casos extremos,
una persona empieza a ver y a oír cosas como resultado de las percepciones demoniacas que están siendo empujadas dentro de su
conciencia. Una vez más, es importante recordar que la mayoría de
las veces la maldad se manifiesta en agotamiento, quebrantamiento,
confusión, improductividad, y miseria, no en horrores grotescos y
aterradores como lo vemos representada en Hollywood.

Las personas atadas no arrastran sillas o lanzan fuego por los
ojos; viven con quebrantamiento interior y con percepciones torcidas. Las personas cuyas decisiones son restringidas por espíritus
malignos no muerden cuellos ni se desvanecen en la oscuridad; en
su lugar, les se detestan a sí mismos por no ser capaces de dejar de
tomar bebidas alcohólicas, o de renunciar a frecuentar las librerías
de pornografía. Cuando los espíritus malignos cautivan a los seres
humanos, no les dan poder con energía y magia de superhombre;
en su lugar, disipan la esperanza, la fuerza y la vida.

En lugar de ser persona majestuosas, creadas a la imagen de su
Padre celestial, terminan siendo patéticas, a la semejanza de los
espíritus que las abruman.

> ▲ Las ataduras
> ▲ espirituales
> ▲ pueden tener
> ▲ diferentes grados,
> ▲ exactamente
> ▲ como cualquier
> ▲ aflicción del
> ▲ cuerpo.

Susceptibilidades del alma

¿Cómo llegan las personas a estar atadas a los *espíritus malignos*?, ¿son
víctimas de una emboscada, o pescan espíritus malignos de la misma
manera que sucede con un resfriado? ¿Algunas personas simplemente
"contraen" los espíritus malignos de la misma forma que otros terminan con cáncer o con presión alta? ¿Podemos evitar ser afligidos y
retenidos por los *espíritus malignos* contra nuestra voluntad?

Estas no serían preguntas fáciles de contestar aun si el asunto en
cuestión fuera una enfermedad física. Los médicos pueden determinar

algunos factores que llevan, en algunos casos, a la aparición de diabetes adulta (dieta, peso, herencia, estrés) o a la presión alta (la misma lista), pero nunca es una ecuación segura de causa y efecto. Un tipo de cáncer parece darse por demasiado sol; otro (quizá), por demasiada carne roja. Sin embargo, otros tipos de cáncer están asociados con (en lugar de decir "causados por") desorden genético o exposición a productos químicos. Nadie puede predecir quién sufrirá una apendicitis y, al revisar toda la vida de una mujer con la enfermedad de Alzheimer, no se descubrirá la causa exacta de su memoria recién borrada.

Cuando la ciencia médica habla del estrés, no es capaz de cuantificarlo o identificarlo como una identidad microbiológica que invade el cuerpo. Lo que es estresante para una persona, no lo es para otra. Lo que la ciencia mide es lo que el estrés le hace al cuerpo. No pueden predecir, con algún grado de exactitud, quién será afectado ni cómo. La ciencia tampoco puede medir el dolor, y sin embargo los médicos hacen el mejor esfuerzo posible para aliviarlo de las personas. Algunas veces, al tratar los síntomas de una enfermedad, se pierde por completo la causa de esos síntomas, como la aspirina para la fiebre causada por una garganta inflamada. No obstante, estamos felices de obtener cierto alivio.

Lo mismo es con las aflicciones espirituales del alma. Ninguna estimación exacta es posible. La raíz de la atadura de una persona al miedo podría ser la fuente de la cautividad parcial de otra persona a un espíritu de control. El horroroso abuso sexual sufrido por una mujer, perpetrado por su padre, puede llevarla a un dominante odio por los hombres, mientras que el mismo grado de abuso sexual perpetrado contra su hermana podría hacerla susceptible a un interés por la actividad sexual fuera de lo normal, inspirado por los demonios. ¿Por qué la personalidad de un hermano llega a estar casi abrumada por el orgullo, mientras que la del otro no? Basta decir que las causas de las opresiones espirituales son al menos tan difíciles de detallar como lo son las causas de las dolencias físicas, y que las plagas del cuerpo y del alma no siempre son fáciles de entender.

Habiendo dicho eso, a continuación encontrarás algunas vulnerabilidades que parecen dar lugar a que los espíritus malignos encuentren un asidero en la vida de las personas. No debemos tomarlas totalmente en cuenta, o leerlas como un reglamento rígido al pie de la letra, pero pueden ser útiles cuando se llegue el momento de la consejería, oración y liberación que se administra entre los creyentes. Esta lista breve debe ser ampliada, modificada y suplementada por los líderes de tu iglesia, con respecto a una situación particular. Por favor, no te conviertas en un experto autodidacta acerca de un tema que está lleno de tanta incertidumbre. En la raíz de la mayor decepción está el orgullo: pensar que sabemos más. Evitemos caer en esta tentación mientras buscamos modos de ayudarnos unos a otros a liberarnos de los lazos de los *espíritus malignos.*

De vulnerabilidades del alma a ataduras espirituales. Aquí hay algunos de los posibles momentos y formas en los que las puertas del alma de las personas podrían haber sido dejadas entreabiertas, lo cual las deja más indefensas. Y puede ser cuando hacen lo siguiente:

1. **Hacer invitaciones intencionales a las fuerzas demoniacas;** ofrecerse en adoración a los poderes malignos a cambio de lo que esos poderes otorgan; o pedir ser usado por poderes malignos (como adorar a Satanás o jurar venganza "a cualquier costo").

2. **Hacer votos que atan o proferir maldiciones juramentadas;** invocar el nombre de dioses falsos o jurar nunca más expresar emociones del alma normales (como: *"Nadie me hará llorar otra vez; nunca confiaré en otro líder"*).

3. **Desobedecer al Señor repetitivamente con el fin de asegurar el futuro propio;** continuar haciendo una y otra vez lo que se sabe que está mal, y retar a Dios a que haga algo respecto a las ofensas repetidas (como no querer perdonar, elegir la amargura o tomar bebidas alcohólicas sin moderación).

4. **Participar y tener contacto prolongado con actividades de ocultismo;** involucrarse en astrología, cartas del tarot y cualquier otro tipo de adivinación; o estar seriamente involucrado en el consumo de drogas ilícitas.

5. **Sufrir abuso sexual severo o heridas por personas en autoridad;** experimentar traición por parte de quienes se espera protección; o ser utilizado para el placer egoísta de la autoridad (como abuso sexual o manipulación en una secta).

6. **Pasar por episodios traumáticos que amenazan la vida;** sufrir una "conmoción" por acontecimientos inesperados que causan miedo; o pasar por capítulos tormentosos en la vida, cuando una emoción domina a la persona o a los de su alrededor (como balaceras en la escuela, suicidios o accidentes automovilísticos).

7. **Pasar por transiciones de la vida y por tiempos de gran cambio;** experimentar la pubertad, vida adulta, jubilación, embarazo, el nido vacío; o llegar a estar tremendamente estresado por la pérdida de un trabajo o del cónyuge.

8. **Heredar deformaciones generacionales, características dominantes (pecaminosas) de padres o de abuelos;** estar "genéticamente" predispuesto a patrones de pensamiento o del comportamiento que no sólo se "aprenden" a través de la observación.

▲ No debes tener
▲ miedo de llegar a
▲ estar atado por
▲ los espíritus
▲ malignos.

Nuevamente, esta lista es breve y parcial, y no puede ser la base para "discernir a los espíritus" de tu vida o de la de alguien más (1 Corintios 12:10). La meta para tener una lista como esta no es preocuparte por lo que podría pasar la siguiente vez que estés embarazada sino ofrecerte una perspectiva de por qué tu ser interior ha estado algo fuera de sincronía desde que tu hijo nació.

No debes tener miedo de llegar a estar atado por los espíritus malignos sólo porque todavía no eres capaz de caminar en completa victoria sobre tu pecado; pero si no eres capaz de obtener la victoria sobre un hábito pecaminoso después de muchas semanas, podría ser que algo más que tu pecado esté interviniendo. El hábito puede ser una manifestación de un espíritu maligno que te manipula o fastidia.

El Señor nos advierte que no aprendamos los caminos de los dioses falsos y nos desviemos y sirvamos a otras deidades (leer Deuteronomio. 11:16; 20:18). Si no los echamos fuera, se convertirán en lazos para nosotros (Jueces 2:3). Las prácticas de los demonios no siempre son obvias por ser groseras. Con frecuencia sólo son distorsiones sutiles de la verdad del Señor, y por esta razón el pueblo de Dios es advertido contra éstas. Si las culturas que rodeaban a Israel estaban dominadas por dioses falsos y poderes demoniacos, tiene mucho sentido que la cultura que rodea a la iglesia y a los creyentes esté permeada de una malignidad espiritual similar.

Manifestaciones demoniacas

¿Si no podemos detallar la causa exacta de la opresión demoniaca, por lo menos podemos señalar sus síntomas? Nuevamente, como es el caso de las ciencias médicas o la psicología (la investigación de las causas naturales sobre los desórdenes de la personalidad), el discernimiento espiritual no siempre es bien definido en el diagnóstico de qué es lo que aflige a alguien. Por esta razón el Señor le da a su iglesia el don espiritual de discernimiento de espíritus, y se nos dice que "probemos los espíritus" (1 Juan 4:1).

Así como los dioses falsos, los espíritus malignos les ofrecen a los seres humanos tres cosas básicas: Protección, provisión y propósito. Cuando nuestros pensamientos, emociones, decisiones o fuerza de voluntad afirman tener la capacidad de darnos estos tres productos, debemos "pensarlo dos veces."

Las ataduras espirituales en la vida de alguien se manifiestan de varias formas. Posiblemente no podemos cubrir todas en este capítulo, tampoco es posible ofrecer una prueba infalible para diferenciar entre algo demoniaco en la vida de alguien y el desgaste "regular" del alma que se da en la vida. Sin embargo, si puedes desarrollar un poco de discernimiento en cuanto al sello característico de la opresión espiritual, la habilidad para "discernir el bien y el mal" crecerá con la práctica (Hebreos 5:14).

Para comenzar, *los espíritus malignos* que aflige n a los seres humanos pocas veces son raros o grotescos. Su táctica fundamental no es asustar a las personas sino, como parásitos, hacerlos sus presas de manera desapercibida. De este modo, más que nada, los espíritus malignos afectan y distorsionan la personalidad de los individuos, lo cual ocasiona que las personas actúen o piensen en formas que no son características de ellos. Cuando las personas empiezan a comportarse de una manera que no parecen ellos, puede ser un indicio de que las fuerzas espirituales estén obrando, además de cualquier otra cosa que esté sucediendo en su vida.

La mayoría de las veces, los asideros de los demonios se manifiestan en el alma en formas sutiles, por lo que se perciben más como características de la personalidad, emociones, temperamentos, actitudes o ambientes predominantes, los cuales son cosas naturales con las que estás familiarizado. Por esta razón, no son detectados con frecuencia; se esconden tras la máscara de "pensamientos que divagan", que "suenan" como nuestra propia mente o emociones, que "parecen venir de la nada". Son como sugerencias sutiles pero enérgicas, puntos persistentes que tratan de llevarse a cabo, sentimientos bajos pero definitivos, estados de ánimo inexplicables, estados de ánimo obstinados, características dominantes y únicas de la personalidad.

Los seres demoniacos también se manifiestan con el disfraz de las compulsiones u obsesiones: llevan y acosan a las personas con pensamientos incontrolables o sentimientos intensos e irresistibles y con sentimentalismos. Las hormonas, el estrés y la carnalidad pueden ser muy imponentes por sus propias características, pero las fijaciones ritualistas, las adicciones y las coerciones que limitan la vida (fobias) con frecuencia son indicativos de que una persona está batallando contra algo más que sólo su propio ser. Asimismo, cuando nuestra mente es bombardeada con conclusiones negativas y sin esperanza, lo cual nos empuja hacia la desesperación con observaciones de odio y de menosprecio hacia nosotros, o sentimientos frenéticos y desesperados respecto a nuestro futuro, lo que estamos oyendo podría ser la letanía de un demonio y no sólo un sentimiento normal de inseguridad.

> Dios tiene las llaves para abrir todas las puertas de las prisiones tras las cuales hemos sido atrapados.

Además, la presencia demoniaca que ronda los límites del alma de las personas pueden perturbarlas y oprimirlas con una confusión o un vacío inexplicables; las hunde en un vacío mental y emocional, o las enreda con una profusión de pensamientos y emociones que compiten entre sí. Estos no solamente son los pensamientos ansiosos relacionados con una responsabilidad venidera o con el futuro sino una preocupación o un estado mental enfermizo, que virtualmente incapacita a alguien y le impide vivir su vida. La corriente imparable de su conciencia inunda todo lo demás y anega con su preocupación cada rincón de la vida. Son "llevados a la distracción", absolutamente abrumados por pensamientos o sentimientos que llegan a ser su única realidad.

El corazón de Dios para rescatarnos

¿Debemos esperar hasta ir al cielo para poder ser rescatados de lo que nos han hecho los *espíritus malignos*? o ¿el reino del Señor puede venir a la tierra, aquí y ahora para liberarnos de los estragos de *los espíritus malignos* y restaurarnos para recibir nuestra herencia legítima como creaciones extraordinarias de Dios?

En realidad, esa es la promesa de salvación, no sólo una redención eterna que empieza después de abandonar este planeta sino la restauración y el rescate que empiezan ahora: la plenitud del cuerpo, alma y espíritu. El Señor es un Dios de liberaciones, redenciones y rescates; y tiene las llaves para abrir todas las puertas de las prisiones tras las cuales hemos sido atrapados (ver Salmos 68:20). Él quiere darnos paz para que descansemos en medio del caos de la vida; recompensas y bendiciones en la misma presencia de nuestros enemigos; alegría y gozo como la realidad que se desborda incluso en lugares desérticos. Él es muy bueno para restaurar nuestra alma (leer Salmos 23).

La obra de Dios en nuestra vida no puede ser comprendida apropiadamente, a menos que captemos su propósito fundamental: Liberarnos y rescatarnos de todo tipo de maldad para que podamos disfrutar nuestra vida junto a Él. En lugar de permitir que la intoxicación con alimentos siga su curso hasta agotarnos y reducirnos, nuestro Padre celestial desea intervenir con la cura. Él nos ofrece antídotos para toda forma de antivida. No está enojado con nosotros por estar envenenados, como una madre exasperada que trata de limpiar y ordenar las cosas sucias dejadas por sus hijos adolescentes. Su ira está reservada contra "toda impiedad e injusticia", ese virus infeccioso y ruinoso que reprime la verdad y nos extravía (leer Romanos 1:18; 2 Pedro 2:15).

Él quiere purgar su veneno (ver 1 Juan 1:9); quiere curarnos y aliviar nuestra miseria; quiere darnos algo para el estómago. Si alguna vez has visto a un pequeño en un hospital, amarrado con correas para evitar que se hale los tubos que salen de su cuerpecito, entiendes cómo y por qué un padre suplica en silencio poder cambiar su lugar con su hija de seis años. Cuando los ojos afiebrados de la hija preguntan: "¿Papi, por qué?"; él sabe que ella no puede entender lo que está sucediendo, y nada le importa a él excepto su recuperación; haría cualquier cosa para que sanara.

Mientras que la enfermedad o la lesión tratan de robarse la vida de ella, su papá piensa en lo que ahora podrían llegar a ser las oportunidades perdidas para disfrutar con ella: Volar cometas y comprar vestidos bonitos; y cuando cumpla siete años, hacer su fiesta en la playa. Su corazón se llena con imágenes del movimiento de sus rizos hacia arriba y hacia abajo, aunque los mechones de su cabello estén ahora enmarañados alrededor de su cabeza. Durante todas las largas horas de su sueño intranquilo, con sus pequeños labios apretados y sus cejas fruncidas, su padre con dificultad puede sobrevivir a la emoción que surgió por el contraste entre lo que ve en su

> Dios es para nosotros un Dios de salvación.
>
> —Salmos 68:20

> Si confesamos nuestros pecados, El es fiel y justo para perdonarnos los pecados, y para limpiarnos de toda maldad.
>
> —1 Juan 1:9

rostro pálido y descolorido y la sonrisa con hoyuelos que siempre tenía antes de que se enfermara tanto. Ahí es cuando el padre odia la maldad de la injusticia que se ha introducido en la vida de su hija.

Exactamente así es que Dios odia la maldad que ha invadido la vida de sus hijos. Lo que nos rompe el corazón, también rompe el corazón de Dios. Él no puede soportar la maldad. Nada malo se acerca a Él porque su justicia es tan completa y total que la maldad debe huir ante su presencia. Dios "no puede ser tentado" o engañado por la maldad (Santiago 1:13). Por otro lado, somos tentados, o sin saber, consumimos "alimentos malos" que traen maldad, como la salmonela. Cuando comemos substancias tóxicas y empezamos a sentirnos mal, decimos que la comida "no nos hizo bien".

Asimismo, debido a que fuimos hechos a la imagen de Dios y fue proyectado que, como su descendencia, compartiéramos su carácter esencial, pues la maldad "no nos hace bien" (leer Génesis 1:26-27; Hechos 17:28; 2 Pedro 1:4). Ésta siempre obra cosas malas en o a través de nosotros.

Dios quiere que seamos santos (no como los fariseos) para poder ser miembros de un club de *más santos que vos*, pero porque Él anhela que experimentemos la plenitud que acompaña a la santidad. El Señor no quiere convertirnos en pequeños robots religiosos, todos bien formados e impecablemente arreglados para desfilar en uniformidad por toda la tierra. No está tratando de embutirnos en una vida insignificante, perfilada con reglas y regulaciones. Él tan solo quiere que estemos bien y que sepamos cuáles hongos son ponzoñosos. Así que, Él nos enseña a orar: "Líbranos del mal" (Mateo 6:13).

Esta es la esencia de la salvación. La palabra griega para salvación, *sozo* [se pronucia sodi-zo], significa "hacer completo, asegurar, sanar, preservar, proteger, liberar". Jesús vino a "salvar lo que se había perdido" (Mateo 18:11). No vino para "juzgar al mundo" y condenar a las personas sino "para que el mundo sea salvo" (Juan 3:17; 12:47). Jesús es la "puerta" a través de la cual entramos a un lugar de gran seguridad y paz (Juan 10:9). Él es la Roca de nuestra salvación y el que nos ayuda a saber dónde y cómo resistir las fuerzas de maldad (ver Mateo 7:24-25).

Pregunta: La palabra hebrea para salvación es yeshuw'ah, de donde viene el nombre Jesús (Yesua'). Significa "liberación, ayuda, victoria sobre, salud, bienestar". Dios, nuestro Padre, desea ser una Roca de salvación. Lee los siguientes versículos y responde ¿qué te dicen cerca del Señor y de sus provisiones de liberación o redención para ti?

Deuteronomio 32:4

▲▲▲▲▲▲▲
Salmos 18:2.

▲▲▲▲▲▲▲

> Por tanto, cualquiera que oye estas palabras mías y las pone en práctica, será semejante a un hombre sabio que edificó su casa sobre la roca; y cayó la lluvia, vinieron los torrentes, soplaron los vientos y azotaron aquella casa; pero no se cayó, porque había sido fundada sobre la roca.
> — Mateo 7:24-25

El destruirá la muerte para siempre; el Señor DIOS enjugará las lágrimas de todos los rostros, y quitará el oprobio de su pueblo de sobre toda la tierra, porque el SEÑOR ha hablado.

— Isaías 25:8

El enjugará toda lágrima de sus ojos, y ya no habrá muerte, ni habrá más duelo, ni clamor, ni dolor, porque las primeras cosas han pasado.

—Apocalipsis 21:4

Y El mismo llevó nuestros pecados en su cuerpo sobre la cruz, a fin de que muramos al pecado y vivamos a la justicia, porque por sus heridas fuisteis sanados.

— 1 Pedro 2:24

Salmos 31:2.

▲▲▲▲▲▲▲
Salmos 144:1.

▲▲▲▲▲▲▲
Salmos 62:6.

El aspecto más significativo de nuestra salvación es, indudablemente, por un lado, nuestra eterna liberación del poder y las consecuencias del pecado, y por el otro, la vida sin muerte (en cualquiera de sus manifestaciones) que compartiremos con el Señor para siempre en el cielo (ver Isaías 25:8; Apocalipsis 21:4). En el cielo, las "cosas anteriores" de pérdida, dolor, pena, vacío y opresión ya no nos atacarán más. No obstante, lo hacen ahora; y la muerte ha devastado nuestra vida como enjambres de langostas, ha arrancado la vitalidad de nuestros días.

El rescate prometido

Cuando batallamos contra una enfermedad como la intoxicación con alimentos, tenemos muchas menos fuerzas y energía que lo normal. No queremos hacer nada, ni siquiera cosas divertidas y emocionantes, debido a lo agotados que nos sentimos. Este es un ejemplo obvio de los efectos de ruina y robo de la maldad que obra en nuestra vida. Como Salvador y restaurador, el Señor actúa como nuestro sanador; Él dice: "Yo, el SEÑOR, soy tu sanador" (Éxodo 15:26). Sin duda, uno de los beneficios que ofrece a sus hijos es la recuperación de las enfermedades físicas para nosotros mismos y para otros a través de nosotros.(Marcos 16:18). Esa provisión, junto con muchísimas otras (ver el cuadro que sigue sobre Isaías 53), fue comprada para nosotros cuando Jesús murió en la cruz (ver 1 Pedro 2:24).

ISAÍAS 53

Allí se encuentra la imagen profética más completa de la muerte sacrificial de Jesús en la cruz: Por qué Dios nos ofreció a su propio Hijo y qué fue lo que se logró a través del sufrimiento de Jesús. Leerlo es muy conmovedor.

En el aspecto principal del plan de Dios para salvar al mundo estaba la necesidad de hacer a Jesús como nosotros en todo, de modo que pudiera ser un verdadero sacrificio representativo. El Padre quiso que Jesús experimentara toda clase de cosas por las cuales nosotros pasamos, que probara el sabor de la muerte para que pudiera liberarnos de su poder (leer Hebreos 2:9-18). Por esta razón, la cruz es central en cada aspecto del rescate y de la restauración de nuestra vida.

Jesús...	Como nosotros...	Para que pudiéramos ser...
Fue despreciado (ver v. 3)	Menospreciados, se burlan de, ridiculizados, desdeñados.	Amados, abrazados y bienvenidos. (Leer Salmos 22:24; Apocalipsis 3:20).
Fue desechado (ver v. 3)	Rechazados, dejados a nuestra suerte, abandonados, aislados, desterrados.	Acercados a, acompañados por, nunca desechados. (Leer Deuteronomio 31:6-8; 2 Corintios 4:9).
Cargó con nuestras penas (ver v. 3-4)	Afligidos, doloridos, entristecidos, angustiados, acongojados, perturbados.	Liberados de nuestras cargas pesadas, preocupaciones y cansancio. (Leer Isaías 9:2-6; Mateo 11:28).
Cargó con nuestros dolores (ver v. 3-4)	Afligidos con enfermedad crónica en el cuerpo y en el corazón,agotados por la tristeza.	Sanados de nuestras aflicciones físicas, mentales y espirituales. (Leer Jeremías 33:6; 1 Pedro 2:24).
Fue herido (ver v. 5)	Quebrantados, deshonrados, apuñalados (por la espalda), separados.	Restaurados, edificados, renovados, restablecidos. (Leer Jeremías 24:6, Hechos 20:32).
Fue molido (ver v. 5)	Quebrantados, aplastados, oprimidos, hechos pedazos.	Reintegrados y preservados en cuerpo, alma y espíritu. (Leer Isaías 42:3-4; 1 Pedro 5:10).
Fue flagelado (ver v. 5)	Azotados, fustigados, maltratados con el uso de la fuerza, incapaces de escapar.	Libertados, liberados de nuestro propio hastío y del castigo eterno. (Leer Salmo 107:13-16; 39-41, Juan 8:36).
Fue oprimido (ver v.7)	Tiranizados, desalojados por fuerzas externas, se nos exige esfuerzo, agobiados, hostigados.	Liberados de las circunstancias y espíritus malignos. Dotados de dominio sobre éstos. (Leer Salmos 9:9; 144:7-11; Hechos 10:38).
Fue afligido (ver v .7)	Humillados, deshonrados, derrotados, mortificados, deprimidos.	Levantados, dotados de doble porción en lugar de vergüenza y de gozo en lugar de luto. (Leer Isaías 51:11; Juan 15:11).

Fue sometido a padecimiento (ver v. 10).	Desgastados, debilitados, apesadumbrados por enfermedades o dolores prolongados.	Renovados con fuerza y esperanza, sustentados en cuerpo, alma y espíritu. (Leer Isaías 40:29-31; 2 Tesalonicenses 3:3).
Fue angustiado en su alma (ver v. 11)	Estresados profundamente, enfermos por la preocupación, acabados física y mentalmente.	Dotados de paz (shalom), bienestar, salud interna, prosperidad del corazón, y descanso. (Leer Isaías55:12; Filipenses 4:7).

Orar e imponer manos en el nombre de Jesús puede sanar todo tipo de enfermedades. (leer Jeremías 30:17; Mateo 10:1; 14:14; Marcos 3:10; Hechos 5:16; Santiago 5:16). En efecto, la sanidad física es una de las pruebas visibles de que el reino y el poder de Dios están presentes: "Sanad a los enfermos … y decidles: 'Se ha acercado a vosotros el reino de Dios'" (Lucas 10:9) y también es prueba de que Jesús tiene la autoridad para perdonar los pecados de las personas (leer Marcos 2:1-12). Cuando la enfermedad busca vencernos y dominar nuestro mundo, la obra restauradora de la salvación de Dios puede tomar posesión y liberarnos de los efectos físicos y de los síntomas de la dolencia. "Él envió su palabra" para sanarnos y sacarnos de la enfermedad (Salmos 107:20).

Puesto que los espíritus malignos siempre se oponen a los propósitos de Dios, resistirán, disputarán y obstaculizarán lo que el Señor quiere hacer en y a través de las personas a quienes ellos han hecho sus presas. Por esta razón, la liberación espiritual es una de las promesas más significativas de rescate para los hijos de Dios:

Jesús es nuestro libertador. Él es nuestra salvación de toda clase de maldad.

"El Espíritu del Señor DIOS está sobre mí, porque me ha ungido el SEÑOR para traer buenas nuevas a los afligidos; me ha enviado para vendar a los quebrantados de corazón, para proclamar libertad a los cautivos [exiliados capturados] y liberación a los prisioneros [con un yugo, atados]"

– Isaías 61:1, énfasis agregado.

Ministerio de liberación

Hay muchas manifestaciones de la bondad y del poder de Dios, pero la más significativa de todas son su amor y gracia, que nos dan la capacidad de ser perdonados de nuestros pecados. Lo que más debe causarnos regocijo no es que los demonios se nos sujetan en el nombre de Jesús, lo cual hacen, sino que su nombre nos ha salvado de la muerte eterna, lejos de Dios (Lucas 10:17-20). Al comisionar a sus discípulos, Jesús les dio autoridad e instrucción para ministrar liberación de los espíritus malignos (Mateo 10:8; Marcos 3:14-15). Por lo tanto, se espera que los demonios sean tomados en cuenta en la vida de los creyente, y no es posible que Jesús nos haya dado jurisdicción sobre algo que preferiría que evitáramos.

Tenemos la prerrogativa y la responsabilidad de aliviar a las personas de las cargas crueles y debilitantes que nuestros enemigos nos han forzados a llevar. Con la seguridad de que Dios levantó libertadores (Jueces) en el antiguo Israel para liberar a su pueblo de las manos de sus enemigos, así también nos ha levantado con la misma asignación. Ya sea que sus opresores sean pecaminosos o satánicos, físicos o espirituales, pasados o presentes, Jesús quiere a su pueblo libre, y bondadosamente nos confía la misión de poner manos a la obra para propiciar esa libertad.

Meter la cabeza en la tierra, o tener la esperanza de que la maldad se vaya de nosotros y de otros, o tratar de aislarnos con la teología de mantener a los espíritus malignos a distancia, fuera de nuestra nación o de nuestra vida es perder el objetivo. Jesús es nuestro libertador. Él es nuestra salvación de toda clase de maldad. Sin embargo, la forma como nos guiaría para orar por una familia al borde de la ruina financiera o para aconsejarla puede variar según las realidades espirituales que haya detrás de su situación. Por ejemplo, podemos descubrir que el asunto del dinero puede deberse a su negligencia para diezmar, a despilfarros en parrandas, a una calamidad imprevisible que acabó por completo con una cuantiosa cuenta de ahorros, a un atraco sorpresivo inducido por la avaricia de alguien más o a un deseo de enriquecerse. Bíblicamente, cada una de estas es una posibilidad. Orar por un desastre financiero sin aconsejar a la pareja a que diezme es ministrar de forma incompleta. También es incompleta si se evita el tema de su deseo carnal de tener dinero, o el de la posible intromisión del dios de la confianza en lo material.

Todo tipo de maldad se alimenta mutuamente, pero ninguna es más oportunista que la de los espíritus demoniacos.

Jesús fue entregado en manos de hombres malvados, de acuerdo al plan predeterminado de Dios, de modo que, mediante su muerte, pudiera librar a nuestra raza de la tiranía de la muerte (ver Hebreos 2:14-15). El Señor promete liberación y rescate para nosotros.

Lee Gálatas 1:4. ¿Cuál es la voluntad y el deseo de Dios para nosotros?

▲▲▲▲▲▲▲

Lee 2 Timoteo 4:18. ¿Qué le da gloria a Dios?, ¿con base en qué pone su reputación en juego?

▲▲▲▲▲▲▲

> Así que, por cuanto los hijos participan de carne y sangre, Él igualmente participó también de lo mismo, para anular mediante la muerte el poder de aquel que tenía el poder de la muerte, es decir, el diablo, y librar a los que por el temor a la muerte, estaban sujetos a esclavitud durante toda la vida.
> —Hebreos 2:14-15

Lee 2 Corintios 1:10. ¿Por qué podemos colocar nuestra confianza en el Señor?

▲▲▲▲▲▲▲

Aun cuando la mayoría de las liberaciones de la maldad serán procesos con los que se trabaje durante un periodo de tiempo, más que acontecimientos instantáneos, habrá ocasiones cuando la intervención milagrosa de Dios en nuestra condición mental, emocional, espiritual nos traiga libertad completa en un instante. En lugar de una temporada de liberación, experimentamos un rescate repentino, muy parecido a la liberación que vino a nosotros cuando abrimos nuestro corazón para recibir a Jesús como nuestro Salvador.

Las liberaciones de este tipo, como repentinas sanidades de aflicciones físicas, son milagros. Pueden suceder como resultado del poder de Dios, pero el acontecimiento detonante puede ser una "palabra" dicha a la persona atada (Mateo 8:16); las "Escrituras" (Salmos 107:20); la revelación de la "verdad" (Juan 8:32); una simple orden (ver Marcos 5:8); el "amor" (1 Juan 4:18); "la oración y el ayuno" (Mateo 17:21) o simplemente como una obra soberana del Espíritu Santo que abre nuestros ojos.

Distintivos de la liberación

Ya sea que la libertad del Señor venga a nosotros en un instante o durante el transcurso de varias semanas, ¿qué distintivos tienen las liberaciones verdaderas, obradas por Dios? ¿Cuáles son los distintivos inequívocos de una libertad espiritual genuina? Aunque es casi imposible generalizar la experiencia personal que hemos tenido cuando fuimos "liberados de la maldad", usualmente experimentaremos, como resultado de ello, varias de las siguientes experiencias:

1. **Una sensación de verdadera capacidad de decisión de lo que hacemos, decimos o pensamos:** En completo contraste con lo que sentíamos antes, tendremos opciones de pensamiento y de comportamiento bien claras. Los pensamientos equivocados ya no tendrán el poder que una vez tuvieron para hacernos perder la calma. En lugar de ser "impulsados" a decir, hacer, pensar o tener algo, seremos enfrentados a varias elecciones simples respecto a si queremos o no tomar el camino equivocado.

2. **Una habilidad repentina y sorpresiva de ir más allá de los límites anteriores:** Así como el zumbido del refrigerador que se nota más cuando se detiene, la garra de lo que solía consumirnos simplemente ya no está allí, y notamos su ausencia más de lo que notábamos su presencia. Es como despertar de una pesadilla o como sobresaltarse cuando, al ir manejando tarde en la noche, nos damos cuenta de que no podemos recordar el haber pasado las tres rampas de salida previas.

3. **Una vigilancia y conciencia extremas de lo correcto y lo equivocado:** Más allá de sólo esforzarnos, tendremos una pasión más intensa y profunda de hacer cuadrar las cosas de nuestra vida, que antes de nuestra liberación. En lugar de sentirnos indiferentes acerca de nuestro pecado, nos volvemos más deseosos que nunca de llevar todas las áreas de nuestra vida, no sólo las que están conectadas al mal del que hemos sido liberados, a la sumisión de la justicia de Dios.

4. **Una sensación de que nos han dado de manera inmerecida un "nuevo contrato de vida":** Nos sentiremos extrañamente favorecidos en lugar de condenados, de forma muy parecida a lo que sintió el hijo pródigo. Aunque merecíamos que se nos quitara nuestro derecho de nacimiento, somos, por el contrario, tratados como invitados de honor. La sensación de ser sanados y perdonados cuando deberíamos haber sido castigados justamente es tan increíblemente buena que nos da un incentivo para huir de los anteriores patrones de ataduras en nuestra vida.

5. **Una convicción profunda de que Dios nos respondió y de que fuimos guiados por Él:** A diferencia de como nos sentíamos antes, ya no experimentamos soledad al clamar por la Palabra del Señor. Sabemos que ésta es su respuesta en nuestros tiempos de necesidad, y como resultado inmediato de nuestra liberación, escucharemos su voz más claramente que mucho tiempo antes. Recibiremos grandes dosis de confirmación sobre la trayectoria que Él quiere que sigamos y sobre las cosas que quiere que hagamos.

6. **Una habilidad fortalecida de resistir la tentación:** Experimentaremos un innegable "llamado" desde los lugares de las tinieblas. Sin embargo, los puntos de vista y actitudes de zonas grises y sombrías y otras áreas en las que no habíamos estado viviendo completamente en la luz nos harán sentir definitivamente fuera de los límites. Estaremos conscientes de que estamos apoyados por el Señor y guardados de sucumbir a la tentación en medio de los mismos patrones que nos llevaron a la atadura, o que resultaron de ésta.

7. **Una restauración de nuestra verdadera persona y de nuestra herencia espiritual:** Los patrones de vida y de pensamiento que habían sido suplantados por la atadura, las características de nuestra personalidad y carácter, tal y como el Señor las formó, regresan a nosotros rápidamente como si alguien acabara de quitar una cobija que las había estado cubriendo. Recuperamos los aspectos de nuestro ministerio, de la autoridad espiritual y de la personalidad como si nunca se hubieran ido.

Aunque la liberación puede sacarnos de las circunstancias originadas por los espíritus malignos o libertarnos de las garras de los espíritus en sí, la libertad que experimentamos con la liberación nos lleva a un lugar muy nuevo. Es como hacer que el viento o una corriente de agua se dé la media vuelta y se vaya en dirección contraria al avanzar y ayudarnos, en lugar de oponérsenos. Esto, a su vez, aumenta nuestro deseo de celebrar y alabar a Dios. Saber que Él cambió nuestro lamento en baile, nuestro pesar en gozo, nos darán ganas de gritar desde la azotea: "¡Grande es el Señor, y digno de ser alabado!" Sabemos que fue el Señor quien llevó a cabo esta gran liberación para nosotros, por medio de su diestra y su gran poder. De alguna manera sentimos que todo lo que necesita decirse, se resume en decir: "¡Alabado sea el Señor!"

"El ángel del SEÑOR acampa alrededor de los que le temen, y los rescata" (Salmos 34:7). Cuán agradecidos estamos con el Señor, que es para nosotros "un Dios de salvación" y a quien "pertenece el librar de la muerte" (Salmos 68:20). Uno de los testimonios que cada creyente puede tener durante el curso de su diario vivir con el Señor es que "libra y rescata, hace señales y maravillas en el cielo y en la tierra, el que ha librado a Daniel del poder de los leones" (Daniel 6:27).

Hablemos al respecto

▲ Explica con tus palabras la diferencia entre tu alma y tu espíritu.

_____

_____

▲▲▲▲▲▲▲

▲ De acuerdo con este capítulo, ¿es posible para un creyente en Jesús estar *poseído* por espíritus malignos?, ¿por qué?

_____

_____

▲▲▲▲▲▲▲

▲ Después de leer este capítulo, ¿cómo cambió tu forma de pensar respecto a la naturaleza de los espíritus malignos?, ¿por qué crees que muchas personas tienen dudas sobre su existencia, e incertidumbre sobre su naturaleza?, ¿cómo resumirías lo que la Biblia dice de estos seres?

_____

_____

▲▲▲▲▲▲▲

Tu tiempo con Dios

Vuelve a leer la lista referente a las posibles vulnerabilidades de ataduras espirituales. ¿Hay puntos en tu vida en los que hayas sido vulnerable al ataque de los espíritus malignos? Si es así, puedes pedirle al Señor que te libere ahora mismo. Jesús desea responder sencillas peticiones de libertad. Dependiendo de cuáles vulnerabilidades se avivaron en tu corazón, eleva una simple oración como esta:

Señor, reconozco que prometí nunca volver a demostrar mis emociones o a llorar. Lamento haberlo hecho porque sé que me creaste para tener sentimientos y para tener la libertad de expresar cómo me siento. Te pido que rompas esta atadura, en el nombre de Jesús.

Señor, te pido que vengas y me liberes del impacto de _____ (llenar). Sé que mi vida ha sido cambiada desde entonces, y que soy menos de lo que Tú quieres que sea. Puedo ver que los espíritus malignos quieren gobernar en áreas y relaciones personales que Tú destinaste que fueran buenas. Libérame de estas cosas y restaura para mí lo que se perdió. Quítame el miedo, (o cualquier emoción, actitud dominante que hayas sentido o que trate de obstaculizar tus respuestas normales a las situaciones), en el nombre de Jesús.

Padre, puedo ver en mi carácter los mismos rasgos que tienen mis (padres o abuelos), los que han lastimado y confundido a tantos de nosotros en la familia. Gracias por mis papás y por las cualidades justas y rectas que me heredaron. Sin embargo, te pido que quites cualquier raíz de injusticia de los espíritus malignos que han atormentado y oprimido a mi familia durante generaciones. En el nombre de Jesús. Amén.

El capítulo explica muchas posibles manifestaciones de ataduras espirituales en la vida de alguien. Una de éstas es en un rasgo único y dominante de la personalidad como: "Ese hombre verdaderamente es tan malgeniado", "Francamente parece resentida todo el tiempo", "Están sencillamente asustados por todo lo relacionado con sus hijos". ¿Hay algún rasgo dominante negativo en tu vida? Ora y pídele a Jesús que te libere de la atadura espiritual de ira, resentimiento, miedo, o _____ (llenar). Pídele al Señor que te muestre las situaciones donde se manifiesta. Pídele a Dios que te enseñe cómo responder en forma distinta en esos momentos.

Examina de nuevo la lista de Isaías 53. ¿Qué sobresale para ti como un área de restauración en la cual tengas alguna necesidad?

_____

_____

▲▲▲▲▲▲▲

Toma un momento para agradecerle a Jesús por lo que hizo para que pudieras ser restaurado. Por ejemplo:

Jesús, vengo a Ti con la necesidad de que mis fuerzas y mi esperanza sean renovadas. Gracias porque fuiste afligido para que mi esperanza pudiera ser renovada. Te pido que vengas a mi corazón y a mis circunstancias hoy para traerme paz y fuerza.

El proceso de liberación puede comenzar con un simple reconocimiento y una oración a Jesús:

Señor, gracias porque quieres verme como persona íntegra. Creo que tienes el poder para liberarme. Reconozco que hay un lugar en mi alma que tiene una atadura espiritual con_____ (llenar). Y en el nombre de Jesús te pido que me liberes. Muéstrame las formas de vivir con la libertad que Tú ofreces y enséñame a cómo pensar y responder de manera diferente.

Jesús, celebro tu victoria en la cruz, que me otorgó perdón por mis pecados, sanidad para las enfermedades físicas que me atacan y liberación de la maldad. Gracias porque has escrito mi nombre en el Libro de la Vida. Enséñame a caminar con tu provisión y autoridad. Dame buen discernimiento para beneficiar a otros, que yo siga tu ejemplo de sanar a cualquiera que esté oprimido por espíritus malignos. En el nombre de Jesús. Amén.

Aprende a relacionarte con los miembros del cuerpo de Cristo

Algunos buscan saber quiénes son en el contexto de todo el universo, como parte de una gran búsqueda para entender el sentido de todas las cosas y su relación con ese sentido. Sin embargo, la mayoría sólo queremos discurrir sobre nosotros mismos para saber qué tipo de persona somos: si somos extrovertidos o reservados, meditativos o espontáneos, sabios, amantes de la diversión, fastidiosos, sustentadores o cualquier cosa lo suficientemente distintiva para tener una palabra vinculada a nosotros. En cierto sentido, queremos saber cómo "nos vemos", no físicamente, no externamente, sino de qué forma nuestro interior se muestra en el exterior. Queremos saber cómo somos y qué nos distingue de los demás, si es que hay algo.

Cuando nos preguntamos: "¿Quién soy?"; la mayoría de nosotros en realidad nos estamos preguntando si tenemos importancia: *¿ha habido o habrá una razón para mí?* No es como insistir en (o incluso esperar) ser extraordinarios o espectaculares. No necesitamos estar por encima de la multitud, en tanto haya algo que nos impida perdernos por completo dentro de la multitud. Aunque somos empequeñecidos y un poco superados por la vastedad del cielo de una noche estrellada, algo profundo se mueve en nuestro interior, que reta la mentira de que simplemente evolucionamos como una especie versátil, como un organismo notable. No es nuestra composición biológica lo que fascina y ocupa nuestra atención cuando estamos en una controversia sobresaliente sobre el universo sino nuestro destino e identidad.

Esto no es alguna manifestación carnal de orgullo humano; es un remanente de nuestra creación. Queriendo ser únicos y contar para algo, no es la fantasía de nuestra propia importancia. Fuimos hechos a la imagen del único Dios, el que se llama a Sí mismo, "YO SOY". Cada ser humano, como todos los demás seres, es capaz de reincidir en la arrogancia y de pensar "más alto de sí que lo que debe pensar" (Romanos 12:3). Sin embargo, lo que nos fastidia a la mayoría no son las opiniones exaltadas de nosotros

EN ESTE CAPÍTULO DESCUBRIRÁS QUE...

▲ El deseo de encontrar un sentido importante para nuestra vida es otorgado por Dios.

▲ La verdadera grandeza viene por servir a otras personas, no a sí mismos.

▲ El ministerio espiritual se parece más a servir mesas o a hacer mandados.

▲ Tenemos mezclas únicas de *ministrar dones* que moldean cómo funcionamos mejor.

▲ *Los dones espirituales* son capacidades sobrenaturales adicionales para ministrar.

▲ Funcionamos mejor cuando estamos conectados a un grupo de creyentes o a una iglesia local.

mismos, sino las persistentes dudas acerca de nuestra importancia: ¿Tenemos siquiera alguna? Y si es así, ¿qué, dónde, cómo?

La respuesta desde el corazón de Dios es un contundente sí. Él, quien "te ha llamado por tu nombre", quien cuenta el número declinante de los cabellos de tu cabeza, quien te ha amado "con amor eterno", dice: "Sí, la tienes" (Isaías. 43:1; Jeremías. 31:3; Lucas 12:7). En este punto de tu diario vivir con Dios, no debería sorprenderte descubrir que el modo con el cual el Señor responde a la pregunta de nuestra importancia en la tierra es diferente a cómo el mundo trata de resolverla. Como veremos, nuestra identidad está directamente ligada a nuestro destino con Dios y a la relación que tengamos con sus otros hijos.

Destinados para la grandeza

No somos accidentes. No fuimos depositados en el vacío de lo que el mundo era antes de que Dios lo llamara a existencia. Fuimos ideados por nuestro Padre amoroso, elegidos y seleccionados de acuerdo con los anhelos de su corazón en cuanto a quiénes y qué somos exactamente. Nos creó con un diseño muy particular, no sólo para nuestro ser interior sino también para nuestro propósito: Tener una relación personal con Él y un lugar que encaje con su gran propósito para las personas de este planeta.

> Y sabemos que para los que aman a Dios, todas las cosas cooperan para bien, esto es, para los que son llamados conforme a su propósito. Porque a los que de antemano conoció, también los predestinó a ser hechos conforme a la imagen de su Hijo, para que El sea el primogénito entre muchos hermanos.
> — Romanos 8:28-29

> Entre más le permitimos a Dios hacer su trabajo en nosotros, más capacitados estaremos para que también haga su trabajo en la tierra por medio de nuestras vidas.

Por esta razón, sabemos que lo que queremos de la vida es más que un reloj de la compañía, el día de nuestra fiesta de jubilación. Fuimos hechos para algo más que la continuación de la existencia.

El orden del día de Dios en su totalidad es restaurar nuestra existencia a su condición original al hacernos más como Jesús (ver Romanos 8:28-29), y mientras estamos siendo restaurados, unirnos a Él para restablecer el gobierno de su reino en toda la tierra. Por consiguiente, entre más le permitimos a Dios hacer su trabajo en nosotros, más capacitados estaremos para que también haga su labor en la tierra por medio de nuestras vidas. Él quiere que seamos parte de todo su plan para que las personas del mundo sean rescatadas de la muerte y la maldad que los abruman.

Ya sea la mentalidad de: Yo consigo lo mío; yo consigo lo tuyo que es la autosuficiencia que se enorgullece de poder manejar la vida sin la ayuda de nadie, o la independencia que aparta a las personas de una mutua proximidad cercana y cariñosa, la cultura en la que vivimos les enseña a las personas a cuidarse solas y a pensar poco en las necesidades de los demás. El mundo nos dice que preservemos nuestras vidas, que nos hagamos de todo lo que podamos conseguir para nuestro uso personal con el fin de asegurar nuestra comodidad y bienestar individual. Dios nos dice exactamente lo contrario.

El ciclo de vida de los humanos es predecible y corto; nuestro breve tiempo de vida son momentos fugaces en la eternidad (leer Salmos 90:3-6). A causa de los efectos devastadores del pecado, ninguno de nosotros se puede escapar del trabajo, de las penas y de la muerte física de esta vida. Esto es lo determinado. De modo que, si queremos que nuestra vida cuente para algo, debemos medirla en términos de lo que podemos llevar a cabo, más que en lo que no podemos evitar.

Lee las palabras de Moisés, dichas cerca del final de su vida en el Salmo 90:10,12. ¿Qué es lo que la verdadera sabiduría reconoce sobre el número de nuestros días en la tierra?, ¿y qué hay acerca de la suma total de esos días?

▲▲▲▲▲▲▲

Jesús nos enseña cómo vencer en la vida, no sólo sobreviviendo un poco mejor y más felices que el resto del mundo, sino participando en la preparación de la irrupción de su reino venidero. El sentido y la importancia de la vida nunca serán encontrados al tratar en vano de conservarla sino pensando expresamente cómo darla.

El Señor nos hace un llamado de gran importancia, que nos hace personas que van contra la cultura. Jesús dijo: "Porque el que quiera salvar su vida, la perderá; pero el que pierda su vida por causa de mí, la hallará" y encontrará importancia (Mateo 16:25). El instinto de la autopreservación, querer proteger, librar, defender o hacer las cosas bien para nosotros mismos es algo bueno cuando se trata de escapar de un daño físico; pero en el contexto de tratar de encontrar el significado y el propósito de nuestra vida interior, al buscar salvarnos, es absolutamente contrario a la productividad. Dios nos diseñó para salvar y servir a otros, no a nosotros mismos. Nunca encontraremos nuestro valor intrínseco en el aislamiento, la independencia o el egoísmo.

Sirve a otros

A los ojos de Dios, por supuesto, ya tenemos un enorme valor e importancia. Está tan encantado con nosotros que no necesitamos hacer nada o ser alguien diferente, para proporcionarle placer. No obstante, nuestro Padre Creador quiere que tengamos valor y significado ante nuestros propios ojos, para que veamos lo que Él ve en nosotros. Así que, ¿cuál es el plan?, ¿de qué formas podemos llegar a apreciarnos como Él lo hace?

Primero, obtenemos significado por el rol que jugamos en la vida de otros. Servir a otros es la misión básica que Dios nos da en la vida; fue la misión de Jesús. Aunque su posición correcta era estar cerca de su Padre en el cielo, aceptó el rol que Dios le ofreció: venir a la tierra como siervo para beneficio de todos nosotros (leer Filipenses 2:5-11). Su verdadera identidad fue escondida temporalmente bajo la vestidura

▲
▲ **El servicio es el**
▲ **secreto del logro**
▲ **espiritual.**

de siervo, así como será la nuestra cuando sirvamos a otros; pero debido a que Él eligió humillarse a Sí mismo, con el propósito de levantarnos, Dios lo levantó y le dio el nombre, así como la posición, que está por encima de todas los demás.

Vemos en la historia de Jesús una vida inspirada en uno de los principios básicos del reino en cuanto a la identidad e importancia verdaderas: entre más nos ponemos por debajo de la gente para levantarlos, más importancia tendremos. El servicio es el secreto del logro espiritual. Esto es lo que Jesús quiso enseñar cuando dijo: "Pero el mayor de vosotros será vuestro servidor" (Mateo 23:11). El Señor contrastaba la noción que el mundo tiene de prominencia e importancia con la de su reino, donde nuestro lugar en la vida siempre se cuenta desde atrás.

Contrario a lo que algunas personas se imaginan, Jesús no nos estaba diciendo que aspirar a la grandeza o a querer que nuestra vida contara para algo sea pecaminoso u orgulloso. Él estaba explicando que la verdadera naturaleza de la importancia en su reino sólo puede alcanzarse al ponernos por debajo de los demás. En el mundo, los líderes "señorean sobre" (controlan a, subyugan a) sus subordinados (Mateo 20:25-26). Una de las formas en que las personas pueden decir lo importante que alguien es en una organización es contar sobre cuántos individuos se encuentran.

Lee Marcos 10:43-45. ¿Por qué es tentador para nuestra vida tener la intención contraria a la de Jesús?, ¿qué es lo que no nos gusta acerca de servir a otros?

_____

▲▲▲▲▲▲

Lee Lucas 22:26-27. ¿En qué formas específicas esperas que las otras personas te sirvan?, ¿puedes pensar en formas de servir a otros en tu iglesia, en tu trabajo?

_____

▲▲▲▲▲▲

En algunas iglesias el pastor es llamado el ministro. También escucharás a muchos cristianos hablar del ministerio como una actividad espiritual especial. ¿Sabías que ambas expresiones vienen de la palabra original griega diakonos, que significa _"un sirviente, un mesero, un mandadero"_?

_____

▲▲▲▲▲▲

No es así en el reino... De acuerdo con Jesús, el valor espiritual se mide más como lo hacen en el levantamiento de pesas olímpico que como en las estructuras corporativas: lo que cuenta no es sobre cuántos estás por encima sino cuántos has sido capaz de tener por debajo y levantar por encima de tu cabeza. Nuestro llamado más alto es el de servir a los propósitos y al pueblo de Dios; no hay ocupación o asignación mayor que el servicio.

Toda bendición real y duradera, del tipo que responde preguntas cósmicas acerca de nuestro lugar y sentido en el universo, llega al servir a otras personas desde una posición más baja de la que estamos acostumbrados. "Más bienaventurado es dar que recibir" (leer Hechos 20:35). Esto es cierto, aun cuando va en contra de nuestra forma de pensar natural y explica por qué muchos cristianos encuentran su vivir con el Señor deslucido y rutinario, pues no han aprendido uno de los secretos más grandes para encontrar la verdadera satisfacción y el genuino sentido.

Cuando es hecho con otros y con la comprensión espiritual de lo que se está llevando a cabo en la vida de los demás, así como en la propia, servir satisface el sentido de nuestro destino como casi ninguna otra cosa puede hacerlo. Además, brindarle ayuda a otros no necesariamente es un enorme proyecto o sacrificio. Es más como ser un papá: Sólo haces lo que tienes que hacer porque eso es lo que hace un papá; algunas veces trabajas en el jardín sin que los niños se den cuenta y otras, una larga y significativa plática con ellos. Aun así, en otros momentos, simplemente pasas el rato con ellos y te diviertes.

Lo que hacemos por otros cambiará según sus necesidades y su situación, pero el porqué hacemos lo que hacemos, eso nunca cambia. Se llama amor. En los capítulos 3 y 12 aprendimos que la Biblia define el amor en términos de "hacer cosas para los demás". Cuando recibimos vida, esperanza e instrucción del Señor, somos privilegiados al darle lo mismo a otros. Damos lo que nos ha sido otorgado.

¡Qué llamado tan asombroso ayudar a otros a recibir su herencia espiritual! En efecto, como una expresión de amor, el grado en el que estemos involucrados "en hacer cosas para otros" es la forma más segura de medir nuestra verdadera madurez espiritual.

Lee Juan 21:15-17. Jesús le preguntó varias veces a Pedro: "¿Me amas?" Y Pedro le contestó: "Señor, tú lo sabes todo; tú sabes que te amo". Lee lo que Jesús le contestó a Pedro. ¿Cuál fue el punto que Jesús quiso señalarle? ¿cómo se aplica eso para ti?

_____

▲▲▲▲▲▲▲

Servirle a otros es una forma de servirle a Jesús (ver Colosenses 3:24); es una de las pocas cosas que podemos hacer en respuesta a todo lo que Él ha hecho por nosotros. Como meseros, se nos asignan ciertas "áreas" en un restaurante, y nuestra responsabilidad principal es servir las necesidades de cualquiera que se sienta a la mesa. El ministerio es un trabajo duro, pero es maravillosamente satisfactorio cuando el poder de Dios actúa a través de nosotros para tocar a los demás. Más allá de la emoción de ser usados por el Señor, hay un beneficio adicional para nosotros que viene al descubrir quiénes y qué somos como creación única.

> Sabiendo que del Señor recibiréis la recompensa de la herencia. Es a Cristo el Señor a quien servís.
> — Colosenses 3:24

Personas hechas en forma especial

Aunque no es la única manera de intervenir en el mundo, el medio principal de Dios para introducir rescate y bendición en la vida de las personas es a través de otras. Por supuesto, Dios puede y lo hace, entrar al curso de la historia humana sobrenatural y soberanamente, pero una lectura cuidadosa de la Biblia revela de forma exacta cuánto favorece Dios a sus hijos al usarlos para hacer su obra en la tierra. Él opta por nosotros como sus herramientas escogidas porque ama a las personas, a cada uno de nosotros, y el enfoque principal de su trabajo en la tierra se centra en los seres humanos, en lo que puede hacer para ellos. También le es igualmente satisfactorio (y para nosotros) lo que puede hacer a través de nosotros.

La creación estaba incompleta hasta que Dios creó a Adán y a Eva. Aunque el juicio de Dios cayó sobre la humanidad pervertida, Él eligió actuar a través de Noé para darle a nuestra raza la capacidad de sobrevivir al Diluvio. También levantó a José para ir a Egipto primero que su pueblo para salvarlos durante la hambruna.

De la misma manera, el Señor envió a Moisés a liberar a Israel de la cautividad de Egipto, después de enseñarle que no sería por medio de su crianza, escolaridad o poder natural. Ya sea Josué, los jueces, los profetas del Antiguo Testamento o Juan el Bautista, Dios dota a su pueblo con personas. La mayoría de los milagros en la Biblia tienen lugar mediante las oraciones, las manos o palabras de hombres y mujeres de Dios.

Así que no debería sorprendernos cuando leemos las palabras de Jesús respecto a las "obras mayores" que harán sus discípulos (Juan 14:12). El Señor, quien ama a las personas como tú y yo, desea usarnos para que le hagamos el bien a otros. Así como Jesús "anduvo haciendo el bien y sanando a todos los oprimidos por el diablo" (Hechos 10:38), nosotros, al hacer lo mismo, estamos destinados por Dios para vivir nuestra vida con un destino y propósito alto. "El más pequeño" en el reino de Dios tiene un potencial increíble en el ministerio (Mateo 11:11). El Espíritu Santo actúa en nuestras vidas para hacernos vasos "útiles para el Señor" (2 Timoteo 2:21), y no debido a nuestras propias energías sino por cómo nos hizo y cómo cooperamos con Él.

Lee Juan 14:12. Después de decirles a sus discípulos que debían creer en Él porque habían visto los milagros que hizo, Jesús cambia el énfasis en su siguiente declaración. ¿Qué les dice a cambio de que verían cosas mayores en el futuro?, ¿qué implicaciones tiene esto para tu diario vivir?

▲▲▲▲▲▲▲

Uno de los mensajes más poderosos que contiene la Biblia es que el Señor, en forma única, nos diseñó a cada uno para que correspondamos a un deseo profundo de su corazón, que ya existía.

Dios no tuvo que aprender a amarnos cuando nacimos; ¡Él ya nos amaba! La variedad fenomenal y deleitosa que vemos evidenciada entre toda la gente da testimonio de dos cosas: La creatividad interminable de Dios y su "apetito" amoroso por cada uno como individuos únicos. Dios no sólo es un amante de la raza humana; Él ama a cada persona en particular.

Las diferencias que podemos ver en el exterior de las personas como sus formas y características sólo nos dan pistas de las diferencias profundas que Dios puso tras sus apariencias físicas.

Viniendo de los mismos padres, los hermanos pueden parecerse entre ellos físicamente, pero muy rara vez son similares en los cientos de aspectos de sus personalidades individuales. Dios formó nuestro ser total con muchos componentes distintos: como nuestra conciencia, personalidad, talentos mentales y físicos y nuestra disposición emocional.

Combinaciones de los dones del ministerio

Además de estos aspectos de la personalidad comúnmente percibidos, Dios también nos creó a cada uno con otro elemento poco conocido de nuestro ser. Un acontecimiento, con frecuencia pasado por alto, que vino de la mano con la resurrección, fue cuando Jesús repartió dones: Cuando optó por dárselos a su pueblo, a su iglesia para el ministerio (leer Efesios 4:7-13). A lo largo de este capítulo nos referiremos a esa parte de nosotros como *la combinación de los dones* del ministerio; es decir, la combinación de aptitudes, aspectos, responsabilidades y funciones que nos hacen aptos para ser parte especial del cuerpo de Cristo, y para cumplir lo que Él quiere que hagamos en el reino de Dios.

Nuestra *combinación* de los dones del ministerio no es lo que hacemos sino parte de lo que somos. Es como una especie o sabor. La canela no hace el trabajo, más bien, su sabor penetrante inherente afecta todo lo que toca. Donde sea que la canela vaya, haga lo que haga, siempre tendrá sus cualidades y características. Así es con nuestra combinación de los dones del ministerio: lo que somos es mucho más significativo que lo que hacemos, o tal vez es más preciso decir que lo que somos le dará sabor a todo lo que hagamos.

La *combinación* de los dones del ministerio no es lo mismo que los dones espirituales, aunque se superponen un poco y hay algunas similitudes entre los dos tipos de facultades espirituales. Los dones espirituales, como veremos después en este capítulo, son herramientas específicas que nos fueron dadas además de nuestra combinación de los dones del ministerio. Los dones espirituales son dados por el Espíritu Santo, mientras que la combinación de los dones del ministerio vienen de Jesús (leer 1 Corintios 12:4-5). Los dones espirituales son dados después de recibir al Señor y tener al Espíritu Santo dentro de nosotros. La combinación de los dones

▲ Nuestra
▲ combinación de
▲ los dones del
▲ ministerio es
▲ la combinación
▲ de aptitudes,
▲ aspectos,
▲ responsabilidades
▲ y funciones que
▲ nos hacen aptos
▲ para ser parte
▲ especial del
▲ cuerpo de Cristo,
▲ y para cumplir lo
▲ que Él quiere que
▲ hagamos en el
▲ reino de Dios.

del ministerio fue entretejida en la misma estructura de nuestra alma, mientras estábamos en el vientre junto con todas las demás pequeñas partes de nuestro ser en formación (Salmos 139:16; Gálatas 1:15).

Lee Jeremías 1:5 y ve si puedes identificar la *combinación de los dones* del ministerio que Dios le dio a Jeremías.

▲▲▲▲▲▲▲

Nuestra *combinación de los dones del ministerio* es parte de nuestro ser completo en tantos aspectos que a veces es difícil verla claramente en acción. Aunque no es sabio ni posible encasillar a otros o a nosotros mismos en categorías definidas con precisión de la *combinación de los dones del ministerio*, es útil y muy esclarecedor obtener una comprensión básica de cada uno de los dones listados en el Nuevo Testamento (leer Romanos 12; 1 Corintios 12; Efesios 4). Mientras es un placer aprender sobre las varias combinaciones de los dones del ministerio, también puede ser un poco desconcertante porque vemos atributos y cualidades de más de un ministerio que hacen eco con quiénes somos nosotros. Lo más probable es que seamos una mezcla de más de una *combinación de los dones del ministerio.*

Entre más aprendamos de este combinación y cómo Dios planeó que funcionara, más realizados estaremos y más efectivos seremos en la vida. Una comprensión básica de algunas de las cualidades que forman cada una de las *combinaciones de los dones del ministerio* separada de las demás nos permite apreciar mejor a otras personas y sus dones, y a nosotros mismos funcionar con más efectividad (de acuerdo con el diseño de Dios para nosotros). Como personas, no todos funcionamos igual.

Reflejos parciales de Dios

Cada una de las combinaciones de los dones del ministerio es una expresión de Dios y de su carácter. Él es rico en misericordia; de aquí el derramamiento de su misericordia. El Señor nos da copiosamente; de aquí su ministerio del dador. Cada una de las combinaciones de los dones del ministerio tiene cualidades que deberían desarrollarse en cada uno de nosotros. Por ejemplo, no todos somos maestros, pero a todos se nos motiva a enseñarnos unos a otros (Colosenses 3:16). No todos tenemos la combinación del don del ministerio de ser ayudante, pero somos llamados a servir. Así, las combinaciones de los dones del ministerio son cualidades espirituales del corazón de Dios y de la vida de un creyente maduro.

Las siguientes descripciones breves, de varias combinaciones de los dones del ministerio, demostrarán simplemente que somos únicos y que Dios nos creó de forma maravillosa. No se pretende que sea una lista completa. En algunos casos, nombres nuevos y más descriptivos, sustituyeron a títulos más tradicionales de ministerios.

▲ **Exhortadores:** Se les facilita acercarse a las personas e identificarse con sus situaciones, usualmente al relacionarla con una experiencia personal similar con el fin de ayudarlos a seguir adelante o a superar los obstáculos. Como expertos guías de montaña, los exhortadores pueden señalar piedras sueltas y atajos, y son fabulosos narradores de cuentos.

▲ **Maestros:** Encuentran enseñanza en casi cada situación; quieren que todos estén asegurados y bien cimentados en la verdad. Como mentores incansables, los maestros se deleitan de manera especial cuando otros obtienen una nueva o más profunda conciencia de la verdad. Su toque de organización le trae simplicidad y belleza a casi todo.

▲ **Servidores-ayudantes:** Obtienen la mayor satisfacción y cumplimiento por ser la parte invisible, detrás del escenario de un *"esfuerzo en equipo"* mayor. Usando sus conocimientos, habilidades, tiempo y talentos, apoyan a las personas y a las iglesias al liberarlas de sus cargas y de su trabajo excesivo. Se afanan con entusiasmo y tienen una persistencia casi interminable.

▲ **Los que muestran misericordia:** Ven más allá de los pecados de las personas y se mueven hacia su herida con sensibilidad y compasión clemente. Llenos de sabiduría y fuerza, los misericordiosos creen lo mejor de los demás y quieren lo mejor para ellos, sin importar qué pudo haberles causado su circunstancia presente. Pueden acercarse a aquellos que tienen una vergüenza o un dolor profundo.

▲ **Apóstoles pioneros:** Echan cimientos de verdad y comprensión sobre los cuales otros edifican en la iglesia. Como pioneros que se mueven en terrenos espiritualmente inexplorados o subdesarrollados, los apóstoles rara vez funcionan de manera convencional o de acuerdo con el status quo. Sus tendencias pioneras y su penetrante sentido de dirección inspira a los seguidores.

▲ **Dadivosos:** Experimentan un deseo casi irresistible de satisfacer las necesidades físicas y financieras de cualquier persona que conocen. Impulsados por una generosidad entusiasta, invierten en empresas del reino y facilitan la visión de otros. Habiendo generalmente sufrido reveses financieros severos, se preocupan muy poco acerca de desprenderse voluntariamente de más dinero.

▲ **Evangelistas:** Continuamente se "encuentran a sí mismos" en medio de oportunidades increíbles para hablarles de Jesús a las personas. Lo hacen con entusiasmo y explican cómo las situaciones de la vida de las personas pueden mejorar mucho con el Señor. No se desaniman con facilidad por los obstáculos de la vida o en las conversaciones. Los evangelistas continúan haciendo presión para avanzar hacia adelante como portadores de las "buenas nuevas".

▲ **Profetas:** Llevan mensajes en sus propios corazones (como una mochila de cartero), que vienen del corazón de Dios acerca de sus planes y propósitos para las personas o las iglesias. Queriendo aconsejar a los demás de acuerdo con la Palabra revelada de Dios, están enfocados en una pregunta: "¿Qué está diciendo Dios en este momento?" Actúan como una excelente brújula en un bosque.

▲ **Líderes-campeones:** Se levantan a favor de las personas o de las causas con una combinación de fuerza e iniciativa, a fin de establecer un cambio duradero para lo mejor. Dando un paso para apoyar o defender a aquellos en necesidad, asumen la responsabilidad de hacer que las cosas se hagan. Dirigen haciéndose cargo de cualquier cosa que necesite hacerse.

▲ **Pastores-maestros:** Buscan, reúnen y cuidan a las demás personas con un fuerte deseo de verlas florecer. Se aseguran de que todos tienen todo lo que necesitan para crecer. "Revisan" los detalles de la vida de las personas como alguien que cuenta con los dedos las monedas en la mano. Dirigen y alimentan a sus ovejas.

Dios nos creó para que trabajáramos mejor de una cierta manera. Mientras que la mayoría enfocamos nuestra atención en nuestro comportamiento para vivir de acuerdo a sus planes (por ejemplo, no mentir, no tener resentimientos), con frecuencia descuidamos sus planes para la combinación de nuestros dones ministeriales. Un pie está diseñado para hacer algo más que solamente resistir la tentación de patear a alguien; su propósito es mucho más significativo: soportar el cuerpo al estar de pie y trasladarlo todo el día.

Durante el recorrido de nuestro diario caminar, llegamos a estar cada vez más conscientes del llamado de Dios para nuestra vida y de que nos escogió para un desempeño particular. Dios no lamenta el habernos llamado y dotado con dones (porque "los dones y el llamamiento de Dios son irrevocables"), aun si elegimos no responder con cuidado a nuestra capacidad y composición divinamente creada para cumplir con una parte importante en su reino (Romanos 11:29). La capacidad de dar frutos en nuestra vida espiritual y natural aumenta de forma dramática cuando enfocamos nuestra atención en vivir de acuerdo con la manera en que fuimos diseñados.

Una vez que entiendas la importancia de la previa selección que Dios hizo de tu desempeño dentro de su plan mayor, verás ejemplos de ésta a lo largo de las Escrituras.

> Dios nos creó para ▲
> que trabajáramos ▲
> mejor de una ▲
> cierta manera. ▲

Lee Hechos 9:15; 10 y Gálatas 2:1-9. Aun antes de que Pablo fuera salvo fue llamado a los gentiles. ¿El ministerio de Pablo con los gentiles fue su propia idea?

_____

▲▲▲▲▲▲▲

Lee 1 Timoteo 2:7. ¿Quién nombró a Pablo?

_____

▲▲▲▲▲▲▲

Lee 2 Timoteo 4:5. ¿Cuál fue el llamamiento particular de Timoteo?

_____

▲▲▲▲▲▲▲

Dones espirituales

Nuestra notoriedad y la de los que nos rodean se vuelve aun más emocionante cuando llegamos a entender otra de las formas en las cuales el Señor nos colma de dones. No sólo nos forma en el vientre antes de nacer en este mundo sino que pone añadiduras al ser que ya éramos y que Él había formado. Cuando "nacemos de nuevo" en la dimensión espiritual, podemos ser dotados con lo que la Biblia llama _dones espirituales_.

Los dones espirituales no son talentos naturales, habilidades o aptitudes. Nada tienen que ver con nuestra personalidad, con la decisión de la profesión, con el entrenamiento o con la inteligencia innata. El hecho de tener talentos, trabajos y habilidades no se pone en duda; los creyentes e incrédulos por igual tienen semejantes cualidades como parte de su ser, que fue ideado por Dios.

Una persona tiene buen ojo para los detalles y es capaz de recordar lo que un amigo llevaba puesto cuando fueron a comer hace dos años. Otro individuo es increíblemente bueno para cambiar los conceptos más difíciles en términos fáciles de comprender.

Estos son atributos asombrosos, pero no son dones espirituales en el sentido descrito en la Biblia. Dios es maravillosamente creativo en cuanto a cómo forma a las personas en el vientre.

Y de igual forma a como _"hace llover sobre justos e injustos"_, sin importar su estilo de vida, así, indiscriminadamente, forma a cada persona con cualidades y talentos adecuados para la descendencia del Altísimo (Mateo. 5:45). Sin embargo, las habilidades, capacidades o talentos no son lo mismo que los dones del Espíritu.

Sin el Espíritu Santo, ninguna persona puede tener o ejercer un don espiritual, tal como nadie puede decir de verdad: "Jesús es mi Señor", excepto mediante la intervención del Espíritu (1 Corintios 12:3-4,8). Cada _don espiritual_ es una dotación de poder sobrenatural dado por el Espíritu Santo como una herramienta especial en nuestras manos, para cumplir algo que el talento natural o el conocimiento no podrían hacer. Son _"dones de gracia"_ [_charis_ (gracia) + _fa_ (facultades milagrosas)]. Recuerda nuestra definición de gracia en el capítulo 4: Alguien hace algo

▲ Cada don
▲ espiritual es una
▲ dotación del
▲ poder
▲ sobrenatural dado
▲ por el Espíritu
▲ Santo como una
▲ herramienta
▲ especial en
▲ nuestras manos,
▲ para cumplir algo
▲ que el talento
▲ natural o el
▲ conocimiento no
▲ podrían hacer.

por ti que nunca podrías hacer solo, y como resultado de lo que hizo, acabas en una posición mucho mejor. *Los dones espirituales* son dones (cosas que nos dan, que no teníamos antes) de gracia (no podríamos hacerlo solos).

Más allá de la meta suprema de glorificar a Jesús, los dones espirituales son dados principalmente para cumplir tres propósitos específicos. Los dones espirituales por sí mismos no son señales de madurez. Lo que hace notar nuestra madurez es cómo son usados esos dones y cómo se manifiestan con sabiduría, gracia y buen orden.

Lee cada uno de los siguientes versículos. Los tres propósitos principales de los *dones espirituales* son:

1. Confirmar la verdad de la Palabra de Dios y dar testimonio de las buenas nuevas (leer 1 Corintios 2:4-5; Hebreos 2:4).
2. Edificar a los miembros del cuerpo de Cristo para motivar a los creyentes y ayudarlos a madurar (leer Romanos 1:11; 1 Corintios 14:3-4,26).
3. Servir a los demás con instrucción dirección, sanidad y consejos (leer 1 Timoteo 1:18; 1 Pedro 4:10).

No existe una regla estricta y fija para recibir un *don espiritual,* por la soberanía de Dios puede suceder repentinamente en tu vida o puede emerger de forma lenta; conforme pasa el tiempo te vas haciendo más consciente de su existencia, y te haces más versado en cómo funciona en situaciones ministeriales. Sin embargo, la mayoría de veces, al menos por lo que leemos en la Biblia, los dones espirituales se te otorgan de la misma manera que se administra el bautismo en el Espíritu Santo: Mediante la imposición de manos.

Uno de los privilegios más emocionantes del liderazgo espiritual es poder orar por la impartición de los dones espirituales, según el Espíritu dirija, a aquellos individuos que reciben cobertura y cuidado de los líderes. Cuando tus pastores o líderes oran por ti, el don espiritual con frecuencia será identificado por venir acompañado de "profecía" (1 Timoteo 4:14).

No sabemos cuántos dones espirituales pueda recibir uno, pero se nos dice que los deseemos "ardientemente", que se los pidamos de corazón a Dios (1 Corintios 12:31; 14:1). Entonces los dones que acabamos teniendo son un resultado tanto del plan de Dios como de nuestro deseo. Tampoco sabemos con certeza si la lista de los dones espirituales en 1 Corintios 12:8-10 es inclusiva y exhaustiva.

Debido a que hay muchas formas en las que los dones espirituales operan, sólo los definiremos en términos generales y daremos las características esenciales de cada uno (leer 1 Corintios 12:6).

1. **Palabra de sabiduría:** Revela el plan y los propósitos de Dios para personas individuales o grupos. Al revelar lo que Dios está haciendo en un nivel más profundo, da sentido a varias situaciones que estén sucediendo en la vida de alguien. Alerta a las personas en cuanto a la "etapa espiritual" en la que están, o dónde se encuentran en el mapa de

> Pues a uno le es dada palabra de sabiduría por el Espíritu; a otro, palabra de conocimiento según el mismo Espíritu; a otro, fe por el mismo Espíritu; a otro, dones de sanidad por el único Espíritu; a otro, poder de milagros; a otro, profecía; a otro, discernimiento de espíritus; a otro, diversas clases de lenguas, y a otro, interpretación de lenguas.
>
> — 1 Corintios 12:8-10

lo que Dios está tratando con ellos; una *palabra de sabiduría* orienta a las personas a cooperar mejor con lo que Él está haciendo en y a través de ellos.

2. **Palabra de conocimiento:** Trae a la luz información sobre el pasado o el presente (condiciones físicas o situaciones de la vida) de las personas. El que da la palabra no podría saber ese detalle acerca de la vida de la otra persona; generalmente es muy específico en lo que identifica, como por ejemplo una enfermedad o un sueño ministerial no cumplido. La finalidad de Dios de revelar el detalle, es con el fin de responder a la necesidad o resolver el problema, para intervenir con una milagrosa demostración de su poder.

3. **Don de fe:** Capacita a las personas a aferrarse a lo que el Señor prometió hacer para ellos, aun cuando las cosas no se ven muy prometedoras. Más que sólo *fe*, es la decisión, que se espera que cada creyente ejercite, de creer en las palabras de Dios. El *don de fe* actúa como una boya incontrolable que surca el agua sin importar qué tan grandes sean las olas; crea una atmósfera de expectación con anticipación entusiasta de lo que Dios con toda seguridad hará pronto.

4. **Don de sanidad:** Propicia un cambio dramático en cualquier padecimiento del cuerpo, mente o corazón ocasionado por una enfermedad o por espíritus malignos. Así como el don de fe, se le considera como una forma más concentrada de la virtud sanadora que está disponible para cada creyente a través de la oración. Uno de sus atributos parece ser la forma en la cual no sólo recupera a alguien del padecimiento, en cuanto a la salud se refiere, sino también los hace aun más saludables de lo normal en su mente o cuerpo.

5. **Realización de milagros:** Crea un constante fluir de las señales y maravillas sobrenaturales por las que se maravillan todos los que las atestigüen. Aunque cada creyente debe esperar la intervención *milagrosa* del Señor, Él usará a los que tienen este don espiritual con mucha más frecuencia y en forma más significativa para atraer a otras personas hacia su toque transformador. Este don lo tienen bastantes de los evangelistas famosos que conducen grandes cruzadas con muchos *milagros*.

6. **Don de profecía:** Les comunica a las personas el corazón de Dios, de tal forma que no haya duda de dónde están situadas con respecto a Él, y de lo que está preparando hacer por ellas. Aunque en la *profecía* puede haber un elemento predecible, con más frecuencia revela secretos del corazón de las personas o de las cosas ocultas en el corazón de Dios para

ellos. Todos nosotros podemos *profetizar*, pero el don de profecía parece ser una capacidad adicional con discernimiento profético para las personas (leer 1 Corintios 14:24,31).

7. **Discernimiento de espíritus:** Permite la identificación de qué *espíritu maligno* está oprimiendo a las personas o a sus situaciones. Debido a que las fuerzas de maldad pueden disfrazarse, y que en ocasiones las personas que aparentan estar bien espiritualmente no lo están, Dios dota a algunos miembros de la iglesia para que puedan identificar la maldad en donde esté (leer 2 Corintios 11:14-15). Todos debemos "poner a prueba" los espíritus (1 Juan 4;1), pero este regalo espiritual distingue, de una manera más amplia, lo que se opone al plan de Dios y como neutralizar aquella resistencia.

8. **Distintas lenguas (idiomas):** Da un extraordinario servicio con idiomas (no aprendidos, desconocidos a las personas que los hablan) para comunicar las buenas nuevas, dar alabanza a Dios, orar al Señor y profetizar a las personas, de modo que éstas puedan oírlo en sus lenguas maternas. Este don espiritual no se trata de las lenguas para orar que recibimos cuando somos *llenos del Espíritu* sino una declaración adicional, más pública de las palabras de Dios a las personas que necesitan escucharlas.

9. **Interpretación de lenguas (idiomas):** Traduce cualquier mensaje hablado en un idioma desconocido, de modo que todos los presentes puedan beneficiarse con el mensaje. Ya sea que la lengua desconocida se utilice para orar en la devoción o del *don de lenguas* que opera proféticamente, este don espiritual le permite a todos ser bendecidos por lo que se dice, debido a que pueden oírlo en su propio idioma, aunque generalmente no se traduce palabra por palabra.

Miembros de un cuerpo completo

Dios nos ha puesto a cada uno en el cuerpo, tal y como Él desea y de acuerdo a su plan maestro para alcanzar al mundo (ver 1 Corintios 12:18). Como miembros de un equipo de fútbol de campeonato, celebremos la singularidad de los que nos rodean y cómo complementan nuestra propia combinación de dones para el ministerio y nuestros *dones espirituales*. Dios diseñó de manera distinta a diferentes personas (con el fin de tener diferentes funciones en la vida), exactamente como formó el cuerpo humano como. Por ejemplo: los ojos, no funcionan como oídos (leer 1 Corintios 12:12-27).

Tal como nuestros cuerpos tienen diferentes partes, y órganos, así el cuerpo de Cristo.

Ahora bien, Dios ha colocado a cada uno de los miembros en el cuerpo según le agradó.
— 1 Corintios 12:18

El Señor no solo quiere que seamos parte de lo que está haciendo en toda la tierra sino también que seamos parte de toda su familia en la tierra, llamada iglesia, y que trabajemos junto con otros creyentes. Como partes individuales del cuerpo, estamos diseñados para hacer (y no hacer) ciertas cosas. Ese grado de especialización ordenado por Dios sólo tiene sentido si nos relacionamos con otros cristianos, cuya singularidad complementa y suple la nuestra.

Tenemos que aprender a funcionar como partes únicas del ministerio, pero desafortunadamente aquí es donde muchos cristianos se detienen. No se dan cuenta de que Dios nos diseñó para descubrir la maravilla de quiénes y qué somos, al pertenecer a algo más grande que nosotros y al explorar nuestra relación con los demás.

Lee los siguientes versículos y explica con tus palabras lo que significan en cuanto a tu relación con otros cristianos.

1 Corintios 12:21.

_____

▲▲▲▲▲▲▲
1 Corintios 12:24.

_____

▲▲▲▲▲▲▲
2 Corintios 8:14.

_____

▲▲▲▲▲▲▲
Las Escrituras dejan bien claro que la razón por la que debemos *"anhelar los dones espirituales"* es para edificar al resto de la iglesia (1 Corintios 14:12). Mientras que nuestra *combinación de los dones para el ministerio* y los *dones espirituales* nos dan habilidades extra para testificar a las personas inconversas, la mayor parte de las veces que la Biblia los menciona es en relación a la iglesia. Por esta razón, en lo que queda de este capítulo, enfocaremos nuestra atención en la iglesia: Qué es, cómo funciona y por qué es tan importante para ti llegar a formar parte de un grupo local de creyentes.

Dios elige llevar a cabo muchos de sus propósitos en la tierra a través de sus diseños especiales para cada uno. Sin embargo, nunca debemos que, en el proceso de nuestro diario vivir con Él, siempre está actuando también para moldearnos de nuevo y restaurarnos. Entonces ministramos a otros mientras el Señor sigue actuando en nuestra formación. Recordar este doble propósito nos ayudará a encontrarle más sentido a la razón que Dios tiene para querer que cada uno de nosotros sea parte de un grupo de creyentes, en el lugar donde vivimos.

Los dos pasajes principales que tratan con la combinación de los dones para el ministerio y los dones espirituales lo hacen dentro del contexto de la iglesia (leer 1 Corintios 12-14; Efesios 4). En ambos casos, Pablo explica la forma en la que se espera que las cosas funcionen en la iglesia.

Toma tiempo para leer 1 Corintios 12-14 y Efesios 4, y observa los versículos específicos que siguen para que tengas una idea de lo que Pablo está diciendo:

1 Corintios 12:7. ¿Cuál es el propósito principal de nuestra individualidad en el ministerio?

_____

▲▲▲▲▲▲▲

1 Corintios 14:5. ¿En qué se basan los dones espirituales? ¿qué tan impresionantes se ven cuando son repartidos? o ¿hasta qué punto edifican a la iglesia [local]?, ¿sobre qué base deben ser evaluadas las personas en el ministerio?

_____

▲▲▲▲▲▲▲

1 Corintios 14:26. ¿Cuándo es que aparentemente se manifiestan más los *dones espirituales*?, ¿el ministerio debería estar más o menos relacionado con un compañerismo entre creyentes?

_____

▲▲▲▲▲▲▲

Efesios 4:11-12. ¿A quién y para qué se espera que equipen las combinaciones de los dones para el ministerio?

_____

▲▲▲▲▲▲▲

Efesios 4:16. ¿Qué estará sucediendo en tu iglesia si todos están funcionando apropiadamente con sus dones espirituales?

_____

▲▲▲▲▲▲▲

> Y consideremos cómo estimularnos unos a otros al amor y a las buenas obras, no dejando de congregarnos.
> — Hebreos 10:24-25

La iglesia local

"Donde están dos o tres reunidos en [su] nombre", allí está Jesús en medio de ellos (Mateo 18:20, énfasis agregado). Como templos del Espíritu Santo, siempre estamos en la presencia del Señor, quien prometió estar con nosotros "todos los días, hasta el fin del mundo" (Mateo. 28:20; 1 Corintios 6:19). Así que, ¿por qué el Señor nos pone dentro de un cuerpo de creyentes? ¿por qué deberíamos molestarnos en ser parte de una iglesia local?

Para comenzar, recordemos que los caminos del Señor para nosotros están diseñados para darnos una ventaja en la vida, no para tomar ventaja de nosotros. Los planes de Dios para reunirnos como creyentes nos capacitan para reproducir en otros la vida que nos ha sido dada. "Dios prepara un hogar para los solitarios" (Salmos 68:6) y nos invita a congregarnos más y más, en lugar de menos y menos (ver Hebreos 10:24-25). Esto es porque hay una fuerza especial cuando nos congregamos con otros creyentes: Una fuerza que viene de la unidad y de la comunión espiritual. Jesús quiso que sus discípulos, a través de los tiempos, fueran uno entre ellos y uno con Él (Ver Juan 17:21).

> Para que todos sean uno. Como tú, oh Padre, estás en mí y yo en ti, que también ellos estén en nosotros, para que el mundo crea que tú me enviaste.
> — Juan 17:21

▲▲▲▲▲▲▲▲▲▲▲▲▲▲▲▲▲▲▲▲▲▲▲▲▲▲▲▲▲▲▲▲

Los planes de Dios para reunirnos como creyentes nos capacitan para reproducir en otros la vida que nos ha sido dada.

▲▲▲▲▲▲▲▲▲▲▲▲▲▲▲▲▲▲▲▲▲▲▲▲▲▲▲▲▲▲▲▲

¿CÓMO SABES CUÁNDO HAS ENCONTRADO LA IGLESIA "CORRECTA"?

No existe la iglesia perfecta. Cada una tiene sus fortalezas y sus debilidades, y todas tienen problemas. Ninguna es la mejor para todos, y eso es parte del por qué hay tantos estilos, variedades y denominaciones. Dependiendo de la inclinación doctrinal y el estilo de liderazgo del líder principal, las iglesias enfatizarán aspectos ligeramente diferentes; no hay dos iglesias que estén de acuerdo en todo (suena como si fueran personas, ¿no?)

Sin embargo, teniendo todas las opciones de cómo se ven o suenan o se sienten las iglesias, ¿cómo encuentras el lugar donde quiere el Señor que te congregues? Aquí tienes algunas reflexiones útiles:

1. Pídele al Señor que te guíe y espera que lo haga. Él tiene en mente un hogar para ti: Un lugar de adoración donde puedas crecer espiritualmente y contribuir de manera significativa.

2. Busca iglesias donde Jesús sea adorado y celebrado abiertamente. Su nombre debe ser alabado e invocado con frecuencia y, cada vez que vayas, debes oír que Él es proclamado como el Salvador, el Hijo de Dios.

3. Observa y ve lo que se estudia y se cita: ¿se confía en la Biblia como la Palabra de Dios para todas las generaciones? Si a cualquier otra persona o libro se le da igual o mayor peso o autoridad que a la Palabra de Dios, sigue buscando otra iglesia.

4. Escucha la "voz" del líder principal (pastor): ¿te habla personalmente?, ¿parece abordar de manera regular las mismas cuestiones o dudas que han estado en tu corazón? La enseñanza tiene que hacer eco en tu vida "diaria".

5. Por último, ¿te gusta ir a esa iglesia?, ¿sales de ahí sintiéndote motivado y edificado?, ¿esperas con emoción lo que Dios hará en tu vida la próxima vez que te reúnas con el resto de la iglesia? Si no, sigue buscando.

La iglesia es el ambiente perfecto para que experimentemos y ofrezcamos el amor que Jesús dijo que caracterizaría a sus seguidores (ver Juan 13:35). El Señor nos enseña activamente a amarnos "unos a otros" (1 Tesalonicenses 4:9) y esta no es siempre una lección fácil de aprender. Si no tienes mucho contacto en desarrollo con otros creyentes, semana tras semana puedes engañarte creyendo que amas a los demás (porque tienes muy poca frustración o pocos problemas con cualquiera de ellos). Sin embargo, realmente no tienes mucha oportunidad de amar a los demás, a pesar de lo que hagan, hasta que pases tiempo significativo con ellos.

El compañerismo regular se convierte en un terreno de pruebas para el amor y el perdón entre los cristianos. Enfrentémoslo: Seguir a Dios es mucho más fácil cuando nuestros compañeros de viaje no nos están dando empujones. Aprendimos antes que las impurezas en nuestra propia alma son las culpables principales cuando se trata de por qué es difícil amar a otros (ver 1Pedro 1:22). Estar de forma regular con otros cristianos nos sacará a la superficie impurezas de nuestro corazón. Qué triste que algunos creyentes se imaginen que todo el problema con las personas de la iglesia es por su gente. Algunos cristianos son como niños con astillas en las manos: Dios les pide que se queden quietos para que pueda sacarlas con un par de pinzas, pero siguen halando y retorciéndose, saltando de iglesia en iglesia, infectándose cada vez más por las mismas cuestiones que podrían haber sido extraídas dentro del compañerismo. Dios usa la iglesia para aumentar nuestro amor y para refinarnos.

> En esto conocerán todos que sois mis discípulos, si os tenéis amor los unos a los otros.
> — Juan 13:35

> Puesto que en obediencia a la verdad habéis purificado vuestras almas para un amor sincero de hermanos, amaos unos a otros entrañablemente, de corazón puro.
> — 1 Pedro 1:22

Incubadora eficiente

La finalidad de la iglesia es hacer que Jesús sea más significativo e importante en la vida de las personas. La iglesia ayuda a que, quienes ya lo conocen, lleguen a ser más como Él; también a presentarlo a las personas que no están conscientes de su amor por ellas. La iglesia es un ambiente en desarrollo, en donde Dios te pone para que personalmente puedas recibir y dar. Sin embargo, los sentimientos de culpa y de rechazo inutilizan este ministerio. Por otra parte, la iglesia también proporciona un sentido de pertenencia, así que ser aceptado por un grupo y honestamente responder por lo que hacemos y dar buena cuenta de ello acabará con la mayoría de las mentiras de tu vida.

> La finalidad de la *iglesia* es hacer que Jesús sea más significativo e importante en la vida de las personas.

LA IGLESIA COMO UNA INVITACIÓN

Las iglesias locales extienden una invitación con cinco aspectos. Cuando estés buscando una iglesia, tienes que ver hasta qué punto un cuerpo de creyentes te invita a:

Recibir restauración y alimento: Ser valorado y amado por quien eres, recuperado del lugar donde estuviste y retado a continuar creciendo en el Señor.

Pertenecer a una familia: Ser bienvenido en un contexto de relaciones cariñosas entre las personas que son parte de algo más grande que ellas mismas, apreciado como hijo excepcional de Dios.

Aceptar una visión: Ser informado de cuál es la función particular de esa iglesia y cómo puedes de manera personal (con tus dones) participar en el cumplimiento de ésta como una parte verdaderamente colaboradora.

Convertirte en un discípulo disciplinado: Ser instruido en cuanto a cómo puedes unirte a la herencia espiritual entre creyentes, aprender de mentores, y luego transferir a otros lo que aprendes.

Ser compañero: Ser movilizado por el bien de otros; darte a ti mismo y tus recursos, de manera que quedes por debajo de las personas, no solamente sentado junto a ellos mientras observas a unos cuantos actuar.

La iglesia local es el ambiente más efectivo para que los cristianos maduren en su vivir con Jesús y para que desarrollen cualidades como las de Cristo. El ejemplo que ellos ven en las vidas de cristianos con más tiempo, así como los testimonios que escuchan, acelera el proceso de madurez. Cuando toda la iglesia está reunida para recibir instrucción y enseñanza, un mensaje es transmitido a todos a la vez, en lugar de tener que repetirse una y otra vez. Por supuesto, la mayor parte de lo que el Señor te enseñe vendrá como resultado de tu lectura personal de la Biblia y a través de las conversaciones informales con otros creyentes.

No obstante, en la iglesia te exponen perspectivas e interpretaciones que Dios ya les enseñó a tus líderes espirituales. Dios no está interesado en hacer que cada uno de nosotros reinvente la rueda espiritual. Él pone ministros y personas en cada iglesia para capacitar y restaurar a los demás con el fin de que sean más hábiles para la obra del ministerio (ver Efesios 4:11-12). El discipulado uno a uno es más efectivo para llegar a los asuntos específicos de nuestra vida, que la enseñanza a un grupo numeroso. Sin embargo, tal discipulado es aun más efectivo dentro del contexto de un grupo completo, que está siendo guiado hacia la misma dirección y se le está dando las mismas verdades. Asimismo, las personas que caminan cerca de nosotros, a medida que pasa el tiempo, que realmente llegan a conocernos, son muy útiles para mantenernos en el camino con el Señor.

Y El dio a algunos el ser apóstoles, a otros profetas, a otros evangelistas, a otros pastores y maestros, a fin de capacitar a los santos para la obra del ministerio, para la edificación del cuerpo de Cristo.
— Efesios 4:11-12

La iglesia local es mucho más que un edificio o un servicio de adoración un domingo en la mañana; es una parte vital del crecimiento completo y del proceso en el desarrollo de tu vida espiritual. Cada iglesia es única. Dios le da a cada iglesia un grupo especial de personas y propósitos. Él siempre ha tratado con las personas directa e indirectamente a través de su relación con los grupos completos. La iglesia te proporciona confirmación, dirección e instrucción adicional en tu búsqueda personal de su voluntad para tu vida. No sólo puedes ser parte de la iglesia sino también observar que Dios agrega a otras personas a tu vida.

La iglesia primitiva sabía de la importancia de consagrarse a la oración, la enseñanza y la comunión; es el terreno de prueba para tu espiritualidad; es más que la suma de sus partes. No sólo te permite compartir el gozo más profundo y los logros de toda la congregación, sino que incluso la parte individual que tú juegas tiene más importancia de la que tendría por sí sola. Serás motivado no sólo por las conversiones sino por las transformaciones que testifiques en las otras personas a través de los meses y los años juntos.

Valor agregado a nosotros

No podemos ser famosos y conocidos por todo el mundo; eso está reservado para muy pocos y casi ninguno de ellos serán creyentes en Cristo. Lo que le impresiona al mundo, no le impresiona a Dios; lo que le impresiona a Dios, no puede impresionar al mundo. Sin embargo, dentro de nuestras congregaciones locales podemos llegar a ser bien conocidos y muy amados. Esta es la intención de Dios para nosotros y para la iglesia. Mediante nuestro propio ejemplo y al poner atención a lo que el Señor está enseñándonos, podemos afectar la eternidad de las personas que nos rodean (ver 1 Timoteo 4:16). Nada tiene más significado para nuestras vidas que eso.

Lee Filipenses 2:17. Al final de la vida de Pablo, su demanda de fama es haber sido consumido por otros. ¿Por qué le da tanta satisfacción?

_____

▴▴▴▴▴▴▴

Lee Juan 10:17. ¿Qué quiso decir Jesús al decir eso? Por lo que has aprendido, ¿qué tipo de vida disfrutamos después de haber dado nuestra vida por otros?

_____

▴▴▴▴▴▴▴

Hacer la diferencia en la vida de otras personas nos costará inmensurablemente mucho "trabajo" y agonía (Colosenses 1:29). No obstante, el valor que le da a nuestras vidas es aun más inagotable. Por esta razón, Pablo dijo cuán complacido estaba de ser "derramado" y desgastado a favor de sus amigos, de quienes él había sido mentor (2 Timoteo 4:6). Entendió que no hay amor

---

Ten cuidado de ti mismo y de la enseñanza; persevera en estas cosas, porque haciéndolo asegurarás la salvación tanto para ti mismo como para los que te escuchan.

— 1 Timoteo 4:16

En esto conocemos el amor: en que Él puso su vida por nosotros; también nosotros debemos poner nuestras vidas por los hermanos.

— 1 Juan 3:16

Y les dijo: Esto es mi sangre del nuevo pacto, que es derramada por muchos.

— Marcos 14:24

más grande que cuando voluntariamente "uno pone su vida" por las demás personas (Juan 15:13), y no hay una forma más cierta de seguir el ejemplo de Jesús que dedicar nuestra vida a lo que realmente cuenta (ver 1 Juan 3:16). Jesús derramó su sangre como un cordero sacrificial, un siervo despreciado por el mundo; y porque lo hizo, tenemos su ejemplo a seguir (ver Marcos 14:24).

La razón por la que el Señor nos diseñó y nos dio dones, como lo ha hecho, es para que podamos estar equipados para todo buen trabajo en beneficio de los demás. Nada de lo que podamos hacer, bueno o malo, cambiará el valor incalculable que Él nos da; no podemos agregar nada al significado que ya tenemos en su vida. Ni el servicio ni asistir a la iglesia ni ministrar a otros con nuestros dones espirituales aumentarán nuestra posición a sus ojos. Siempre nos ha mirado con favor y gracia sin igual.

Si anhelas comprender mejor lo que Dios puso en ti y apreciar tu valor y significado delante del Señor, no hay mejor forma que a través de servir a un grupo de personas con tu extraordinaria combinación de dones. Ser un elemento activo, efectivo y trabajador de una iglesia local revolucionará cómo te ves a ti mismo. Una vez más, vemos que todo lo que Dios nos pide que hagamos en realidad es para nuestro bien, no para el suyo. Esta es la maravilla del amor.

> ▲ Si anhelas
> ▲ comprender
> ▲ mejor lo que
> ▲ Dios puso en ti,
> ▲ no hay mejor
> ▲ forma que a
> ▲ través de servir a
> ▲ un grupo de
> ▲ personas con tu
> ▲ extraordinaria
> ▲ combinación de
> ▲ dones.

Hablemos al respecto

▲ Estamos hechos a la imagen de Dios: Aquel que se llama a Sí mismo "YO SOY". Después de leer este capítulo, ¿cómo ha cambiado tu forma de pensar en cuanto al propósito para el cual Dios te diseñó y te dotó de dones?

_____

_____

▲▲▲▲▲▲▲

▲ ¿Cuál es nuestro más alto llamado?, ¿hay algún lema, frase o principio con el que hayas sido educado o con el que te hayas identificado que se oponga a la forma en que la Biblia nos instruye para vivir en cuanto al servicio o a ver por las necesidades de los demás?

_____

_____

▲▲▲▲▲▲▲

▲ Con frecuencia les toca a otros ayudar a mostrarnos quiénes somos en realidad y qué cualidades y atributos son únicos para nosotros. Con un amigo, revisa la lista de *las combinaciones de los dones para el ministerio*. Hablen al respecto. ¿Cuál crees que sea *la combinación de los dones del ministerio* que más describe quién eres?

_____

_____

▲▲▲▲▲▲▲

▲ ¿Cuáles son los tres propósitos principales de los dones espirituales? ¿Qué don espiritual crees tener? ¿Por qué?

▲▲▲▲▲▲

Tu tiempo con Dios

Para algunas personas, pertenecer a una iglesia local puede traer sentimientos de temor o de inquietud. ¿Por qué quiere Dios que seamos parte de una iglesia local?, ¿tienes razones específicas por las que no quieras participar en una iglesia local? Toma un momento para pedirle al Señor que responda a cualquier pregunta que tengas, o háblale de cualquier área de temor o de dolor en tu vida.

La Biblia nos instruye para pedirle a Dios que nos dé dones espirituales. Toma un momento para hacer una oración como ésta:

Señor, gracias porque eres el dador de todas las cosas buenas. Te agradezco porque quieres darme dones espirituales para que los use como herramientas para ayudar a otras personas a conocerte mejor. Te pido que me des más de tus dones y que me enseñes a usarlos de una manera más completa.

Señor, muéstrame, cuándo te he solicitado algo sólo para mi beneficio y no para el de otros. Cuando me des dones, añádeme la actitud de un siervo, de modo que pueda ser más como Jesús. En su nombre. Amén.

Puesto que Él también quiere que nosotros tengamos la mayor relación significativa posible con un grupo de creyentes, ¿por qué no darle las gracias por tu iglesia? Si no estás en una iglesia, pídele que te guíe a la que Él tiene en mente para ti.

Señor, gracias por tu cuerpo aquí en la tierra. Te alabo por la forma en que diseñaste que todos nos relacionáramos, especialmente quiero bendecirte por cuánto me has bendecido con mi iglesia. Gracias por mis líderes, que cuidan de mí y por mis compañeros cristianos. Ayúdame a estar alerta para encontrar formas de servirles más.

O también puedes decirle:

Padre, confío en Ti y en tu plan para mí. Dijiste que no es bueno que estemos solos, e intencionalmente me hiciste para que me relacionara con otros cristianos para su bien, pero también para el mío. Señor, quita de mí cualquier temor u orgullo que me mantiene distanciado del resto del cuerpo. Ponme en el lugar y en las circunstancias que sabes que son lo mejor. En el nombre de Jesús. Amén.

Tener historias para contar

¿Alguna vez te has quedado totalmente sorprendido al saber las respuestas del cuestionario es una trivialidad? ¿cierta información oscura de un lugar geográfico lejano, el título original del primer éxito de una vieja banda musical, el año en el que un país ganó su única copa mundial o el nombre de la galaxia más cercana?, ¿alguna vez has ayudado a un joven a arreglarse la corbata la primera vez que la usa en su vida, o resuelto un problema de álgebra para uno de tus hijos?, ¿le has contado a un amigo acerca de un gran lugar para comprar ropa o le has dado a alguien el nombre de la loción que estabas usando?, ¿alguna vez has estado un poco conmocionado al darte cuenta de que la gente te tomó en serio y realmente hicieron lo que les aconsejaste? Si es así, tienes la idea de cómo te usará Dios por el resto de tu vida.

Uno de los recursos de asombro más continuos en tu diario vivir con el Señor será la forma en que te involucra y utiliza; cómo dispone todas las cosas para que estés allí justo en el momento perfecto para decir o hacer algo que impacte profundamente a otra persona. Te encontrarás compartiendo cosas simples que producen cambios extraordinarios. Una pequeña oración sincera por un compañero de trabajo, cuya necesidad es un lugar dónde vivir, las palabras de empatía dichas a los vecinos en medio de un roce de su hijo adolescente con la ley, la forma natural de contar historias acerca de la implicación de Jesús en tu vida. El reino de Dios avanza de una vida a otra a través de estas cosas simples.

La mayoría nos sentimos bastante intimidados por el prospecto de ministrar; hacer algo espiritual para o por otros. Nuestra mente se acelera con pensamientos que nos descalifican en cuanto a lo indignos, la falta de preparación, lo ignorantes o lo hipócritas que somos. Incluso nuestra admiración por la forma como Dios usa a los líderes espirituales puede crear una sutil insinuación de por qué no deberíamos intentar ministrarnos a nosotros mismos: *"Oh, quisiera que tal persona estuviera aquí; ella (él) sabría qué hacer"; "¿Yo qué sé?",* pensamos para nuestros adentros; *"Yo mismo no lo estoy haciendo bien. Entonces ¿cómo puedo ayudar a alguien más?"*

Nuestra renuencia a abrir la boca o nuestra vida en el nombre de Jesús también puede deberse a un miedo que viene de tiempo atrás: en verdad no queremos decir o hacer "lo equivocado" y de esa manera arruinar la vida de alguien. No queremos la presión de las personas al vernos como si supiéramos lo que estamos haciendo (cuando no lo sabemos). ¿Qué podría ser peor que encontrarnos en el escenario, con la mente completamente en blanco en frente de todo el mundo? Dar con destreza las respuestas de una trivialidad mientras estamos cómodamente sentados en casa y vemos un concurso en la TV es divertido; pero ser un concursante en el lugar donde se lleva a cabo (en el estudio momentos antes de que las cámaras giren hacia nosotros) destroza nuestros nervios un poco más. Cualquier persona normal será atacada por pensamientos de rendición: *"¿Yo qué sé?", "No se me ocurre nada", "¿Y qué tal si me hacen una pregunta que no sé?", "¿Yo que voy a saber?", "¿Qué estoy haciendo aquí?", "Oh, no. Oh no"*.

Esta es una de las razones por las que Jesús nos pide que no nos preocupemos anticipadamente por qué debemos decir o qué tenemos que saber (ver Mateo 10:19). El Espíritu Santo será como un sistema de intercomunicación secreto a nuestro oído, que nos dará la respuesta a todas las preguntas; nos dirá lo que tenemos que decir y qué hacer. Este será nuestro pequeño secreto: cuando todos se pregunten cómo supimos decir lo que dijimos, nosotros sabemos que no lo sabíamos sino que Él lo sabía.

▲▲▲▲▲▲▲▲▲▲▲▲▲▲▲▲▲▲▲▲▲▲▲▲▲▲▲▲▲▲

El Espíritu Santo será como un sistema de intercomunicación secreto a nuestro oído, que nos dará la respuesta a todas las preguntas.

▲▲▲▲▲▲▲▲▲▲▲▲▲▲▲▲▲▲▲▲▲▲▲▲▲▲▲▲▲▲

La gracia otra vez

Aquí estamos con el tema de la gracia otra vez. Dios no nos necesita para hacer lo que se debe hacer; nosotros no somos capaces de hacerlo por nuestra cuenta. Dios ofrece hacerlo a través de y para nosotros; y decimos sí o no a su invitación. Fuimos salvos por gracia y Él quiere que vivamos y ayudemos a otros a vivir por esa misma gracia. Dios es como un esposo que compra un regalo de aniversario semanas antes, pero está tan emocionado con el regalo y tan seguro de que su esposa lo disfrutará que no puede esperar hasta la fecha real de su aniversario para dárselo. Nuestro Padre nos invitó a una increíble eternidad en la que vamos a gobernar y a reinar con Él, pero no quiere esperar hasta entonces para ungirnos como sus regentes y agentes (leer Mateo 19:29; 2 Timoteo 2:12).

> Pero cuando os entreguen, no os preocupéis de cómo o qué hablaréis; porque a esa hora se os dará lo que habréis de hablar.
>
> — Mateo 10:19

En efecto, Jesús celebró una asamblea para dejarte como suplente (como apoderado) para ministrar, y habló sobre ti palabras de poder que te autorizan a estar en situaciones que crees que no son de tu injerencia.

"Y acercándose Jesús, les habló, diciendo: Toda autoridad me ha sido dada en el cielo y en la tierra. Id, pues, y haced discípulos de todas las naciones, bautizándolos en el nombre del Padre y del Hijo y del Espíritu Santo, enseñándoles a guardar todo lo que os he mandado; y he aquí, yo estoy con vosotros todos los días, hasta el fin del mundo"

—Mateo 28:18–20

En otras palabras, Él dice que tiene todo lo que necesitarás. Somos como amigos que nos piden ir a pescar, pero nuestro único pensamiento es que nunca en la vida hemos ido a hacer eso y que no tenemos equipo para dicho fin. Cuando tratamos de descalificarnos con base en eso, nuestro amigo dice: *"Oh, ya lo sabía, pero tengo demasiadas cosas extras, así que no necesitarás nada. Te enseñaré a pescar y le pondré el cebo a tu anzuelo"*.

¿Cuál es la mejor manera de pescar junto con tu amigo amable, quien casualmente es un pescador experto, cuando tú nunca has ido de pesca anteriormente? La mejor manera es hacer lo que él te dice e imitar sus técnicas. Es sencillo y fácil, a menos que creas que debes saber más sobre pesca sin preguntar, o que te vayas a otro lado para tratar de pescar solo, o que decidas por anticipado (aun antes de echar el anzuelo al agua) que de cualquier forma no pescarás nada.

Supón que después de varios viajes, tu amigo invita a otra persona a ir con ustedes; ¿cuál es la mejor manera de ayudar a este novato a llegar a ser tan buen pescador como tú? Repetir lo que tu amigo te dijo y continuar imitando sus técnicas para que tu nuevo amigo pueda imitarte también. Este es el resumen total del ministerio.

▲ Jesús
▲ simplemente
▲ dice: "Enséñales
▲ a otros lo que
▲ te enseñé".

Enseña lo que te enseñan

Jesús simplemente dice: "Enséñales a otros lo que te enseñé"; no dice: "Enséñales todo lo que tendrán que saber en la vida acerca de lo concerniente a mi reino. A propósito, en realidad ésta es una prueba para ver qué tan bien has puesto atención y cuánto sabes como resultado de todo el tiempo que he invertido en entrenarte". El currículum que tenemos para ofrecerle a los demás es muy simple; por supuesto, todo viene de la verdad de la Palabra de Dios, pero los detalles y el orden en el cual debemos compartir con las personas no siguen un esquema prescrito que todos sepan, excepto tú. Tu comisión es decirle a la gente que te rodea lo que el Señor ha hecho por ti y lo que te ha mostrado. Por esta razón, Él dice que seremos sus "testigos" (Hechos 1:8; 2 Timoteo 2:2).

Aunque existen "testigos expertos" en algunos juicios, éstos son personas que no tienen conocimiento personal o de primera mano de los acontecimientos; su pericia es sobre otros asuntos, como por ejemplo la balística. En el reino de Dios, los testigos oculares son los testigos expertos. Es posible que no sepas todas las cosas que otros saben, pero en verdad sabes lo que has "visto y oído" (1 Juan 1:3). Aun si no puedes recordar todo lo que has visto o escuchado en tu trato con Dios, cuando la oportunidad se presente o una situación lleve a tu memoria a andar, serás completamente capaz de dar tu testimonio y presentar la evidencia de tu vida sobre lo que Jesús ha hecho.

No todos creerán o querrán escuchar tu declaración o cuando testifiques y des cuenta de lo que "has visto y oído" (Hechos 22:15, 18). Sin embargo, muchos lo harán. Y se lo contamos a los muchos por el bien de los pocos. Esta increíble relación personal con el Señor, basada en su amor, perdón, gracia y bondad, está disponible para todas las personas. Se nos ha confiado el "secreto" más fabuloso: las noticias asombrosas y espectaculares del afecto inextinguible de Dios hacia nuestros vecinos y amigos. Cuando nos invita a decirles a las personas lo que Él ha hecho por nosotros, no está poniendo un yugo pesado de obligación. Más bien, como hemos estado aprendiendo todo este tiempo, nos recibe con beneplácito para participar en las cosas que nos traerán un gozo indescriptible (ver Hechos 4:20).

Jesús nos enseñará a pescar en la vida de las personas; todo lo que tienes que hacer es seguir su ejemplo, sus instrucciones y su técnica de compartir su amor (ver Marcos 1:17). Cuando testifiques el cambio en la vida de tus amigos, el rescate realizado a tus compañeros de trabajo, la transformación de la condición mental o emocional de alguien, el total y absoluto perdón de los pecados de las personas, habrás probado la exquisitez más excepcional de la tierra, la comida más fina importada desde el cielo: El reino de Dios que viene; la voluntad de Dios que se hace.

> Nosotros no podemos dejar de decir lo que hemos visto y oído.
> — Hechos 4:20

> Y Jesús les dijo: Seguidme, y yo haré que seáis pescadores de hombres.
> — Marcos 1:17

▲▲▲▲▲▲▲▲▲▲▲▲▲▲▲▲▲▲▲▲▲▲▲▲▲▲▲▲▲▲▲▲▲▲▲▲

Jesús nos enseñará a pescar en la vida de las personas; todo lo que tienes que hacer es seguir su ejemplo, sus instrucciones y su técnica de compartir su amor.

▲▲▲▲▲▲▲▲▲▲▲▲▲▲▲▲▲▲▲▲▲▲▲▲▲▲▲▲▲▲▲▲▲▲▲▲

"Todo el día contará mi boca de tu justicia y de tu salvación, porque son innumerables. Vendré con los hechos poderosos de DIOS el Señor; haré mención de tu justicia, de la tuya sola. Oh Dios, tú me has enseñado desde mi juventud, y hasta ahora he anunciado tus maravillas. Y aun en la vejez y las canas, no me desampares, oh Dios, hasta que anuncie tu poder a esta generación, tu poderío a todos los que han de venir. Porque, tu justicia, oh Dios, alcanza hasta los cielos. Tú que has hecho grandes cosas; oh Dios, ¿Quién como tú?".

—Salmos 71:15–19

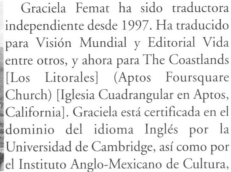

Graciela Femat ha sido traductora independiente desde 1997. Ha traducido para Visión Mundial y Editorial Vida entre otros, y ahora para The Coastlands [Los Litorales] (Aptos Foursquare Church) [Iglesia Cuadrangular en Aptos, California]. Graciela está certificada en el dominio del idioma Inglés por la Universidad de Cambridge, así como por el Instituto Anglo-Mexicano de Cultura, en donde también recibió capacitación para la traducción de inglés-español y español-inglés. También ha impartido clases de inglés en distintas escuelas desde primarias hasta bachilleratos, así como en la Universidad Tecnológica de México (UNITEC), el Instituto Politécnico Nacional (IPN), y en el Centro de Capacitación Alas de América (Universidad para la industria aeronáutica latinoamericana).

Ella y su familia se volvieron al cristianismo en 1990, y desde entonces, como ella dice, de acuerdo con Cantares 3:4 "cuando halló al que ama su alma; lo agarró y no ha querido soltarlo." Actualmente viven en San Luis Potosí, y desde hace 6 años asisten a la Iglesia de Gracia (Iglesia Cuadrangular) en donde ha estado a cargo del Comité de Bienvenida por más de cuatro años.

Luz Avila nació en Guadalajara, México y se mudó a California con su familia cuando tenía seis años. Recibió su licenciatura de Scripps College en Claremont, California, su maestría de la Universidad de California en Irvine y dio clases en la Universidad de California en Santa Cruz por unos años. Luego ella les dio clases particulares en casa a sus hijos, Jorge y Cecilia, en vez de mandarlos a la escuela pública. Ha sido intérprete en el ramo médico desde 1990. Le ha encantado ser parte de la congregación de The Coastlands Aptos Foursquare Church en el condado de Santa Cruz desde 1993.

Los traductores casi siempre permanecen invisibles. Laboran con las obras creativas de otros y se cuidan de no expresarse en su trabajo para poder ser fiel a las palabras del autor. Pero sin sus largas y horas de trabajo esmerado este libro sería inaccesible al mundo de habla hispana. Igual como un micrófono hace llegar la voz del quien habla mucho más allá de su límite natural, estos traductores han extendido las palabras de mi corazón mucho más lejos de lo que yo solo pudiera haberlo hecho.

Así que este libro es verdaderamente un proyecto realizado en conjunto entre mis traductores y yo. Tanto como lo hice yo al escribir el manuscrito original en inglés, ellos han laborado en amor por el bien de otros. Me siento honrado de tenerlos a mi lado al servir a otros alrededor del mundo. Yo insistí en que ustedes que leen nuestras palabras los conocieran.

Daniel Brown, diciembre 2008

ACERCA DE ENCOMENDADOS A LA PALABRA

El Ministerio de recursos de Daniel A. Brown, PhD

Nuestro nombre, **"Encomendados a la Palabra"** viene del libro de Hechos
20:32. Pablo encomienda a los líderes espirituales " a Dios, y a la palabra
de su gracia, que tiene poder para sobreedificaros y daros la herencia
(el Reino).... "
Nuestros materiales se concentran en aumentar la madurez, el ministerio y
el discernimiento de los creyentes.

CTW es un ministerio de recursos sin ánimo de lucro, que ha crecido
debido a las extensas relaciones de Daniel Brown con Europa, Asia, y Sur
América. Hoy Daniel viaja ampliamente para capacitar pastores y líderes
jóvenes, y distribuir una abundancia (riqueza) de recursos ministeriales.
Daniel planifica seminarios de liderazgo y conferencias en cualquier lugar,
y en cualquier momento en que se lo soliciten.

Puede comunicarse a: contacto seminar@ctw.coastlands.org para mayor
información.

Visite nuestra página Web, ctw.coastlands.org para mas información.

Nuestros materiales con base bíblica se enfocan en estimular, no solamente
su crecimiento personal, sino también en el desarrollo de su ministerio hacia
otras personas.
En **ctw.coastlands.org** usted puede entrar al singular método de capacitación de Daniel Brown explorando los siguientes recursos que se
encuentran gratis:

- Baje MP3 de las series de Audio
- Podcast de mensajes de Daniel
- Una extensa librería de sermones en audio
- PDFS de artículos y bosquejos
- "Cartas abiertas" de la experiencia pastoral de Daniel Brown

Cuando usted visite la página Web de CTW y nuestra tienda en línea,
también podrá encontrar libros, CDS de audio, y DVDS disponibles para
usted a precio de costo.

TODOS LAS DESCARGAS DE LOS
MATERIALES SON SIN COSTO ALGUNO